Der französische REIT

Trierer Studien zum Internationalen Steuerrecht

Herausgegeben von Gabriele Burmester

Band 11

PETER LANG
Frankfurt am Main · Berlin · Bern · Bruxelles · New York · Oxford · Wien

Sascha Kaiser

Der französische REIT

Analyse des französischen SIIC-Regimes unter Berücksichtigung der Besteuerung deutscher und französischer Investoren

PETER LANG
Internationaler Verlag der Wissenschaften

Bibliografische Information der Deutschen Nationalbibliothek
Die Deutsche Nationalbibliothek verzeichnet diese Publikation in der Deutschen Nationalbibliografie; detaillierte bibliografische Daten sind im Internet über http://dnb.d-nb.de abrufbar.

Zugl.: Trier, Univ., Diss., 2011

Gedruckt auf alterungsbeständigem,
säurefreiem Papier.

D 385
ISSN 1861-695X
ISBN 978-3-631-61935-3

www.peterlang.de

Vorwort

Die vorliegende Arbeit wurde im Sommersemester 2011 vom Fachbereich Rechtswissenschaft der Universität Trier als Dissertation angenommen. Gesetzgebung, Rechtsprechung und Literatur (einschließlich Quellen aus dem Internet) konnten bis September 2010 berücksichtigt werden.

Anlässlich der Veröffentlichung der Arbeit möchte ich all denjenigen herzlich danken, die zu ihrem Gelingen beigetragen haben.

Meinen besonderen Dank möchte ich meiner Doktormutter Frau Prof. Dr. Gabriele Burmester für ihre engagierte und vorbildliche Betreuung und die Aufnahme der Arbeit in die Schriftenreihe „*Trierer Studien zum Internationalen Steuerrecht*“ aussprechen. Herrn Prof. Dr. Oliver Fehrenbacher danke ich für die zügige Erstellung des Zweitgutachtens.

Dank gebührt auch der Anwaltskanzlei Hogan Lovells, die mich durch Freistellung und der Zurverfügungstellung von Ressourcen bei der Erstellung der Arbeit unterstützt hat.

Zudem möchte ich mich ganz herzlich bei meiner Mutter, Frau Anita Kaiser, für ihre große Unterstützung bei der technischen Umsetzung und der abschließenden Korrektur bedanken. Dank schulde ich ferner meinem zweiten Korrekturleser, Herrn OStR a.D. Harald Herrmann, dessen gewissenhafte Korrektur ebenfalls sehr zum Gelingen der Arbeit beigetragen hat.

Ganz besonderer Dank gilt schließlich meiner Freundin, Frau Ruth Herrmann, die mir nicht nur wertvolle Anregungen gegeben und mich bei der abschließenden Korrektur sehr unterstützt hat, sondern auch in jeder Phase des Promotionsverfahrens mit viel Verständnis an meiner Seite stand. Ihr möchte ich diese Arbeit widmen.

Düsseldorf, im Juli 2011 Sascha Kaiser

Inhaltsübersicht

Inhaltsverzeichnis

Abkürzungsverzeichnis

a.A.	anderer Ansicht
a.a.O.	am angegebenen Ort
a.F.	alte Fassung
ABl.	Amtsblatt
Abs.	Absatz
Abschn.	Abschnitt
AEUV	Vertrag über die Arbeitsweise der Europäischen Union
AfA	Absetzung für Abnutzung
AG	Aktiengesellschaft, Die Aktiengesellschaft (Zeitschrift)
AJDI	Actualité juridique Droit immobilier
AktG	Aktiengesetz
Alt.	Alternative
AMF	Autorité des marchés financiers
ANC	Autorité des normes comptables
Anh.	Anhang
AnlV	Verordnung über die Anlage des gebundenen Vermögens von Versicherungsunternehmen (Anlageverordnung)
Anm.	Anmerkung
Ann.	Annexe
AO	Abgabenordnung
Art.	Artikel
ASA	Archiv für Schweizerisches Abgabenrecht
AStG	Außensteuergesetz
Aufl.	Auflage
AuslInvestmG	Auslandsinvestmentgesetz
AuslInvestmG-E	Gesetzesentwurf zum Auslandsinvestmentgesetz
BaFin	Bundesanstalt für Finanzdienstleistungsaufsicht
BAKred	Bundesaufsichtsamt für Kreditwesen
BB	Betriebs-Berater (Zeitschrift)
BDCF	Bulletin des conclusions fiscales (Zeitschrift)
Beschl.	Beschluss
BFH	Bundesfinanzhof

BFHE	Entscheidungen des Bundesfinanzhofs
BGB	Bürgerliches Gesetzbuch
BGBl.	Bundesgesetzblatt
BGE	Bundesgerichtsentscheide
BGH	Bundesgerichtshof
BGHZ	Entscheidungen des Bundesgerichtshofs in Zivilsachen
BI	Fiscale Beleggingsinstelling
BMF	Bundesministerium der Finanzen
BOI	Bulletin officiel des impôts
BörsG	Börsengesetz
BStBl.	Bundessteuerblatt
BT-Drs.	Bundestags-Drucksache
BVerfG	Bundesverfassungsgericht
BVerfGE	Entscheidungen des Bundesverfassungsgerichts
BVerwG	Bundesverwaltungsgericht
BVerwGE	Entscheidungen des Bundesverwaltungsgerichts
bzgl.	bezüglich
BZSt	Bundeszentralamt für Steuern
bzw.	beziehungsweise
c/	gegen
CDGF	Conseil de discipline de la gestion financière
CE	Conseil d'Etat
CET	Cotisation économique territoriale
CGI	Code général des impôts
CMF	Conseil des marchés financiers
CNC	Conseil National de la Comptabilité
CNSA	Caisse nationale de solidarité pour l'autonomie
COB	Commission des opérations de bourse
CRC	Comité de la Réglementation Comptable
CRDS	contribution au remboursement de la dette sociale
CSG	contribution sociale généralisée
CSU	Christlich-Soziale Union in Bayern
CVAE	Cotisation sur la valeur ajoutée des entreprises
D. adm.	Doctrine administrative
d.h.	das heißt
DB	Der Betrieb (Zeitschrift)
DBA	Doppelbesteuerungsabkommen
ders.	derselbe

DOM	départements d'outre-mer
DStR	Deutsches Steuerrecht (Zeitschrift)
DStZ	Deutsche Steuer-Zeitung (Zeitschrift)
ebs	European Business School
EC	European Community
Ed.	Edition(s)
EFG	Entscheidungen der Finanzgerichte
EG	Europäische Gemeinschaft
EGV	Vertrag zur Gründung der Europäischen Gemeinschaft (EG-Vertrag)
Einf.	Einführung
Einl.	Einleitung
EPRA	European Public Real Estate Association
EStG	Einkommensteuergesetz
ET	European Taxation (Zeitschrift)
etc.	et cetera
EU	Europäische Union
e.V.	eingetragener Verein
EuGH	Europäischer Gerichtshof
EWG	Europäische Wirtschaftsgemeinschaft
EWR	Europäischer Wirtschaftsraum
EWS	Europäisches Wirtschafts- und Steuerrecht (Zeitschrift)
f., ff.	folgend(e)
Fasc.	Fascicule
FCPR	Fonds communs de placement à risque
FDP	Freie Demokratische Partei
FG	Finanzgericht
FGO	Finanzgerichtsordnung
Fn.	Fußnote
FPI	Fonds de placement immobilier
FR	Finanz-Rundschau (Zeitschrift), Feuillet rapide (Zeitschrift)
FRL	Fusionsrichtlinie
FRUG	Finanzmarktrichtlinienumsetzungsgesetz
FS	Festschrift
G-REIT	German-REIT
GA	Generalanwalt/Generalanwältin
GbR	Gesellschaft bürgerlichen Rechts

GewSt	Gewerbesteuer
GewStG	Gewerbesteuergesetz
GG	Grundgesetz
ggf.	gegebenenfalls
gl.A.	gleicher Ansicht
GmbH	Gesellschaft mit beschränkter Haftung
HGB	Handelsgesetzbuch
Hrsg.	Herausgeber
HS	Halbsatz
i.d.R.	in der Regel
i.E.	im Ergebnis
IEIF	Institut de l'Epargne Immobilière & Foncière
i.H.v.	in Höhe von
i.R.d.	im Rahmen des
i.S.d.	im Sinne des
i.V.m.	in Verbindung mit
IFLR	International Financial Law Review
IFRS	International Financial Reporting Standard(s)
IFSt	Institut „Finanzen und Steuern" e.V.
IGH	Internationaler Gerichtshof
InvÄndG	Investmentänderungsgesetz
InvG	Investmentgesetz
InvStG	Investmentsteuergesetz
IRC	Internal Revenue Code
IS	impôt sur les sociétés
IStR	Internationales Steuerrecht (Zeitschrift)
IWB	Internationale Wirtschafts-Briefe (Zeitschrift)
JO	Journal Officiel
JStG	Jahressteuergesetz
JZ	Juristen Zeitung (Zeitschrift)
KAGG	Gesetz über Kapitalanlagegesellschaften
KG	Kommanditgesellschaft
KGaA	Kommanditgesellschaft auf Aktien
KStG	Körperschaftsteuergesetz
Kz.	Kennziffer

lit.	littera (Buchstabe)
m.w.N.	mit weiteren Nachweisen
MA	Musterabkommen
M & A	Mergers and Acquisitions
MdA	Magazine des Affaires (Zeitschrift)
MIFID	Markets in Financial Instruments Directive
Min.	Ministre de l'économie, des finances et de l'industrie
Mio.	Millionen
Mrd.	Milliarden
n.F.	neue Fassung
NJW	Neue Juristische Wochenschrift (Zeitschrift)
Nr.	Nummer
NWB	Neue Wirtschafts-Briefe (Zeitschrift)
NZG	Neue Zeitschrift für Gesellschaftsrecht (Zeitschrift)
NZM	Neue Zeitschrift für Miet- und Wohnungsrecht (Zeitschrift)
o.g.	oben genannte(r)
OECD	Organisation for Economic Co-operation and Development
OHG	Offene Handelsgesellschaft
OPA	Offre public d'achat
OPCI	organismes de placement collectif immobilier
OPE	Offre public d'échange
Ord.	Ordonnance
PEA	Plan d'épargne en actions
PME	Petites et moyennes entreprises
REIT	Real Estate Investment Trust
REITG	REIT-Gesetz (Gesetz über deutsche Immobilien-Aktiengesellschaften mit börsennotierten Anteilen)
REITG-E	Gesetzesentwurf der Bundesregierung (Gesetz über deutsche Immobilien-Aktiengesellschaften mit börsennotierten Anteilen)
RIW	Recht der Internationalen Wirtschaft (Zeitschrift)
RJF	Revue de Jurisprudence Fiscale (Zeitschrift)
RL	Richtlinie
Rn.	Randnummer
RSA	revenu de solidarité active

S.	Seite, Satz
SA	Société anonyme
SARL	Société à responsabilité limitée
SAS	Société par actions simplifiés
SCA	Société en commandite par actions
SchweizBG	Schweizerisches Bundesgericht
SCI	Société civile immobilière
SCPI	Société civile de placement immobilier
SCR	Société de capital risque
SCS	Société en commandite simple
SDR	Société de developpement regional
SE	Societas Europaea
SE-VO	Verordnung (EG) Nr. 2157/2001 des Rates vom 8. Oktober 2001 über das Statut der Europäischen Gesellschaft (SE)
SICAFI	Société d'investissement à capital fixe immobilière
SICAV	Société d'investissement à capital variable
SIIC	Société d'investissement immobilier côtée
Slg.	Sammlung
Sofica	Société pour le financement d'oeuvres cinématographiques ou audivisuelles
Sofipêche	Société pour le financement de la pêche artisanale
sog.	sogenannt
SolZ	Solidaritätszuschlag
SPPICAV	Société de placement à prépondérance immobilière à capital variable
ST	Der Schweizer Treuhänder (Zeitschrift)
Stbg	Die Steuerberatung (Zeitschrift)
StBp	Die steuerliche Betriebsprüfung (Zeitschrift)
SteuerStud	Steuer und Studium (Zeitschrift)
StuB	Steuern und Bilanzen (Zeitschrift)
SUIR	Société unipersonelle d'investissement à risque
SWI	Steuer und Wirtschaft International (Zeitschrift)
TL	Teillieferung
TNI	Tax Notes International (Zeitschrift)
TREPVLT	titres relevant du régime d'exonération des plus-values à long terme
Tz.	Textziffer

u.a.	unter anderen; unter anderem
u.U.	unter Umständen
Überbl.	Überblick
UmwG	Umwandlungsgesetz
UmwStG	Umwandlungsteuergesetz
Urt.	Urteil
US	United States
USA	United States of America
v.	vor, vom, versus
v.a.	vor allem
VAG	Gesetz über die Beaufsichtigung von Versicherungsunternehmen (Versicherungsaufsichtsgesetz)
vgl.	vergleiche
VO	Verordnung
vol.	volume
VW	Versicherungswirtschaft (Zeitschrift)
WpHG	Gesetz über den Wertpapierhandel (Wertpapierhandelsgesetz)
WÜRV	Wiener Übereinkommen über das Recht der Verträge
z.T.	zum Teil
ZGR	Zeitschrift für Unternehmens- und Gesellschaftsrecht
Ziff.	Ziffer

Einleitung

Der REIT hat sich international als ein Instrument zur indirekten Immobilienanlage etabliert[1]. Der Begriff ‚REIT' steht für *Real Estate Investment Trust* und ist der amerikanischen Terminologie entnommen. Er beschreibt ein steuerliches Konstrukt mit dem Ziel, die Steuerlast auf Einkünfte aus Immobilieninvestitionen von dem Investitionsvehikel auf dessen Anteilseigner zu verschieben[2]. Dazu werden die Einkünfte aus der Vermietung und Verpachtung sowie Veräußerung von Immobilien zunächst auf Ebene des die Wirtschaftsgüter haltenden Rechtsträgers von der Besteuerung ausgenommen. Dieser ist jedoch verpflichtet, die steuerfreien Gewinne nahezu vollständig an seine Anteilseigner auszuschütten, auf deren Ebene die Gewinnausschüttungen sodann grundsätzlich vollständig besteuert werden. Auf diese Weise wird eine weitgehende[3] steuerliche Transparenz des REITs künstlich hergestellt[4]. Die Anwendung des besonderen Steuerregimes setzt regelmäßig voraus, dass der Rechtsträger bestimmte Anforderungen hinsichtlich Rechtsform, Unternehmensgegenstand, Anlegerstruktur, Vermögenszusammensetzung und Eigenkapital erfüllt[5].

Entstanden ist der REIT in den USA. Seine Ursprünge reichen bis in die achtziger Jahre des 19. Jahrhunderts zurück. Damals konnten juristische Personen nicht Eigentümer von Immobilien sein. Zur kollektiven Immobilienanlage nutzten Investoren daher Trusts (Treuhandvermögen). Auch nach Wegfall der für juristische Personen geltenden Beschränkung boten diese den Vorteil, dass sie selbst keiner Besteuerung unterlagen, wenn sie ihr Einkommen ausschütteten, so dass die Investoren einer Doppelbelastung entgingen[6]. Allerdings beendete der

---

1 BT-Drs. 16/4026, 1.

2 *Knebel/Schmidt*, IWB 2007, Fach 10, Gruppe 2, 1957 (1957).

3 Da keine vollständige Gewinnausschüttung erfolgt, spricht *Gröpl*, DStZ 2008, 62 (65, Fn. 36), im Zusammenhang mit dem deutschen REIT vom *„gemäßigten Transparenzprinzip"*.

4 Vgl. auch *von Busekist/Hartrott*, M&A Review 2007, 265 (265); *Reichl/Schachtner*, Stbg 2007, 58 (58); *Weichhaus*, SteuerStud 2007, 595 (595).

5 Zu den allgemeinen REIT-Merkmalen vgl. *Bron*, Der G-REIT, S. 91 f. (m.w.N.); *Knebel/Schmidt*, IWB 2007, Fach 10, Gruppe 2, 1957 (1957); *Wewel*, in: Helios/Wewel/Wiesbrock, REIT-Gesetz, A Rn. 4.

6 Zu den Ursprüngen des REITs: *Bone-Winkel/Schäfers/Schulte/Forster-Kraus/Pfrang*, in: Bone-Winkel/Schäfers/Schulte, Handbuch Real Estate Investment Trusts, S. 25; *Bron*, Der

US-Supreme Court im Jahre 1935 die Vorteilhaftigkeit dieser Gestaltung, indem er entschied, dass auch die Trusts wie andere Gesellschaften der Unternehmensbesteuerung unterlägen[7].

Als es nach dem zweiten Weltkrieg nur unzureichend gelang, den Kapitalbedarf für Immobilieninvestitionen zu decken, führte der amerikanische Gesetzgeber 1960 schließlich den US-REIT im Rahmen des Real Estate Investment Trust Act ein[8], der damals nur in der Rechtsform des Trusts aufgelegt werden konnte[9]. Charakteristisch für den US-REIT, der heute auch als Kapitalgesellschaft (*corporation*) oder Personengesellschaft (*association*) organisiert sein kann, ist, dass seine Anteile frei übertragbar sind, vierteljährlich 75% seines Vermögens in Immobilienvermögen einschließlich Hypothekendarlehen und Anteilen an anderen REITs sowie Barmitteln und Staatsanleihen investiert ist, jährlich 75% seiner Bruttoerträge aus Mieten, Hypothekenzinsen, Immobilienveräußerungsgewinnen, Einkünften aus Immobilientochtergesellschaften oder REIT-Anteilen stammen, nicht mehr als 50% seiner Anteile von fünf oder weniger Einzelpersonen gehalten werden und er insgesamt mehr als 100 Anteilseigner hat. Mindestens 90% des steuerpflichtigen Einkommens hat er an seine Anteilseigner auszuschütten. Die gezahlten Dividenden kann er als Betriebsausgaben abziehen[10]. Durch Einführung des US-REITs sollte ursprünglich Kapital von Privatanlegern mobilisiert werden, denen die Möglichkeit eingeräumt werden sollte, über ein professionell gemanagtes Immobilienunternehmen mit fungiblen Anteilen in Großprojekte zu investieren[11]. Gleichzeitig sollten US-Konzerne ihre Immobilien an die REITs verkaufen und zurückmieten können, um das freigewordene Kapital in ihre Kernkompetenzen, d.h. Forschung und

---

G-REIT, S. 92; *Knebel/Schmidt*, IWB 2007, Fach 10, Gruppe 2, 1957 (1957); *Knopfloch/Körfgen*, in: Schäfer, REITs, 1.1 (S. 1 ff.).

7 U.S. Supreme Court, Entscheidung v. 16.12.1935, *Morrissey v. Commissioner of Internal Revenue*, 296 U.S. 344 (1935).

8 Geregelt in den Sections 856 bis 859 des Internal Revenue Code (IRC).

9 Vgl. *Bone-Winkel/Schäfers/Schulte/Forster-Kraus/Pfrang*, in: Bone-Winkel/Schäfers/Schulte, Handbuch Real Estate Investment Trusts, S. 26 f.

10 Zum US-REIT und der Besteuerung seiner Investoren: *Bone-Winkel/Schäfers/Schulte/Forster-Kraus/Pfrang*, in: Bone-Winkel/Schäfers/Schulte, Handbuch Real Estate Investment Trusts, S. 31 ff.; *Bron*, Der G-REIT, S. 92 ff.; *Kraft/Bron*, IWB 2007, Fach 8, Gruppe 2, 1459 (1459 ff.); *Kußmaul/Gräbe*, ZSteu 2008, 256 (256 ff.); *Rehm/Lindauer*, IStR 2002, 253 (253 ff.); *Stoschek/Damman*, IStR 2006, 403 (403 ff.); *Volckens/Panzer*, IStR 2005, 104 (104 ff.).

11 Vgl. *Bone-Winkel/Schäfers/Schulte/Forster-Kraus/Pfrang*, in: Bone-Winkel/Schäfers/Schulte, Handbuch Real Estate Investment Trusts, S. 26.

Entwicklung zu stecken, da auch neue Waffensysteme für den Kalten Krieg und den sich anbahnenden Vietnamkonflikt benötigt wurden[12].

Nach dem Vorbild des US-REITs wurden REITs oder vergleichbare Gebilde weltweit in zahlreichen anderen Staaten eingeführt[13]. Den USA folgten bereits frühzeitig die Niederlande (1969), Australien (1985), Kanada (1994) und Belgien (1995). Eine weitgehende Verbreitung des REITs erfolgte ab dem Jahr 2000, nachdem sich z.B. Japan (2000), Singapur (2002) und Hong Kong (2003) anschlossen. Den Durchbruch in Europa leitete Frankreich im Jahr 2003 ein, dem Bulgarien (2004), Deutschland (2007), Großbritannien (2007), Italien (2007), Luxemburg (2007), Litauen (2008), Finnland (2009) und Spanien (2009) nachfolgten.

Nach der Einführung von REITs in Deutschland und Frankreich steht deutschen und französischen Anlegern nunmehr ein weiteres Instrument zur Investition in deutsche oder französische Immobilien zur Verfügung. Während der deutsche REIT noch recht jung ist, kann Frankreich bereits auf eine siebenjährige Erfahrung mit seinem REIT-Regime zurückblicken.

Im Rahmen der nachfolgenden Arbeit sollen die Funktionsweise und die Entwicklung des französischen REIT-Regimes analysiert und die Gemeinsamkeiten und Unterschiede gegenüber dem deutschen REIT-Regime herausgearbeitet werden. Dabei soll neben dem rein nationalen Investitionsfall auch untersucht werden, welche steuerlichen Folgen es hat, wenn sich ein deutscher Investor an einem französischen REIT beteiligt. Zudem soll der Frage nachgegangen werden, ob deutsche Immobiliengesellschaften mit französischem Grundbesitz ebenfalls die besonderen Regelungen des französischen REIT-Regimes in Anspruch nehmen können.

Mit der Untersuchung des französischen REIT-Regimes soll jedoch nicht nur das Wissensbedürfnis potentieller Investoren befriedigt werden. Ziel der Arbeit ist es insbesondere, die gewonnenen Erkenntnisse für eine Weiterentwicklung des deutschen REIT-Regimes nutzbar zu machen.

In Abschnitt A der Arbeit wird zunächst das französische REIT-Regime analysiert. Dabei wird auch der Frage nach der Besteuerung deutscher Investoren und der Möglichkeit einer Inanspruchnahme des besonderen Steuerregimes durch in Deutschland ansässige Immobiliengesellschaften mit französischem Grundbesitz nachgegangen. Im Rahmen eines zusammenfassenden Vergleichs werden in Abschnitt B sodann die Gemeinsamkeiten und Unterschiede des fran-

---

12 *Haimann*, Die Welt v. 12.1.2006, abrufbar im Internet unter: http://www.welt.de.

13 Einen Überblick über die Staaten, in denen es einen REIT oder vergleichbare Gebilde gibt, geben u.a.: BMF, REIT Strukturen weltweit, abrufbar unter: http://www.bundesfinanzministerium.de; *Bron*, Der G-REIT, S. 110 f.; *EPRA*, Global REIT Survey, September 2009, S. 4 ff.

zösischen REIT-Regimes gegenüber dem deutschen REIT-Regime untersucht. Die Arbeit schließt mit einer Schlussbetrachtung (Abschnitt C).

A. Der französische REIT

I. Einführung

Frankreich hat sein REIT-Modell mit Wirkung zum 1. Januar 2003 eingeführt. Es handelt sich um ein besonderes Besteuerungsregime[14], welches börsennotierte Immobilienaktiengesellschaften, sog. *sociétés d'investissements immobiliers cotées* (SIIC), und ihre Tochtergesellschaften bei Erfüllung bestimmter materieller und formeller Voraussetzungen in Anspruch nehmen können.

Vor Einführung des französischen REIT-Regimes gab es in Frankreich nur relativ wenige börsennotierte Immobilienaktiengesellschaften. Die Haupttätigkeit dieser Gesellschaften bestand sowohl im langfristigen Halten von Gewerbe- und Wohnimmobilien zum Zwecke der Vermietung als auch in der Entwicklung und der „Arbitrage" dieser Immobilien[15]. Ihre wirtschaftliche Bedeutung war verhältnismäßig gering. So betrug ihre Marktkapitalisierung bei einem verwalteten Aktivvermögen von 22,5 Mrd. Euro lediglich 12,5 Mrd. Euro. Nur wenige ‚Kleinaktionäre' beteiligten sich an den Immobilienaktiengesellschaften[16]. Darüber hinaus mussten die französischen Immobilienaktiengesellschaften verstärkt mit entsprechenden ausländischen Investmentgesellschaften wie z.B. den US-REITs, den niederländischen BIs oder den belgischen SICAFIs konkurrieren, die zunehmend auf den französischen Immobilienmarkt drängten. Aufgrund ihrer ‚steuerlichen Transparenz' genossen diese gegenüber den französischen Immobilienaktiengesellschaften einen Wettbewerbsvorteil[17]. Konkurrenz ging darüber hinaus von den ebenfalls steuerlich transparenten deutschen offenen Immobilienfonds aus[18].

---

14 Editions Législatives, Bulletin 67, 13.10.2003, S. 8579 ff. (8579), Rn. 157a („*régime spécifique*").

15 Bericht des Senators *Philippe Marini*, als Berichterstatter des Haushalts- und Finanzausschusses des französischen Senats zum Vorschlag eines Finanzgesetzes für 2003 v. 21.11.2003, Rapport Général, N° 68 (session ordinaire de 2002–2003), tome 2, fascicule 1, vol. 1 (examen des articles), S. 66, abrufbar im Internet unter: http://www.senat.fr (nachfolgend: ‚Rapport Général Nr. 68 v. 21.11.2003').

16 Rapport Général Nr. 68 v. 21.11.2003, S. 66.

17 Rapport Général Nr. 68 v. 21.11.2003, S. 66.

18 Rapport Général Nr. 68 v. 21.11.2003, S. 66; *Dietz*, die bank 2006, Beilage zu Heft 7, 4 (4).

Auf Initiative der Senatoren *Philippe Marini* und *Jean Arthuis* hat der französische Gesetzgeber gemäß Art. 11 des Finanzgesetzes für 2003 (*Loi de finances pour 2003*)[19] spezielle Regelungen zur Besteuerung der SIIC in das französische Steuergesetzbuch (*Code Général des Impôts*, CGI) eingeführt[20].

Das SIIC-Regime orientiert sich weitgehend an den bis dato bereits etablierten REIT-Modellen. Insbesondere die für die direkten Konkurrenten geltenden steuerrechtlichen Vorschriften dürften Vorbild des französischen Gesetzgebers gewesen sein[21]. Im Vordergrund der steuerlichen Regelungen steht ebenfalls das Ziel, die aus der Immobilientätigkeit der SIIC erzielten Gewinne nur einmal, nämlich auf Ebene der Gesellschafter zu besteuern. Bei Erfüllung bestimmter Voraussetzungen werden die von den SIIC und ihren der französischen Körperschaftsteuer (*impôt sur les sociétés,* IS) unterliegenden Tochtergesellschaften erzielten Gewinne aus der Vermietungstätigkeit und der Veräußerung von Immobilien und Anteilen an Immobiliengesellschaften von der französischen Körperschaftsteuer befreit. Die Steuerbefreiung wird nur auf Option von Seiten der begünstigten Gesellschaften gewährt. Eine gesondert erlassene Verordnung (*décret*)[22] regelt im Einzelnen die Anforderungen, die an die Option gestellt werden. Im Gegenzug zur gewährten Steuerbefreiung sind die begünstigten Gesellschaften verpflichtet, bestimmte Anteile ihrer steuerbefreiten Vermietungseinkünfte und Veräußerungsgewinne an ihre Anleger auszuschütten. Bei Ausübung der Option werden die in den künftig begünstigten Vermögensgegenständen, d.h. im französischen Immobilienvermögen und in den Gesellschaftsanteilen an anderen Immobiliengesellschaften ruhenden stillen Reserven in Höhe eines ermäßigten Steuertarifs besteuert (sog. *Exit Tax*). Die *Exit Tax* ist über vier Jahre hinweg in gleichen Raten zu begleichen[23]. Zwei Verwaltungsanweisungen (*instructions*) der französischen Finanzverwaltung erläutern die gesetzlichen Regelungen[24].

Mit Einführung der neuen Regelungen sollten die nach Ansicht des französischen Gesetzgebers unterbewerteten SIIC ebenfalls von einem günstigen Besteuerungsregime profitieren und somit gegenüber ihren ausländischen Konkurrenten gestärkt werden. Bestehende Wettbewerbsverzerrungen sollten auf diesem Wege

---

19 Finanzgesetz für 2003, Nr. 2002–1575 v. 30.12.2002, JO v. 31.12.2002, S. 22025.

20 *Rey-Lefebvre*, Le Monde v. 5.2.2005, S. 14.

21 Vgl. *Delarce*, Enjeux, Mai 2005, 90 (90); Ed. Francis Lefebvre, FR 58/02, Nr. 23 Rn. 1.

22 *Décret*, Nr. 2003–645 v. 11.07.2003, JO v. 13.7.2003, S. 11962 ff.

23 Zu den Merkmalen des französischen REIT-Regimes: *Dietz*, die bank 2006, Beilage zu Heft 7, 4 (4 ff.); *EPRA*, Global REIT Survey, September 2009, S. 32 ff.; *Royou*, International Tax Review, Februar 2004, 25 (25 ff.); *Schimmelschmidt/Tauser/Laggarigue*, IStR 2006, 120 (120) ff.

24 Instruction v. 25.9.2003, BOI 4 H–5–03 sowie v. 1.2.2010, BOI 4 H–3–10.

ausgeglichen werden[25]. Darüber hinaus sollten inländische, aber auch ausländische Investoren dazu ermutigt werden, in den für die französische Wirtschaft wichtigen französischen Immobilienmarkt zu investieren[26]. Hierbei sollten insbesondere auch ‚Kleinanleger', die eine relativ sichere langfristige Anlagemöglichkeit suchen, angesprochen werden[27]. Ziel der Reform war es, auf diese Weise die Marktkapitalisierung der SIIC insgesamt zu erhöhen, die Aktivität an der Pariser Börse sowie den französischen Immobilienmarkt zu beleben und die französische Wirtschaft zu fördern[28]. Die Besteuerung der im Grundvermögen der optierenden Immobiliengesellschaften ruhenden stillen Reserven im Rahmen der *Exit Tax* sollte schließlich zur Erhöhung des Steueraufkommens und zur Verringerung des Staatsdefizits beitragen[29].

Die politische Opposition kritisierte die Einführung der neuen steuerlichen Regelungen und rügte ihre Verfassungswidrigkeit mit dem Hinweis auf diverse Verstöße gegen den Grundsatz der Gleichmäßigkeit der Besteuerung. Der französische Verfassungsgerichtshof (*Conseil constitutionnel*) bestätigte jedoch die Vereinbarkeit des Art. 11 des Finanzgesetzes für 2003 mit der französischen Verfassung[30].

Seit ihrer Einführung sind die gesetzlichen Regelungen des französischen REIT-Regimes regelmäßig ergänzt und angepasst worden[31]. Anpassungen erfolgten im Rahmen des Finanzgesetzes für 2005 (*Loi de finances pour 2005*; ‚SIIC 2')[32], des ‚berichtigenden Finanzgesetzes' (nachfolgend auch ‚Änderungsfinanzgesetz' genannt) für 2005 (*Loi de finances rectificative pour 2005*; ‚SIIC 3')[33], des Änderungsfinanzgesetzes für 2006 (*Loi de finances rectificative pour 2006;* ‚SIIC 4')[34], des Finanzgesetzes für 2008 (*Loi de finances pour 2008*)[35], des Finanzgesetzes für 2009 (*Loi de finances pour 2009*; ‚SIIC 5')[36], des

---

25 Rapport Général Nr. 68 v. 21.11.2003, S. 66.

26 Vgl. *Rey-Lefebvre*, Le Monde v. 5.2.2005, S. 14.

27 *Delarce*, Enjeux, Mai 2005, 90 (91).

28 *Dietz*, die bank 2006, Beilage zu Heft 7, 4 (4).

29 *Dietz*, die bank 2006, Beilage zu Heft 7, 4 (4); *Hughes/Arissen*, SIIC II will drive the French market further, S. 1, abrufbar im Internet unter: www.epra.com.

30 Conseil constitutionnel, Entscheidung Nr. 2002–464 v. 27.12.2002, abrufbar im Internet unter: http://www.conseil-constitutionnel.fr; vgl. auch *Mautblanc*, AJDI, Februar 2003, 83 (83).

31 Ausführlich zur Entwicklung des SIIC-Regimes: *Lugand/Hamis*, Droit & Patrimoine, n° 164 November 2007, S. 30 ff.; *Lugand*, revue de droit fiscal, n° 9 v. 26.2.2009, Nr. 210.

32 Finanzgesetz für 2005, Nr. 2004–1484 v. 30.12.2004, Art. 26, JO v. 31.12.2004, S. 22459.

33 Änderungsfinanzgesetz für 2005, Nr. 2005–1720 v. 30.12.2005, Art. 28, JO v. 31.12.2005, S. 20654.

34 Änderungsfinanzgesetz für 2006, Nr. 2006–1771 v. 30.12.2006, Art. 138, JO v. 31.12.2006, S. 20228.

35 Finanzgesetz für 2008, Nr. 2007–1822 v. 24.12.2007, Art. 28, JO v. 27.12.2007, S. 21211.

Änderungsfinanzgesetzes für 2009 vom 30. Dezember 2009 (*Loi de finances rectificative pour 2009*)[37] sowie des Finanzgesetzes für 2010 (*Loi de finances pour 2010*)[38].

Die Einführung des REIT-Regimes in Frankreich hat sich gemessen an den Motiven des Gesetzgebers grundsätzlich als Erfolg erwiesen. Die Anzahl der SIIC, die für das neue Besteuerungsregime optiert haben, ist kontinuierlich gestiegen. Im Jahre 2007 gab es 48 SIIC; ihre Marktkapitalisierung betrug mehr als 53 Mrd. Euro[39]. Die steuerlichen Einnahmen aufgrund der *Exit Tax* betrugen von 2003 bis 2008 ca. 2,5 Mrd. Euro[40]. 2009 betrug die Anzahl der SIIC 46, ihre Marktkapitalisierung 45,2 Mrd. Euro[41]. Der Rückgang dürfte v.a. der aktuellen Finanz- und Wirtschaftskrise geschuldet sein.

II. Voraussetzungen für die Anwendung des SIIC-Regimes

Die Anwendbarkeit des französischen SIIC-Regime ist an die Erfüllung bestimmter materieller und formeller Voraussetzungen geknüpft. So können nur bestimmte Gesellschaften bei Vorliegen gesetzlich festgelegter Rahmenbedingungen die speziellen steuerlichen Regelungen in Anspruch nehmen. Formelle Voraussetzung für die Erlangung des Sonderstatus ist die Ausübung einer entsprechenden Option.

1. Optionsberechtigte Gesellschaften

Der Anwendungsbereich des französischen SIIC-Regimes ist nicht nur für die in Frankreich ansässigen SIIC eröffnet. Auch im Ausland und somit in Deutschland

36 Finanzgesetz für 2009, Nr. 2008–1425 v. 27.12.2008, Art. 24 und 25, JO v. 28.12.2008, S. 20230, berichtigt im JO v. 31.12.2008, S. 20566.

37 Änderungsfinanzgesetz für 2009, Nr. 2009–1674 v. 30.12.2009, Art. 40 und 41, JO v. 31.12.2009, S. 22940.

38 Finanzgesetz für 2010, Nr. 2009–1673 v. 30.12.2009, Art. 104, JO v. 31.12.2009, S. 22856.

39 Quelle: *IEIF*, SIIC – Classements, chiffres clés et comparaisons, abrufbar im Internet unter: http://www.ieif.fr.

40 Bericht des Senators *Philippe Marini*, als Berichterstatter des Haushalts- und Finanzausschusses des französischen Senats zum Vorschlag eines Finanzgesetzes für 2009 v. 20.11.2008, Rapport Général, N° 99 (session ordinaire de 2008–2009), tome 2, fascicule 1, vol. 1 (examen des articles), S. 70, abrufbar im Internet unter: http://www.senat.fr (nachfolgend: ‚Rapport Général Nr. 99 v. 20.11.2008'); *Daric*, Les Echos v. 01.03.2007, S. 12.

41 Quelle: *IEIF*, SIIC – Classements, chiffres clés et comparaisons, abrufbar im Internet unter: http://www.ieif.fr.

ansässige deutsche Immobilienaktiengesellschaften sowie bestimmte Tochterkapitalgesellschaften können von dem besonderen Besteuerungsregime profitieren.

a) Sociétés d'investissements immobiliers cotées (SIIC)

Optionsberechtigt sind zunächst die SIIC. Der Begriff der SIIC umfasst alle Aktiengesellschaften, die die in Art. 208 C, I CGI genannten Voraussetzungen hinsichtlich Rechtsform und Mindestkapital, Börsennotierung, Unternehmensgegenstand und Haupttätigkeit sowie Anlegerstruktur erfüllen.

aa) Rechtsform und Mindestkapital

Bei den SIIC handelt es sich um Aktiengesellschaften im weiteren Sinne, d.h. Kapitalgesellschaften, deren Kapital in Aktien zerlegt ist. Als SIIC kommen daher die französische Aktiengesellschaft (*société anonyme,* SA) und die mit der deutschen KGaA vergleichbare *société en commandite par actions* (SCA) in Betracht[42]. Auch die SE dürfte vom Wortlaut des Art. 208 C, I CGI erfasst sein. Die Optionsberechtigung der ‚vereinfachten Aktiengesellschaft' (*société par actions simplifiée,* SAS), deren Kapital ebenfalls in Aktien zerlegt ist, scheitert letztlich an der für SIIC vorgeschriebenen Börsennotierung, da die Aktien der SAS nicht an der Börse gehandelt werden dürfen (Art. L. 227–2 Code de commerce). Das Optionsrecht steht sowohl bestehenden als auch neu gegründeten Gesellschaften zu[43]. Das Grundkapital der SIIC muss dauerhaft[44] mindestens 15 Mio. Euro betragen (Art. 208 C, I Abs. 1 CGI).

bb) Börsennotierung

(1) Notierung an einem geregelten Markt i.S.d. Finanzmarktrichtlinie

Das Optionsrecht setzt voraus, dass die Aktien der SIIC zum Handel an einem geregelten Markt notiert sind, der den Anforderungen der Finanzmarktrichtlinie[45] genügt (Art. 208 C, I Abs. 1 CGI).

---

42 *Kußmaul/Gräbe*, ZSteu 2008, 256 (259); *Schimmelschmidt/Tauser/Lagarrigue*, IStR 2006, 120 (120).

43 *Schimmelschmidt/Tauser/Lagarrigue*, IStR 2006, 120 (120).

44 Instruction v. 25.9.2003, BOI 4 H–5–03, Rn. 4.

45 RL 2004/39/EG des Europäischen Parlaments und des Rates v. 21. April 2004 über Märkte für Finanzinstrumente, zur Änderung der Richtlinien 85/611/EWG und 93/6/EWG des Rates und

Ursprünglich war eine Option zur SIIC-Besteuerung nur bei Notierung der Aktien an einem geregelten französischen Markt statthaft. Art. L. 421–1 Code monétaire et financier definiert einen solchen geregelten Markt in Umsetzung der Finanzmarktrichtlinie als multilaterales System, das die Zusammenführung der Interessen einer Vielzahl Dritter am Kauf oder Verkauf von Finanzinstrumenten innerhalb des Systems und nach seinen nichtdiskretionären Regeln in einer Weise gewährleistet oder fördert, die zu einem Vertrag in Bezug auf Finanzinstrumente führt, die gemäß den Regeln und Systemen dieses Marktes zum Handel zugelassen wurden und das ordnungsgemäß und gemäß den anwendbaren Bestimmungen funktioniert. Die Einrichtung eines geregelten Marktes erfolgt nach Art. L. 421–4 Abs. 1 Code monétaire et financier durch Genehmigung des Wirtschaftsministers auf Vorschlag der französischen Finanzmarktbehörde (*Autorité des marchés financiers*, AMF)[46]. Die Verwaltung des geregelten Marktes obliegt einem Marktbetreiber (Art. L. 421–2 S. 1 Code monétaire et financier). Die geregelten Märkte in Frankreich sind derzeit Euronext Paris (Eurolist by Euronext) und die Termin- und Optionsbörsen MATIF und MONEP, die von Euronext Paris verwaltet werden[47] . Bei Notierung ihrer Anteile an einem geregelten französischen Markt unterliegt die SIIC der allgemeinen Börsenaufsicht der AMF[48].

Die Beschränkung des SIIC-Regimes auf Aktiengesellschaften, deren Aktien zum Handel an einem geregelten französischen Markt zugelassen sind, ist im Schrifttum überwiegend auf Kritik gestoßen, da in ihr ein Verstoß gegen die

der Richtlinie 2000/12/EG des Europäischen Parlaments und des Rates und zur Aufhebung der Richtlinie 93/22/EWG des Rates, ABl. Nr. L 145 v. 30.04.2004, S. 1 (Markets in Financial Instruments Directive, MIFID).

46 Die AMF wurde durch Gesetz Nr. 2003–706 über die *sécurité financière* v. 1.8.2003, JO v. 2.8.2003, S. 13220, infolge eines Zusammenschlusses der Börsenaufsichtsbehörde (*Commission des opérations de bourse, COB*), des *Conseil des marchés financiers* (*CMF*) und des *Conseil de discipline de la gestion financière* (*CDGF*) gegründet. Ihre Aufgabe ist es, darüber zu wachen, dass Investitionen in Finanzinstrumente und andere öffentlich angebotene Geldanlagen ausreichend geschützt sind, dass Investoren ausreichend informiert werden und die Finanzmärkte gut funktionieren; ebenfalls überwacht sie die ihrer Kontrolle unterliegenden Unternehmen bei der Einhaltung des jeweils genehmigten Verhaltenskodex i.S.d. Art. L. 611–3–1 Code monétaire et financier (Art. L. 621–1 Code monétaire et financier). Die AMF ist eine unabhängige Behörde, die mit eigener Rechtspersönlichkeit ausgestattet ist. Ihre finanzielle Unabhängigkeit wird durch Abgaben sichergestellt. Vgl. auch *Sonnenberger/Dammann*, Französisches Handels- und Wirtschaftsrecht, Rn. III, 28 ff.

47 Vgl. die mit Anmerkungen versehene Übersicht über die geregelten Märkte und einzelstaatlichen Rechtsvorschriften zur Umsetzung der entsprechenden Anforderungen der Wertpapierdienstleistungsrichtlinie (RL 2004/39/EG des Europäischen Parlaments und des Rates), 2009/C158/03, Abl. C 158 vom 11.07.2009, S. 3.

48 *Schimmelschmidt/Tauser/Lagarrigue*, IStR 2006, 120 (120).

Kapitalverkehrsfreiheit (Art. 63 AEUV; vorher: Art. 56 EG) gesehen wurde[49]. Das gesetzgeberische Ziel, mit der Börsennotierung der SIIC einen breiteren Kreis auch von ‚Kleinanlegern' zu erreichen, hätte, so die Kritik, ebenfalls durch eine Börsennotierung in anderen Staaten gewährleistet werden können[50]. Zudem ist auf die Entscheidung des EuGH in der Rechtsache *Kommission der Europäischen Gemeinschaften gegen Königreich Spanien*[51] hingewiesen worden, in der der EuGH eine spanische Steuervergünstigung, die für die Veräußerung von an spanischen geregelten Märkten notierten Aktien günstigere Regelungen vorsah als für die Veräußerung von im Ausland notierten Aktien, als Verstoß gegen die Kapitalverkehrsfreiheit beurteilt hat[52].

Um das SIIC-Regime mit dem Europarecht insoweit in Einklang zu bringen, hat der französische Gesetzgeber seinen Anwendungsbereich im Rahmen des Änderungsfinanzgesetzes für 2009 vom 30. Dezember 2009[53] mit Wirkung zum 1. Januar 2010 nunmehr auf Aktiengesellschaften ausgedehnt, deren Anteile an einem geregelten Markt notiert sind, der den Anforderungen der Finanzmarktrichtlinie genügt. Optionsberechtigt sind somit – soweit alle übrigen Voraussetzungen vorliegen – nicht nur Aktiengesellschaften, deren Aktien in einem EU-Mitgliedstaat notiert sind, sondern auch solche, deren Aktien an einem geregelten Markt außerhalb der EU notiert sind, sofern dieser die Voraussetzungen der Finanzmarktrichtlinie erfüllt[54].

(2) Exkurs: Nicht börsennotierte Immobilienfonds

Einen sog. ‚*Private REIT*' kennt das französische REIT-Regime nicht. Als ‚*Private REITs*' bezeichnet man REIT-Gesellschaften, deren Aktien nicht an der Börse gehandelt werden und meist von einer begrenzten Anzahl überwiegend institutioneller Anleger gehalten werden[55].

---

49 *Bron*, Der G-REIT, S. 123; *Cornelisse/Weber/Wijs/Blokland*, ET 2006, 3 (6); *EPRA*, European REIT Regimes and the EC Treaty Freedoms, S. 52; *Renoux*, BANQUEstratégie, n° 210 v. Dezember 2003, 18 (18); *Schimmelschmidt/Tauser/Lagarrigue*, IStR 2006, 120 (121).

50 *Schimmelschmidt/Tauser/Lagarrigue*, IStR 2006, 120 (121).

51 EuGH, Urt. v. 9.12.2004, C–219/03, *Kommission der Europäischen Gemeinschaften gegen Königreich Spanien*, ABl. EU 2005, C 31, S. 3.

52 *Bron*, Der G-REIT, S. 123; *Cornelisse/Weber/Wijs/Blokland*, ET 2006, 3 (7); *EPRA*, European REIT Regimes and the EC Treaty Freedoms, S. 52; *Schimmelschmidt/Tauser/Lagarrigue*, IStR 2006, 120 (121).

53 Änderungsfinanzgesetz für 2009, Nr. 2009–1674 v. 30.12.2009, Art. 40, JO v. 31.12.2009, S. 22940.

54 Ed. Francis Lefebvre, FR 54/09, Nr. 18 Rn. 3.

55 Zum Begriff ‚Private REIT': BT-Drs. 16/4026, 15.

Allerdings sind durch die am 1. Juni 2007 in Kraft getretene Verordnung (*Ordonnance*) Nr. 2005–1278 vom 13. Oktober 2005[56] weitere Rechtsformen zur kollektiven Immobilienanlage (sog. *organismes de placement collectif immobilier,* OPCI) geschaffen worden, die ohne Börsennotierung von einem Steuerregime profitieren können, welches auf denselben Prinzipien beruht wie das SIIC-Regime[57].

Es handelt sich nach Art. L. 214–89 Code monétaire et financier um die sog. Investmentgesellschaft mit überwiegendem Immobilienvermögen und variablem Kapital (*société de placement à prépondérance immobilière à capital variable*, SPPICAV) und den Immobilieninvestmentfonds (*fonds de placement immobilier,* FPI).

Der Unternehmensgegenstand beider Anlagevehikel ist auf den Erwerb und/ oder die Errichtung von Immobilien zum Zwecke der Vermietung einschließlich der damit verbundenen Tätigkeiten sowie auf die indirekte Immobilienanlage beschränkt (vgl. Art. L. 214–90 Code monétaire et financier). Ihr Aktienvermögen muss zu mindestens 60% aus Immobilienvermögen (Art. L. 214–93 Nr. 1 Code monétaire et financier) und zu mindestens 10% aus liquiden Finanzierungsinstrumenten oder Geldmitteln bestehen (Art. L. 214–93 Nr. 2 Code monétaire et financier). Die Aufnahme von Fremdkapital ist begrenzt (vgl. Art. L. 214–95 Code monétaire et financier). Gründung, Umstrukturierung und Liquidation bedürfen der Genehmigung der AMF (Art. L. 214–91–I Code monétaire et financier)[58].

Bei der SPPICAV handelt es sich um eine Aktiengesellschaft mit variablem Kapital (L. 214–120 Abs. 1 Code monétaire et financier), deren Anteile auf Anfrage der Aktionäre zum Nettoinventarwert (zuzüglich bzw. abzüglich Gebühren und Provision) ausgegeben oder zurückgenommen werden (Art. L. 214–120 Abs. 2 Code monétaire et financier). Die Gesellschaft ist verpflichtet, 85% des ausschüttbaren Ergebnisses, das sie aus den Immobilien erzielt, 50% der Gewinne aus der Veräußerung von Immobilien sowie sämtliche von ihren Tochtergesellschaften bezogenen Gewinnausschüttungen an ihre Aktionäre auszuschütten (Art. L. 214–128, II Code monétaire et financier). Im Gegenzug ist die SPPICAV von der französischen Körperschaftsteuer befreit (Art. 208, 3° nonies CGI). Die Besteuerung der Aktionäre der SPPICAV entspricht weitgehend der Besteuerung der Aktionäre der SIIC[59].

---

56 Verordnung (Ordonnance), Nr. 2005–1278 v. 13.10.2005, Art. 2, JO v. 14.10.2005, S. 16306.

57 *Hellio/Kenk*, IWB Nr. 10/2007, Fach 5 Frankreich, Gruppe 2, 1477 (1481).

58 Zu den Voraussetzungen auch: *Hellio/Kenk*, IWB 2007, Fach 5 Frankreich, Gruppe 2, 1477 (1481 f.); Ed. Francis Lefebvre, Fiscal 2009, Rn. 2630; *Nouel*, IFLR, April 2005, 87 (90).

59 Zur Besteuerung der Aktionäre: *Hellio/Kenk*, IWB 2007, Fach 5 Frankreich, Gruppe 2, 1477 (1481 f.); Ed. Francis Lefebvre, Fiscal 2009, Rn. 2634; *Nouel*, IFLR, April 2005, 87 (90 f.).

Der FPI besitzt keine eigene Rechtspersönlichkeit; das vom Fonds verwaltete Vermögen steht vielmehr im Miteigentum der Anteilseigner (Art. L. 214–130 Abs. 1 Code monétaire et financier). Dementsprechend unterliegt der FPI nicht der Körperschaftsteuer[60]. Seine Einkünfte werden den Anteilseignern ihrer Beteiligung entsprechend unmittelbar zugerechnet und bei diesen besteuert. Die Anteilseigner werden mithin so besteuert, als hätten sie die jeweiligen Einkünfte selbst bezogen. Die Besteuerung beschränkt sich dabei jedoch auf die Einkünfte und Gewinne, die tatsächlich von dem Fonds an die Anteilseigner ausgeschüttet werden (Art. 239 nonies, II–1 und 2 CGI)[61]. Im Gegenzug ist der FPI verpflichtet, mindestens 85% der erzielten ausschüttungsfähigen Gewinne auszuschütten (vgl. Art. L. 214–140, II Code monétaire et financier).

cc) Gesellschaftszweck und Haupttätigkeit

Das französische REIT-Modell sieht vor, nur die Einkünfte aus spezifischer Immobilientätigkeit von der Körperschaftsteuer zu befreien. Diese Tätigkeit soll im Wesentlichen auch den Gesellschaftszweck der SIIC bilden.

(1) Hauptgesellschaftszweck (*objet social principal*) und Haupttätigkeit

Gesellschaftszweck und Haupttätigkeit der SIIC müssen der Erwerb oder die Errichtung von Immobilien zum Zwecke der Vermietung oder die direkte und indirekte Beteiligung an Tochtergesellschaften sein, deren Gesellschaftszweck mit dem der SIIC identisch ist (Art. 208 C, I Abs. 1 CGI).

Art. 208 C, I CGI unterscheidet nicht zwischen verschiedenen Arten von Immobilien, so dass die SIIC gleichermaßen in Wohn-, Industrie- und Gewerbeimmobilien investieren kann[62]. Keine taugliche Haupttätigkeit ist grundsätzlich die Verwaltung von Parkplätzen[63]. Die Verwaltung eines Parkplatzes kommt nach Ansicht der französischen Finanzverwaltung als taugliche Haupttätigkeit nur dann in Betracht, wenn sie sich als unselbständiger Bestandteil der Vermietung einer Immobilie darstellt. Dies ist insbesondere der Fall, wenn die SIIC als Ver-

---

60 *Hellio/Kenk*, IWB 2007, Fach 5 Frankreich, Gruppe 2, 1477 (1482); Ed. Francis Lefebvre, Fiscal 2009, Rn. 2637.

61 Ausführlich: *Hellio/Kenk*, IWB 2007, Fach 5 Frankreich, Gruppe 2, 1477 (1482); Ed. Francis Lefebvre, Fiscal 2009, Rn. 2637 ff.; *Nouel*, IFLR, April 2005, 87 (90 f.).

62 Instruction v. 25.9.2003, BOI 4 H–5–03, Rn. 9; Juris-Classeur, Fiscalité immobilière, Fasc. 561, Tz. 11; *Hellio/Kenk*, IWB 2007, Fach 5 Frankreich, Gruppe 2, 1477 (1482).

63 Instruction v. 25.9.2003, BOI 4 H–5–03, Rn. 9; Juris-Classeur, Fiscalité immobilière, Fasc. 561, Tz. 11.

mieter eines Einkaufszentrums den dazugehörigen Parkplatz zugunsten der Kunden des Einkaufszentrums mitverwaltet[64].

Neben der direkten Immobilienanlage kommt als Haupttätigkeit auch die indirekte Immobilienanlage über Tochtergesellschaften in Betracht. Die SIIC kann sich hierbei sowohl an Personengesellschaften als auch an Kapitalgesellschaften beteiligen[65]. Voraussetzung ist lediglich, dass der Gesellschaftszweck der Tochtergesellschaften demjenigen entspricht, den das Gesetz auch der SIIC vorgibt.

Ihre Haupttätigkeit kann die SIIC direkt und indirekt sowohl in Frankreich als auch im Ausland ausüben[66].

(2) Nebentätigkeiten

Aus der Tatsache, dass Art. 208 C, I CGI die direkte und indirekte Investition in in- und ausländische Immobilien zum Zwecke der Vermietung als Hauptgesellschaftszweck bzw. Haupttätigkeit der SIIC vorschreibt, folgt, dass die SIIC auch andere Tätigkeiten ausüben darf. Bei diesen Tätigkeiten muss es sich jedoch um bloße Nebentätigkeiten handeln[67]. Anders ausgedrückt: Die Ausübung anderer als dem Hauptgesellschaftszweck dienenden Tätigkeiten führt nicht unmittelbar zum Wegfall der Optionsberechtigung, solange diese Tätigkeiten die Grenze einer bloßen Nebentätigkeit nicht überschreiten. Die Einkünfte aus diesen Tätigkeiten werden jedoch nicht von der Körperschaftsteuerbefreiung erfasst, sondern unterliegen der normalen Besteuerung[68].

Als Nebentätigkeit einer SIIC kommen insbesondere der Immobilienhandel, die Immobilienverwaltung für Dritte, die Projektsteuerung sowie Projektentwicklung oder die Tätigkeit als Immobilienmakler in Betracht[69].

Voraussetzung für die Annahme einer Nebentätigkeit ist, dass der Bruttowert der Aktiva, die diesen Nebentätigkeiten dienen, 20% des Bruttowertes des Gesamtaktivvermögens der SIIC nicht übersteigt. Werden Nebentätigkeiten indirekt

---

64 Instruction v. 25.9.2003, BOI 4 H–5–03, Rn. 9.

65 Instruction v. 25.9.2003, BOI 4 H–5–03, Rn. 10; Juris-Classeur, Fiscalité immobilière, Fasc. 561, Tz. 12; Editions Lamy, Lamy Fiscal 2009, Rn. 6648.

66 Instruction v. 25.9.2003, BOI 4 H–5–03, Rn. 11; Juris-Classeur, Fiscalité immobilière, Fasc. 561, Tz. 12.

67 Instruction v. 25.9.2003, BOI 4 H–5–03, Rn. 12; Ed. Francis Lefebvre, FR 58/02, Nr. 23 Rn. 4; Juris-Classeur, Fiscalité immobilière, Fasc. 561, Tz. 13; Editions Législatives, Bulletin 67, 13.10.2003, 157a, S. 8579; Editions Lamy, Lamy Fiscal 2009, Rn. 6648.

68 Instruction v. 25.9.2003, BOI 4 H–5–03, Rn. 12.

69 Vgl. Instruction v. 25.9.2003, BOI 4 H–5–03, Rn. 13; Juris-Classeur, Fiscalité immobilière, Fasc. 561, Tz. 13; *Hellio/Kenk*, IWB 2007, Fach 5 Frankreich, Gruppe 2, 1477 (1478); *Royou*, International Tax Review, Februar 2004, 25 (25); *Schimmelschmidt/Tauser/Lagarrigue*, IStR 2006, 120 (121).

über Tochtergesellschaften ausgeübt, dürfen der Buchwert der Beteiligungen an den Tochtergesellschaften sowie die Forderungen (*comptes-courants*) gegen diese die 20%-Grenze nicht überschreiten. Bei der Ermittlung der 20%-Grenze bleiben die Buchwerte der im Rahmen eines Finanzierungsleasings genutzten Immobilien außer Betracht[70]. Die 20%-Grenze muss während des gesamten Wirtschaftsjahres eingehalten werden[71].

(3) Erweiterung des ursprünglichen Umfangs der zulässigen Haupttätigkeiten im Rahmen späterer Gesetzesanpassungen?

Der Umfang der unter die partielle Körperschaftsteuerbefreiung fallenden Einkünfte ist seit der Einführung des SIIC-Regimes mehrfach erweitert worden. Ursprünglich bestand ein weitgehender Gleichklang zwischen der in Art. 208 C, I CGI vorgesehenen Haupttätigkeit und dem Umfang der steuerbefreiten Einkünfte der SIIC. So schrieb Art. 208 C, II CGI bei seiner Einführung vor, dass zunächst die Einkünfte aus der Immobilienvermietung von der Körperschaftsteuer befreit waren. Darüber hinaus konnten unter weiteren Voraussetzungen Ausschüttungen von Tochtergesellschaften und die Gewinne aus der Veräußerung von Immobilien und Anteilen an Tochtergesellschaften von der Steuerbefreiung profitieren.

Sowohl Hauptgesellschaftszweck als auch Körperschaftsteuerbefreiung erfassten ursprünglich nur die Vermietung von Immobilien, die auch im Volleigentum des Vermieters standen, nicht jedoch die Ausbeute von Rechten an Immobilien, die im Eigentum eines anderen standen[72]. Lediglich bei der Vermietung von Gebäuden, die auf fremdem Boden errichtet wurden, konnte eine SIIC als Pächterin für die privilegierte Besteuerung optieren, sofern das Gebäude in ihrem Eigentum verblieb[73].

---

70 Instruction v. 25.9.2003, BOI 4 H–5–03, Rn. 13; Juris-Classeur, Fiscalité immobilière, Fasc. 561, Tz. 13; Editions Législatives, Bulletin 67, 13.10.2003, 157a, S. 8580; *Royou*, International Tax Review, Februar 2004, 25 (25); *Schimmelschmidt/Tauser/Lagarrigue*, IStR 2006, 120 (121). Zu Besonderheiten beim Finanzierungsleasing sogleich unter: A. II. 1 a) cc) (3) (a) und (d).

71 Instruction v. 25.9.2003, BOI 4 H–5–03, Rn. 13.

72 Instruction v. 25.9.2003, BOI 4 H–5–03, Rn. 8; Juris-Classeur, Fiscalité immobilière, Fasc. 561, Tz. 10; *Royou*, International Tax Review, Februar 2004, 25 (25).

73 Instruction v. 25.9.2003, BOI 4 H–5–03, Rn. 8; Juris-Classeur, Fiscalité immobilière, Fasc. 561, Tz. 10.

(a) Finanzierungsleasing (*crédit-bail immobilier*)

Die erste Erweiterung des SIIC-Regimes erfolgte im Rahmen des Finanzgesetzes für 2005[74] und betrifft Fälle des Finanzierungsleasings (*crédit-bail immobilier*).

Beim *crédit-bail immobilier* handelt es sich um eine Vereinbarung, durch die ein Unternehmen (Leasinggeber) gewerblich genutzte Immobiliengüter langfristig vermietet, die er für eigene Rechnung erworben oder errichtet hat, vorausgesetzt, dem Mieter (Leasingnehmer) wird die Möglichkeit eingeräumt, bei Mietende direkt oder indirekt Eigentum durch Übertragung in Erfüllung eines einseitigen Verkaufsversprechens oder durch Erwerb des auf seinem Grundstück errichteten Gebäudes oder durch Erwerb der Gesellschaftsanteile der Erbauerin zu erlangen (Art. L. 313–7, 2 Code monétaire et financier)[75]. Bis zur Ausübung der eingeräumten Option bleibt der Leasinggeber Eigentümer der Immobilie. Dem Leasingnehmer steht lediglich ein Nutzungsrecht zu[76]. Das französische Recht betrachtet den *crédit-bail immmobilier* als Mietverhältnis[77], so dass die Weitervermietung der Immobilie durch den Leasingnehmer eine Untervermietung darstellt[78].

Die Untervermietung zählte ursprünglich nicht zu den begünstigten Tätigkeiten und konnte lediglich als Nebentätigkeit qualifizieren. Der Charakter als bloße Nebentätigkeit war solange gewahrt, wie der Buchwert der Immobilien unter Finanzierungsleasingverträgen 50% des Gesamtbuchwertes der SIIC nicht überstieg. Auch diese Grenze musste dauerhaft erfüllt sein[79].

Im Rahmen des Finanzgesetzes für 2005 hat der französische Gesetzgeber die Nutzung von Immobilien, die Gegenstand eines Finanzierungsleasingsverhältnisses sind, in den Anwendungsbereich des SIIC-Regimes einbezogen. Art. 208 C, II CGI bestimmt nunmehr, dass sich die Körperschaftsteuerbefreiung bei Erfüllung aller Voraussetzungen auch auf solche Einkünfte der SIIC erstreckt, die aus der Untervermietung von Immobilien, die Gegenstand eines *crédit-bail immobilier* sind, oder aus der Veräußerung der Rechte aus einem *crédit-bail immo-*

---

74 Finanzgesetz für 2005, Nr. 2004–1484 v. 30.12.2004, Art. 26, JO v. 31.12.2004, S. 22459.

75 Vgl. *Hök*, Das französische Grundstücksrecht im Überblick, S. 11; *Schmidt/Kornprobst*, Fiscalité Immobilière, Rn. 975, S. 447; *Sonnenberger*, in Ferid/Sonnenberger, Das französische Zivilrecht, Band 2, Rn. 2 G 804 (m.w.N.).

76 *Lazarski*, European Taxation, Mai 2005, 214 (214).

77 Vgl. *Sonnenberger*, in Ferid/Sonnenberger, Das französische Zivilrecht, Band 2, Rn. 2 G 806 (m.w.N.).

78 *Lazarski*, ET 2005, 214 (214).

79 Instruction v. 25.9.2003, BOI 4 H–5–03, Rn. 13; Juris-Classeur, Fiscalité immobilière, Fasc. 561, Tz. 13; *Kußmaul/Gräbe*, ZSteu 2008, 256 (259); *Royou*, International Tax Review, Februar 2004, 25 (25).

bilier stammen. Die Regelung betrifft sämtliche seit dem 1. Januar 2005 geschlossenen Finanzierungsleasingverträge.

Hieraus folgt zum einen, dass die Untervermietung von Immobilien, die Gegenstand eines bis einschließlich 31. Dezember 2004 geschlossenen Finanzierungsleasingvertrags sind, weiterhin nur als Nebentätigkeit in Betracht kommt, so dass die aus der Nutzung der Immobilien stammenden Einkünfte nicht von den Regelungen des SIIC-Regimes profitieren können, sondern der normalen Besteuerung unterliegen[80]. Zum anderen fallen Einkünfte, die aus der Nutzung von Immobilien stammen, welche Gegenstand eines seit dem 1. Januar 2005 vereinbarten Finanzierungsleasings sind, nunmehr in den Anwendungsbereich der partiellen Körperschaftsteuerbefreiung[81].

Fraglich ist jedoch, ob sich die Gesetzesänderung auch auf die Vorgaben hinsichtlich des Gesellschaftszwecks ausgewirkt hat. Insbesondere stellt sich die Frage, ob die Untervermietung von Immobilien, die Gegenstand eines seit dem 1. Januar 2005 vereinbarten Finanzierungsleasings sind, nunmehr auch zu den Haupttätigkeiten einer SIIC zählen kann[82] oder ob sie weiterhin nur als Nebentätigkeit in Betracht kommt, die jedoch wegen der Regelung in Art. 208 C, II CGI ausnahmsweise von der Körperschaftsteuerbefreiung profitiert[83]. Im zuletzt genannten Fall wäre die SIIC weiterhin nur optionsberechtigt, wenn der Buchwert der Immobilien, die Gegenstand eines *crédit-bail immobilier* sind, 50% des Gesamtbuchwertes der SIIC nicht überschreiten.

(b) Nießbrauch (*usufruit*), Erbbaurecht (*bail à construction*) und Erbpacht (*bail emphythéotique*)

Die gleichen Fragen stellen sich im Zusammenhang mit einer weiteren Ausdehnung des Anwendungsbereichs des SIIC-Regimes, die der französische Gesetzgeber im Rahmen des Änderungsfinanzgesetzes für 2006[84] herbeigeführt hat.

Art. 208 C, II Abs. 6 CGI in der seit dem 1. Januar 2007 geltenden Fassung bestimmt, dass der Begriff der Immobilie für Zwecke des Art. 208 C, II CGI neben den Immobilien, die im Volleigentum der SIIC stehen, auch solche erfasst,

---

80 *EPRA*, Global REIT Survey, September 2009, S. 39.

81 *Lazarski*, ET 2005, 25 (25); *Schimmelschmidt/Tauser/Lagarrigue*, IStR 2006, 120 (121).

82 So wohl *EPRA*, Global REIT Survey, September 2009, S. 36.

83 Wohl *Hellio/Kenk*, IWB 2007, Fach 5 Frankreich, Gruppe 2, 1477 (1477); *Schimmelschmidt/Tauser/Lagarrigue*, IStR 2006, 120 (121).

84 Änderungsfinanzgesetz für 2006, Nr. 2006–1771 v. 30.12.2006, Art. 138, JO v. 31.12.2006, S. 20228.

die sie als Inhaber der folgenden dinglichen Nutzungsrechte vermietet: *usufruit*, *bail à construction* und *bail emphythéotique*. Die Aufzählung ist abschließend[85].

(aa) Nießbrauch (*usufruit*)

Beim *usufruit*, der weitgehend dem deutschen Nießbrauch entspricht, ist der Inhaber des Rechts berechtigt, den belasteten Gegenstand wie der Eigentümer, jedoch unter Wahrung der Substanz zu nutzen (Art. 578 Code civil).

Der französische Nießbrauch stellt ein zeitlich begrenztes dingliches Recht dar, das zugunsten einer juristischen Person für höchstens 30 Jahre bestellt werden kann (Art. 618 Code civil). Als persönliches dingliches Recht ist der Nießbrauch an die Person des Nießbrauchers gebunden und somit nicht vererblich (vgl. Art. 617 Code civil)[86]. Er kann jedoch einem anderen zur Ausübung überlassen und, anders als im deutschen Recht (vgl. § 1059 BGB; Ausnahme jedoch: § 1059a BGB)[87], grundsätzlich übertragen werden (Art. 595 Code civil). An einem Grundstück bestehend kann er ebenfalls mit einer Hypothek belastet werden (Art. 2397, 2° Code civil)[88]. Der Nießbraucher hat das Recht der *jouissance*, das den Gebrauch und die Fruchtziehung erfasst, wobei der Nießbraucher die vom Eigentümer vorgegebene und festgelegte Gebrauchsart und Zweckbestimmung nicht ändern darf. Hieraus folgt zugleich eine Unterhaltungspflicht des Nießbrauchers. Er ist verpflichtet, die zum Erhalt der Sache erforderlichen Reparaturen vorzunehmen, soweit es sich nicht um Hauptreparaturen handelt, die grundsätzlich dem Eigentümer obliegen. Darüber hinaus trägt er die regelmäßigen Lasten, die als auf den Früchten ruhend angesehen werden (sog. *charges des fruits*)[89].

---

85 Vgl. Bericht des Senators *Philippe Marini*, als Berichterstatter des Haushalts- und Finanzausschusses des französischen Senats zum Vorschlag eines Änderungsfinanzgesetzes für 2006 v. 13.12.2006, Rapport Général, N° 115 (session ordinaire de 2006–2007), tome 1, vol. 2 (examen des articles), S. 212, abrufbar im Internet unter: http://www.senat.fr (nachfolgend: ‚Rapport Général Nr. 115 v. 13.12.2006').

86 *Sonnenberger* , in Ferid/Sonnenberger, Das französische Zivilrecht, Band 2, Rn. 3 E 110.

87 Vgl. auch Palandt/*Bassenge*, Einf. v. § 1030 Rn. 1.

88 Vgl. *Sonnenberger*, in Ferid/Sonnenberger, Das französische Zivilrecht, Band 2, Rn. 3 E 111.

89 Die Rechte des Nießbrauchers sind im Einzelnen in den Art. 582 ff. Code civil, seine Pflichten in den Art. 600 ff. Code civil geregelt. Vgl. auch *Sonnenberger*, in Ferid/Sonnenberger, Das französische Zivilrecht, Band 2, Rn. 3 E 126 ff.

(bb) Erbbaurecht (*bail à construction*)

Der *bail à construction*, geregelt in Art. L. 251–1 bis L. 251–9, R. 251–1 bis R. 251–3 Code de la construction et de l'habitation, kommt funktionell dem deutschen Erbbaurecht sehr nahe[90].

Er gibt dem ‚Erbbauberechtigten' (*preneur-constructeur*) ein dingliches Recht am Grundstück des Ausgebenden, welches er übertragen und hypothekarisch belasten kann und welches der Immmobilienvollstreckung unterliegt (Art. L. 251–3 Code de la construction et de l'habitation). Die Mindestdauer des *bail à construction* beträgt 18, die Höchstdauer 99 Jahre (Art. L. 251–1 Abs. 3 Code de la construction et de l'habitation).

Der ‚Erbbauberechtigte' ist berechtigt und verpflichtet, auf dem betroffenen Grundstück Gebäude zu errichten (Art. L. 251–1 Abs. 1 Code de la construction et de l'habitation). Er ist befugt, das Grundstück mit den hierfür erforderlichen Dienstbarkeiten zu belasten. Die errichteten Gebäude kann er samt Grundstück vermieten (Art. L. 251–3 Code de la construction et de l'habitation).

Im Gegenzug hat er die errichteten Gebäude in gutem Zustand zu erhalten und sämtliche Gebäude- oder Grundstückslasten sowie Grundstücksteuern und -abgaben zu tragen (Art. L. 251–4 Code de la construction et de l'habitation). Der vereinbarte Erbbauzins kann in der Übertragung von Rechten an Teilen des errichteten Gebäudes oder in Geld bestehen (vgl. Art. L. 251–5 Code de la construction et de l'habitation).

Bei Beendigung des *bail à construction* wird das Gebäude Eigentum des Ausgebers, es sei denn, die Parteien haben etwas anderes vereinbart. Ferner enden grundsätzlich die auf dem Erbbaurecht ruhenden Lasten und die vom ‚Erbbauberechtigten' abgeschlossenen Mietverträge (Art. L. 251–6 Code de la construction et de l'habitation).

(cc) Erbpacht (*bail emphythéotique*)

Beim *bail emphythéotique* handelt es sich um einen Erbpachtvertrag, der in Art. L. 451–1 bis L. 451–14 Code rural geregelt ist[91]. Die Erbpacht begründet zugunsten des Erbpächters ein dingliches Recht, das vererblich, veräußerlich, mit Hypotheken belastbar und nach den Vorschriften über die Immobilienvollstreckung pfändbar ist. Es wird auf die Dauer von mindestens 18 und höchstens 99 Jahre bestellt (Art L. 451–1 Code rural). Der Pächter hat wie der Nießbraucher

90 Hierzu auch: *Sonnenberger*, in Ferid/Sonnenberger, Das französische Zivilrecht, Band 2, Rn. 3 E 156 ff.

91 *Sonnenberger*, in Ferid/Sonnenberger, Das französische Zivilrecht, Band 2, Rn. 3 E 156 ff.

ein Gebrauchs- und Fruchtziehungsrecht. Anders als dieser kann er allerdings Veränderungen am Pachtobjekt vornehmen, vorausgesetzt, sein Wert wird nicht gemindert. Der Erbpächter ist im Gegenzug verpflichtet, einen frei zu vereinbarenden Jahreszins zu zahlen, alle Lasten sowie die Gefahren der Fruchtgewinnung zu tragen. Verbesserungen und von ihm geschaffene Einrichtungen muss er bei Pachtende ersatzlos dem Eigentümer überlassen.

Vermietet eine SIIC eine Immobilie in Ausübung eines Nießbrauchs, eines Erbpacht- oder Erbbaurechts oder veräußert sie ein solches Recht, so fallen die Einkünfte bei Erfüllung aller übrigen Voraussetzungen nunmehr unter die Körperschaftsteuerbefreiung. Unklar ist jedoch, ob die Vermietung der Immobilien auch als Haupttätigkeit qualifizieren kann[92] oder weiterhin nur als Nebentätigkeit in Betracht kommt. In diesem Fall müssten die der Vermietungstätigkeit dienenden Vermögensgegenstände im Rahmen der 20%-Grenze berücksichtigt werden.

(c) Untervermietung von Immobilien im öffentlichen Eigentum

Im Rahmen des Finanzgesetzes für 2009[93] hat der französische Gesetzgeber den Anwendungsbereich des SIIC-Regimes erneut erweitert. Nach Art. 208 C, II CGI erstreckt sich die Körperschaftsteuerbefreiung bei Erfüllung aller Voraussetzungen nunmehr auch auf solche Einkünfte der SIIC, die aus der Untervermietung von Immobilien stammen, die der SIIC langfristig vom Staat oder einer Gebietskörperschaft sowie ihrer Anstalten des öffentlichen Rechts zur Nutzung und Fruchtziehung überlassen worden sind. Durch diese Regelung, die für alle nach dem 31. Dezember 2008 endenden Wirtschaftsjahre gilt, soll nicht nur der Bereich der Investitionsmöglichkeiten der SIIC erweitert, sondern ihr Know-How auch für die Körperschaften des öffentlichen Rechts (Staat, Gebietskörperschaften) nutzbar gemacht werden. Vor dem Hintergrund der aktuellen Finanz- und Wirtschaftskrise soll es diesen zudem erleichtert werden, Partner für die Finanzierung von die Infrastruktur betreffenden Immobilienprojekten zu finden.

Vor der Gesetzesanpassung fielen die Einkünfte einer SIIC aus der Bewirtschaftung von im öffentlichen Eigentum stehenden Immobilien, die die Gesellschaft im Rahmen spezifischer öffentlich-rechtlicher Nutzungsverhältnisse (*contrat de concession* oder *contrat d'occupation*) bewirtschaftete, nicht in den Anwendungsbereich der partiellen Körperschaftsteuerbefreiung. Denn aus Gründen des öffentlichen Interesses gewähren entsprechende Vereinbarungen dem Nutzungsberechtigten, auch wenn er neben der persönlichen Verpflichtung zur

92 So wohl *EPRA*, Global REIT Survey, September 2009, S. 36.

93 Finanzgesetz für 2009, Nr. 2008–1425 v. 27.12.2008, Art. 24, JO v. 28.12.2008, S. 20230, berichtigt im JO v. 31.12.2008, S. 20566.

Bewirtschaftung des Grundstücks verpflichtet wird, dieses zu unterhalten, instand zu setzen und ggf. zu bebauen, an diesem kein dingliches Recht. Die SIIC bevorzugten daher die Einräumung dinglicher Rechte wie den *bail à construction* oder den *bail emphythéotique*. Durch die Gesetzesänderung werden nun – ohne eine Änderung des Verwaltungsrechts – auch im öffentlichen Eigentum stehende Immobilien in das SIIC-Regime einbezogen, ohne dass die Vorrechte der Gebietskörperschaften hierdurch beschränkt werden. Der französische Gesetzgeber sieht wegen des Vorteils der Steuerbefreiung der Einnahmen auf Ebene der nutzungsberechtigten SIIC ferner die Möglichkeit, für die Überlassung der Immobilien eine höhere Gegenleistung verlangen zu können. Nach seiner Vorstellung soll die Regelung v.a. Immobilien wie Bahnhöfe, Stadien oder Flughäfen betreffen[94].

(d) Diskussion

Vieles spricht dafür, sowohl die Untervermietung von Immobilien, die Gegenstand eines ab dem 1. Januar 2005 vereinbarten Finanzierungsleasings sind, als auch die Vermietung von Immobilien in Ausübung eines in Art. 208 C, II Abs. 6 CGI aufgeführten dinglichen Rechts sowie die Untervermietung der vom Staat oder einer Gebietskörperschaft überlassenen Immobilien weiterhin als Nebentätigkeit anzusehen, so dass bei ihrer Ausübung die 50%-Grenze bzw. 20%-Grenze einzuhalten ist.

Zunächst spricht hierfür der Wortlaut des Art. 208 C, I CGI, den der französische Gesetzgeber gerade nicht geändert hat. Dieser schreibt als Hauptgesellschaftszweck bzw. Haupttätigkeit der SIIC ausschließlich den Erwerb und die Errichtung von Immobilien zum Zweck der Vermietung vor. Die Einbeziehung des *crédit-bail immobilier* und die Ausbeutung der genannten dinglichen Rechte sowie die Untervermietung der staatlichen Immobilien hat der französische Gesetzgeber in Art. 208 C, II CGI vollzogen, der die Einkünfte der SIIC beschreibt, für die eine sachliche Körperschaftsteuerbefreiung vorgesehen ist. Somit spricht auch die Gesetzessystematik dafür, die entsprechenden Tätigkeiten als Nebentätigkeiten anzusehen, wobei jedoch die aus ihnen stammenden Einkünfte ausnahmsweise privilegiert besteuert werden.

Gegen diese Auslegung wird zum Teil der Vorwurf der mangelnden Kohärenz vorgebracht[95]. Ob eine solche Kohärenz zwischen Unternehmensgegenstand und Steuerbefreiung überhaupt intendiert ist, erscheint jedoch fraglich. Zum einen

94 Rapport Général Nr. 99 v. 20.11.2008, S. 73 f.; Ed. Francis Lefebvre, FR 66/08, Nr. 29 Rn. 3, 5.

95 Bzgl. der dinglichen Rechte: Revue de droit fiscal, N° 6 v. 8.2.2007, Nr. 170, S. 29 (33).

stellen auch die Gesetzesmaterialien nur auf die Ausdehnung des Anwendungsfeldes der Steuerbefreiung ab[96]. Zum anderen war ein vollständiger Gleichklang von Haupttätigkeit und Steuerbefreiung von Anfang an nicht gegeben. So wird die Veräußerung der Immobilien in Art. 208 C, I CGI nicht aufgeführt, obwohl die hieraus stammenden Gewinne von Anfang an steuerbefreit waren. Die französische Finanzverwaltung hat sich zu dieser Problematik nicht geäußert.

dd) Anlegerstruktur (Höchstbeteiligungsgrenze und Streubesitzquote)

Mit Einführung des SIIC-Regimes verfolgte der französische Gesetzgeber nicht nur das Ziel, die Konkurrenzfähigkeit der französischen börsennotierten Aktiengesellschaften gegenüber ihren ausländischen Konkurrenten und ihre Marktkapitalisierung an der Pariser Börse zu steigern. Darüber hinaus sollten insbesondere auch ‚Kleinanleger' animiert werden, ihre Ersparnisse über die SIIC indirekt in Immobilien anzulegen[97].

Während sich die Einführung des französischen SIIC-Regimes mit einer stetigen Zunahme der SIIC und ihrer Marktkapitalisierung insgesamt als Erfolg darstellte, war jedoch auffallend, dass die SIIC-Anteile teilweise nur von jeweils einem oder einigen wenigen Großaktionären gehalten wurden[98].

Um sog. ‚*SIIC captives*', d.h. Gesellschaften, die von einem Anteilseigner beherrscht werden, zu vermeiden und um vor allem Privatanlegern den Zugang zum Kapital der SIIC zu erleichtern, führte der französische Gesetzgeber im Rahmen des Änderungsfinanzgesetzes für 2006 als weitere Voraussetzungen zur Erlangung des SIIC-Status eine Höchstbeteiligungsgrenze und eine Streubesitzquote ein[99].

---

96 Vgl. Rapport Général Nr. 115 v. 13.12.2006, S. 212 („*[...] le champ de l'exonération des activités de location immobilière serait étendu à la location et aux plus-values de cessions de certains droits réels [...]*").

97 Rapport Général Nr. 68 v. 21.11.2003, S. 66.

98 *Hazan/Goldberg-Darmon*, MdA, Nr. 21 – April 2007, S. 46 (46).

99 Rapport Général Nr. 115 v. 13.12.2006, S. 211 f.; vgl. auch Revue de droit fiscal, N° 6 v. 8.2.2007, Nr. 170, S. 29 (31); *A.C.*, Les Echos v. 25.1.2007, S. 27; *Donneaud/Carcelero*, Option Finance Nr. 920 v. 19.2.2007, S. 25 (26); *Hazan/Goldberg-Darmon*, MdA, Nr. 21 – April 2007, S. 46 (46).

(1) Höchstbeteiligungsgrenze

(a) Grundsatz: Höchstbeteiligungsgrenze von 60%

Art. 208 C, I Abs. 2 CGI schreibt nunmehr vor, dass kein Anleger zu 60% oder mehr am Kapital einer SIIC beteiligt sein oder 60% oder mehr der Stimmrechte innehaben darf. Gleichsam verbietet die Vorschrift ein Überschreiten der Höchstbeteiligungsgrenze durch mehrere Anleger, wenn diese im Rahmen eines ‚gemeinsamen Vorgehens' (*de concert*) i.S.d. Art. L. 233–10 Code de commerce handeln.

Ein solches gemeinsames Vorgehen liegt vor, wenn die Aktionäre zum Zwecke des Erwerbs, der Übertragung oder der Ausübung von Stimmrechten eine Vereinbarung getroffen haben, um gegenüber der Gesellschaft eine gemeinsame Politik auszuüben. Art. L. 233–10 Code de commerce nennt verschiedene Tatbestände, bei denen eine solche Vereinbarung widerlegbar vermutet wird.

Eine Vereinbarung wird zunächst im Verhältnis zwischen einer Gesellschaft und den mit der Geschäftsführung betrauten Personen angenommen. Das Gesetz nennt den Vorsitzenden des Verwaltungsrates (*président du conseil administratif*), die Generaldirektoren (*directeurs généraux*) und die Vorstandsmitglieder (*membres du directoire*) oder die Geschäftsführer (*gérants*). Gleiches gilt im Verhältnis zwischen einer Gesellschaft und den Gesellschaften, die sie nach Art. L. 233–3 Code de commerce kontrolliert und zwischen Gesellschaften, die von der gleichen Person oder den gleichen Personen kontrolliert werden. Eine Vereinbarung wird ferner vermutet zwischen den Gesellschaftern einer SAS hinsichtlich der Gesellschaften, die unter der Kontrolle der SAS stehen. Bei der Ermittlung der Beteiligungsquoten sind somit insbesondere auch die Beteiligungen von zwischengeschalteten Gesellschaften zu berücksichtigen[100].

Schließlich gilt die Vermutungswirkung zwischen den Parteien eines Treuhandvertrags i.S.d. Art. 2011 ff. Code civil (*contrat de fiducie*), vorausgesetzt der Treugeber als Vertragspartner des Treuhänders und die Person, zugunsten derer der Treuhänder das übertragene Vermögen verwaltet, sind personenidentisch.

Bei der Bestimmung der Beteiligungsquoten sind sowohl unmittelbare als auch mittelbare Beteiligungen zu berücksichtigen. Im Falle einer mittelbaren Beteiligung entspricht die relevante Quote dem Produkt der jeweiligen prozentualen Anteile innerhalb der Beteiligungskette[101]. Titel, die auf die Ausgabe von

---

100 Instruction v. 20.1.2010, BOI 4 H-3-10 v. 1.2.2010 , Rn. 8.

101 *Beispiel*: Sind an einer SIIC S die Kapitalgesellschaften A und B zu 30% bzw. 50% beteiligt und hält C 80% der Anteile an A und 90% der Anteile an B, so ist C indirekt zu 67% [80%*50% + 90%*30%] an S beteiligt.

Gesellschaftsanteilen gerichtet sind, wie Wandelobligationen oder Zeichnungsscheine bleiben bei der Ermittlung der Beteiligungsquoten unbeachtet. Nicht berücksichtigt werden ferner stimmrechtslose Aktien, wenn es um die Berechnung der Stimmrechtsquote geht[102].

Die Höchstbeteiligungsgrenze muss bei Ausübung der Option zur SIIC-Besteuerung und darüber hinaus dauerhaft während des gesamten Wirtschaftsjahres, solange das SIIC-Regime Anwendung findet, eingehalten werden (Art. 208 C–I Abs. 2 S. 2 CGI)[103].

Die Höchstbeteiligungsgrenze gilt für alle SIIC, die in 2007 erstmals zur SIIC-Besteuerung optiert haben. Für Altgesellschaften, die das SIIC-Regime bereits vor 2007 in Anspruch genommen haben, gilt die Höchstbeteiligungsquote nach einem zunächst gewährten Übergangszeitraum seit dem 1. Januar 2010. Der Übergangszeitraum sollte ursprünglich bereits am 31. Dezember 2008 enden, wurde jedoch im Rahmen des Finanzgesetzes für 2009[104] um ein Jahr verlängert[105].

(b) Ausnahmetatbestände

Die dauerhafte Einhaltung der Beteiligungsvorgaben während des gesamten Wirtschaftsjahres kann unter bestimmten Umständen schwierig sein. Daher sieht das Gesetz einige Ausnahmetatbestände vor.

(aa) SIIC als Hauptaktionär

Die neu eingeführte Höchstbeteiligungsgrenze soll der Bildung und Umstrukturierung von SIIC-Gruppen nicht im Wege stehen. Daher sind SIIC als Aktionäre einer anderen SIIC von der Höchstbeteiligungsquote ausgenommen. Handelt es sich bei dem Anteilseigner einer SIIC ebenfalls um eine SIIC, so ist es unschädlich, wenn diese allein oder im Rahmen eines ‚gemeinsamen Vorgehens' (*de concert*) mit anderen SIIC direkt oder indirekt 60% oder mehr des Kapitals oder der Stimmrechte innehat (Art. 208 C, I Abs. 2 S. 3 CGI).

Werden Kapital oder Stimmrechte mehrheitlich von einer ausländischen (REIT-)Gesellschaft gehalten, deren Funktionsweise und Besteuerungsregime

---

102 Instruction v. 20.1.2010, BOI 4 H–3–10 v. 1.2.2010, Rn. 6.

103 Vgl. auch Ed. Francis Lefebvre, Fiscal 2009, Rn. 2637; Revue de droit fiscal, N° 6 v. 8.2.2007, Nr. 170, S. 29 (32).

104 Finanzgesetz für 2009, Nr. 2008–1425 v. 27.12.2008, Art. 24, JO v. 28.12.2008, S. 20230, berichtigt im JO v. 31.12.2008, S. 20566.

105 Vgl. Instruction v. 20.1.2010, BOI 4 H–3–10 v. 1.2.2010 , Rn. 25; Ed. Francis Lefebvre, FR 66/08, Nr. 29 Rn. 6; Ed. Francis Lefebvre, Fiscal 2009, Rn. 2671.

mit dem einer französischen SIIC vergleichbar ist, wendet die französische Finanzverwaltung die Ausnahmeregelung gleichermaßen an[106]. Handeln mehrere Gesellschaften im Rahmen eines ‚gemeinsamen Vorgehens', so ist erforderlich, dass es sich bei jeder der Gesellschaften um eine SIIC oder eine vergleichbare ausländische Gesellschaft handelt. Sofern nur eine Gesellschaft diese Voraussetzung nicht erfüllt, ist die Ausnahmeregelung des Art. 208 C, I Abs. 2 S. 3 CGI nicht anwendbar. Ebenfalls nicht erfasst wird der Fall, dass Kapital und Stimmrechte mehrheitlich von einer SIIC-Tochtergesellschaft, einer SPPICAV oder einer Tochtergesellschaft der SPPICAV gehalten werden[107].

(bb) Öffentliches Kauf-/Tauschangebot (OPA/OPE), Umwandlungsvorgänge, Wandelobligationen

In einigen abschließend aufgezählten Fällen lässt das Gesetz darüber hinaus eine kurzfristige Überschreitung der Beteiligungsgrenzen zu. Erfasst werden Situationen, in denen es notwendigerweise zu einer solchen Überschreitung kommt oder eine solche nicht immer vermeidbar ist.

Die Überschreitung kann sich zunächst in Folge eines öffentlichen an alle Aktionäre der SIIC gerichteten Übernahmeangebotes i.S.d. Art. L. 433–1 Code monétaire et financier ergeben. Enthält dieses als Gegenleistung eine Geldzahlung, liegt ein sog. öffentliches Kaufangebot (*offre publique d'achat, OPA*) vor. Von einem öffentlichen Tauschangebot (*offre publique d'échange, OPE*) spricht man, wenn als Gegenleistung ein Tausch gegen Aktien der Bietergesellschaft oder einer anderen Gesellschaft vorgesehen ist[108].

Als weiteren Ausnahmefall nennt das Gesetz Umwandlungsvorgänge i.S.d. Art. 210–0 A CGI. Hierzu gehören Verschmelzungen (*fusions*) – zur Aufnahme oder Neugründung – gegen Ausgabe von Anteilen an der übernehmenden Gesellschaft und ggf. Zahlung eines Aufgeldes von höchstens 10% des Nominalwertes dieser Anteile sowie entsprechende Spaltungsvorgänge (*scissions*). Ebenfalls erfasst wird die Anwachsung (*dissolution-confusion de patrimoine*) nach Art. 1844–5 Code civil[109]. Nach dieser Vorschrift führt die Vereinigung sämtlicher Anteile an einer Gesellschaft nicht ohne weiteres zu ihrer Auflösung. Allerdings kann jeder, der ein berechtigtes Interesse geltend macht, ihre Auflösung beim Handelsgericht beantragen, wenn sich die Situation nach Ablauf eines Jahres nicht geändert hat und die Gesellschaft weiterhin nur einen Gesellschafter

---

106 Instruction v. 20.1.2010, BOI 4 H–3–10 v. 1.2.2010, Rn. 10.

107 Instruction v. 1.2.2010, BOI 4 H–3–10, Rn. 10.

108 Zu den Begriffen ‚OPA' und ‚OPE': *Klein/Stucki*, RIW 2001, 488 (489).

109 Instruction v. 25.10.2002, BOI 4 I–2–02, Rn. 13; Instruction v. 20.1.2010, BOI 4 H–3–10 v. 1.2.2010, Rn. 10.

besitzt. Nach fruchtlosem Ablauf einer vom Gericht zur Bereinigung der Situation gesetzten Frist von höchstens sechs Monaten wird die Gesellschaft gelöscht und ihr Vermögen wächst dem letzten Gesellschafter an[110]. Nicht in den Anwendungsbereich der Ausnahmeregelung fällt die in Art. 210 B CGI definierte Einbringung eines Teilbetriebs gegen Gewährung von Anteilen der übernehmenden Gesellschaft[111].

Als letzter Ausnahmefall, der nach Art. 208 C, I Abs. 3 CGI eine vorübergehende Überschreitung der Höchstbeteiligungsquote nach sich ziehen kann, kommt die Ausgabe von Anteilen infolge des Umtausches von Wandelobligationen in Betracht, unabhängig davon, ob der Umtausch während der Laufzeit oder im Rahmen der Tilgung erfolgt.

Kommt es im Laufe eines Wirtschaftsjahres infolge eines der genannten Fälle zu einer Überschreitung der 60%-Grenze, gilt diese dennoch als eingehalten, wenn es der SIIC gelingt, die Höchstbeteiligungsgrenze bis zum Ablauf der in Art. 223, 1 CGI für die Abgabe der Erklärung über die Gewinne dieses Wirtschaftsjahres vorgesehenen Frist wieder einzuhalten. Nach Art. 223, 1 CGI beträgt die Frist für die Abgabe der Steuererklärung grundsätzlich drei Monate, beginnend mit dem Abschluss des betreffenden Wirtschaftsjahres. Fallen Wirtschaftsjahr und Kalenderjahr zusammen, wird üblicherweise eine Frist bis zum 30. April des Folgejahres gewährt[112].

Auf den Wortlaut des Art. 208 C, I Abs. 3 CGI abstellend stellt sich die Frage, welche Auswirkungen es hat, wenn es im Laufe eines Wirtschaftsjahres (01) aufgrund eines anerkannten Ausnahmefalls zu einer Überschreitung der Höchstbeteiligungsquote kommt und es der SIIC gelingt, die 60%-Höchstbeteiligungsgrenze zwar innerhalb der gesetzlich vorgesehenen Frist, jedoch erst im nachfolgenden Wirtschaftsjahr (02) wieder einzuhalten. Im Hinblick auf die Überschreitung im Wirtschaftsjahr (01) gilt die Höchstbeteiligungsquote als eingehalten. Zu bedenken ist jedoch, dass die 60%-Grenze auch im Wirtschaftsjahr (02) noch kurzfristig überschritten ist. Die Regelung des Art. 208 C, I Abs. 3 CGI kann streng genommen auf diese Überschreitung der Beteiligungsgrenze keine Anwendung finden, da ihr Wortlaut nur Fälle erfasst, in denen es aufgrund eines anerkannten Ausnahmefalls in einem Wirtschaftsjahr zu einer Überschreitung der Höchstbeteiligungsquote kommt, die Aufrechterhaltung der Überschreitung im nächsten Wirtschaftsjahr jedoch außer Acht lässt[113].

---

110 Vgl. hierzu auch *Tillmanns*, in: Widmann/Mayer, Umwandlungsrecht, Anh. 3: Frankreich Rn. F 164.

111 Instruction v. 20.1.2010, BOI 4 H-3-10 v. 1.2.2010, Rn. 11 (Fn. 4).

112 Vgl. Instruction v. 20.1.2010, BOI 4 H-3-10 v. 1.2.2010, Rn. 12.

113 So auch Revue de droit fiscal, N° 6 v. 8.2.2007, Nr. 170, S. 29 (32).

Ob eine solch enge Gesetzesauslegung vom französischen Gesetzgeber gewollt ist, erscheint jedoch zweifelhaft. In bestimmten Situationen, in denen es üblicherweise zu einer Überschreitung der 60%-Grenze kommt, soll der SIIC ausdrücklich die Möglichkeit eingeräumt werden, innerhalb einer festgelegten Frist die gesetzlich vorgegebene Beteiligungsstruktur wieder herzustellen. Gelingt ihr dies, soll der Verstoß ausnahmsweise unberücksichtigt bleiben. Es wäre daher widersprüchlich, die Höchstbeteiligungsquote zunächst im Wirtschaftsjahr der Überschreitung als erfüllt anzusehen, im nachfolgenden Wirtschaftsjahr jedoch die noch kurzfristig andauernde Überschreitung zu sanktionieren, obwohl die SIIC den Sollzustand innerhalb der gesetzlich vorgesehenen Frist wieder hergestellt hat. Zudem beruht auch die noch andauernde Überschreitung der Höchstbeteiligungsquote im nachfolgenden Wirtschaftsjahr auf demselben anerkannten Ausnahmefall. Im Ergebnis würde die enge Wortlautauslegung zu einer faktischen Verkürzung der Wiederherstellungsfrist führen. Mit der überwiegenden Ansicht ist somit davon auszugehen, dass die vorübergehende Überschreitung der Höchstbeteiligungsquote infolge eines anerkannten Ausnahmefalls nach rechtzeitiger Wiederherstellung des Sollzustands insgesamt unbeachtlich bleibt[114].

(2) Streubesitzquote

Neben der Höchstleistungsquote führte der französische Gesetzgeber im Rahmen des Änderungsfinanzgesetzes für 2006 eine Streubesitzquote ein.

Nach Art. 208 C, I Abs. 3 CGI müssen mindestens 15% des Kapitals und der Stimmrechte von Personen gehalten werden, die jeweils direkt oder indirekt zu weniger als 2% am Kapital der SIIC beteiligt sind und weniger als 2% der Stimmrechte besitzen. Diese Voraussetzung muss ausschließlich zu Beginn des ersten Wirtschaftsjahres vorliegen, in welchem die Regelungen des SIIC-Regimes Anwendung finden. Eine spätere Überschreitung der Streubesitzquote ist unbeachtlich. Die Nichterfüllung der Streubesitzquote zu Beginn des ersten Wirtschaftsjahres hat die Unwirksamkeit der Option zur Folge. Diese kann jedoch in einem späteren Wirtschaftsjahr erneut ausgeübt werden[115].

Anleger, die gemeinsam (*de concert*) i.S.d. Art. L 233–10 Code de commerce handeln, erwähnt der Gesetzeswortlaut im Zusammenhang mit der Streubesitzquote nicht. Dies lässt den Schluss zu, dass es bei der Bestimmung der

114 Vgl. Ed. Francis Lefebvre, Fiscal 2009, Rn. 2671; Ed. Francis Lefebvre, FR 66/08, Nr. 29 Rn. 8; Revue de droit fiscal, N° 6 v. 8.2.2007, Nr. 170, S. 29 (31); wohl auch Instruction v. 20.1.2010, BOI 4 H-3-10 v. 1.2.2010, Rn. 12.

115 Instruction v. 20.1.2010, BOI 4 H-3-10 v. 1.2.2010, Rn. 30.

Streubesitzquote nur darauf ankommt, dass die Anteile von verschiedenen Personen gehalten werden, auch wenn diese im Rahmen eines ‚gemeinsamen Vorgehens' (*de concert*) handeln sollten.

Die Streubesitzregelung gilt für Gesellschaften, die 2007 erstmalig zur SIIC-Besteuerung optiert haben. Altgesellschaften sind von der Regelung ausgenommen.

ee) Keine Begrenzung der Fremdfinanzierung

Das französische REIT-Regime sieht keine speziellen Regelungen für die Aufnahme von Fremdkapital durch die SIIC vor. Die Erlangung des SIIC-Status hängt insbesondere nicht von der Erfüllung bestimmter Fremdkapital- bzw. Eigenkapitalquoten ab. Die Fremdfinanzierung, insbesondere die Abzugsfähigkeit von Zinsaufwand einer SIIC unterliegt somit den allgemeinen Vorschriften[116].

b) Tochtergesellschaften

Hauptgesellschaftszweck und Haupttätigkeit einer SIIC können ausdrücklich auch die indirekte Immobilienanlage über Tochtergesellschaften umfassen. Neben den SIIC fallen diese unter bestimmten Voraussetzungen ebenfalls in den Anwendungsbereich des französischen REIT-Regimes.

aa) Der Körperschaftsteuer unterliegende Immobilientochtergesellschaften

Die Tochtergesellschaften einer SIIC können hierbei selbst optionsberechtigt sein. Grundvoraussetzung für die unmittelbare Inanspruchnahme der partiellen Körperschaftsteuerbefreiung ist, dass die Gesellschaften qua Gesetz oder qua Option der französischen Körperschaftsteuer unterliegen.

Der französischen Körperschaftsteuer unterliegen zunächst Kapitalgesellschaften, insbesondere die französischen Aktiengesellschaften (*sociétés anonymes,* SA) einschließlich der einfachen Aktiengesellschaften (*sociétés par actions simplifiées,* SAS), die KGaA (*sociétés en commandite par actions,* SCA) und die französischen GmbH (*sociétés à responsabilité limitée,* SARL)[117].

Personengesellschaften fallen grundsätzlich nicht unter die Körperschaftsteuer. Die französischen Regelungen zur Besteuerung von Personengesellschaften

116 Zur Gesellschafterfremdfinanzierung von SIIC: *Mesmin/Remillieux*, Les nouvelles fiscales, n° 1025 v. 1.6.2009, S. 20 ff.

117 Einen Überblick über die der französischen Körperschaftsteuer unterfallenden Kapitalgesellschaften gibt: Ed. Francis Lefebvre, Fiscal 2009, Rn. 3110.

gleichen den deutschen Grundsätzen. Objekt der Ergebnisermittlung ist die Personengesellschaft als solche, die Besteuerung erfolgt jedoch auf Ebene der Gesellschafter, denen das Ergebnis der Gesellschaft im Verhältnis ihrer Gesellschaftsrechte anteilig zugerechnet wird (Art. 8, I CGI)[118]. Im französischen Steuerrecht können Personengesellschaften jedoch aufgrund einer entsprechenden Option auch der Körperschaftsteuer unterworfen werden[119]. Art. 206, 3 CGI enthält eine Aufzählung der Personengesellschaften und Vereinigungen (*groupements*), für die eine Option in Betracht kommt. Hierzu gehören u.a. die der deutschen OHG entsprechende *société en nom collectif*, die *société civile*, der in Frankreich eine größere Bedeutung zukommt als der GbR in Deutschland, die der deutschen KG entsprechende *société en commandite simple* sowie die mit der stillen Gesellschaft vergleichbare *société en participation*[120]. Die formellen Anforderungen an die Option sind in Art. 239 CGI und Ann. IV, Art. 22 und 23 CGI geregelt. In zeitlicher Hinsicht ist die Option der Finanzverwaltung bis zum Ende des dritten Monats des Wirtschaftsjahres anzuzeigen, in welchem die Gesellschaft erstmalig der Körperschaftsteuer unterworfen werden soll. Im Fall der Umwandlung einer Kapitalgesellschaft in eine Personengesellschaft muss die Option spätestens drei Monate nach der Umwandlung angezeigt werden, um gleichzeitig mit dieser wirksam zu werden (Art. 239, 1 Abs. 2 S. 1 und 2 CGI). Nach Ablauf dieser Dreimonatsfrist kann die aus der Umwandlung hervorgegangene Personengesellschaft erst nach 15 Jahren wieder zur Körperschaftbesteuerung optieren. Die Option ist grundsätzlich unwiderruflich (Art. 239, 1 Abs. 2 S. 3 CGI)[121].

Unterliegen SIIC-Tochtergesellschaften der französischen Körperschaftsteuer, können sie nur dann zur SIIC-Besteuerung optieren, wenn ihre Anteile zu mindestens 95% direkt oder indirekt von einer oder gemeinsam von mehreren SIIC, die ihrerseits zur SIIC-Besteuerung optiert haben, gehalten werden und ihr Unternehmensgegenstand mit dem der SIIC identisch ist (Art. 208 C, II Abs. 1 CGI). Die Beteiligungsvoraussetzungen müssen hierbei während des gesamten Wirtschaftsjahres ununterbrochen gewahrt sein. Die Regelung, wonach 95% oder mehr der Anteile auch von mehreren SIIC gemeinsam gehalten werden

118 Ed. Francis Lefebvre, Fiscal 2009, Rn. 3310.

119 Ausführlich hierzu und zu weiteren Ausnahmen: Ed. Francis Lefebvre, Fiscal 2009, Rn. 3111 und 3304 f.; *Kußmaul/Schäfer*, IStR 2000, 161 ff.

120 Vgl. auch *Kußmaul/Schäfer*, IStR 2000, 161 (162 ff.).

121 Lediglich Personengesellschaften, die die Option vor dem 1.1.1981 ausgeübt haben, dürfen diese aufgrund eines einstimmigen Beschlusses aller Gesellschafter zurücknehmen, wenn die Gesellschaft eine industrielle, kaufmännische oder handwerkliche Tätigkeit ausübt und von Personen gegründet worden ist, die in direkter Linie verwandt, verschwistert oder verheiratet sind (Art. 239, 3 CGI).

können, ist im Rahmen des Änderungsfinanzgesetzes für 2006 mit Wirkung zum 1. Januar 2007 eingeführt worden und ermöglicht *joint ventures* zwischen mehreren SIIC-Gruppen.

Der Vollständigkeit halber sei erwähnt, dass gemäß Art. 208 C, III bis CGI auch der französischen Körperschaftsteuer unterliegende Tochtergesellschaften der SPPICAV zur SIIC-Besteuerung optieren können. Voraussetzung ist, dass es sich um Gesellschaften i.S.d. Art. L. 214–92 Code monétaire et financier handelt, deren Gesellschafter nur mit dem eingebrachten Vermögen haften, deren Vermögen überwiegend aus zum Zwecke der Vermietung erworbenen, errichteten oder im Rahmen des Finanzierungsleasings geleasten Immobilien, dinglichen Rechten an entsprechenden Immobilien oder Beteiligungen an Immobiliengesellschaften besteht und deren Anteile nicht börsennotiert sind. Ihr Unternehmensgegenstand muss dem einer SIIC entsprechen. Während ihre Anteile ursprünglich zu mindestens 95% von einer SPPICAV gehalten werden mussten, genügt es aufgrund einer im Rahmen des Änderungsfinanzgesetzes für 2009 erfolgten Gesetzesanpassung für die nach dem 1. Januar 2010 beginnenden Wirtschaftsjahre, wenn die Anteile während des gesamten Wirtschaftsjahres direkt oder indirekt zu mindestens 95% entweder von einer oder mehreren SPPICAV gemeinsam oder aber auch gemeinsam von einer oder mehreren SPPICAV und einer oder mehreren SIIC gehalten werden[122].

bb) Immobilienpersonengesellschaften

Immobilienpersonengesellschaften, an denen eine oder mehrere SIIC beteiligt sind, die jedoch nicht zur Körperschaftsteuer optiert haben, fallen, selbst wenn ihr Unternehmensgegenstand dem einer SIIC entspricht, nicht unmittelbar in den Anwendungsbereich des SIIC-Regimes.

Dennoch können auch sie von der partiellen Steuerbefreiung des SIIC-Regimes profitieren, denn die von einer Personengesellschaft ausgeübten begünstigten Tätigkeiten werden nach Art. 208 C, II Abs. 5 CGI unmittelbar den beteiligten SIIC in Höhe ihrer Beteiligung zugerechnet. Da die Vorschrift generell auf die Gesellschafter der Personengesellschaften abstellt, die dem SIIC-Regime unterworfen sind („*[...] associés, lorsque ceux-ci sont admis au bénéfice du présent régime [...]*“) gilt das Gleiche, soweit SIIC-Tochtergesellschaften, die zur SIIC-Besteuerung optiert haben, Anteile an einer Personengesellschaft halten. Auch insoweit gelten die von der Personengesellschaft ausgeübten begünstigten Tätigkeiten als unmittelbar von den SIIC-Tochtergesellschaften ausgeübt. Wegen des Verweises in Art. 208 C, III bis CGI auf Art. 208 C, II CGI dürfte

---

122 Ed. Francis Lefebvre, FR 54/09, Nr. 18 Rn. 4 ff.

sich die Regelung des Art. 208 C, II Abs. 5 CGI ebenfalls auf die Beteiligungen von SPPICAV- oder SIIC/SPPICAV-Tochtergesellschaften übertragen lassen.

Eine Mindestbeteiligung der SIIC bzw. SIIC-Tochtergesellschaften an den Immobilienpersonengesellschaften ist nicht vorgeschrieben. Aus diesem Grunde waren *joint ventures* zwischen mehreren SIIC-Gruppen über Personengesellschaften bereits seit Einführung des SIIC-Regimes möglich.

c) In Deutschland ansässige Immobilienaktiengesellschaften (deutsche SIIC)

Die Anwendbarkeit des französischen REIT-Regimes setzt nicht voraus, dass die SIIC oder ihre Tochtergesellschaften ihren Sitz oder den Ort ihrer Geschäftsleitung in Frankreich haben. Somit kommen auch in Deutschland ansässige Immobilienaktiengesellschaften mit Einkünften aus französischem Grundbesitz als optionsberechtigte Gesellschaften in Betracht, wenn sie im Übrigen die gesetzlichen Rahmenbedingungen für die Inanspruchnahme des SIIC-Regimes erfüllen. Grundvoraussetzung ist jedoch auch hier, dass sie nach französischem Recht mit ihren Einkünften in Frankreich der Körperschaftsteuer unterliegen.

aa) Körperschaftsteuerpflicht in Frankreich

Eine in Deutschland ansässige Immobilienaktiengesellschaft unterliegt mit ihren Einkünften aus in Frankreich belegenem Grundbesitz der französischen Körperschaftsteuer. Dies ergibt sich nunmehr ausdrücklich aus Art. 206, I CGI i.V.m. dem im Rahmen des Änderungsfinanzgesetzes für 2009 vom 30. Dezember 2009 neu gefassten Art. 209, I CGI und gilt unabhängig davon, ob die Immobilienaktiengesellschaft in Frankreich eine Betriebsstätte unterhält. Vor dem Hintergrund der bis dato nicht eindeutig geklärten Rechtslage hinsichtlich der Körperschaftsteuerpflichtigkeit von Immobilieneinkünften im Ausland ansässiger Körperschaften, wurde für die Anwendbarkeit des SIIC-Regimes überwiegend das Vorliegen einer Betriebsstätte gefordert[123].

Das französische Steuerrecht unterscheidet im Bereich der Körperschaftsteuer nicht zwischen unbeschränkter und beschränkter Steuerpflicht. Es gilt vielmehr allein das *Territorialitätsprinzip*[124]. Art. 206, 1 CGI legt zunächst den subjektiven Anwendungsbereich der Körperschaftsteuer fest und bestimmt u.a., dass die

---

123 Vgl. Ed. Francis Lefebvre, FR 54/09, Nr. 18 Rn. 2.

124 Hierzu ausführlich Ed. Francis Lefebvre, Fiscal 2009, Rn. 3115 ff.; *Gouthière*, Les impôts dans les affaires internationales, 7. Aufl., Rn. 300 ff; *Hellio/Crucifix*, in: Mennel/Förster, Steuern in Europa, Amerika und Asien, Frankreich Rn. 208 ff.

Aktiengesellschaften (*sociétés anonymes*), die Kommanditgesellschaften auf Aktien (*sociétés en commandite par actions*) und die Gesellschaften mit beschränkter Haftung (*sociétés à responsabilité limitée*), die nicht für das steuerliche Regime der Personengesellschaften optiert haben, unabhängig von ihrem Unternehmensgegenstand sowie alle übrigen Körperschaften, die einen Geschäftsbetrieb oder eine dem Erwerbszweck dienende Tätigkeit ausüben, körperschaftsteuerpflichtig sind. Nach Art. 209, I CGI werden die körperschaftsteuerpflichtigen Einkünfte grundsätzlich nach den für gewerbliche Einkünfte geltenden Vorschriften ermittelt, wobei nach der bislang geltenden Fassung nur solche Einkünfte zu berücksichtigen waren, die aus einem in Frankreich[125] ausgeübten Geschäftsbetrieb (*entreprise exploitée en France*) stammen, sowie diejenigen, deren Besteuerung Frankreich durch ein Doppelbesteuerungsabkommen (DBA) zugewiesen wurde. Auch ausländische Gesellschaften unterliegen somit, unabhängig von Sitz und Nationalität, mit den Einkünften aus einem französischen Geschäftsbetrieb nach nationalem Recht der französischen Körperschaftsteuer[126]. Der Begriff des französischen Geschäftsbetriebs (*entreprise exploitée en France*) ist gesetzlich nicht definiert. Daher ist auf die von der Rechtsprechung entwickelten Kriterien oder die Bestimmungen der DBA zurückzugreifen[127]. Der französische *Conseil d'Etat* stellt darauf ab, ob die betreffende Körperschaft in Frankreich gewohnheitsmäßig eine gewerbliche Tätigkeit ausübt, was er bejaht, wenn sie die Tätigkeit in einer französischen Betriebsstätte (*établissement stable*) oder durch einen abhängigen Vertreter (*représentant*) in Frankreich ausübt oder dort Geschäfte tätigt, die einen sog. ‚abgeschlossenen Geschäftskreis' (*cycle commercial complet*) bilden[128]. Die DBA weisen Frankreich das Besteuerungsrecht für entsprechende gewerbliche Einkünfte regelmäßig dann zu, wenn die Gesellschaft dort eine Betriebsstätte unterhält. Der Betriebsstättenbegriff der

---

125 Zum Umfang des Begriffs ‚Frankreich', der das Mutterland (*métropole*) und die Übersee-Departements (*départements d'outre-mer, DOM*) erfasst: Ed. Francis Lefebvre, Fiscal 2009, Rn. 3115; *Hellio/Crucifix*, in: Mennel/Förster, Steuern in Europa, Amerika und Asien, Frankreich Rn. 211.

126 Ed. Francis Lefebvre, Fiscal 2009, Rn. 3115.

127 Ed. Francis Lefebvre, Fiscal 2009, Rn. 3117; *Hellio/Crucifix*, in: Mennel/Förster, Steuern in Europa, Amerika und Asien, Frankreich Rn. 214.

128 Vgl. z.B. Conseil d'Etat, Entscheidung v. 4.7.1997, n° 146930, *SA Marbrek*, RJF 8–9/97 n° 770; *Olléon*, in: Ed. Francis Lefebvre, BDCF 11/08, Nr. 128, Anmerkung zu Conseil d'Etat, Entscheidung v. 27.6.2008, n° 282910, 8ème et 3ème sous-sections réunies, *Sté Progremo*, RJF 11/08 n° 1166; *Gouthière*, Les impôts dans les affaires internationales, 7. Aufl., Rn. 312 ff.

DBA geht dabei den nationalen Kriterien vor[129]. In DBA-Fällen unterlag eine ausländische Gesellschaft daher grundsätzlich nur bei Vorhandensein einer französischen Betriebsstätte der französischen Körperschaftsteuer[130].

Fraglich war jedoch, ob dies auch für ausländische Immobiliengesellschaften galt, deren französische Immobilien im Regelfall allein keine Betriebsstätte begründen. Insbesondere die Finanzverwaltung stützte sich auf die ältere Rechtsprechung des *Conseil d'Etat*, wonach Immobiliengesellschaften mit ihren Einkünften aus der Vermietung französischen Grundbesitzes allein auf Grundlage des Art. 206, 1 CGI) der französischen Körperschaftsteuer unterlagen (sog. ‚Anstalten-Rechtsprechung'; *‚jurisprudence des Anstalts')*[131]. Ausländische Immobiliengesellschaften konnten nach dieser Auslegung entweder aufgrund ihrer Rechtsform, wenn diese mit den Art. 206, 1 CGI genannten Gesellschaften vergleichbar war[132], oder dann der Körperschaftsteuer unterworfen werden, wenn ihre Vermietungstätigkeit einem Erwerbszweck diente. Die ‚Anstalten-Rechtsprechung' ist im Schrifttum weitgehend auf Kritik gestoßen, da sie die Vorschrift des Art. 209, I CGI außer Acht ließ[133]. Auch bei Anwendung des Art. 209, I CGI ließ sich in DBA-Fällen eine Besteuerung von Immobiliengesellschaften ohne Betriebsstätte rechtfertigen, denn der Wortlaut („[...] sowie diejenigen [Einkünfte], deren Besteuerung Frankreich durch ein DBA zugewiesen ist."/"*[...] ainsi que ceux dont l'imposition est attribuée à la France par une convention internationale aux double impositions.*") lässt nicht nur eine enge, auf gewerbliche Einkünfte bezogene Auslegung zu, sondern auch eine weite Auslegung, wonach die Vorschrift immer dann Anwendung findet, wenn das DBA (wie i.d.R. bei französischen Immobilien) das Besteuerungsrecht Frankreich zuweist[134]. Auch nach Art. 3 Abs. 1 des zwischen Deutschland und Frankreich

---

129 Vgl. Ed. Francis Lefebvre, Fiscal 2009, Rn. 3118 f.; *Hellio/Crucifix*, in: Mennel/Förster, Steuern in Europa, Amerika und Asien, Frankreich Rn. 214 ff. Ausführlich auch *Gouthière*, Les impôts dans les affaires internationales, 7. Aufl., Rn. 312 ff.

130 *Hellio/Crucifix*, in: Mennel/Förster, Steuern in Europa, Amerika und Asien, Frankreich Rn. 221.

131 Z.B. Conseil d'Etat, Entscheidung v. 18.1.1984, n° 24343, *Entreprise Tulerb*, abrufbar unter: http://www.legifrance.gouv.fr; v. 18.3.1985, n° 38104, *Entreprise Fiduciaire Paloma*, RJF 5/85 n° 690; v. 24.2.1986, n° 54253, *Etablissements ‚Le Merou'*, RJF 4/86 n° 353; v. 26.1.1990, n° 64211, *Min. c/Fondation ‚Arts et Industries'*, RJF 3/90 n° 264 – Die Bezeichnung ‚Anstalten-Rechtsprechung' rührt daher, dass Gegenstand der Verfahren Anstalten nach dem Recht Lichtensteins waren, mit dem Frankreich kein DBA abgeschlossen hat.

132 Vgl. Conseil d'Etat, Entscheidung v. 24.5.2006, n° 278737, 8ème et 3ème sous-sections réunies, *Min. c/Sté immobilière ‚Saint-Charles'*, RJF 8–9/06 n° 996.

133 Vgl. z.B. *Austry/Gutmann*, in: Ed. Francis Lefebvre, FR 41/09, Nr. 6 Rn. 14; *Gobert-Chéramy*, Fiscalité immobilière des non-résidents, Rn. 117 ff.; *Gouthière*, Les impôts dans les affaires internationales, 7. Aufl., Rn. 2317–1.

134 Vgl. *Austry/Gutmann*, in Ed. Francis Lefebvre, FR 41/09, Nr. 6 Rn. 7.

geschlossenen DBA (DBA-Frankreich) können Einkünfte aus unbeweglichem Vermögen nur in dem Staat besteuert werden, in dem dieses Vermögen jeweils belegen ist.

In der erst jüngst zur Besteuerung ausländischer Gesellschaften mit französischem Grundbesitz ergangenen ‚*Overseas*'-Entscheidung hat der *Conseil d'Etat* die Besteuerung einer britischen Gesellschaft mit der Begründung abgelehnt, dass das von ihr in Frankreich gehaltene Grundstück weder einen französischen Geschäftsbetrieb (*entreprise exploitée en France*) noch eine Betriebsstätte i.S.d. französisch-britischen DBA begründe. Auch unter Berücksichtigung des Einwands der Finanzverwaltung, dass das DBA Frankreich das Besteuerungsrecht hinsichtlich der Einkünfte aus französischem Grundbesitz zuweise, kam eine Besteuerung nicht in Betracht, da die Nettoimmobilieneinkünfte negativ waren[135]. Die Entscheidung des *Conseil d'Etat* lässt zum einen auf eine Aufgabe der früheren *Anstalten-Rechtsprechung*, zum anderen auf eine weite Auslegung des Art. 209, I CGI schließen[136].

Da bei einer Aufgabe der ‚Anstalten-Rechtsprechung' in Fällen ohne DBA die Besteuerung von reinen Vermietungseinkünften ausländischer Gesellschaften gefährdet erschien, hat der französische Gesetzgeber nunmehr die Vorschrift des Art. 209, I CGI dahingehend angepasst, dass auch die Einkünfte aus in Frankreich belegenen Immobilien sowie an diesen bestehenden Rechten (Art. 164 B, I–a CGI), aus der gewohnheitsmäßigen Immobilientätigkeit i.S.d. Art. 164 B, I–e CGI (v.a. Immobilienhandel, Projektentwicklung) und Gewinne aus der Veräußerung von Immobilien (Art. 164 B, I–e bis CGI) sowie SIIC-Anteilen (Art. 164 B, I–e ter CGI) der Körperschaftsteuer unterliegen[137].

Am Erfordernis der französischen Betriebsstätte wird nach der Konzeption des französischen Gesetzgebers hingegen weiterhin festzuhalten sein[138], soweit die deutsche Immobilienaktiengesellschaft über in Frankreich ansässige Immobilienkapitalgesellschaften mittelbar in französischen Grundbesitz investiert. Denn die Gewinnausschüttungen dieser Gesellschaften unterliegen in Frankreich nur dann der Körperschaftsteuerveranlagung, wenn sie einer französischen Betriebsstätte zugerechnet werden können. Kommt eine solche Zurechnung nicht in Betracht, werden die Gewinnausschüttungen nach Art. 119 bis, 2 CGI der Quellen-

---

135 Conseil d'Etat, Entscheidung v. 31.7.2009, n° 296471, 3ème et 8ème sous-sections réunies, *Société Overseas Thoroughbred Racing Stud Farms Limited*, RJF 11/09 n° 979.

136 So auch *Austry/Gutmann*, in Ed. Francis Lefebvre, FR 41/09, Nr. 6 Rn. 7, 10.

137 Ausführlich Ed. Francis Lefebvre, FR 54/09, Nr. 2 Rn. 1 ff.; *Foissac/Charriau*, Option Finance – La lettre de l'immobilier, v. 15.3.2010, S. 3 f.; *Maurel*, Option Finance – La lettre de l'immobilier, v. 15.3.2010, S. 11.

138 Vgl. *Schimmelschmidt/Tauser/Laggarigue*, IStR 2006, 120 (121).

besteuerung in Höhe von 25% der ausgeschütteten Bruttodividende unterworfen[139].

bb) Erfüllung der Voraussetzungen des Art. 208 C, I CGI

Die Optionsberechtigung einer deutschen Immobilienaktiengesellschaft setzt zudem voraus, dass sie die übrigen in Art. 208 C, I CGI genannten Voraussetzungen erfüllt[140]. Als deutsche SIIC kommen daher Aktiengesellschaften in Betracht, deren Mindestkapital 15 Mio. Euro beträgt und deren Unternehmensgegenstand und Beteiligungsstruktur ebenfalls den gesetzlichen Vorgaben entsprechen. Da Art. 208 C, I CGI auf Aktiengesellschaften im weiteren Sinne abstellt, dürften auch die in Deutschland ansässige SE und die KGaA als SIIC qualifizieren können. Seit 1. Januar 2010 genügt die Notierung der Aktien an einem geregelten Markt, der den Anforderungen der Finanzmarktrichtlinie genügt. Sofern die Anteile bereits in Deutschland zum Handel im regulierten Markt zugelassen sind, entfällt somit die bislang erforderliche Zweitnotierung.

d) Tochtergesellschaften einer deutschen SIIC

Sofern die in Deutschland ansässige Muttergesellschaft die gesetzlichen Anforderungen für die Erlangung des SIIC-Status erfüllt, können auch ihre Tochtergesellschaften unter den genannten Voraussetzungen zur SIIC-Besteuerung optieren.

2. Option als formelle Voraussetzung

In formeller Hinsicht setzt die Anwendung des besonderen Besteuerungsregimes die Ausübung einer entsprechenden Option voraus (Art. 208, II Abs. 1 CGI).

Die Ausübung der Option von Seiten einer SIIC-Tochtergesellschaft ist nur nach vorheriger Optionsausübung durch die Muttergesellschaft(en) statthaft[141]. Umgekehrt ist eine SIIC jedoch nicht verpflichtet, ihre Option auf sämtliche optionsberechtigten Tochtergesellschaften zu erstrecken[142]. In zeitlicher Hinsicht ist die Option vor Ende des vierten Monats des Wirtschaftsjahres auszuüben, in

---

139 Vgl. die Ausführungen unter: A. VI. 2. b) aa) (1) (a).

140 Siehe unter: A. II. 1. a).

141 Instruction v. 25.9.2003, BOI 4 H-5-03, Rn. 14; Ed. Francis Lefebvre, FR 58/02, Nr. 23 Rn. 6.

142 Ed. Francis Lefebvre, FR 58/02, Nr. 23 Rn. 6.

welchem das SIIC-Regime erstmalig Anwendung finden soll. Nur für Wirtschaftsjahre, die im Einführungsjahr 2003 endeten, konnte die Option bis zum 30. September ausgeübt werden (Art. 208 C, III Abs. 1 CGI).

Die Option kann gemäß Art. 208 C, III Abs. 2 CGI nicht widerrufen werden. Eine SIIC scheidet daher nur dann aus dem SIIC-Regime wieder aus, wenn sie die gesetzlichen Vorgaben hinsichtlich Börsennotierung, Mindestgrundkapital oder Unternehmensgegenstand nicht mehr erfüllt[143]. Bei Nichteinhaltung der Höchstbeteiligungsquote gelten besondere Regelungen[144]. Ein Ausscheiden der SIIC aus dem besonderen Besteuerungsregime zieht gleichzeitig das Ausscheiden der SIIC-Tochtergesellschaften nach sich, die ebenfalls zur SIIC-Besteuerung optiert haben[145]. Für die Tochtergesellschaften endet das SIIC-Regime darüber hinaus, wenn ihr Unternehmensgegenstand nicht mehr den Anforderungen des Art. 208 C, I CGI entspricht oder ihre Anteile nicht mehr zu mindestens 95% von einer oder mehreren SIIC gehalten werden, wobei das Ausscheiden der Tochtergesellschaften den Status der SIIC unberührt lässt[146].

Die Option wirkt umfassend, d.h. sie betrifft grundsätzlich sämtliche Immobilien und Anteile an Immobilienpersonengesellschaften[147]. Nicht erfasst werden lediglich im Ausland belegene Immobilien und Anteile an Personengesellschaften, deren Aktivvermögen überwiegend aus solchen Immobilien besteht, sofern ein zwischen Frankreich und dem ausländischen Staat geschlossenes DBA das Besteuerungsrecht ausschließlich diesem Staat zuweist. In diesem Fall sind die Einkünfte aus dem unbeweglichen Vermögen bereits nach den allgemeinen Vorschriften von der Besteuerung in Frankreich ausgenommen[148]. Weist das DBA das Besteuerungsrecht hingegen nicht ausschließlich dem ausländischen Staat zu, fallen auch die ausländischen Immobilien sowie die Beteiligungen an Personengesellschaften mit ausländischem Immobilienvermögen grundsätzlich in den Anwendungsbereich des SIIC-Regimes. Die französische Finanzverwaltung räumt der Gesellschaft jedoch ein Wahlrecht ein und lässt zu, dass die Option die

---

143 Instruction v. 25.9.2003, BOI 4 H–5–03, Rn. 20; Juris-Classeur, Fiscalité immobilière, Fasc. 561, Tz. 19; Editions Législatives, Bulletin 67, 13.10.2003, 157a, S. 8580; *Royau*, International Tax Review, Februar 2004, S. 25 (26).

144 Ausführlich zu den Sanktionen unter: A. VIII.

145 Instruction v. 25.9.2003, BOI 4 H–5–03, Rn. 20; Juris-Classeur, Fiscalité immobilière, Fasc. 561, Tz. 19.

146 Instruction v. 25.9.2003, BOI 4 H–5–03, Rn. 20; Juris-Classeur, Fiscalité immobilière, Fasc. 561, Tz. 19.

147 Instruction v. 25.9.2003, BOI 4 H–5–03, Rn. 20; Ed. Francis Lefebvre, Fiscal 2009, Rn. 2672; Juris-Classeur, Fiscalité immobilière, Fasc. 561, Tz. 19; Editions Législatives, Bulletin 67, 13.10.2003, 157a, S. 8580.

148 Instruction v. 25.9.2003, BOI 4 H–5–03, Rn. 20; Juris-Classeur, Fiscalité immobilière, Fasc. 561, Tz. 20; Editions Législatives, Bulletin 67, 13.10.2003, 157a, S. 8580.

ausländischen Immobilien und entsprechenden Beteiligungen nicht erfasst. Die mit diesen erzielten Einkünfte werden dann weiterhin dem steuerbaren Bereich zugeordnet. Die Entscheidung muss der Finanzverwaltung bei Ausübung der Option oder, falls der Erwerb der Immobilien oder Beteiligungen nach der Optionsausübung erfolgt, zum Zeitpunkt des Erwerbs mitgeteilt werden[149].

Die Ausübung der Option wirkt auf den Beginn des Wirtschaftsjahres zurück, für welches sie ausgeübt wurde[150]. Sie führt nicht nur dazu, dass ab diesem Zeitpunkt auf Ebene der betreffenden Gesellschaft und auf Ebene ihrer Anteilseigner die besonderen steuerlichen Regelungen Anwendung finden. Sie zieht darüber hinaus eine Abschlussbesteuerung bei den betreffenden Gesellschaften nach sich, auf welche bei der Untersuchung der *Exit Tax*-Regelungen näher einzugehen ist[151]. Umwandlungsvorgänge, die vor der Optionsausübung durchgeführt werden und ebenfalls auf den Beginn des Wirtschaftsjahres zurückwirken, werden bei den Folgen der Option berücksichtigt[152].

Die Modalitäten der Option sind in Ann. III, art. 46 ter A CGI und Ann. III, art. 46 quater-0 ZZ bis B CGI geregelt. Danach erfolgt ihre Ausübung durch schriftlichen oder auf elektronischem Wege eingereichten Antrag bei der zuständigen Finanzbehörde[153]. Obwohl die Vorschrift des Ann. III, art. 46 ter A, I Abs. 1 CGI den auf elektronischem Wege eingereichten Antrag ausdrücklich zulässt, verlangt die Finanzverwaltung offenbar einen schriftlichen Antrag („*sur papier libre*")[154]. Die dem Antrag beizufügenden Dokumente werden ebenfalls aufgeführt. Hierzu gehören insbesondere eine Liste der Tochtergesellschaften, die ebenfalls zur SIIC-Besteuerung optieren, jeweils unter Angebe von Firma, Sitz, Identifikations-Nummer i.S.d. Art. R. 123–221 Code de commerce und der Beteiligungsverhältnisse und weitere Aufstellungen, die v.a. für die Abschlussbesteuerung relevant sind. Die SIIC-Tochtergesellschaften haben bei Einrei-

149 Instruction v. 25.9.2003, BOI 4 H-5-03, Rn. 20; vgl. Juris-Classeur, Fiscalité immobilière, Fasc. 561, Tz. 20; Editions Législatives, Bulletin 67, 13.10.2003, 157a, S. 8580.

150 Instruction v. 25.9.2003, BOI 4 H-5-03, Rn. 16; Ed. Francis Lefebvre, FR 58/02, Nr. 23 Rn. 7; Juris-Classeur, Fiscalité immobilière, Fasc. 561, Tz. 16; Editions Législatives, Bulletin 67, 13.10.2003, 157a, S. 8580.

151 Siehe sogleich unter: A. III.

152 Instruction v. 25.9.2003, BOI 4 H-5-03, Rn. 16; Juris-Classeur, Fiscalité immobilière, Fasc. 561, Tz. 16; Editions Législatives, Bulletin 67, 13.10.2003, 157a, S. 8580.

153 Vgl. auch *Nouel*, IFLR, April 2005, 87 (89).

154 Instruction v. 25.9.2003, BOI 4 H-5-03, Rn. 16; ebenso Juris-Classeur, Fiscalité immobilière, Fasc. 561, Tz. 16; Editions Législatives, Bulletin 67, 13.10.2003, 157a, S. 8580; *Schimmelschmidt/Tauser/Lagarrigue*, IStR 2006, 120 (121).

chung ihres Antrags jeweils Firma, Sitz und Identifikations-Nummer i.S.d. Art. R. 123–221 Code de commerce der sie beherrschenden SIIC anzugeben[155].

III. Steuerliche Sonderregelungen zur Förderung des Übergangs zur SIIC-Besteuerung (sog. Exit Tax)

Zur Förderung des neu eingeführten REIT-Regimes und zur Herbeiführung des angestrebten Aufschwungs des Immobilienmarktes hat der französische Gesetzgeber Anreize in Form von teilweise zeitlich befristeten steuerlichen Begünstigungen geschaffen, welche die Unternehmen veranlassen sollen, entweder zur SIIC-Besteuerung zu optieren oder ihr Immobilienvermögen auf eine SIIC, SPPICAV oder eine unter das SIIC-Regime fallende Tochtergesellschaft zu übertragen[156]. Soweit hierbei im Immobilienvermögen ruhende stille Reserven aufgedeckt werden, kommt es jeweils nur zu einer ermäßigten und/oder aufgeschobenen Besteuerung. Die steuerlichen Sonderregelungen sollen nachfolgend unter dem Stichwort der sog. *Exit Tax* untersucht werden.

1. Abschlussbesteuerung bei Ausübung der Option zur SIIC-Besteuerung

Nach Art. 221, 2 Abs. 1 CGI führen die Auflösung einer der Körperschaftsteuer unterliegenden Gesellschaft, die die Gründung einer neuen juristischen Person nach sich ziehende Umwandlung, die Einbringung in eine Gesellschaft, die Verschmelzung sowie die Sitzverlegung oder Verlegung einer Betriebsstätte ins Ausland grundsätzlich zur Anwendung der für die Betriebsübertragung oder Betriebsaufgabe (*cession ou cessation d'entreprise*) geltenden Regelungen. Gleiches gilt vorbehaltlich der Regelungen des Art. 221 bis CGI, wenn eine der in den Art. 206 bis 208 quinquies, 239 und 239 bis AA CGI behandelten Gesellschaften ganz oder teilweise nicht mehr in Höhe des Normalsteuersatzes nach

---

155 Ausführlich zu den erforderlichen Angaben und Dokumenten: Instruction v. 25.9.2003, BOI 4 H-5-03, Rn. 17 f.

156 Vgl. z.B. Rapport Général Nr. 68 v. 21.11.2002, S. 66 f.; Bericht des Senators *Philippe Marini*, als Berichterstatter des Haushalts- und Finanzausschusses des französischen Senats zum Vorschlag eines Finanzgesetzes für 2004 v. 20.11.2003, Rapport Général, N° 73 (session ordinaire de 2003–2004), tome 2, fascicule 1, vol. 1 (examen des articles), 89 f., abrufbar im Internet unter: http://www.senat.fr (nachfolgend: ‚Rapport Général Nr. 73 v. 20.11.2003'); Rapport Général Nr. 115 v. 13.12.2006, S. 211 f.

Art. 219, I CGI der Körperschaftsteuer unterliegen (Art. 221, 2 Abs. 2 CGI). Hierzu gehört auch der Fall, dass eine Immobilienaktiengesellschaft oder eine SIIC-Tochtergesellschaft zur SIIC-Besteuerung optiert[157], wobei jedoch einige Besonderheiten gelten.

Im Folgenden sollen daher zunächst die allgemeinen steuerlichen Folgen der Betriebsaufgabe dargestellt werden, die ein Wechsel des Besteuerungsregimes i.S.d. Art. 221, 2 Abs. 2 CGI nach sich zieht, bevor anschließend die besonderen Regelungen untersucht werden, die bei einer Option zur SIIC-Besteuerung Anwendung finden.

a) Allgemeine steuerliche Folgen der Betriebsaufgabe/-übertragung

aa) Sofortige Besteuerung noch nicht versteuerter Gewinne

Im Fall der Betriebsaufgabe oder Betriebsübertragung werden alle noch nicht versteuerten Gewinne einer sofortigen Besteuerung unterworfen (Art. 201, 1 CGI; Art. 1663, 2 Abs. 4 S. 1 CGI). Der sofortigen Besteuerung unterliegen somit zunächst die Gewinne des laufenden Wirtschaftsjahres. Darüber hinaus werden die Gewinne erfasst, deren Besteuerung bis dahin aufgeschoben war, wozu insbesondere die noch nicht ergebniswirksam aufgelösten Rückstellungen gehören, deren Grundlage mit der Betriebsaufgabe entfällt. Schließlich sind die im Betriebsvermögen ruhenden stillen Reserven von der sofortigen Besteuerung betroffen[158]. Erfolgt der Regimewechsel, d.h. wird die Gesellschaft ganz oder teilweise nicht mehr der Körperschaftsteuer zum Normalsteuersatz unterworfen, ohne dass damit eine neue juristische Person geschaffen wird, entfällt ausnahmsweise die sofortige Besteuerung der stillen Reserven und der der aufgeschobenen Besteuerung unterliegenden Gewinne unter der doppelten Voraussetzung, dass die Buchwerte fortgeführt werden und eine spätere Besteuerung der Gewinne – im Rahmen des neuen Regimes – sichergestellt ist (Art. 221 bis CGI).

bb) Sonderregelungen für betriebliche Veräußerungsgewinne

Während die laufenden und aufgeschobenen Gewinne im Fall der sofortigen Besteuerung in aller Regel zum Normalsteuersatz von 33⅓% besteuert werden, gelten für die Besteuerung der stillen Reserven des Anlagevermögens und bestimmter anderer Gewinne die Sonderregelungen für betriebliche Veräußerungs-

157 Ed. Francis Lefebvre, Fiscal 2009, Rn. 2672.

158 Ed. Francis Lefebvre, Fiscal 2007, Rn. 1155, 3422; *Kußmaul/Schäfer*, IStR 2000, 161 (165); *Tillmanns*, in: Widmann/Mayer, Umwandlungsrecht, Anh. 3: Frankreich, Rn. F 215.

gewinne, die zwischen sog. langfristigen Veräußerungsgewinnen (*plus-values à long terme*) und kurzfristigen Veräußerungsgewinnen (*plus-values à court terme*) unterscheiden (vgl. Art. 39 duodecis, 1 CGI)[159].

Für die Frage, ob ein Veräußerungsgewinn als kurzfristig oder langfristig anzusehen ist, sind grundsätzlich zwei Kriterien maßgebend. Entscheidend ist zum einen, wie lange das Wirtschaftsgut im Anlagevermögen des Betriebsvermögens des Veräußerers gehalten wurde, zum anderen kommt es auf die Abschreibungsfähigkeit des Wirtschaftsguts an.

Ein kurzfristiger Veräußerungsgewinn entsteht, wenn das Wirtschaftsgut weniger als zwei Jahre nach seiner Anschaffung bzw. Herstellung aus dem Anlagevermögen des Betriebsvermögens ausscheidet. Beträgt die Haltedauer zwei Jahre oder mehr, so liegt bei abnutzbaren Wirtschaftsgütern des Anlagevermögens in Höhe der bis dahin vorgenommenen steuerlichen Abschreibungen bzw. der vorgeschriebenen linearen Mindest-AfA ein kurzfristiger, darüber hinaus ein langfristiger Veräußerungsgewinn vor. Verluste aus der Veräußerung von nicht abnutzbaren Wirtschaftsgütern sind kurzfristig (*moins-values à court terme*), wenn die Veräußerung innerhalb eines Zeitraumes von weniger als zwei Jahren nach der Anschaffung bzw. der Herstellung erfolgt. Bei einer Haltedauer von zwei Jahren oder mehr, handelt es sich hingegen um langfristige Veräußerungsverluste (*moins-values à long terme*). Verluste aus der Veräußerung von abnutzbaren Wirtschaftsgütern des Anlagevermögens werden stets als kurzfristig angesehen[160].

Im Rahmen der Körperschaftsteuer hat die Unterscheidung zwischen kurz- und langfristigen Veräußerungsgewinnen seit 1997 weitgehend an Bedeutung verloren[161], da das Regime der langfristigen Veräußerungsgewinne und -verluste auf die Veräußerung von Elementen des Aktivvermögens einer der Körperschaftsteuer unterliegenden Gesellschaft unabhängig von der Haltedauer grundsätzlich nicht mehr anwendbar ist (Art. 219, I–a quater CGI). Nur in bestimmten Ausnahmefällen führen Veräußerungsgeschäfte hier noch zu langfristigen Veräußerungsgewinnen bzw. -verlusten.

Erfasst wird zunächst die Veräußerung von Beteiligungen i.S.d. des Art. 219, I–a ter CGI (*titres de participation*), sofern diese entsprechend den dargestellten

---

159 *Kußmaul/Schäfer*, IStR 2000, 161 (165).

160 Zur Abgrenzung von langfristigen und kurzfristigen Veräußerungsgewinnen und -verlusten: Ed. Francis Lefebvre, Fiscal 2009, Rn. 1629 ff.; Editions Lamy, Lamy Fiscal 2009, Rn. 1198 ff.; *Hellio/Crucifix*, in: Mennel/Förster, Steuern in Europa, Amerika und Asien, Frankreich Rn. 107 ff.; *Kußmaul/Schäfer*, IStR 2006, 161 (165); *Tillmanns*, in: Widmann/Mayer, Umwandlungsrecht, Anh. 3: Frankreich, Rn. F 203.

161 Ed. Lamy, Lamy Fiscal 2009, Rn. 1197; *Tillmanns*, in: Widmann/Mayer, Umwandlungsrecht, Anh. 3: Frankreich Rn. F 203.

Grundsätzen mindestens zwei Jahre gehalten werden (Art. 219, I–a quater Abs. 1 i.V.m. I–a ter Abs. 1 und 3 CGI)[162]. Hierzu gehören Beteiligungen, die in dem nach französischem Recht gesetzlich festgelegten Kontenplan (*plan comptable*) als solche (‚*titres de participation*') zu bilanzieren sind (Art. 219, I–a ter Abs. 3 S. 1 CGI). Voraussetzung hierfür ist, dass die Dauerhaftigkeit der Beteiligung eine Einflussnahme auf die Beteiligungsgesellschaft oder deren Kontrolle ermöglicht, wobei widerlegbar vermutet wird, dass eine Beteiligung in Höhe von mindestens 10% diesen Anforderungen genügt[163]. Den Beteiligungen i.S.d. Kontenplans gleichgestellt sind Aktien, die im Rahmen eines von der veräußernden Gesellschaft initiierten öffentlichen Kaufangebotes (OPA) oder Tauschangebotes (OPE) erworben wurden. Gleiches gilt für Beteiligungen, die eine Anwendung des französischen Schachtelprivilegs (‚Mutter-Tochter-Regime'; *régime des sociétés mères et filiales*) ermöglichen[164]. Voraussetzung ist in beiden Fällen, dass die Beteiligungen auf dem Konto ‚Beteiligungen' (‚*titres de participation*') oder einem speziellen Unterkonto (‚*titres relevant du régime d'exonération des plus-values à long terme*', TREPVLT) bilanziell erfasst werden (Art. 219, I–a ter Abs. 3 S. 2 CGI)[165]. Ausdrücklich ausgenommen sind jedoch gemäß Art. 219, I–a sexies-0 bis CGI nach dem 26. September 2007 realisierte Gewinne aus der Veräußerung von Beteiligungen an nicht börsennotierten ‚Gesellschaften mit überwiegendem Immobilienvermögen' (*sociétés à prépondérance immobilière*). Dies sind Gesellschaften, deren Aktivvermögen zum Zeitpunkt der Veräußerung der Beteiligung oder bei Abschluss des der Veräußerung vorangehenden Wirtschaftsjahres bezogen auf den gemeinen Wert (*valeur réelle*) zu mehr als 50% aus Immobilien, Rechten an Immobilien, Rechten aus einem *crédit-bail immobilier* oder aus Anteilen an anderen ‚Gesellschaften mit überwiegendem Immobilienvermögen' stammen (Art. 219, I–a sexies-0 bis Abs. 1 S. 2 CGI).

Langfristige Veräußerungsgewinne entstehen im Rahmen der Körperschaftsteuer darüber hinaus aus der Veräußerung von Anteilen an bestimmten Risikoinvestmentfonds (*fonds communs de placement à risque*, FCPR) oder Risikokapitalgesellschaften (*sociétés de capital risque*, SCR), sofern diese mindestens

---

162 Instruction, BOI 4 B–1–08 v. 4.4.2008, Rn. 12 f.; Ed. Francis Lefebvre, Fiscal 2009, Rn. 1692; Ed. Lamy, Lamy Fiscal 2009, Rn. 1227.

163 Vgl. Art. 20 der Verordnung (Décret), Nr. 83–1020 v. 29.11.1983, JO v. 1.12.1983, S. 3461; Instruction, BOI 4 B–1–08 v. 4.4.2008, Rn. 14 ff.; Ed. Francis Lefebvre, Fiscal 2009, Rn. 1698; Ed. Lamy, Lamy Fiscal 2009, Rn. 1228; *Tillmanns*, in: Widmann/Mayer, Umwandlungsrecht, Anh. 3: Frankreich Rn. F 203.

164 Siehe hierzu die Ausführungen unter: A. IV. 1. a) aa).

165 Vgl. Instruction, BOI 4 B–1–08 v. 4.4.2008, Rn. 31 ff.; Ed. Francis Lefebvre, Fiscal 2009, Rn. 1698; Ed. Lamy, Lamy Fiscal 2009, Rn. 1229 f.; *Tillmanns*, in: Widmann/Mayer, Umwandlungsrecht, Anh. 3: Frankreich Rn. F 203.

fünf Jahre gehalten werden (Art. 219, I–a quater Abs. 1 i.V.m. I–a ter Abs. 1 CGI)[166].

Gemäß Art. 219, I–a quater Abs. 3 CGI fällt schließlich die Veräußerung bestimmter gewerblicher Schutzrechte (Patente, patentfähige Erfindungen, Herstellungsprozesse) in den Anwendungsbereich des Regimes der langfristigen Veräußerungsgewinne bzw. -verluste (Art. 39 terdecies, 1 CGI)[167].

Daneben unterwirft das französische Steuerrecht einige nicht aus einer Veräußerung stammende Gewinne diesem Regime[168]. Hierzu gehören z.B. laufende Lizenzgebühren aus der Überlassung gewerblicher Schutzrechte (Art. 39 terdecies, 1 CGI)[169] sowie bestimmte Ausschüttungen der genannten Risikoinvestmentfonds (*FCPR*) oder Risikokapitalgesellschaften (*SCR*)[170]. In Abhängigkeit von der steuerlichen Behandlung des betroffenen Wirtschaftsgutes führt auch die Auflösung einer gegenstandslos gewordenen Rückstellung für Wertminderung zu einem langfristigen Veräußerungsgewinn[171].

Soweit das Regime der langfristigen Veräußerungsgewinne bzw. -verluste auf Veräußerungen von der Körperschaftsteuer unterliegenden Gesellschaften keine Anwendung findet, werden die entsprechenden Gewinne oder Verluste von der Finanzverwaltung als kurzfristig behandelt[172].

Bei der Ermittlung der Besteuerungsgrundlagen erfolgt hierbei eine Verrechnung der im Wirtschaftsjahr verwirklichten kurzfristigen Veräußerungsgewinne und kurzfristigen Veräußerungsverluste. Kommt es zu einem Überschuss, wird der kurzfristige Nettoveräußerungsgewinn zum Normalsteuersatz von 33⅓% (bzw. reduzierten Steuersatz von 15% für die ersten 38.120 Euro im Fall eines ‚kleinen oder mittleren Unternehmens' (*petite et moyenne entreprise*, PME). Ein kurzfristiger Nettoveräußerungsverlust wird mit dem Ergebnis des laufenden Veranlagungszeitraumes verrechnet[173].

---

166 Ausführlich: Instruction, BOI 4 B–1–08 v. 4.4.2008, Rn. 12, 41; Ed. Francis Lefebvre, Fiscal 2009, Rn. 1692, 1700; Ed. Lamy, Lamy Fiscal 2009, Rn. 1233 f; vgl. auch *Tillmanns*, in: Widmann/Mayer, Umwandlungsrecht, Anh. 3: Frankreich Rn. F 203.

167 Ed. Francis Lefebvre, Fiscal 2009, Rn. 1692.

168 Vgl. Ed. Francis Lefebvre, Fiscal 2009, Rn. 1692.

169 Instruction v. 4.4.2008, BOI 4 B–1–08, Rn. 42; Ed. Francis Lefebvre, Fiscal 2009, Rn. 1692, 1735 f.

170 Instruction v. 4.4.2008, BOI 4 B–1–08, Rn. 42; Ed. Francis Lefebvre, Fiscal 2009, Rn. 1692, 1715, 2343.

171 Instruction v. 4.4.2008, BOI 4 B–1–08, Rn. 43 f.; Ed. Francis Lefebvre, Fiscal 2009, Rn. 1692.

172 Instruction v. 4.4.2008, BOI 4 B–1–08, Rn. 15; Ed. Francis Lefebvre, Fiscal 2009, Rn. 1691.

173 D. adm. 4 B–231, Rn. 15; Ed. Francis Lefebvre, Fiscal 2009, Rn. 1691.

Bei der Besteuerung der langfristigen Veräußerungsgewinne ist wie folgt zu unterscheiden[174]:

Gewinne aus der Veräußerung der genannten Beteiligungen i.S.d. des Art. 219, I–a ter CGI (*titres de participation*) mit Ausnahme von Beteiligungen an börsennotierten ‚Gesellschaften mit überwiegendem Immobilienvermögen' sind seit dem 1. Januar 2007 bis auf einen ‚Kostenanteil' von 5% körperschaftsteuerbefreit (Art. 219, I–a quinquies CGI). Im Gegenzug können entsprechende Veräußerungsverluste nicht mehr verrechnet werden[175].

Ebenfalls seit dem 1. Januar 2007 von der Körperschaftsteuer befreit ist der Teil der unter die langfristigen Veräußerungsgewinne fallenden Ausschüttungen der genannten Risikoinvestmentfonds (FCPR) und Risikokapitalgesellschaften (SCR), der der Veräußerung von Anteilen[176] zugeordnet werden kann, die von dem FCPR oder der SCR mindestens zwei Jahre gehalten wurden, vorausgesetzt, sie waren über einen Zeitraum von mindestens zwei Jahren allein oder mit anderen FCPR oder SCR zu mindestens 5% am Kapital der die Anteile ausgebenden Gesellschaft beteiligt (Art. 219, I–a sexies-1 CGI)[177]. Gleiches gilt für den Teil der langfristigen Veräußerungsgewinne aus der Veräußerung von Beteiligungen an FCPR oder SCR, der dem Verhältnis des Wertes der zuvor beschriebenen qualifizierten Beteiligungen des FCPR bzw. der SCR erhöht um die zuvor beschriebenen begünstigten Ausschüttungen der letzten sechs Monate zum Wert des Gesamtaktivvermögens des FCPR bzw. der SCR entspricht (Art. 219, I–a sexies-2 CGI)[178].

Langfristige Gewinne aus der Veräußerung von Beteiligungen an ‚Gesellschaften mit überwiegendem Immobilienvermögen', deren Anteile börsennotiert sind, unterliegen einem ermäßigten Steuersatz von 19% (Art. 219, I–a Abs. 3 und IV CGI). Zu diesen zählen insbesondere die Beteiligungen an SIIC. Der Steuersatz ist im Rahmen des Finanzgesetzes für 2009 für nach dem 1. Januar 2009 beginnende Wirtschaftsjahre von 16,5% auf 19% angehoben worden.

Im Übrigen werden die langfristigen Veräußerungsgewinne zu einem ermäßigten Körperschaftsteuersatz von derzeit 15% besteuert (Art. 219, I–a Abs. 2 CGI).

Auch innerhalb des Regimes der langfristigen Veräußerungsgewinne und -verluste findet eine Verrechnung statt. So werden zunächst die langfristigen

---

174 Vgl. *Hellio/Crucifix*, in: Mennel/Förster, Steuern in Europa, Amerika und Asien, Frankreich Rn. 207; *Tillmanns*, in: Widmann/Mayer, Umwandlungsrecht, Anh. 3: Frankreich, Rn. F 203.

175 Ed. Francis Lefebvre, Fiscal 2009, Rn. 1708.

176 Ausgenommen sind Anteile an nicht börsennotierten ‚Gesellschaften mit überwiegendem Immobilienvermögen'.

177 Ed. Francis Lefebvre, Fiscal 2009, Rn. 1715; Ed. Lamy, Lamy Fiscal 2009, Rn. 1233, 1234.

178 Vgl. Ed. Francis Lefebvre, Fiscal 2009, Rn. 1714.

Veräußerungsgewinne mit den langfristigen Veräußerungsverlusten derselben Kategorie verrechnet. Lediglich eine Verrechnung der Verluste aus der Veräußerung von Beteiligungen i.S.d. Art. 219, I–a ter CGI (*titres de participation*), soweit die entsprechenden Gewinne steuerbefreit sind, kommt nicht in Betracht. Ein verbleibender langfristiger Nettoveräußerungsgewinn kann, sofern er in eine reduziert besteuerte Kategorie fällt, zunächst mit einem langfristigen Nettoveräußerungsverlust des gleichen Wirtschaftsjahres, der in eine andere reduziert besteuerte Kategorie fällt, und sodann mit nicht verrechneten langfristigen Nettoveräußerungsverlusten der zehn vorangehenden Wirtschaftsjahre oder einem Verlust des aktuellen Wirtschaftsjahres sowie vorgetragenen Verlusten verrechnet werden. Ein langfristiger Nettoveräußerungsverlust kann mit langfristigen Veräußerungsgewinnen der nachfolgenden zehn Jahre verrechnet werden, unabhängig davon, welchem reduzierten Steuersatz diese unterliegen[179]. Da im Fall der Betriebsaufgabe ein Verlustvortrag nicht in Betracht kommt, können verbleibende Nettoveräußerungsverluste begrenzt vom Aufgabeergebnis abgezogen werden. Die Höhe des abzugsfähigen Betrags richtet sich nach dem Verhältnis des im Zeitpunkt ihrer Entstehung geltenden reduzierten Steuersatzes für langfristige Veräußerungsgewinne zum Normalsteuersatz im Zeitpunkt der Betriebsaufgabe[180].

cc) Wegfall von Verlustvorträgen

Der Wechsel des Besteuerungsregimes einer der Körperschaftsteuer unterliegenden Gesellschaft führt grundsätzlich[181] zum Verlust des Verlustvortrags. Bestehende Verlustvorträge können lediglich im Rahmen der Abschlussbesteuerung berücksichtigt werden[182].

dd) Zusatzabgabe für Großunternehmen (contribution sociale, Art. 235 ter ZC CGI)

Bei Großunternehmen fällt zusätzlich zur Körperschaftsteuer eine Zusatzabgabe (sog. *contribution sociale*) in Höhe von 3,3% an. Bemessungsgrundlage der *contribution sociale* ist die unter Anwendung des regulären oder ermäßigten

---

179 Ed. Francis Lefebvre, Fiscal 2009, Rn. 1693 f.

180 Vor dem 1.1.2005 erlittene Verluste können somit i.H.v. 57% (19%/33⅓%), danach erlittene Verluste i.H.v. 45% (15%/33⅓%) verrechnet werden; vgl. Ed. Francis Lefebvre, Fiscal 2009, Rn. 1694, 1650.

181 Zu Ausnahmen (in Umwandlungsfällen): Ed. Francis Lefebvre, Fiscal 2009, Rn. 3144.

182 Ausführlich: Ed. Francis Lefebvre, Fiscal 2009, Rn. 1156, 3422 ff.; *Tillmanns*, in: Widmann/Mayer, Umwandlungsrecht, Anhang 3: Frankreich, Rn. F 215.

Steuersatzes berechnete Körperschaftsteuer nach Abzug eines Freibetrags in Höhe von 763.000 Euro (Art. 235 ter ZC, I Abs. 1 und 2 CGI).

‚Kleine und mittlere Unternehmen' (PME), deren Umsatz unter 7.630.000 Euro liegt und deren Kapital zu mindestens 75% von natürlichen Personen oder von Gesellschaften gehalten wird, die ihrerseits zu mindestens 75% von natürlichen Personen gehalten werden, sind von der Zusatzabgabe befreit (Art. 235 ter ZC, I Abs. 3 CGI)[183].

ee) Liquidationsüberschuss (boni de liquidation)

Schließlich wirkt sich die nach den Regeln der Betriebsaufgabe durchgeführte Abschlussbesteuerung aufgrund einer gesetzlichen Ausschüttungsfiktion auch auf Ebene der Gesellschafter aus, die grundsätzlich der Besteuerung mit dem Liquidationsüberschuss (*boni de liquidation*) unterliegen[184].

Soweit eine zunächst körperschaftsteuerpflichtige Gesellschaft aus dem Anwendungsbereich der Körperschaftsteuer ausscheidet, werden ihre Gesellschafter so behandelt, als seien Gewinn und Rücklagen der Gesellschaft entsprechend ihrer Beteiligungsquote an sie ausgeschüttet worden (Art. 111 bis Abs. 1 CGI). Auf die als ausgeschüttet geltenden Beträge ist das französische Mutter-Tochter-Regime anwendbar, sofern seine Voraussetzungen erfüllt sind[185].

Die Finanzverwaltung verzichtet auf eine Besteuerung der dem Besteuerungsaufschub unterliegenden, d.h. noch unbesteuerten Gewinne und der im Anlagevermögen enthaltenen stillen Reserven, wenn die Voraussetzungen des Art. 221 bis Abs. 2 CGI (Buchwertfortführung, Sicherstellung der späteren Besteuerung)[186] erfüllt sind[187].

---

183 Zur *contribution sociale*: Ed. Francis Lefebvre, Fiscal 2009, Rn. 3215 ff.; *Hellio/Crucifix*, in: Mennel/Förster, Steuern in Europa, Amerika und Asien, Frankreich Rn. 206; *Tillmanns*, in: Widmann/Mayer, Umwandlungsrecht, Anh. 3: Frankreich, Rn. F 201.

184 Vgl. Ed. Francis Lefebvre, Fiscal 2009, Rn. 3422; *Tillmanns*, in: Widmann/Mayer, Umwandlungsrecht, Anh. 3: Frankreich Rn. F 215.

185 *Tillmanns*, in: Widmann/Mayer, Umwandlungsrecht, Anh. 3: Frankreich Rn. F 215. Zu den Voraussetzungen des französischen Mutter-Tochter-Regimes: A. IV. 1. a) aa).

186 Oben unter: A. III. 1 a) aa).

187 D. adm. 4 A–633, Rn. 61; vgl. auch Ed. Francis Lefebvre, Fiscal 2009, Rn. 3422; *Tillmanns*, in: Widmann/Mayer, Umwandlungsrecht, Anh. 3: Frankreich, Rn. F 215.

b) Besondere Folgen bei Option zur SIIC-Besteuerung

Da die Option einer SIIC oder SIIC-Tochtergesellschaft zur SIIC-Besteuerung ebenfalls einen Wechsel des Besteuerungsregimes i.S.d. Art. 221, 2 Abs. 2 CGI darstellt, zieht auch sie grundsätzlich die Folgen einer Betriebsaufgabe nach sich.

aa) Abschlussbesteuerung

Infolge der Option kommt es somit auf Ebene der optierenden Gesellschaft ebenfalls zu einer Abschlussbesteuerung. Es gelten jedoch einige besondere Regelungen.

(1) Keine Besteuerung des laufenden Gewinns

Da die Option jedoch auf den Beginn des Wirtschaftsjahres, für welches sie ausgeübt wird, zurückwirkt, entfällt im Rahmen der Abschlussbesteuerung eine Besteuerung der Gewinne des laufenden Wirtschaftsjahres[188].

(2) Besteuerung der dem Besteuerungsaufschub unterliegenden Gewinne

Hinsichtlich der dem Besteuerungsaufschub unterliegenden, d.h. noch unbesteuerten Gewinne – insbesondere noch nicht ergebniswirksam aufgelöste Rückstellungen für Wertberichtigung (*provisions pour dépréciation*) oder solche für künftige Verluste und Aufwendungen (*provisions pour risques et charges*) – ist zu unterscheiden:

Soweit sie dem Bereich der künftig steuerbefreiten Einkünfte der SIIC oder SIIC-Tochtergesellschaft zugerechnet werden können, unterliegen sie der sofortigen Besteuerung; betroffene Rückstellungen sind aufzulösen. Die Besteuerung erfolgt zum regulären Steuersatz oder nach den Regelungen für langfristige Veräußerungsgewinne, soweit diese nach den genannten Grundsätzen anwendbar sind.

Soweit die aufgeschobenen Gewinne dem Bereich der künftig weiterhin steuerpflichtigen Einkünfte der SIIC angehören, kommt es nach Art. 221, 2 Abs. 2 CGI i.V.m. den Regelungen über die Betriebsaufgabe/-übertragung grundsätzlich ebenfalls zu einer sofortigen Besteuerung. Die sofortige Besteuerung der aufgeschoben besteuerten Gewinne entfällt jedoch gemäß Art. 221 bis Abs. 1 CGI, wenn die steuerpflichtige Tätigkeit nach der Option zur SIIC-Besteuerung wei-

188 Instruction v. 25.9.2003, BOI 4 H-5-03, Rn. 21.

terhin ausgeübt wird und eine Besteuerung der aufgeschobenen Gewinne möglich bleibt.

Dies gilt ausnahmsweise auch dann, wenn die SIIC oder SIIC-Tochtergesellschaft ihre Bücher nicht fortführt, sondern anlässlich der Optionsausübung in ihren Büchern eine Neubewertung des Anlagevermögens (*réévaluation comptable*)[189] vornimmt. Voraussetzung ist jedoch, dass sich die Gesellschaft für steuerliche Zwecke verpflichtet, die ursprünglichen Werte der Wirtschaftsgüter zum Zeitpunkt des Eintritts in das besondere Besteuerungsregime gesondert festzuhalten und fortzuschreiben, um diese im Fall einer späteren Veräußerung der Wirtschaftsgüter als Grundlage für die Berechnung des Veräußerungsgewinns zu verwenden (Art. 221 bis Abs. 2 CGI)[190].

(3) Besteuerung der stillen Reserven

Da ein etwa vorhandenes Vorratsvermögen der SIIC oder SIIC-Tochtergesellschaft ausschließlich dem künftig steuerpflichtigen Bereich zugeordnet werden kann, gelten die zuletzt gemachten Ausführungen hinsichtlich der diesem Bereich zuzurechnenden noch unbesteuerten Gewinne gleichsam für die Besteuerung der im Vorratsvermögen ruhenden stillen Reserven[191].

Hinsichtlich der Besteuerung der im Anlagevermögen enthaltenen stillen Reserven ist wiederum zu differenzieren:

Stille Reserven, die in den begünstigten Immobilien (einschließlich Gesellschaftssitz)[192], den Rechten aus einem *crédit-bail immobilier*, den Rechten an vorübergehend zur Nutzung überlassenen im öffentlichen Eigentum stehenden Immobilien sowie in Beteiligungen an Immobilienpersonengesellschaften, deren Unternehmensgegenstand mit dem der SIIC identisch ist, ruhen, werden in Höhe eines ermäßigten Steuersatzes besteuert (Art. 219, IV CGI). Dieser betrug ur-

---

189 Bei einer *réévaluation comptable*, deren Ausführung im Ermessen des Unternehmens liegt, handelt es sich um eine bilanzielle Maßnahme, die darin besteht, den Wert der Elemente des Aktivvermögens zu aktualisieren. Eine solche Neubewertung muss die Gesamtheit der Sachanlagen und Finanzanlagen umfassen. Ausgenommen sind die immateriellen Wirtschaftsgüter und die des Umlaufvermögens. Die neu anzusetzenden Werte hängen zum einen vom Markt, zum anderen vom Nutzen des jeweiligen Wirtschaftsgutes für das Unternehmen ab. Der Unterschiedsbetrag ist auf der Passivseite zu verbuchen. Eine Verrechnung mit Verlusten ist handelsrechtlich nicht möglich. Eine Ausschüttung ist nur im Fall der Gewinnrealisierung zulässig. Aus steuerlicher Sicht handelt es sich grundsätzlich um einen steuerbaren Vorgang. Eine Anrechnung von Verlustvorträgen ist hier möglich. Vgl. Ed. Francis Lefebvre, Fiscal 2009, Rn. 1753 ff.

190 Instruction v. 25.9.2003, BOI 4 H-5-03, Rn. 23.

191 Instruction v. 25.9.2003, BOI 4 H-5-03, Rn. 23.

192 Instruction v. 25.9.2003, BOI 4 H-5-03, Rn. 24.

sprünglich 16,5%, ist jedoch im Rahmen des Finanzgesetzes für 2009 mit Wirkung zum 1. Januar 2009 auf nunmehr 19% angehoben worden. Abweichend vom Regelfall werden die stillen Reserven darüber hinaus nicht der *contribution sociale* unterworfen (Art. 235 ter ZC, III bis CGI). Die Berechnung der stillen Reserven erfolgt auf Grundlage des steuerlichen Wertes (*valeur fiscale*) der betroffenen Wirtschaftsgüter. Dies ist insbesondere dann von Bedeutung, wenn die optierende Gesellschaft die Wirtschaftsgüter zuvor im Rahmen eines Umwandlungsvorgangs zu Buchwerten oder als Muttergesellschaft eines Konzerns (unter Neutralisierung des Veräußerungsgewinns) von einer Konzerngesellschaft erworben hat[193]. Die insoweit bereits auf Ebene der Vorgängergesellschaft gebildeten und bis dato zum Optionszeitpunkt noch unversteuerten stillen Reserven können gleichsam von der ermäßigten Besteuerung profitieren[194].

Die im Rahmen der Abschlussbesteuerung anfallende Körperschaftsteuer ist nicht sofort, sondern über vier Jahre verteilt jeweils zum 15. Dezember in gleichen Raten zu entrichten, wobei die erste Zahlung im Jahr der Optionsausübung zu erfolgen hat (Art. 1663, 2 Abs. 4 S. 2 CGI). Ein etwaiger Verlust kann mit positiven Ergebnissen der Abschlussbesteuerung verrechnet werden, unabhängig davon, ob diese dem regulären oder einem ermäßigten Steuersatz unterliegen[195].

Stille Reserven, die in den übrigen Wirtschaftsgütern des Anlagevermögens ruhen, unterliegen der sofortigen Besteuerung nach den allgemeinen Regelungen, wenn die optierende SIIC oder SIIC-Tochtergesellschaft neben den künftig steuerbefreiten Tätigkeiten keine weiteren Tätigkeiten ausübt oder die Wirtschaftsgüter ebenfalls dem Bereich der steuerbefreiten Tätigkeiten zugeordnet werden können.

Lassen sich die Wirtschaftsgüter ausschließlich einer künftig weiterhin steuerpflichtigen Tätigkeit zuordnen, kann die optierende Gesellschaft jedoch die Begünstigung des Art. 221 bis Abs. 1 CGI in Anspruch nehmen, wenn die spätere Besteuerung der stillen Reserven gesichert ist. Auch hier ist eine Änderung der Bücher infolge einer Neubewertung (*réévaluation comptable*) anlässlich der Option zur SIIC-Besteuerung unschädlich, sofern sich die Gesellschaft verpflichtet, die ursprünglichen Werte gesondert festzuhalten und fortzuschreiben (Art. 221 bis Abs. 2 CGI)[196].

Eine Besonderheit gilt hinsichtlich der Beteiligungen der optierenden SIIC an Tochtergesellschaften, die ihrerseits zur SIIC-Besteuerung optieren. Grundsätzlich fällt die Verwaltung von Beteiligungen (*titres de participation*) nicht in den

193 Siehe sogleich unter: A. III. 2.

194 Vgl. Instruction v. 25.9.2003, BOI 4 H-5-03, Rn. 24.

195 Instruction v. 25.9.2003, BOI 4 H-5-03, Rn. 24.

196 Instruction v. 25.9.2003, BOI 4 H-5-03, Rn. 25.

Bereich der künftig steuerbefreiten Tätigkeiten, so dass eine sofortige Besteuerung der in ihnen ruhenden stillen Reserven unter den Voraussetzungen des Art. 221 bis CGI unterbleibt. Etwas anderes gilt für eine Beteiligung der SIIC an einer Immobiliengesellschaft, die ihrerseits zur SIIC-Besteuerung optiert. Die aus der Beteiligung resultierenden Dividenden und Veräußerungsgewinne fallen in den künftig steuerbefreiten Bereich der SIIC mit der Folge, dass die in der Beteiligung ruhenden stillen Reserven im Rahmen der Abschlussbesteuerung sofort zu versteuern sind. Eine ermäßigte Besteuerung nach Art. 219, IV CGI (*Exit Tax*) kommt allerdings nicht in Betracht, da die Vorschrift ausschließlich Beteiligungen an Immobilienpersonengesellschaften erfasst. Es käme insoweit zu einer Besteuerung nach allgemeinen Regeln.

Um eine Doppelbelastung resultierend aus der Besteuerung der optierenden Tochtergesellschaft hinsichtlich der in ihren Wirtschaftsgütern enthaltenen stillen Reserven einerseits und der Besteuerung der Muttergesellschaft hinsichtlich der in der Beteiligung enthaltenen stillen Reserven andererseits zu vermeiden, verzichtet die französische Finanzverwaltung zunächst auf eine Besteuerung der Muttergesellschaft. Kommt es später zur Realisierung der in den Beteiligungen ruhenden stillen Reserven, so sind diese auf Grundlage der Werte zum Optionszeitpunkt zu ermitteln[197].

Unklar ist die steuerliche Behandlung der stillen Reserven, die in den dinglichen Nutzungsrechten (*usufruit, bail à construction, bail emphythéotique*) ruhen, deren Ausbeutung durch das Änderungsfinanzgesetz für 2006 in den Kreis der steuerbefreiten Tätigkeiten aufgenommen wurde. Art. 219, IV CGI wurde im Rahmen der Gesetzesänderung nicht angepasst, d.h. die dinglichen Nutzungsrechte wurden in seinem Wortlaut nicht aufgenommen. Ihre Subsumtion unter den Immobilienbegriff dürfte i.R.d. Art. 219, IV CGI ausscheiden, da Art. 208 C, II Abs. 6 CGI ausdrücklich bestimmt, dass sich der Begriff der Immobilie zum Zwecke der Anwendung des Art. 208 C, II CGI („*pour l'application des présentes dispositions*") auf die dinglichen Nutzungsrechte erstreckt. Eine Anwendung des ermäßigten Steuersatzes von 19% scheidet nach dem Gesetzeswortlaut daher aus.

Dieses Ergebnis ist überraschend. Durch die Einbeziehung der Vermietung von Immobilien, an denen die vermietende SIIC oder SIIC-Tochtergesellschaft ein dingliches Nutzungsrecht hat, in den steuerfreien Bereich, werden die dinglichen Nutzungsrechte dem Vollrecht gleichgestellt. Die Ungleichbehandlung im Rahmen der *Exit Tax* erscheint daher widersprüchlich, zumal auch die in den Rechten aus einem *crédit-bail immobilier* oder der vorübergehenden Nutzungsüberlassung von Immobilien im öffentlichen Eigentum enthaltenen stillen Reser-

197 Instruction v. 25.9.2003, BOI 4 H–5–03, Rn. 25.

ven begünstigt besteuert werden. Da allerdings Art. 219, IV CGI im Rahmen des Finanzgesetzes für 2008 und des Finanzgesetzes für 2009 anderweitig geändert wurde, dürfte die Nichteinbeziehung der dinglichen Nutzungsrechte in die *Exit Tax* dem Willen des französischen Gesetzgebers entsprechen. Insoweit kommt es zu einer sofortigen Besteuerung nach den allgemeinen Vorschriften.

bb) Berücksichtigung von Verlusten

Im Hinblick auf bestehende Verlustvorträge ergeben sich bei einer Option zur SIIC-Besteuerung keine Besonderheiten. Diese können mit den infolge der Abschlussbesteuerung entstehenden Gewinnen verrechnet werden. Auch eine Verrechnung langfristiger Veräußerungsverluste ist den allgemeinen Regelungen entsprechend in begrenztem Umfang möglich. Danach verbleibende Verlustvorträge bzw. langfristige Veräußerungsverluste entfallen[198].

cc) Keine Besteuerung der Gesellschafter mit dem Liquidationsüberschuss (boni de liquidation)

Abweichend von den allgemeinen Regelungen wirkt sich die Option zur SIIC-Besteuerung auf Ebene der Gesellschafter der optierenden Gesellschaft nicht aus. Die in Art. 111 bis Abs. 1 CGI vorgesehene Ausschüttungsfiktion findet ausdrücklich keine Anwendung (Art. 111 bis Abs. 2 CGI).

2. Auswirkungen der Option zur SIIC-Besteuerung im Konzern

Konzerne als Zusammenschluss unabhängiger Unternehmen haben nach französischem Recht keine eigene Rechtspersönlichkeit, dennoch ist ihre Existenz rechtlich anerkannt. Auf dem Gebiet des Steuerrechts sind sie zunächst Gegenstand des französischen Mutter-Tochter-Regimes[199]. Darüber hinaus findet ihre Existenz im Rahmen eines besonderen Regimes der Gruppenbesteuerung[200] (*régime d'intégration fiscale)* Berücksichtigung. Gehört die zur SIIC-Besteuerung optierende Gesellschaft einem diesem Regime unterworfenen Konzern an, wirkt sich ihre Option gleichsam auf die Konzernbesteuerung aus.

198 Instruction v. 25.9.2003, BOI 4 H-5-03, Rn. 25.

199 Siehe unter: A. IV. 1. a) aa).

200 Nachfolgend werden die Begriffe ‚Konzern' und ‚Gruppe' synonym verwendet.

Nachfolgend soll daher zunächst ein Überblick über das Regime der französischen Gruppenbesteuerung (*régime d'intégration fiscale*) gegeben werden. Anschließend werden die besonderen Folgen einer Option zur SIIC-Besteuerung untersucht.

a) Regime der französischen Gruppenbesteuerung (*régime d'intégration fiscale*)

Frankreich hat das besondere Regime der *integration fiscale* im Jahr 1988[201]eingeführt. Es ermöglicht französischen Konzernen auf Antrag eine konsolidierte Besteuerung der Ergebnisse aller zum Konzern gehörenden Gesellschaften.

Die Einzelergebnisse der Muttergesellschaft (*société mère, tête de groupe*) und der übrigen in den Konzern einbezogenen Konzerngesellschaften (*sociétés du groupe*) werden bereinigt um bestimmte Hinzurechnungen und Kürzungen zusammengefasst und der Muttergesellschaft zugerechnet.

aa) Konzernkreis

Dem Konzernkreis können grundsätzlich nur Gesellschaften angehören, die in Frankreich nach den allgemeinen Regelungen der Körperschaftsteuer[202] unterliegen (Art. 223 A Abs. 6 CGI)[203]. Unter der gleichen Bedingung können auch französische Betriebsstätten ausländischer Gesellschaften in den Konzern einbezogen werden[204]. Ausgenommen sind Gesellschaften und Betriebsstätten, deren Gewinne ganz oder teilweise aufgrund besonderer Regelungen von der Besteuerung ausgenommen sind[205].

Konzerngesellschaft können neben der Muttergesellschaft nur solche Gesellschaften sein, deren Anteile während des gesamten Wirtschaftsjahres ununterbrochen zu mindestens 95% von der Muttergesellschaft gehalten werden (Art. 223 A Abs. 1 S. 1 CGI). Es kann sich hierbei sowohl um eine unmittelbare als auch um eine mittelbare Beteiligung der Muttergesellschaft über andere Konzerngesellschaften oder sog. Zwischengesellschaften (*sociétés intermédiaires*)

---

201 Finanzgesetz für 1988, Nr. 87–1060 v. 30.12.1987, Art. 68, JO v. 31.12.1987, S. 15485.

202 Ebenfalls erfasst werden Gesellschaften, die nach den Vorschriften der Art. 214 und Art. 217 bis CGI besteuert werden (Art. 223 A Abs. 6 CGI).

203 Vgl. Ed. Francis Lefebvre, Fiscal 2009, Rn. 3558; *Hellio/Crucifix*, in: Mennel/Förster, Steuern in Europa, Amerika und Asien, Frankreich Rn. 276; *Jacobs/Spengel*, IStR 1994, 100 (102).

204 Dies ist seit dem 1.1.2010 gesetzlich normiert, wurde allerdings bereits vorher von der Finanzverwaltung anerkannt, vgl. Instruction v. 19.7.2005, BOI 4 H–2–05, Rn. 27 f.

205 Ed. Francis Lefebvre, Fiscal 2009, Rn. 3558.

handeln, deren Anteile wiederum während des gesamten Wirtschaftsjahres ohne Unterbrechung unmittelbar oder mittelbar über Konzern- oder Zwischengesellschaften von der Muttergesellschaft gehalten werden. Der Begriff der Zwischengesellschaft in diesem Sinne umfasst Gesellschaften oder Betriebsstätten, die mit ihren Ergebnissen in einem EU-Staat der Europäischen Union (EU)[206] oder in einem Mitgliedstaat des Europäischen Wirtschaftsraumes (EWR), der mit Frankreich ein Steuerabkommen geschlossen hat, welches eine Amtshilfeklausel zur Bekämpfung der Steuerflucht und Steuerhinterziehung enthält, einer der französischen Körperschaftsteuer vergleichbaren Steuer unterliegen. Die Möglichkeit der Beteiligung der Zwischengesellschaften ist erst im Rahmen des Änderungsfinanzgesetzes für 2009[207] eingeführt worden und gilt für alle nach dem 1. Januar 2010 beginnenden Wirtschaftsjahre[208]. Ursprünglich war nur eine Zwischenschaltung von Konzerngesellschaften möglich, also Gesellschaften – und ihnen gleichgestellt französische Betriebsstätten –, die der französischen Körperschaftsteuer unterlegen haben. Eine Enkelgesellschaft der Konzernmutter konnte somit im Ergebnis nicht in den Konzernkreis einbezogen werden, wenn die zwischengeschaltete Gesellschaft nicht in Frankreich ansässig war oder ihre Beteiligung in einer französischen Betriebsstätte hielt. Eine solche Regelung verstößt jedoch nach der Rechtssprechung des EuGH[209] gegen die Niederlassungsfreiheit (Art. 49 AEUV; früher: Art. 43 EG) und ist daher mit dem EU-Recht nicht zu vereinbaren[210].

Die Anteile der Muttergesellschaft dürfen nicht zu mindestens 95% unmittelbar oder mittelbar von einer anderen nach allgemeinen Vorschriften der französischen Körperschaftsteuer unterliegenden oder nach Art. 214 bzw. Art. 217 bis CGI besteuerten Gesellschaft (Genossenschaften, bestimmte Unternehmen in

---

206 Nach dem Gesetzeswortlaut (Art. 223 A Abs. 5 CGI) muss es sich um einen Staat der EG („*Etat de la Communauté européene*") handeln. Mit Inkrafttreten des Vertrags von Lissabon wurde die Bezeichnung ‚EG' durch die Bezeichnung ‚EU' ersetzt. Die EU besitzt nun selbst internationale Rechtspersönlichkeit und ersetzt die EG, deren Rechtsnachfolgerin sie ist. Daher wird hier und an anderen Stellen, in denen der französische Gesetzestext die Bezeichnung ‚EG' verwendet, diese Bezeichnung ebenfalls durch die Bezeichnung ‚EU' ersetzt.

207 Änderungsfinanzgesetz für 2009, Nr. 2009–1674 v. 30.12.2009, Art. 33, veröffentlicht im JO v. 31.12.2009, S. 22940.

208 Zu den damit verbundenen Änderungen: Bericht des Senators *Philippe Marini*, als Berichterstatter des Haushalts- und Finanzausschusses des französischen Senats zum Vorschlag eines Änderungsfinanzgesetzes für 2009 v. 14.12.2009, Rapport, N° 158 (session ordinaire de 2009–2010), Tome I (Rapport), Art. 22, S. 194 ff., abrufbar im Internet unter: http://www.senat.fr (nachfolgend: ‚Rapport Nr. 158 v. 14.12.2009').

209 EuGH, Urt. v. 27.11.2008, C–418/07, *Société Papillon*, Slg. 2008, I–8947, Rn. 63.

210 Vgl. Ed. Francis Lefebvre, Fiscal 2009, Rn. 3558; *Hellio/Crucifix*, in: Mennel/Förster, Steuern in Europa, Amerika und Asien, Frankreich Rn. 276; *Maheust*, Les Nouvelles Fiscales, n° 1015 v. 1.1.2009, S. 4 (5 f.).

den Übersee-Departements) gehalten werden. Unschädlich ist jedoch eine mittelbare Beteiligung dieser anderen Gesellschaft, wenn sie über eine oder mehrere Gesellschaften erfolgt, die entweder nicht der französischen Körperschaftsteuer unterliegen (v.a. ausländische Gesellschaften)[211] oder deren Anteile – unmittelbar oder mittelbar – zu weniger als 95% von der anderen Gesellschaft gehalten werden (Art. 223 A Abs. 1 S. 3 und 4 CGI).

Die Beteiligungsgrenze von 95% bezieht sich jeweils sowohl auf das Stimmrecht als auch auf das Dividendenbezugsrecht (Ann. III, Art. 46 quater-0 ZF CGI)[212]. Unmittelbare und mittelbare Beteiligungen können zusammengerechnet werden. Die Höhe einer mittelbaren Beteiligung berechnet sich durch Multiplikation der jeweiligen Beteiligungen in der Beteiligungskette, wobei eine 95%-Beteiligung einer 100%-Beteiligung gleichgesetzt wird (Ann. III, Art. 46 quater-0 ZF CGI)[213].

Das Regime der französischen Gruppenbesteuerung findet nur auf Antrag (*option*) der Muttergesellschaft Anwendung. Dieser kann bis zum Abgabetermin der Steuererklärung für das Wirtschaftsjahr, in welchem die konsolidierte Besteuerung erstmals vorgenommen werden soll, d.h. wenn kein Wirtschaftsjahr vom Kalenderjahr abweicht bis zum 30. April des Folgejahres gestellt werden. Der Antrag ist für einen Zeitraum von fünf Jahren bindend und verlängert sich nach Ablauf dieses Zeitraumes stillschweigend (Art. 223 A Abs. 7 CGI). Die Muttergesellschaft kann frei entscheiden, welche Tochtergesellschaften in den Konsolidierungskreis einbezogen werden sollen. Diese müssen ihrer Einbeziehung zustimmen. Auch die Behandlung als Zwischengesellschaft setzt das Einverständnis der betreffenden Gesellschaft voraus (Art. 223 A Abs. 6 CGI).

bb) Bestimmung des konsolidierten Gesamtergebnisses

Zur Bestimmung des konsolidierten Gesamtergebnisses ermittelt zunächst jede dem Konzern angehörende Gesellschaft (Muttergesellschaft und Konzerngesellschaften) ihr eigenes Ergebnis nach den allgemeinen Vorschriften vorbehaltlich der besonderen Regelungen für langfristige Veräußerungsgewinne und -verluste (*plus-values et moins-values à long terme*). Das Gesamtergebnis wird sodann von der Muttergesellschaft durch Addition der Einzelergebnisse sowie der lang-

211 *Hellio/Crucifix*, in: Mennel/Förster, Steuern in Europa, Amerika und Asien, Frankreich Rn. 276.

212 Vgl. auch Ed. Francis Lefebvre, Fiscal 2009, Rn. 3560; Ed. Lamy, Lamy Fiscal 2009, Rn. 1928; *Jacobs/Spengel*, IStR 1994, 100 (102).

213 Die Finanzverwaltung wendet diese Regelung jedoch nicht bei der Bestimmung der Beteiligungsverhältnisse an der Muttergesellschaft an, vgl. Instruction v. 2.4.2008, BOI 4 H-2-08, Rn. 12.

fristigen Veräußerungsgewinne bzw. -verluste und anschließender Bereiningung um bestimmte Kürzungen sowie Hinzurechnungen bestimmt[214].

Verluste und langfristige Veräußerungsverluste, die während der Anwendung des Regimes der Gruppenbesteuerung auf Ebene der einzelnen Gesellschaften entstanden und bei der Ermittlung des Gesamtergebnisses berücksichtigt worden sind, verbleiben, wenn sich im Rahmen der Konsolidierung ein Gesamtverlust bzw. langfristiger Nettoveräußerungsverlust ergibt, auf Ebene der Muttergesellschaft und können nicht mehr auf die Einzelergebnisse der betreffenden Gesellschaften zurückübertragen werden (Art. 223 E Abs. 1 CGI). Die Muttergesellschaft kann den Gesamtverlust bzw. langfristigen Nettoveräußerungsverlust nach den allgemeinen Regelungen vor- bzw. zurücktragen. Verluste sowie langfristige Veräußerungsverluste aus der Zeit vor der steuerlichen Konsolidierung werden hingegen umgekehrt nur auf Ebene der betreffenden Konzerngesellschaften berücksichtigt und mindern insoweit das in die Konsolidierung eingehende Einzelergebnis (Art. 223 I, 1–a und 2 CGI)[215].

Erfolgswirksame Vorgänge innerhalb des Konzerns sind zu bereinigen. So ist das Gesamtergebnis insbesondere um Ausschüttungen zu kürzen, die eine Konzerngesellschaft von einer anderen dem Konzern seit mehr als einem Wirtschaftsjahr angehörenden Gesellschaft bezogen hat und die nicht in den Anwendungsbereich des Mutter-Tochter-Regimes gefallen sind. Hat die Konzerngesellschaft die Ausschüttungen von einer Zwischengesellschaft bezogen, so erfolgt eine entsprechende Kürzung nur, wenn die Muttergesellschaft nachweist, dass die Ausschüttungen ihrerseits aus Ausschüttungen stammen, die die Zwischengesellschaft von einer dem Konzern seit mehr als einem Wirtschaftsjahr angehörenden Gesellschaft erhalten hat und nicht aufgrund anderer Regelungen bereits Gegenstand einer Bereinigung waren (Art. 223 B Abs. 3 CGI). Sofern die von einer Konzerngesellschaft bezogenen Ausschüttungen bereits nach den Regelungen des Mutter-Tochter-Regimes von der Besteuerung freigestellt sind, beschränkt sich die Kürzung auf den pauschalen Anteil nicht abzugsfähiger Kosten (Art. 223 B Abs. 2 CGI).

Forderungsverzichte sowie direkte und indirekte Subventionen zwischen in den Konzern einbezogenen Gesellschaften werden bei der Ermittlung des Gesamtergebnisses ebenfalls nicht berücksichtigt (Art. 223 B Abs. 6 CGI). Für Forderungsverzichte gilt dies jedoch maximal in der Höhe, mit dem die Forde-

---

214 Ausführlich zur Ermittlung des Gesamtergebnisses: Ed. Francis Lefebvre, Fiscal 2009, Rn. 3575 ff.; Ed. Lamy, Lamy Fiscal 2009, Rn. 1937 ff.; vgl. auch *Hellio/Crucifix*, in: Mennel/Förster, Steuern in Europa, Amerika und Asien, Frankreich Rn. 276.

215 Ed. Francis Lefebvre, Fiscal 2009, Rn. 3578; Ed. Lamy, Lamy Fiscal 2009, Rn. 1959 ff.; *Hellio/Crucifix*, in: Mennel/Förster, Steuern in Europa, Amerika und Asien, Frankreich Rn. 276.

rung in der Bilanz der verzichtenden Konzerngesellschaft bewertet ist. Der Begriff der indirekten oder auch verdeckten Subvention umfasst den vollständigen oder teilweisen Verzicht auf marktübliche Zinsen bei Gewährung eines Darlehens oder Vorschusses, die Erbringung von Lieferungen und Leistungen ohne Gegenleistung oder zu einem unter den Selbstkosten bzw. bei der Veräußerung von Gegenständen des Anlagevermögens unter dem Marktwert liegenden Preis. Verdeckte Subventionen sind auch gezahlte Entgelte und Zinsen, soweit sie über das Marktübliche hinausgehen (Annex III, Art. 46 quater-0 ZG CGI). Forderungsverzichte und Subventionen einer Konzerngesellschaft zugunsten einer Zwischengesellschaft werden nur berücksichtigt, soweit diese die gewährte Begünstigung nicht im Laufe desselben Wirtschaftsjahres ihrerseits im Wege des Forderungsverzichts oder der Subvention an eine Konzerngesellschaft weitergegeben hat und die Muttergesellschaft nachweist, dass die Begünstigung nicht – unmittelbar oder mittelbar – mit Verlusten und langfristigen Veräußerungsverlusten einer Konzerngesellschaft in Verbindung steht, die in das konsolidierte Gesamtergebnis eingegangen sind. Umgekehrt bleiben Forderungsverzichte oder Subventionen einer Zwischengesellschaft zugunsten einer Konzerngesellschaft nur unberücksichtigt, soweit der Muttergesellschaft der Nachweis gelingt, dass die Begünstigung wiederum aus Forderungsverzichten oder Subventionen stammt, die der Zwischengesellschaft unmittelbar oder mittelbar von einer Konzerngesellschaft gewährt wurden und die ebenfalls bei der Ermittlung des Gesamtergebnisses unberücksichtigt geblieben sind (Art. 223 B Abs. 6 CGI)[216].

Gewinne und Verluste aus der konzerninternen Veräußerung von Wirtschaftsgütern des Anlagevermögens werden im Rahmen der Ermittlung des Gesamtergebnisses ebenfalls neutralisiert. Hierbei ist zwischen lang- und kurzfristigen Veräußerungsgewinnen und -verlusten zu unterscheiden.

Langfristige Veräußerungsgewinne werden vom Gesamtnettoveräußerungsgewinn, kurzfristige Veräußerungsgewinne vom Gesamtergebnis des Konzerns abgezogen. Entsprechend werden langfristige Veräußerungsverluste dem langfristigen Gesamtnettoveräußerungsgewinn und kurzfristige Veräußerungsverluste dem Gesamtergebnis wieder zugeschrieben[217]. Langfristige Veräußerungsgewinne aus der konzerninternen Veräußerung von Beteiligungen i.S.d. Art. 219, I–a quinqies Abs. 3 CGI (*titres de participation*)[218] werden nicht neutralisiert, da diese ohnehin von der Besteuerung befreit sind (Art. 219, I–a quinqies Abs. 1 CGI). Die Bereinigung beschränkt sich hierbei auf den nichtabzugsfähigen Kos-

216 Zum Zweck der Regelung: Rapport Nr. 158 v. 14.12.2009, S. 210 f.

217 Vgl. Ed. Francis Lefebvre, Fiscal 2009, Rn. 3589; Ed. Lamy, Lamy Fiscal 2009, Rn. 1963 ff.; *Hellio/Crucifix*, in: Mennel/Förster, Steuern in Europa, Amerika und Asien, Frankreich Rn. 276; *Tillmanns*, in: Widmann/Mayer, Umwandlungsrecht, Anh. 3: Frankreich Rn. F 206.

218 Siehe unter: A. III. 1. a) bb).

tenanteil in Höhe von 5% des langfristigen Nettoveräußerungsgewinns, der vom Gesamtergebnis des Konzerns abzuziehen ist (Art. 223 F Abs. 3 CGI). Die Gewinne und Verluste aus Veräußerungen von Konzerngesellschaften an Zwischengesellschaften werden nur dann neutralisiert, wenn es sich bei dem Veräußerungsgegenstand um Anteile an einer anderen Konzerngesellschaft handelt (Art. 223 F Abs. 1 S. 2 CGI).

Bei abnutzbaren Wirtschaftsgütern des Anlagevermögens erfolgt eine weitere Korrektur. Die Mehr-AfA, die sich aufgrund der erhöhten Anschaffungskosten bei der erwerbenden Konzerngesellschaft ergibt, ist ebenfalls dem Gesamtergebnis des Konzerns wieder hinzuzurechnen (Art. 223 F Abs. 1 S. 3 CGI)[219].

Gewinne aus der konzerninternen Veräußerung von Wirtschaftsgütern des Umlaufvermögens werden nicht neutralisiert, soweit die Veräußerung nicht unter dem Selbstkostenpreis erfolgt (vgl. Ann. III, Art. 46 quater-0 ZG CGI)[220].

Eine Realisierung der neutralisierten Veräußerungsgewinne und -verluste erfolgt erst im Fall der Veräußerung des betreffenden Wirtschaftsguts außerhalb des Konzerns. Weitere Realisierungstatbestände sind das Ausscheiden der Konzerngesellschaft, die das betreffende Wirtschaftsgut innerhalb des Konzerns veräußert hat, die es erworben hat oder deren Anteile an eine Zwischengesellschaft veräußert worden sind (Art. 223 F Abs. 3 CGI), sowie die Beendigung der Konzernbesteuerung (*cessation du groupe*)[221]. Bei nicht abnutzbaren Wirtschaftsgütern sind die neutralisierten Veräußerungsgewinne vollständig in die Ergebnisermittlung einzubeziehen, bei abnutzbaren Wirtschaftsgütern ist die zuvor berücksichtigte Mehr-AfA herauszurechnen[222].

Ferner sind Rückstellungen einer Konzerngesellschaft zur Wertberichtigung von Forderungen gegen andere Konzerngesellschaften ebenso wie Rückstellungen für ungewisse konzerninterne Verbindlichkeiten und drohende Verluste aus schwebenden Geschäften mit anderen konzernangehörigen Gesellschaften dem Gesamtergebnis wieder hinzuzurechnen[223]. Im Verhältnis zwischen einer Konzerngesellschaft und einer Zwischengesellschaft entfällt eine solche Hinzurechnung, soweit die Muttergesellschaft den Nachweis erbringt, dass die Rückstellung nicht mit Verlusten von Konzerngesellschaften in Zusammenhang steht, die bei Ermittlung des Gesamtergebnisses berücksichtigt werden (Art. 223 B

219 Ed. Francis Lefebvre, Fiscal 2009, Rn. 3592; Ed. Lamy, Lamy Fiscal 2009, Rn. 1966; *Hellio/Crucifix*, in: Mennel/Förster, Steuern in Europa, Amerika und Asien, Frankreich Rn. 276; *Tillmanns*, in: Widmann/Mayer, Umwandlungsrecht, Anh. 3: Frankreich Rn. F 206.

220 *Tillmanns*, in: Widmann/Mayer, Umwandlungsrecht, Anh. 3: Frankreich Rn. F 206.

221 Ed. Francis Lefebvre, Fiscal 2009, Rn. 3593.

222 Ed. Lany, Lamy Fiscal 2009, Rn. 1969.

223 Ed. Lamy, Lamy Fiscal 2009, Rn. 1959 ff.; *Jacobs/Spengel*, IStR 1994, 146 (146); *Hellio/Crucifix*, in: Mennel/Förster, Steuern in Europa, Amerika und Asien, Frankreich Rn. 276.

Abs. 4 CGI). Gleichsam neutralisiert werden Rückstellungen zur Wertberichtigung von konzernintern veräußerten Wirtschaftsgütern sowie Anteilen an Konzerngesellschaften und – soweit die Muttergesellschaft den bezeichneten Nachweis nicht erbringt – Zwischengesellschaften. Soweit die Rückstellungen in den Anwendungsbereich der langfristigen Veräußerungsgewinne fallen, werden sie dem Gesamtnettoveräußerungsgewinn des Konzerns hinzugerechnet. Bei einer Wertberichtigung von konzernintern veräußerten Wirtschaftsgütern erfolgt die Korrektur in Höhe des zuvor eliminierten Veräußerungsgewinns (Art. 223 B Abs. 4 S. 3, 223 D Abs. 6 S. 3 CGI)[224].

Dem Gesamtergebnis der Gruppe hinzuzurechnen sind außerdem die von den Tochtergesellschaften ausgeschütteten ‚Aufsichtsratsvergütungen' (*jetons de présence*) und Tantiemen (*tantièmes*). Entgegen der bisherigen Verwaltungspraxis, wonach – dem bisherigen Wortlaut entsprechend – ungeachtet der Tatsache, dass ‚Aufsichtsratsvergütungen' nur begrenzt abzugsfähig sind (Art. 210 sexies CGI), alle ausgezahlten Beträge dem Gesamtergebnis hinzuzurechnen waren[225], sieht Art. 223 B Abs. 5 CGI für die nach dem 1. Januar 2010 beginnenden Wirtschaftsjahre nunmehr nur eine Hinzurechnung der Beträge vor, die tatsächlich vom Einzelergebnis der Tochtergesellschaften abgezogen worden sind.

Eine Missbrauchsregel (sog. ‚*amendement Charasse*')[226] begrenzt in bestimmten Fällen die Abzugsfähigkeit von Finanzierungskosten der Gruppe. Erwirbt eine Konzerngesellschaft Anteile einer anderen Gesellschaft, die in den gleichen Konzern einbezogen ist oder wird, oder erwirbt sie Anteile an einer Zwischengesellschaft und ist der Veräußerer eine natürliche Person oder Körperschaft, die unmittelbar oder mittelbar Kontrolle über die erwerbende Gesellschaft ausübt oder eine Gesellschaft, die selbst von den genannten natürlichen Personen oder Körperschaften i.S.v. Art. L. 233–3 Code de commerce kontrolliert wird, so sind die im Gesamtergebnis berücksichtigten Finanzierungskosten der Gruppe dem Gesamtergebnis im Verhältnis der Anschaffungskosten der erworbenen Anteile zu den durchschnittlichen Schulden des Konzerns im Wirtschaftsjahr wieder hinzuzurechnen. Diese Korrektur ist im Wirtschaftsjahr des Erwerbs der Anteile und in den nachfolgenden acht Wirtschaftsjahren vorzunehmen (Art. 223 B Abs. 7 CGI).

Besondere Regelungen gelten zudem für Versicherungsunternehmen, Genossenschaftsbanken und unterkapitalisierte Konzerngesellschaften sowie im Fall

---

224 Vgl. auch Ed. Francis Lefebvre, Fiscal 2009, Rn. 3584.

225 Rapport Nr. 158 v. 14.12.2009, S. 221 f.; Ed. Francis Lefebvre, Fiscal 2009, Rn. 3597.

226 Ausführlich hierzu: Rapport Nr. 158 v. 14.12.2009, S. 196 f. und 212; Ed. Francis Lefebvre, Fiscal 2009, Rn. 3595; Ed. Lamy, Lamy Fiscal 2009, Rn. 1944; vgl. auch *Tillmanns*, in: Schaumburg, Unternehmenskauf im Steuerrecht, 3. Aufl., S. 466 f.

von Umstrukturierungsmaßnahmen innerhalb des Konzerns. Auf diese kann im Rahmen dieser Arbeit jedoch nicht eingegangen werden.

b) Auswirkungen der Option zur SIIC-Besteuerung

Konzerngesellschaft können nach Art. 223 A Abs. 6 CGI grundsätzlich nur solche Gesellschaften sein, die in Frankreich nach den allgemeinen Regelungen der Körperschaftsteuer unterliegen. Aufgrund des mit der Option zur SIIC-Besteuerung einhergehenden Regimewechsels kann die optierende Gesellschaft diese Voraussetzung nicht mehr erfüllen. Vor Einführung der Höchstbeteiligungsquote[227] war eine solche Option sowohl durch die Muttergesellschaft als auch durch eine andere Konzerngesellschaft möglich; nunmehr kommt nur noch die Option der Konzernmutter in Betracht.

Bei der Option einer Tochtergesellschaft handelte es sich jedoch auch zuvor nur um eine theoretische Möglichkeit. Sie hätte zum Ausscheiden der optierenden Tochtergesellschaft und – sofern die erforderlichen Beteiligungsverhältnisse danach nicht mehr gewahrt waren – aller über sie gehaltenen Konzerngesellschaften aus dem Konzern geführt[228]. Die Ergebnisse der ausscheidenden Gesellschaften wären beginnend mit dem Wirtschaftsjahr des Ausscheidens bei der Ermittlung des Gesamtergebnisses nicht mehr berücksichtigt worden. Ihre Verluste aus der Zeit ihrer Gruppenzugehörigkeit hätten nicht mitgenommen werden können, sondern wären bei der Muttergesellschaft verblieben. Bestimmte bei Ermittlung des Gesamtergebnisses vorgenommene Bereinigungen hätten rückgängig gemacht werden müssen. So wäre es im Gesamtergebnis der Gruppe zur Realisierung der ursprünglich neutralisierten Gewinne aus konzerninternen Veräußerungen gekommen, an denen die ausscheidende Gesellschaft als Erwerber oder Veräußerer beteiligt war. Neutralisierte Rückstellungen zur Wertberichtigung der betreffenden Wirtschaftsgüter wären jedoch vom Gesamtergebnis bzw. dem langfristigen Nettoveräußerungsverlust wieder abzuziehen gewesen. Auch die in den vorangehenden fünf Wirtschaftsjahren nicht berücksichtigten Forderungsverzichte und Subventionen hätten dem Gesamtergebnis hinzugerechnet werden müssen[229].

Die Option nur einer Tochtergesellschaft hätte sich somit als nachteilig erwiesen, da es zu einer Gewinnrealisierung auf Ebene des Konzerns und nicht auf

227 Siehe unter: A. II. 4. c).

228 Vgl. Ed. Francis Lefebvre, Fiscal 2009, Rn. 3626; Ed. Lamy, Lamy Fiscal 2009, Rn. 1982.

229 Zu den Folgen des Ausscheidens einer Konzerngesellschaft: Ed. Francis Lefebvre, Fiscal 2009, Rn. 3627; Ed. Lamy, Lamy Fiscal 2009, Rn. 1985 ff.

Ebene der optierenden Gesellschaft gekommen und eine Anwendung der *Exit Tax* ausgeschlossen gewesen wäre.

Die Option der Konzernmutter führt zur Beendigung des Regimes der Gruppenbesteuerung und zur Auflösung des Konzerns[230]. Die Auflösung wirkt auf den Beginn des Wirtschaftsjahres zurück, in welchem das auflösende Ereignis stattfindet (vgl. Art. 223 S Abs. 3 CGI)[231]. Für die Tochtergesellschaften ergeben sich grundsätzlich die gleichen Folgen wie bei ihrem Ausscheiden aus einem weiterbestehenden Konzern (Besteuerung auf Grundlage des Einzelergebnisses, keine Möglichkeit der Mitnahme von Verlusten). Auch kommt es zur Realisierung der ursprünglich neutralisierten Gewinne aus den konzerninternen Veräußerungen. Die Gewinnrealisierung betrifft jedoch die neutralisierten Veräußerungsgewinne und -verluste der gesamten Gruppe und erfolgt auf Ebene, d.h. im Ergebnis der Muttergesellschaft. Gleiches gilt für sämtliche konzerninternen Forderungsverzichte und Subventionen der letzten fünf Jahre sowie für die oben genannten Rückstellungen für Wertberichtigungen.

Hervorzuheben ist, dass die infolge der Beendigung der Gruppenbesteuerung auf Ebene der optierenden Gesellschaft realisierten Gewinne aus konzerninternen Veräußerungen ebenfalls in den Anwendungsbereich der *Exit Tax* fallen. Soweit sie auf Immobilien, Rechte aus einem *crédit-bail immobilier* sowie an vorübergehend zur Nutzung überlassenen im öffentlichen Eigentum stehenden Immobilien oder auf Beteiligungen an Immobilienpersonengesellschaften entfallen, deren Unternehmensgegenstand mit dem der SIIC identisch ist, unterliegen sie dem ermäßigten Körperschaftsteuersatz von nunmehr 19% (bis Ende 2008: 16,5%) und sind von der *contribution sociale* befreit (Art. 219, IV i.V.m. Art. 223 S, 223 F CGI; Art. 235 ter ZC, III bis CGI). Die Körperschaftsteuer kann in gleichen Raten über vier Jahre hinweg entrichtet werden (Art. 1663, 2 Abs. 4 S. 2 CGI).

Etwaige verbleibende Verluste und langfristige Veräußerungsverluste der Gruppe werden nach Vornahme der erforderlichen Bereinigungen der Muttergesellschaft zugerechnet. Grundsätzlich können sie von dieser nach den allgemeinen Vorschriften vor- bzw. zurückgetragen werden (Art. 223 S Abs. 4 CGI)[232]. Hier erfolgt ihre steuerliche Behandlung jedoch nach den ebenfalls für die Abschlussbesteuerung geltenden Grundsätzen[233].

---

230 Instruction v. 25.9.2003, BOI 4 H–5–03, Rn. 27.

231 Ed. Francis Lefebvre, Fiscal 2009, Rn. 3629.

232 Vgl. auch Francis Lefebvre, Fiscal 2009, Rn. 3629; Ed. Lamy, Lamy Fiscal 2009, Rn. 1988.

233 Instruction v. 25.9.2003, BOI 4 H–5–03, Rn. 27; vgl. die Ausführungen unter: A. III. 1. a).

3. Anwendung der Exit Tax nach Ausübung der Option zur SIIC-Besteuerung

Fallen Immobilien, dingliche Nutzungsrechte i.S.d. Art. 208 C, II Abs. 6 CGI, Rechte aus einem *crédit-bail immobilier* oder an vorübergehend zur Nutzung überlassenen im öffentlichen Eigentum stehenden Immobilien sowie Anteile an Immobilienpersonengesellschaften erst nachträglich, d.h. nach Ausübung der Option und Beginn des besonderen Besteuerungsregimes, in den Anwendungsbereich der partiellen Körperschaftsteuerbefreiung, ist die SIIC bzw. die dem SIIC-Regime unterliegende SIIC-Tochtergesellschaft nach Art. 208 C ter CGI verpflichtet, den Unterschiedsbetrag zwischen dem gemeinen Wert (*valeur réelle*) der betreffenden Wirtschaftsgüter und ihrem für steuerliche Zwecke geltenden Wert (*valeur fiscale*) dem steuerlichen Ergebnis hinzuzurechnen. Die Aufdeckung der stillen Reserven kann jedoch über einen Zeitraum von vier Jahren zu jeweils gleichen Teilen erfolgen. Die aufgedeckten stillen Reserven unterliegen dem ermäßigten Steuersatz von 19% (bis Ende 2008: 16,5%) und sind von der *contribution sociale* befreit. Folgt man dem Gesetzeswortlaut, sind lediglich die in den dinglichen Nutzungsrechten enthaltenen stillen Reserven zum regulären Steuersatz von 33⅓% zuzüglich *contribution sociale* zu versteuern[234].

Mit Ausnahme der dinglichen Nutzungsrechte werden die betreffenden Wirtschaftsgüter faktisch denselben steuerlichen Folgen unterworfen, die eingetreten wären, wenn sie bereits zum Zeitpunkt der Optionsausübung in den Anwendungsbereich der partiellen Körperschaftsteuerbefreiung gefallen wären. Anders als bei der Abschlussbesteuerung unterliegen die in den dinglichen Nutzungsrechten enthaltenen stillen Reserven hier jedoch ebenfalls der aufgeschobenen Besteuerung.

Die Regelung des Art. 208 C ter CGI dürfte zunächst auf dingliche Nutzungsrechte i.S.d. Art. 208 C, II Abs. 6 CGI von SIIC und SIIC-Tochtergesellschaften Anwendung gefunden haben, die bereits vor dem 1. Januar 2007 zur SIIC-Besteuerung optiert haben und das jeweilige Nutzungsrecht vor diesem Zeitpunkt erworben haben. Gleiches gilt für Nutzungsrechte an im öffentlichen Eigentum stehenden Immobilien, sofern die SIIC oder SIIC-Tochtergesellschaft diese vor dem 1. Januar 2009 erworben und vor diesem Zeitpunkt die Option zur SIIC-Besteuerung ausgeübt hat.

Ein weiterer Anwendungsfall sind Immobilien, die Gegenstand eines vor dem 1. Januar 2005 abgeschlossenen *crédit-bail immobilier* sind und später von der SIIC erworben werden. Die Einkünfte aus der Untervermietung dieser Immobilien werden zunächst nicht von der Körperschaftsteuerbefreiung erfasst. Erst mit

234 Vgl. die Ausführungen unter: A. III. 1. b) aa) (3).

dem Erwerb des Volleigentums bei Ausübung der Kaufoption fallen die Immobilien in ihren Anwendungsbereich[235].

Schließlich erfasst Art. 208 C ter CGI die Verschmelzung einer Immobilien haltenden, selbst jedoch nicht unter das SIIC-Regime fallenden Tochterkapitalgesellschaft der SIIC auf eine bestehende SIIC bzw. unter das Regime fallende SIIC-Tochtergesellschaft sowie den Formwechsel einer solchen Gesellschaft in eine Immobilienpersonengesellschaft[236].

Die Veräußerung der betreffenden Wirtschaftsgüter innerhalb des Vierjahreszeitraumes führt zur sofortigen Aufdeckung und Besteuerung aller bislang nicht aufgedeckten stillen Reserven (Art. 208 C ter S. 3 CGI)[237].

4. Steuerliche Begünstigungen bei Veräußerung von Immobilienvermögen an SIIC und SIIC-Tochtergesellschaften

SIIC und SIIC-Tochtergesellschaften profitieren indirekt von einer speziellen Regelung, die es der Körperschaftsteuer unterliegenden Unternehmen erlaubt, ihr Immobilienvermögen vorübergehend unter Anwendung eines ermäßigten Körperschaftsteuersatzes an bestimmte Immobiliengesellschaften zu veräußern.

Eine weitere Sonderregelung unterwirft Unternehmen, die im sog. ‚Hotel-, Café-, Restaurant-Sektor' tätig sind und ihrer Tätigkeit dienende Immobilien an eine Immobiliengesellschaft veräußert haben, einer aufgeschobenen Besteuerung.

a) Begünstigte Veräußerung von Immobilienvermögen an Immobiliengesellschaften (Art. 210 E CGI)

Im Rahmen des Finanzgesetzes für 2005 hat der französische Gesetzgeber eine zeitlich begrenzte steuerliche Begünstigung eingeführt, die Unternehmen ermutigen soll, ihr Immobilienvermögen auszulagern (sog. *externalisation*) und auf bestimmte Immobiliengesellschaften zu übertragen. Die in Art. 210 E CGI enthaltenen Regelungen sind seit ihrer Einführung mehrfach geändert worden[238].

235 Ed. Francis Lefebvre, FR 57/04, Nr. 31 Rn. 33.

236 Ausführlich: Ed. Francis Lefebvre, FR 54/09, Nr. 31 Rn. 33.

237 Vgl. Ed. Francis Lefebvre, FR 57/04, Nr. 31 Rn. 31.

238 Zuletzt durch Änderungsfinanzgesetz für 2009, Nr. 2009–1674 v. 30.12.2009, Art. 38 und 42, JO v. 31.12.2009, S. 22940.

Die aktuelle Fassung der Vorschrift erfasst die Veräußerung[239] von Immobilien, von dinglichen Nutzungsrechten i.S.d. Art. 208 C II Abs. 6 CGI, der Rechte aus einem *crédit-bail immobilier* oder der Anteile an einer ‚Gesellschaft mit überwiegendem Immobilienvermögen' (*société à prépondérance immobilière*) i.S.d. Art. 219, I–a sexies–0 CGI[240] durch eine Gesellschaft, die nach allgemeinen Regelungen der Körperschaftsteuer unterliegt. Der Begriff der Veräußerung (*cession*) ist hierbei weit auszulegen. Er umfasst neben dem Verkauf der Wirtschaftsgüter auch den Tausch oder die Einbringung gegen Gewährung von Gesellschaftsanteilen sowie Mischformen dieser Rechtsgeschäfte[241].

Begünstigt sind Veräußerungen an Gesellschaften, deren Anteile öffentlich gehandelt werden oder solche, die von der AMF zugelassen wurden, sofern ihr Hauptgesellschaftszweck der Erwerb oder die Errichtung von Immobilienvermögen zum Zwecke der Vermietung oder die unmittelbare bzw. mittelbare Beteiligung an Personengesellschaften mit identischem Unternehmensgegenstand ist. Als Erwerber kommen somit insbesondere die SIIC, aber auch die SPPICAV oder Immobiliengesellschaften in Betracht, deren Anteile börsennotiert sind, die jedoch nicht zur SIIC-Besteuerung optiert haben[242]. Ebenfalls erfasst werden Veräußerungen an eine *société civile de placement immobilier* (*SCPI*), wenn ihre Gesellschaftsanteile öffentlich angeboten werden. Hierbei handelt es sich um eine Unterform der GbR, deren Gesellschaftszweck die bloße Vermietung von Immobilien ist und die eine große Anzahl von Gesellschaftern hat (geschlossener Immobilienfonds)[243]. Taugliche Erwerber sind darüber hinaus die Tochtergesellschaften einer oder mehrerer SIIC oder SPPICAV, die ebenfalls dem SIIC-Regime unterliegen (Art. 210 E, I CGI).

Die Veräußerungsgewinne werden beim Veräußerer zum begünstigten Steuersatz von 19% (bis Ende 2008: 16,5%) besteuert (Art. 210 E, I Abs. 1 i.V.m. Art. 219, IV CGI). Anders als bei der Abschlussbesteuerung unterliegen die Gewinne jedoch grundsätzlich der *contribution sociale*[244] und können nicht über einen Zeitraum von vier Jahren hinweg versteuert werden[245].

---

239 Bei seiner Einführung erfasste Art. 210 E CGI lediglich die Einbringung (*apport*) von Immobilien in bestimmte Gesellschaften; die Ausdehnung auf sämtliche Veräußerungstatbestände erfolgte im Rahmen des Änderungsfinanzgesetzes für 2005 mit Wirkung zum 1.1.2006 (Art. 28, A–XXX–1°; C–VI).

240 Hierzu ausführlich: Ed. Francis Lefebvre, FR 61/07, Nr. 7 Rn. 4 ff.

241 So auch *Leclercq/Gourlot*, Option Finance, n° 870 v. 13.2.2006, 27 (28).

242 Vgl. *Leclercq/Gourlot*, Option Finance, n° 870 v. 13.2.2006, 27 (28).

243 Vgl. Ed. Francis Lefebvre, Fiscal 2009, Rn. 2652; *Bourmont/Rubechi*, IWB 2007, Fach 5 Frankreich, Gruppe 2, 1359 (1363).

244 Zu den Ausnahmen bei kleinen und mittleren Unternehmen siehe unter: A. III. 1. a) bb).

245 Ed. Francis Lefevbre, Fiscal 2009, Rn. 1758; Ed. Francis Lefebvre, FR 57/04, Nr. 23 Rn. 12; Ed. Francis Lefebvre, FR 62/05, Nr. 15 Rn. 2.

Voraussetzung für die Anwendung des ermäßigten Steuersatzes ist, dass sich die erwerbende Gesellschaft bei Vornahme des Veräußerungsgeschäftes verpflichtet, die Wirtschaftsgüter mindestens fünf Jahre zu halten. Tochtergesellschaften von SIIC oder SPPICAV müssen darüber hinaus über einen Zeitraum von mindestens fünf Jahren, beginnend mit dem Erwerb des Wirtschaftsguts, der SIIC-Besteuerung unterliegen. Bei SIIC-Tochtergesellschaften gilt diese Voraussetzung auch dann als gewahrt, wenn die Mutter-SIIC aufgrund eines Verstoßes gegen die Höchstbeteiligungsvorgaben vorübergehend der allgemeinen Besteuerung unterworfen wird, ohne dass sie hierdurch vollständig aus dem SIIC-Regime ausscheidet (Art. 210 E, II Abs. 1 CGI)[246].

Die Nichtbeachtung dieser Verpflichtungen lässt die Anwendung des ermäßigten Steuersatzes unberührt und führt nicht zu einer Nachversteuerung auf Veräußererseite. Sie wird indes mit einer Strafbesteuerung auf Erwerberseite in Höhe von 25% des Veräußerungswertes des betroffenen Wirtschaftsgutes sanktioniert (Art. 210 E, II Abs. 2 i.V.m. Art. 1764 CGI)[247].

Die Literatur hat sich bereits sehr früh in zwei Fällen für eine teleologische Reduktion dieser Regelungen ausgesprochen. Danach soll sich zum einen die mit dem Erwerb der Rechte aus einem *crédit-bail immobilier* beginnende Haltefrist an der Immobilie fortsetzen, wenn der Erwerber vor Ablauf der fünf Jahre die Kaufoption ausübt. Zum anderen ist vorgeschlagen worden, von einer Sanktion abzusehen, wenn das Vermögen des Erwerbers innerhalb der Fünfjahresfrist im Rahmen einer Umwandlungsmaßnahme, die unter Anwendung der steuerlichen Sonderregelungen des Art. 210 A CGI (*régime spécial des fusions de sociétés*)[248] erfolgt, auf eine andere Gesellschaft übergeht[249].

Zumindest den zweiten Vorschlag hat der französische Gesetzgeber im Rahmen des Änderungsfinanzgesetzes für 2009 teilweise aufgegriffen. Im Fall einer nach dem 1. Januar 2010 durchgeführten Verschmelzung werden die für die übertragende Gesellschaft geltenden Haltefristen nach Art. 210 E, II Abs. 3 CGI nunmehr nicht unterbrochen, wenn der Umwandlungsvorgang zwischen SCPI, deren Gesellschaftsanteile öffentlich angeboten werden, oder zwischen SPPICAV erfolgt und sich die aufnehmende Gesellschaft im Verschmelzungsvertrag verpflichtet, die Haltepflicht der übertragenden Gesellschaft zu übernehmen. Umwandlungsvorgänge zwischen SIIC oder SIIC-Tochtergesellschaften werden in der Vorschrift nicht erwähnt.

---

246 Die besonderen Folgen eines Verstoßes gegen die Höchstbeteiligungsquote werden unter A. VIII. 3. näher untersucht.

247 Ed. Francis Lefebvre, Fiscal 2009, Rn. 1758; Ed. Francis Lefebvre, FR 57/04, Nr. 24 Rn. 10.

248 Siehe hierzu die Ausführungen unter: A. IX. 1. b).

249 Ed. Francis Lefebvre, FR 57/04, Nr. 24 Rn. 10.

In einer im März 2009 veröffentlichten verbindlichen Auskunft hatte sich die französische Finanzverwaltung ferner zu der Frage zu äußern, ob die ohne Liquidation erfolgende Auflösung (*dissolution sans liquidation*) einer ‚Gesellschaft mit überwiegendem Immobilienvermögen', deren Anteile unter Anwendung des Art. 210 E CGI erworben wurden, zu einer Verletzung der Haltepflicht führt, wenn sie innerhalb des Fünfjahreszeitraumes durchgeführt wird. Nach Auffassung der Finanzverwaltung setzt sich in einem solchen Fall die mit dem Erwerb der Anteile begonnene Haltefrist am Immobilienvermögen der aufgelösten Gesellschaft fort. Geht das Vermögen einer ‚Gesellschaft mit überwiegendem Immobilienvermögen', deren Anteile von einer anderen Gesellschaft nach den Regelungen des Art. 210 E CGI erworben wurden, innerhalb der Fünfjahresfrist im Wege der Verschmelzung oder eines anderen Vorgangs der Auflösung ohne Liquidation auf diese andere Gesellschaft über, führt dieser Vorgang somit nicht zu einer Verletzung der fünfjährigen Haltepflicht, wenn die aufnehmende Gesellschaft die übernommenen Wirtschaftsgüter des Immobilienvermögens während des verbleibenden Zeitraumes hält[250].

Unschädlich ist darüber hinaus der vollständige oder teilweise Abriss einer Immobilie. Voraussetzung ist jedoch, dass dieser der Neuerrichtung, Neugestaltung oder Renovierung der Immobilie dient und die Wiederherstellungsmaßnahme innerhalb der Fünfjahresfrist vollendet ist (Art. 210 E, II Abs. 4 CGI). Die zuletzt genannte Regelung ist im Rahmen des Finanzgesetzes für 2009 eingeführt worden.

Die begünstigte Besteuerung der Veräußerungsgewinne ist in zeitlicher Hinsicht beschränkt, wobei ihr Anwendungszeitraum, der ursprünglich am 31. Dezember 2007 enden sollte[251], bislang zweimal verlängert wurde. Eine erste Verlängerung auf den 31. Dezember 2008 erfolgte im Rahmen des Änderungsfinanzgesetzes für 2006[252]. Mit dem Finanzgesetz für 2009 hat der französische Gesetzgeber den zeitlichen Anwendungsbereich des Art. 210 E, I CGI erneut verlängert, so dass nunmehr alle bis zum 31. Dezember 2011 realisierten Veräußerungen von der steuerlichen Begünstigung profitieren können (Art. 210 E, V S. 2 CGI).

Die steuerliche Sonderregelung des Art. 238 bis JA CGI erlaubt es den der französischen Körperschaftsteuer unterliegenden Gesellschaften, die zwischen dem 1. Januar 2004 und dem 31. Dezember 2009 eine Neubewertung ihrer Wirtschaftsgüter (*réévaluation comptable*) vorgenommen haben, die in den Immo-

---

250 Rescrit v. 3.3.2009, n° 2009/12 FE.

251 Vgl. Ed. Francis Lefebvre, FR 62/05, Nr. 15 Rn. 7.

252 Änderungsfinanzgesetz für 2006, Nr. 2006–1771 v. 30.12.2006, Art. 140–IX, veröffentlicht im JO v. 31.12.2006, S. 20228.

bilien oder Anteilen an ‚Gesellschaften mit überwiegendem Immobilienvermögen'[253] enthaltenen stillen Reserven zum ermäßigten Steuersatz von 16,5% bzw. 19% für nach dem 1. Januar 2009 endende Wirtschaftsjahre zu versteuern (ggf. zuzüglich *contribution sociale*), wenn sie sich verpflichten, die Immobilien oder Anteile über einen Zeitraum von mindestens fünf Jahren, beginnend mit dem Schluss des Wirtschaftsjahres, in welchen die Neubewertung vorgenommen wurde (Ann. II, Art. 171 P ter, II CGI), zu halten. Die Missachtung der Verpflichtung führt grundsätzlich zur Nachversteuerung unter Anwendung des regulären Steuersatzes. Im Fall der vorzeitigen Veräußerung der Immobilien entfällt hingegen eine Nachversteuerung, wenn die Veräußerung unter den Voraussetzungen des Art. 210 E CGI erfolgt (Art. 238 bis JA Abs 2 CGI). Mit Blick auf die oben dargestellte Literaturansicht sei darauf hingewiesen, dass die französische Finanzverwaltung in diesem Zusammenhang auch dann von einer Nachversteuerung absieht, wenn das Vermögen der Gesellschaft, welche die Neubewertung vorgenommen hat, im Wege einer Umwandlung nach den Sonderregelungen des Art. 210 A CGI (*régime spécial des fusions de sociétés*) auf eine andere Gesellschaft übergeht und diese die Haltepflicht übernimmt[254].

Vor dem Hintergrund der aktuellen Finanzkrise hat der französische Gesetzgeber im Rahmen des Änderungsfinanzgesetzes für 2009 vom 4. Februar 2009[255] den Anwendungsbereich des Art. 210 E durch eine auf ein Jahr befristete Sonderregelung vorübergehend erweitert.

Nach dieser Regelung werden auch die Gewinne einer der französischen Körperschaftsteuer unterliegenden Gesellschaft aus der Veräußerung von Immobilien und dinglichen Rechten i.S.d. Art. 208 C, II Abs. 6 CGI an ein Leasingunternehmen, welches Finanzierungsleasinggeschäfte i.S.d. Art. 313–7, 2 CGI (Gewährung von *crédits-bail immobiliers*)[256] tätigt, dem ermäßigten Körper-

253 Der Begriff ‚Gesellschaft mit überwiegendem Immobilienvermögen' erfasst in diesem Zusammenhang alle Gesellschaften, deren Aktivvermögen zum Stichtag des Wirtschaftsjahres, in welchem die Neubewertung vorgenommen wurde, bezogen auf den gemeinen Wert (*valeur réelle*) zu mindestens 50% aus Immobilien oder Anteilen an anderen ‚Gesellschaften mit überwiegendem Immobilienvermögen' in diesem Sinne besteht (Ann. II, Art. 171 P bis CGI).

254 Rescrit v. 29.5.2007, n° 2007/15 FE.

255 Änderungsfinanzgesetz für 2009, Nr. 2009–122 v. 4.2.2009, Art. 10, veröffentlicht im JO v. 5.2.2009, S. 232.

256 Nach Art. 313–7, 2 CGI handelt es sich um Geschäfte, durch welche das Unternehmen gewerblich genutzte Immobiliengüter vermietet, die es für eigene Rechnung erworben oder errichtet hat, vorausgesetzt dem Mieter wird die Möglichkeit eingeräumt, spätestens bei Vertragsende ganz oder teilweise Eigentum durch Übertragung in Erfüllung eines einseitigen Verkaufsversprechens, durch direkten oder indirekten Erwerb der Eigentumsrechte am Grundstück, auf welchem die Immobilien errichtet sind, oder durch Erwerb der auf seinem Grundstück errichteten Gebäude zu erlangen.

schaftsteuersatz von 19% unterworfen (Art. 210 E, I Abs. 2 CGI). Da sich ein *crédit-bail immobilier* nicht auf ein dingliches Nutzungsrecht an einem Grundstück beziehen kann, beschränkt sich die Regelung in tatsächlicher Hinsicht auf Veräußerungen von im Eigentum der veräußernden Gesellschaft stehenden bebauten oder unbebauten Immobilien[257]. Voraussetzung für die Anwendung des ermäßigten Steuersatzes ist, dass das Leasingunternehmen nach dem Erwerb unverzüglich einen Leasingvertrag über die erworbene Immobilie mit einer Immobiliengesellschaft geschlossen hat, die grundsätzlich auch als tauglicher Erwerber nach Art. 210 E, I Abs. 1 CGI in Betracht kommt. Mögliche Vertragspartner sind vor allem SIIC, SCPI und unter das SIIC-Regime fallende Tochtergesellschaften von SIIC und SPPICAV. Wenn auch vom Gesetzeswortlaut erfasst, scheiden SPPICAV als Vertragspartner aus, da sie Rechte aus einem *crédit-bail immobilier* nicht unmittelbar in ihr Aktivvermögen aufnehmen können (Art. L. 214–92, Art. R. 214–161 Code monétaire et financier)[258]. Sofern der gewährte *crédit-bail immobilier* nach Art. 28 des Dekrets Nr. 55–22 vom 4. Januar 1955[259] der Grundbuchpublizität unterliegt (grundsätzlich bei einer Laufzeit von mehr als zwölf Jahren), erfordert auch die Anwendung des ermäßigten Steuersatzes seine Bekanntmachung im Grundstücks- und Hypothekenregister (*bureau des hypothèques).*

Weitere Voraussetzung ist, dass sich die Immobiliengesellschaft bereits bei der Veräußerung der Immobilie an das Leasingunternehmen verpflichtet hat, mit diesem einen Leasingvertrag abzuschließen und die Rechte aus diesem Vertrag mindestens fünf Jahre zu halten. Handelt es sich bei der Immobiliengesellschaft um eine Tochtergesellschaft von SIIC oder SPPICAV, muss sie darüber hinaus über einem Zeitraum von mindestens fünf Jahren dem SIIC-Regime unterliegen. Unklar ist, ob die vorübergehende volle Besteuerung der Mutter-SIIC aufgrund einer Verletzung der Höchstbeteiligungsvorgaben auch hier unerheblich ist[260]. Die Missachtung der zuletzt genannten Voraussetzungen wird mit einer Strafbesteuerung auf Ebene der Immobiliengesellschaft in Höhe von 25% des Veräußerungswertes der betroffenen Immobilie sanktioniert (Art. 210 E, II Abs. 6 i.V.m. Art. 1764, II CGI).

In zeitlicher Hinsicht ist die Regelung auf die zwischen dem 5. Februar und 31. Dezember 2009 endenden Wirtschaftsjahre beschränkt. Ziel der Regelung war es, den Immobilienleasinggesellschaften den Erwerb von Immobilien durch Schaffung eines steuerlichen Anreizes für Veräußerer zu erleichtern und gleich-

---

257 Ed. Francis Lefebvre, FR 9/09, Nr. 1 Rn. 7.

258 Ed. Francis Lefebvre, FR 9/09, Nr. 1 Rn. 9.

259 Décret n° 55–22 v. 4.1.1955 portant réforme de la publicité foncière, abrufbar im Internet unter: www.legifrance.gouv.fr.

260 Ed. Francis Lefebvre, FR 9/09, Nr. 1 Rn. 14.

zeitig den Immobiliengesellschaften (SIIC, SCPI, SIIC-/SPPICAV-Tochtergesellschaften) die Möglichkeit zu verschaffen, ihr Immobilienvermögen über Finanzierungsleasingverträge zu finanzieren. Hierdurch sollte ihnen in der Finanzkrise eine gegenüber dem Bankkredit alternative Finanzierungsmöglichkeit zur Verfügung gestellt werden[261].

b) Besteuerungsaufschub zugunsten von Unternehmen des ‚Hotel-, Café- und Restaurant-Sektors' (Art. 151 septies C, I CGI)

Neben den der Körperschaftsteuer unterliegenden Gesellschaften können auch gewerbliche Unternehmen, die der Einkommensteuer unterliegen und im sog. ‚Hotel-, Café- und Restaurant-Sektor' (*secteur des hôtels, cafés, restaurants* – HCR) tätig sind, von einer steuerlichen Begünstigung in Form einer aufgeschobenen Besteuerung der langfristigen Veräußerungsgewinne profitieren, wenn sie die zur Ausübung ihrer Tätigkeit genutzten Immobilien im Zeitraum zwischen dem 1. Januar 2007 und dem 31. Dezember 2009 im Wege einer *Sale-and-lease-back*-Transaktion auf eine SIIC übertragen haben.

Bereits ohne die Sonderregelung werden seit dem 1. Januar 2006 langfristige Veräußerungsgewinne (*plus-values à long terme*) aus der Veräußerung von Wirtschaftsgütern des Immobilienvermögens, die im Rahmen einer gewerblichen, handwerklichen, freiberuflichen oder land- und forstwirtschaftlichen Tätigkeit erzielt werden, erst nach Vornahme eines Abschlags besteuert, wenn die Wirtschaftsgüter bereits fünf Jahre im Betriebsvermögen des Unternehmens gehalten wurden (Art. 151 septies B CGI)[262]. Der Abschlag beträgt 10% für jedes Wirtschaftsjahr, in welchem das betreffende Wirtschaftsgut über den Fünfjahreszeitraum hinaus im Betriebsvermögen des Unternehmens gehalten wird, so dass es im Ergebnis 15 Jahre nach seiner Anschaffung bzw. Herstellung steuerfrei veräußert werden kann[263]. Die Begünstigung gilt nur im Fall der Veräußerung von unbebauten und bebauten Immobilien, die der eigenen Unternehmenstätigkeit des Veräußerers dienen, mit Ausnahme von Anlageimmobilien und Grundstücken, die ausschließlich zum Zwecke der Bebauung erworben wurden (*terrains à bâtir* i.S.d. Art. 1594–0 G, A CGI)[264] sowie im Fall der Veräußerung von Anteilen an Gesellschaften mit überwiegendem Immobilienvermögen, deren Aktivvermögen hauptsächlich aus solchen Immobilien oder entsprechenden

---

261 Zu Sinn und Zweck der Regelung auch Ed. Francis Lefebvre, FR 9/09, Nr. 1 Rn. 2.

262 Die Vorschrift wurde eingefügt durch Art. 36 des Änderungsfinanzgesetzes für 2005, Nr. 2005–1720 v. 30.12.2005, JO v. 31.12.2005, S. 20654.

263 Vgl. Ed. Francis Lefebvre, Fiscal 2009, Rn. 1645.

264 Ausführlich zum Begriff ‚*terrain à bâtir*': Ed. Francis Lefebvre, Fiscal 2009, Rn. 5219.

Beteiligungen besteht (Art. 151 septies B, I–1° und 2° CGI). Den Immobilien werden Rechte aus einem *crédit-bail immobilier* i.S.d. Art. L. 313–7 Code monétaire et financier gleichgestellt (Art. 151 septies B, II–1° CGI)[265].

Hat ein Unternehmen, welches im Bereich HCR tätig ist – ausgenommen jedoch nicht-touristische Beherbergungsbetriebe und Gemeinschaftsverpflegungsbetriebe – und nach dem tatsächlichen Gewinn veranlagt (*régime du bénéfice réel*)[266] wird, zwischen dem 1. Januar 2007 und dem 31. Dezember 2009 eines der genannten Wirtschaftsgüter vor Eintritt der vollständigen Steuerbefreiung entgeltlich an eine SIIC, SPPICAV oder eine dem SIIC-Regime unterliegende SIIC- bzw. SPPICAV-Tochtergesellschaft veräußert, wird die Besteuerung der hieraus resultierenden langfristigen Veräußerungsgwinne auf gemeinsamen Antrag von Veräußerer und Erwerber aufgeschoben (Art. 151 septies C, I CGI)[267]. Die langfristigen Veräußerungsgewinne sind dabei unter Berücksichtigung der bis dato vorzunehmenden Abschläge zu ermitteln. Voraussetzung für den Besteuerungsaufschub ist, dass sich das veräußerte Wirtschaftsgut mindestens fünf Jahre im Betriebsvermögen des veräußernden Unternehmens befunden hat und, im Falle einer Anteilsveräußerung, mindestens 95% der Anteile der die Immobilien haltenden Gesellschaft veräußert worden sind (Art. 151 septies C, I–1° CGI). Die betreffenden Immobilien müssen dem Veräußerer darüber hinaus vom Erwerber –im Fall der unmittelbaren Immobilienveräußerung – oder von der sie haltenden Gesellschaft – im Fall der Anteilsveräußerung – aufgrund eines über eine mit der Veräußerung beginnenden Laufzeit von mindestens neun Jahren geschlossenen Vertrags zur Ausübung seiner Unternehmenstätigkeit überlassen werden (Art. 151 septies C, I–3° CGI). Der für den Besteuerungsaufschub erforderliche Antrag war von Veräußerer und Erwerber bei Vornahme des Veräußerungsgeschäftes gemeinsam zu stellen (Art. 151 septies C, IV CGI).

---

265 Vgl. zur Vorschrift des Art. 151 septies B CGI: Ed. Francis Lefebvre, Fiscal 2009, Rn. 1645.

266 Im Rahmen der Einkommensteuer existieren im französischen Steuerrecht drei Formen der Besteuerung von gewerblichen Einkünften, die sich jeweils nach dem Umsatz des betreffenden Unternehmens richten. Während Kleinunternehmen (Jahresumsatz ohne Umsatzsteuer von maximal 80.000 € bei bestimmten Handels- und Hotelbetrieben und 32.000 € im Übrigen) einer Pauschalbesteuerung (*régime des ‚micro-entreprises‘*) unterworfen werden können, werden die übrigen Unternehmen nach dem tatsächlichen Gewinn veranlagt. Bei der Veranlagung nach dem tatsächlichen Gewinn wird zwischen der ordentlichen Veranlagung (*régime du bénéfice réel normal*) und der vereinfachten Veranlagung (*régime du bénéfice réel simplifié*) unterschieden. Vgl. Ed. Francis Lefebvre, Fiscal 2009, Rn. 1120 ff.; *Hellio/Thill*, Steuern in Frankreich, Rn. 66 ff. (angegebene Jahresumsatzgrenzen z.T. nicht mehr aktuell).

267 Zu dieser Sonderregelung auch: Ed. Francis Lefebvre, Fiscal 2009, Rn. 1687; Ed. Francis Lefebvre, FR 56/06, Nr. 52 Rn. 29 ff.; Revue de droit fiscal, N° 6 v. 8.2.2007, Nr. 170, S. 29 (34 f.).

Zu einer Besteuerung der langfristigen Veräußerungsgewinne kommt es erst dann, wenn der Veräußerer seine Unternehmenstätigkeit einstellt, die Immobilien ihm nicht mehr zur Nutzung überlassen werden oder der Erwerber die erworbenen Immobilien oder Gesellschaftsanteile weiterveräußert. Eine Weiterveräußerung ist jedoch unschädlich, wenn sie im Rahmen eines Umwandlungsprozesses erfolgt, der den steuerlichen Sonderregelungen des Art. 210 A CGI (*régime spécial des fusions de sociétés*)[268] unterliegt. Bis zu ihrer Besteuerung ist von den langfristigen Veräußerungsgewinnen, beginnend mit dem Zeitpunkt der Veräußerung, in jedem Wirtschaftsjahr der Nutzungsüberlassung, erneut ein Abschlag von 10% vorzunehmen (Art. 151 septies C, II CGI), so dass eine Besteuerung nach Ablauf von zehn Jahren ausscheidet[269].

IV. Besteuerung auf SIIC-Ebene

Für die Besteuerung auf Ebene der SIIC gelten im Rahmen des französischen SIIC-Regimes besondere Regelungen. Zu unterscheiden ist zwischen der Besteuerung der SIIC und der Besteuerung ihrer Tochtergesellschaften. Da das französische SIIC-Regime nicht an eine Ansässigkeit in Frankreich anknüpft, gelten die besonderen Regelungen auch für in Deutschland ansässige Immobilienaktiengesellschaften, die die Kriterien zur Erlangung des SIIC-Status erfüllen.

1. Besteuerung der in Frankreich ansässigen SIIC

a) Partielle Körperschaftsteuerbefreiung

Dem Grundkonzept des REITs folgend sollen auch im Rahmen des französischen SIIC-Regimes die von der SIIC oder ihren Tochtergesellschaften erwirtschafteten Gewinne aus der Vermietung, Verpachtung oder Veräußerung von Immobilien nicht auf Ebene der SIIC, sondern einmalig auf Ebene ihrer Anteilseigner besteuert werden. Als ersten Schritt zur Herbeiführung der künstlichen Transparenz hat sich der französische Gesetzgeber für eine partielle sachliche Körperschaftsteuerbefreiung auf Ebene der SIIC entschieden. Die SIIC bleibt als solche zwar körperschaftpflichtig, ihre Einkünfte werden jedoch in einen steuerpflichtigen und einen steuerfreien Bereich eingeteilt.

---

268 Siehe hierzu unter: A. IX. 1. b).

269 Vgl. Ed. Francis Lefebvre, Fiscal 2009, Rn. 1687.

aa) Steuerbefreiter Bereich

Die Einkünfte der SIIC, die in den körperschaftsteuerbefreiten Bereich fallen[270], lassen sich in drei Kategorien einteilen. Bedeutung erlangt diese Einteilung bei der Ermittlung der von der SIIC zu erfüllenden Ausschüttungsquote, da die Höhe der Ausschüttungspflicht je nach Einkünftekategorie variiert[271].

In die erste Kategorie der steuerbefreiten Einkünfte fallen zunächst die laufenden Einkünfte aus der Vermietung und Verpachtung der im Eigentum der SIIC stehenden Immobilien. Hinzu kommen die Einkünfte aus der Untervermietung von Immobilien, die Gegenstand eines nach dem 1. Januar 2005 geschlossenen oder übernommenen Finanzierungslesasingvertrags (*crédit-bail immobilier*) sind (Art. 208 C, II Abs. 1 CGI). Seit dem 1. Januar 2007 erfasst die Körperschaftsteuerbefreiung zudem die laufenden Einkünfte aus der Vermietung von Immobilien, an denen zugunsten der SIIC ein Nießbrauch (*usufruit*), Erbbaurecht (*bail à construction*) oder Erbpachtrecht (*bail emphythéotique*) bestellt worden ist (Art. 208 C, II Abs. 6 CGI). Für nach dem 31. Dezember 2008 endende Wirtschaftsjahre gilt dies gleichermaßen für die Einkünfte der SIIC, die aus der Untervermietung von im öffentlichen Eigentum stehenden Immobilien stammen, die ihr vom Staat, einer Gebietskörperschaft oder Anstalt des öffentlichen Rechts zeitweilig zur Nutzung und Fruchtziehung überlassen worden sind (Art. 208 C, II Abs. 1 CGI)[272].

Die zweite Kategorie der körperschaftsteuerfreien Einkünfte der SIIC umfasst die Gewinne aus Veräußerungsgeschäften. Betroffen sind zunächst die Veräußerung ihrer eigenen Immobilien, ihrer Rechte aus seit dem 1. Januar 2005 geschlossenen bzw. erworbenen Finanzierungsleasingverträgen (*crédit-bail immobilier*) sowie der genannten dinglichen Rechte (*usufruit, bail à constrcution* und *bail emphythéotique).*

Die Körperschaftsteuerbefreiung erstreckt sich darüber hinaus auf die Gewinne aus der Veräußerung von Beteiligungen an Immobilienpersonengesellschaften, deren Unternehmensgegenstand mit dem der SIIC identisch ist, und an SIIC-Tochtergesellschaften, die selbst zur SIIC-Besteuerung optiert haben (Art. 208 C, II Abs. 1 CGI)[273]. Die Körperschaftsteuerbefreiung setzt hierbei jedoch grundsätzlich voraus, dass Veräußerer und Erwerber keine verbundenen Personen i.S.d. Art. 39, 12 CGI sind.

---

270 Im Überblick Ed. Francis Lefebvre, Fiscal 2009, Rn. 2673; Editions Lamy, Lamy Fiscal 2009, Rn. 6648.

271 Zur Ausschüttungspflicht sogleich unter: A. V.

272 Vgl. auch Ed. Francis Lefebvre, Fiscal 2009, Rn. 2673.

273 Instruction v. 25.9.2003, BOI 4 H-5-03, Rn. 31.

Nach dieser Vorschrift gelten zwei Unternehmen als miteinander verbunden, wenn das eine unmittelbar oder mittelbar über eine zwischengeschaltete Person die Mehrheit des Kapitals des anderen hält oder faktisch die Entscheidungsgewalt ausübt (z.B. durch Stimmrechtsmehrheit). Das Gleiche gilt, wenn beide Unternehmen nach den genannten Kriterien von einer dritten Person kontrolliert werden. Besonderheiten gelten jedoch bei der Übertragung von Wirtschaftsgütern zwischen den Gesellschaften einer SIIC-Gruppe. Nach Art. 208 C, II bis CGI fallen unter den dort genannten weiteren Voraussetzungen die Gewinne aus der Veräußerung von Immobilien, dinglichen Rechten, Rechten aus einem nach dem 1. Januar 2005 geschlossenen oder erworbenen *crédit-bail immobilier* zwischen einer SIIC und ihren unmittelbar unter das SIIC-Regime fallenden SIIC-Tochtergesellschaften sowie zwischen zwei unter das besondere Besteuerungsregime des Art. 208 C, II CGI fallenden Gesellschaften in den steuerbefreiten Bereich, auch wenn sie i.S.d. Art. 39, 12 CGI miteinander verbunden sind[274].

In die dritte Kategorie der körperschaftsteuerbefreiten Einkünfte fallen schließlich Dividenden, die die SIIC von einer Gesellschaft bezieht, welche ihrerseits zur SIIC-Besteuerung optiert hat, und die aus den körperschaftsteuerbefreiten Gewinnen dieser Gesellschaft stammen (Art. 208 C, II Abs. 4 S. 1 CGI). Dies sind zunächst Dividenden aus dem steuerbefreiten Bereich einer SIIC-Tochtergesellschaft, die ihrerseits die Option i.S.d. Art. 208 C, III CGI wirksam ausgeübt hat.

Zum anderen können Dividenden zwischen aneinander beteiligten SIIC unter die Körperschaftsteuerbefreiung fallen, sofern sie den steuerfreien Gewinnen der ausschüttenden SIIC entnommen sind. Die Körperschaftsteuerbefreiung der Dividenden setzt hier jedoch nach Art. 208 C, II Abs. 4 S. 2 CGI in der seit dem 1. Januar 2007 geltenden Fassung voraus, dass die beziehende SIIC während eines Zeitraumes von mindestens zwei Jahren zu mindestens 5% an der ausschüttenden SIIC beteiligt ist, wobei sich die Beteiligung sowohl auf das Dividendenbezugsrecht als auch auf das Stimmrecht bezieht.

Die zuletzt genannte Voraussetzung wurde im Rahmen des Änderungsfinanzgesetzes für 2006 eingeführt. Vorher mussten die beteiligten SIIC verbundene Personen i.S.d. Art. 39, 12 CGI sein. Lag ein solches Verhältnis nicht vor, waren die Dividenden auf Ebene der beziehenden SIIC grundsätzlich steuerpflichtig. Auf die aus den steuerbefreiten Gewinnen der ausschüttenden SIIC stammenden Dividenden konnte auch das französische Mutter-Tochter-Regime (*régime des sociétés mères et filiales*) keine Anwendung finden.

274 Ausführlich hierzu unter: A. IX. 4.

Exkurs: Das französische Mutter-Tochter-Regime (*régime des sociétés mères et filiales*)

Das in Art. 145 i.V.m Art. 216, I CGI geregelte französische Mutter-Tochter-Regime sieht grundsätzlich eine Freistellung von mindestens 95% der Ausschüttungen einer Tochtergesellschaft an ihre Muttergesellschaft vor. Seine Anwendung setzt voraus, dass die Muttergesellschaft über zwei Jahre hinweg zu mindestens 5% an der ausschüttenden Tochtergesellschaft beteiligt ist, wobei sich die Quote sowohl auf das Gewinn- als auch auf das Stimmrecht bezieht. Die Beteiligung muss auf den Namen des Inhabers lauten, d.h. bei Aktien muss es sich um Namensaktien handeln, oder sie muss von einem von der Verwaltung anerkannten Kreditinstitut verwaltet werden (Art. 145, 1–a CGI). Nicht berücksichtigt werden stimmrechtslose Anteile und solche, die verpfändet oder Gegenstand eines Pensionsgeschäftes sind. Das Mutter-Tochter-Regime findet nur auf Option der die Ausschüttungen empfangenden Muttergesellschaft Anwendung. In diesem Fall sind die Ausschüttungen der Tochtergesellschaft von der Besteuerung freigestellt. Lediglich 5% des Ausschüttungsbetrags sind als nicht abzugsfähige Aufwendungen dem steuerlichen Ergebnis pauschal hinzuzurechnen. Im Gegenzug bleiben sämtliche Aufwendungen abzugsfähig, die mit dem Erwerb der Finanzierung und der Verwaltung der Beteiligung im Zusammenhang stehen. Die pauschale Hinzurechnung darf allerdings die tatsächlich angefallenen Aufwendungen nicht übersteigen. Sind diese geringer, so ist der Hinzurechnungsbetrag entsprechend anzupassen. Hierbei sind jedoch sämtliche steuerlich geltend gemachten Aufwendungen der Muttergesellschaft zu berücksichtigen und nicht nur diejenigen, die im Zusammenhang mit der Beteiligung stehen (Art. 216, I CGI)[275]. Auf die Ausschüttungen einer SIIC oder ihrer Tochtergesellschaften, soweit diese aus den nach Art. 208 C, II CGI steuerbefreiten Gewinnen stammen, ist das Mutter-Tochter-Regime jedoch gemäß Art. 145, 6–h–1° CGI ausdrücklich nicht anwendbar.

Da die im Rahmen des Änderungsfinanzgesetzes für 2006 eingeführten Regelungen hinsichtlich der Körperschaftsteuerbefreiung von Dividenden aneinander beteiligter SIIC den Voraussetzungen des Mutter-Tochter-Regimes entsprechen, kommt es im Verhältnis zweier SIIC faktisch zu einer weitgehenden Anwendung des Mutter-Tochter-Regimes im Rahmen der SIIC-Besteuerung[276].

Die Körperschaftsteuerbefreiung erstreckt sich schließlich auf solche von der SIIC empfangenen Dividenden, die aus dem steuerbefreiten Bereich einer

275 Vgl. zum französischen Mutter-Tochter-Regime: Ed. Francis Lefebvre, Fiscal 2009, Rn. 3665; *Schultze*, IStR 2005, 730 (730 ff.); *Tillmanns*, in: Widmann/Mayer, Umwandlungsrecht, Anh. 3: Frankreich Rn. F 205.

276 So auch Ed. Francis Lefebvre, FR 56/06, Nr. 52 Rn. 24; Revue de droit fiscal, N° 6 v. 8.2.2007, Nr. 170, S. 29 (34).

SPPICAV oder von einer ausländischen Gesellschaft stammen, die eine Tätigkeit ausübt, die den in Art. 208 C CGI genannten Tätigkeiten entspricht und in ihrem Sitzstaat von der Körperschaftsteuer befreit ist. Auch hier ist erforderlich, dass die SIIC an der ausschüttenden Gesellschaft seit mindestens zwei Jahren zu mindestens 5% beteiligt ist (Art. 208 C, II Abs. 4 i.V.m. Art. 208, 3° nonies und Art. 145, 6–h–2° CGI). Die zuletzt genannte Regelung wurde im Rahmen des Finanzgesetzes für 2007 eingeführt und betrifft Dividenden, die seit dem 1. Januar 2008 ausgeschüttet werden[277].

Eine Verrechnung der Ergebnisse der zum steuerbefreiten Bereich gehörenden Tätigkeiten ist zulässig. Dies gilt auch dann, wenn die Veräußerung von Anteilen an Immobilienpersonengesellschaften und SIIC-Tochtergesellschaften zu einem langfristigen Verlust (*moins value à long terme*) führt. Führt die Verrechnung der Ergebnisse insgesamt zu einem Verlust, kann dieser nach den allgemeinen Vorschriften zeitlich unbeschränkt vorgetragen und in künftigen Wirtschaftsjahren bei der Ermittlung der Ergebnisse des steuerbefreiten Bereichs berücksichtigt werden[278].

bb) Steuerpflichtiger Bereich

Einkünfte, die nicht in den steuerbefreiten Bereich fallen, unterliegen nach den allgemeinen Vorschriften der Körperschaftsteuer. Es handelt sich hierbei namentlich um die Einkünfte aus den gesetzlich zulässigen Nebentätigkeiten.

Verluste im steuerpflichtigen Bereich haben keinen Einfluss auf das Ergebnis im steuerbefreiten Bereich; sie können insbesondere nicht zu einer Minderung der Ausschüttungsverpflichtung führen[279].

cc) Zurechnung von Einkünften und Kosten

Die Aufteilung des Gesamtgewinns der SIIC in einen steuerbefreiten und einen steuerpflichtigen Bereich sowie die Aufteilung der steuerbefreiten Einkünfte in drei Kategorien bringt es mit sich, dass die Einnahmen und Kosten der SIIC dem

---

277 Ed. Francis Lefebvre, FR 61/07, Nr. 16 Rn. 2 ff.; *Israël/Knadjian*, Les nouvelles fiscales, n° 1002 v. 15.5.2008, S. 24 (25).

278 Vgl. Instruction v. 25.9.2003, BOI 4 H–5–03, Rn. 33 f., die allerdings noch einen Verlustvortrag während der nachfolgenden fünf Wirtschaftsjahre vorsieht. Seit 1. Januar 2004 ist nach den allgemeinen Vorschriften (Art. 209, I Abs. 3 CGI) jedoch ein zeitlich unbegrenzter Verlustvortrag zulässig. Vgl. hierzu Ed. Francis Lefebvre, Fiscal 2009, Rn. 3142 ff.

279 Instruction v. 25.9.2003, BOI 4 H–5–03, Rn. 35 f.; Juris-Classeur, Fiscalité immobilière, Fasc. 561, Tz. 40.

betreffenden Bereich bzw. der einschlägigen Kategorie zugeordnet werden müssen.

(1) Verteilung von Einnahmen und Kosten auf den steuerbefreiten und den steuerpflichtigen Bereich

Die französische Finanzverwaltung verlangt nicht, dass die SIIC für beide Bereiche separate Konten führt. Dennoch muss die Buchhaltung erkennen lassen, dass Einnahmen und Kosten Tätigkeiten zugeordnet werden, die steuerlich unterschiedlich behandelt werden. Soweit eine unmittelbare Zurechnung möglich ist, werden Einnahmen und Kosten auch dem jeweils betroffenen Bereich zugeordnet. Bei der Zuordnung der Einnahmen ergeben sich hierbei in der Regel keine Probleme. Belastungen, die sich unmittelbar auf ein vermietetes Grundstück beziehen (Abschreibungen, Grundsteuer, Versicherungsbeiträge), lassen sich vollständig und ausschließlich dem steuerbefreiten Bereich zuordnen. Manche Kosten lassen sich indes nicht eindeutig einem Bereich zurechnen. Hierzu gehören z.B. Personalkosten oder Verwaltungskosten. Diese müssen auf beide Bereiche aufgeteilt werden. Der auf den steuerbefreiten Bereich entfallende Anteil richtet sich hierbei nach dem Verhältnis der steuerbefreiten Einkünfte zu den Gesamteinkünften der SIIC. Finanzierungskosten, die sich nicht einem Bereich zurechnen lassen, werden ebenfalls aufgeteilt. Der dem steuerbefreiten Bereich zuzuordnende Anteil bestimmt sich hierbei nach dem Verhältnis des Bruttobuchwertes des dem steuerbefreiten Bereich zuzuordnenden Aktivvermögens zum Bruttobuchwert des Gesamtaktivvermögens der SIIC. Zinseinkünfte der SIIC werden ausschließlich dem steuerpflichtigen Bereich zugerechnet, was insbesondere dann zu berücksichtigen ist, wenn Tochtergesellschaften mit ausländischem Immobilienvermögen mittels Gesellschafterdarlehen finanziert werden sollen[280].

(2) Verteilung von Einnahmen und Kosten innerhalb des steuerbefreiten Bereichs

Die für die Zuordnung von Einnahmen und Kosten zum steuerbefreiten und steuerpflichtigen Bereich geltenden Grundsätze sind gleichsam bei der Aufteilung der Kosten innerhalb des steuerbefreiten Bereichs zu berücksichtigen.

Können diese in ihrer Gesamtheit nur einer der steuerbefreiten Tätigkeiten zugerechnet werden, so werden sie ausschließlich in dieser Kategorie berücksichtigt. Ist eine solche Zurechnung nicht möglich, sind die Kosten auf die be-

280 Instruction v. 25.9.2003, BOI 4 H-5-03, Rn. 37 f.; Juris-Classeur, Fiscalité immobilière, Fasc. 561, Tz. 41 ff.

troffenen Kategorien zu verteilen. Der Anteil bestimmt sich nach dem Verhältnis der Einkünfte aus der betreffenden Tätigkeit zu den Gesamteinkünften des steuerbefreiten Bereichs. Bei der Aufteilung der Finanzierungskosten ist entsprechend auf das Verhältnis des Bruttobuchwertes des der jeweiligen Tätigkeit dienenden Aktivvermögens zum Bruttobuchwert des Gesamtaktivvermögens des steuerbefreiten Bereichs abzustellen[281].

b) Sonstige steuerliche Aspekte

Das französische SIIC-Regime beschränkt sich auf die dargestellten Besonderheiten im Rahmen der Körperschaftsteuer. Hinsichtlich anderer Steuerarten bleibt es bei der Anwendung der allgemein für inländische Aktiengesellschaften geltenden Vorschriften. So unterliegen insbesondere auch die SIIC dem zum 1. Januar 2010 eingeführten ‚wirtschaftlichen Gebietsbeitrag' (*cotisation économique territoriale*, CET), der sich aus einer Abgabe auf die Immobilien der Unternehmen (*cotisation foncière des entreprises)* sowie einem zusätzlichen Beitrag (*cotisation sur la valeur ajoutée des entreprises,* CVAE) zusammensetzt (Art. 1447–0 CGI) und die französische Gewerbesteuer (*taxe professionelle*) ersetzt. Während die Immobilienvermietung bislang keine für die Gewerbesteuer relevante berufliche Tätigkeit darstellte, gilt die Vermietung und Untervermietung von Immobilien nun ausdrücklich als eine unter die CET fallende Erwerbstätigkeit (Art. 1447, I Abs. 2 CGI). Juristische Personen, die unmittelbar oder mittelbar eine oder mehrere in Frankreich belegene Immobilien besitzen, unterliegen gemäß Art. 990 D CGI grundsätzlich einer jährlichen Steuer in Höhe von 3% des Immobilienverkehrswertes (*taxe sur la valeur vénale des immeubles possédés en France par des personnes morales*)[282]. Aufgrund der Börsennotierung findet die sog. ‚3%-Steuer' auf die SIIC jedoch keine Anwendung (Art. 990 E, 2°–b CGI).

281 Instruction v. 25.9.2003, BOI 4 H–5–03, Rn. 39; Juris-Classeur, Fiscalité immobilière, Fasc. 561, Tz. 44 ff.

282 Vgl. De Bourmont/Rubechi, IWB 2008, Fach 5 Frankreich, Gruppe 2, 1519 (1519 ff.); *Gouthière*, Les impôts dans les affaires internationales, 7. Aufl., Rn. 2337–1 ff.; *Hellio/Crucifix*, in: Mennel/Förster, Steuern in Europa, Amerika und Asien, Frankreich Rn. 406 f.

2. Besteuerung der Tochtergesellschaften

a) SIIC-Tochtergesellschaften

Da die SIIC-Tochtergesellschaften bei Erfüllung der gesetzlichen Voraussetzungen ebenfalls zur SIIC-Besteuerung optieren können, gelten die vorherigen Ausführungen für diese entsprechend.

b) Immobilienpersonengesellschaften

Die von einer Immobilienpersonengesellschaft ausgeübten begünstigten Tätigkeiten i.S.d. Art. 208 C, II Abs. 1 CGI werden den an ihr beteiligten SIIC oder SIIC-Tochtergesellschaften unmittelbar anteilig zugerechnet (Art. 208 C, II Abs. 5 CGI), so dass die daraus resultierenden Einkünfte ebenfalls von der Körperschaftsteuer befreit sind. Im Übrigen gelten die allgemein für die Besteuerung von Personengesellschaften geltenden Regelungen, d.h. das auf Ebene der Personengesellschaft ermittelte Ergebnis wird den Gesellschaftern anteilig zugerechnet und dort besteuert.

3. Besteuerung einer in Deutschland ansässigen SIIC und ihrer Tochtergesellschaften

Auch in Frankreich nach Art. 206, I i.V.m. Art. 209, I CGI der Körperschaftsteuer unterliegende deutsche Immobilienaktiengesellschaften mit französischem Grundbesitz und ihre Tochtergesellschaften sind bei Erfüllung der oben genannten Voraussetzungen berechtigt, zur SIIC-Besteuerung zu optieren[283]. In diesem Fall unterliegen sie in Frankreich den gleichen steuerlichen Regelungen wie die in Frankreich ansässigen SIIC und ihre Tochtergesellschaften. Die Gewinne aus der Vermietung und Veräußerung der in Frankreich belegenen Immobilien sind ebenso wie die Dividenden aus den körperschaftsteuerbefreiten Gewinnen der in Frankreich ansässigen SIIC-Tochtergesellschaften an ihre deutsche Mutter-SIIC von der Körperschaftsteuer befreit, wenn die gesetzlichen Ausschüttungsverpflichtungen beachtet werden. Gewinne aus zulässiger Nebentätigkeit werden nach den allgemeinen Regelungen besteuert, wenn sie nach nationalem Recht der französischen Körperschaftsteuer unterliegen[284] und Frankreich nach dem DBA-Frankreich das Besteuerungsrecht zusteht.

---

283 Oben unter: A. II. 1. c).

284 Vgl. hierzu die Ausführungen unter: A. II. 1. c) aa).

In Deutschland sind die Einkünfte aus der Vermietung oder Veräußerung des französischen Grundbesitzes zwar im Rahmen der unbeschränkten Körperschaftsteuerpflicht (§ 1 Abs. 1 KStG) grundsätzlich steuerpflichtig. Da das Besteuerungsrecht nach Art. 3 Abs. 1 DBA-Frankreich jedoch allein Frankreich zusteht, stellt Deutschland die Einkünfte gemäß Art. 20 Abs. 1 lit. a S. 1 DBA-Frankreich frei[285]. Der in Art. 20 Abs. 1 lit. a S. 2 DBA-Frankreich vorgesehene Progressionsvorbehalt geht ins Leere, da die Körperschaftsteuer nach einem festen – nicht progressiven – Steuersatz erhoben wird[286].

V. Ausschüttungsverpflichtung

Um eine Besteuerung der auf SIIC-Ebene steuerbefreiten Gewinne aus der begünstigten Immobilientätigkeit auf Ebene der Investoren zu gewährleisten, ist die Steuerbefreiung auch im Rahmen des französischen REIT-Regimes an eine Ausschüttungsverpflichtung gebunden. Die SIIC und ihre Tochtergesellschaften, die ihrerseits zur SIIC-Besteuerung optiert haben, sind verpflichtet, die aus dem steuerbefreiten Bereich stammenden Gewinne in gesetzlich vorgeschriebener Höhe an ihre Anteilseigner auszuschütten, wobei je nach Einkünftekategorie unterschiedliche Ausschüttungsquoten gelten. Bei der Ermittlung des insgesamt auszuschüttenden Betrags ist sowohl das Ergebnis des steuerbefreiten Bereichs als auch das Gesamtjahresergebnis zu berücksichtigen.

1. Ausschüttungsquoten und Zeitpunkt der Ausschüttung

Gewinne aus der Vermietung und Verpachtung eigener und solcher Immobilien, die in Ausübung eines Nießbrauchs (*usufruit*), Erbbaurechts (*bail à construction*) oder eines Erbpachtrechts (*bail emphythéotique*) genutzt werden, sowie Gewinne aus der Untervermietung von Immobilien, die Gegenstand eines seit dem 1. Januar 2005 geschlossenen *crédit-bail immobilier* sind, müssen grundsätzlich zu 85% ausgeschüttet werden. Der gleichen Ausschüttungsquote unterliegen die Gewinne aus der Untervermietung von im öffentlichen Eigentum stehenden Immobilien, die der SIIC oder den dem SIIC-Regime unterliegenden Tochtergesellschaften vom Staat oder einer Gebietskörperschaft sowie ihrer Anstalten des

285 *Kessler/Sinz/Achilles-Pujol*, DBA-Kommentar Deutschland/Frankreich, Art. 3, C. II., S. 39.

286 *Kramer*, in: Debatin/Wassermeyer, DBA (Frankreich), Art. 20 Rn. 17; vgl. zum OECD-MA *Vogel*, in: Vogel/Lehner, DBA, Art. 23 Rn. 224; *Wassermeyer*, in: Debatin/Wassermeyer, DBA (MA), Art. 23 A Rn. 124.

öffentlichen Rechts zur Nutzung überlassen wurden (Art. 208 C, II Abs. 2 S. 1 CGI).

Eine Sonderregelung gilt für Immobilien, die die SIIC bzw. SIIC-Tochtergesellschaft zwischen dem 1. Januar 2007 und dem 31. Dezember 2009 unter den Voraussetzungen des Art. 151 septies C CGI im Wege einer *Sale-and-lease-back*-Transaktion von einem Unternehmen erworben hat, welches im HCR-Sektor tätig ist[287]. Sofern diese Immobilien dem Veräußerer nach der Veräußerung für mindestens neun weitere Jahre entgeltlich zur Nutzung im Rahmen seiner Unternehmertätigkeit überlassen werden, sind die daraus resultierenden Gewinne lediglich in Höhe von 50% auszuschütten. Gleiches gilt, wenn der Veräußerer seine Unternehmenstätigkeit zwar vor Ablauf dieses Zeitraumes einstellt, die betreffende Immobilie jedoch in der verbleibenden Zeit einem weiteren im HCR-Sektor tätigen Unternehmer i.S.d. Art. 151 septies C, I–2° CGI zur Nutzung überlassen wird (Art. 208 C, II Abs. 2 S. 2 CGI). Bei Nichterfüllung der Voraussetzungen sind nach der allgemeinen Regel 85% der Gewinne auszuschütten[288].

Die Ausschüttung muss jeweils bis zum Ende des auf die Gewinnrealisierung folgenden Wirtschaftsjahres erfolgen (Art. 208 C, II Abs. 2 S. 1 CGI).

Für Gewinne aus der Veräußerung von Immobilien, dinglichen Nutzungsrechten i.S.d. Art. 208 C, II Abs. 6 CGI, Rechten aus einem nach dem 1. Januar 2005 geschlossenen *crédit-bail immobilier* sowie von Anteilen an Immobilienpersonengesellschaften und dem SIIC-Regime unterliegenden Tochtergesellschaften beträgt die Ausschüttungsquote 50%. Die Ausschüttung muss bis zum Ende des zweiten auf die Gewinnrealisierung folgenden Wirtschaftsjahres erfolgen (Art. 208 C, II Abs. 3 CGI).

Die in den steuerbefreiten Bereich fallenden Ausschüttungen, die eine SIIC oder eine dem SIIC-Regime unterliegende Tochtergesellschaft von einer Tochtergesellschaft, die ebenfalls zur SIIC-Besteuerung optiert hat, einer anderen SIIC, einer SPPICAV oder körperschaftsteuerbefreiten ausländischen Gesellschaft mit einem den Vorgaben des Art. 208 C, I Abs. 1 CGI entsprechenden Unternehmensgegenstand bezogen hat, müssen spätestens im nachfolgenden Wirtschaftsjahr vollständig an die Anteilseigner weitergereicht werden (Art. 208 C, II Abs. 4 CGI).

Da die von einer Immobilienpersonengesellschaft ausgeübten begünstigten Tätigkeiten der SIIC bzw. SIIC-Tochtergesellschaft in Höhe ihrer Beteiligung

---

287 Siehe unter: A. III. 4. b).

288 Revue de droit fiscal, N° 6 v. 8.2.2007, Nr. 170, S. 29 (35).

unmittelbar zugerechnet werden, sind die aus diesen Tätigkeiten resultierenden Gewinne von diesen nach den dargestellten Regeln auszuschütten[289].

Die steuerbefreiten Gewinne sind, soweit sie (i.H.v. 15% bzw. 50%) nicht der Ausschüttungspflicht unterliegen und von der SIIC oder SIIC-Tochtergesellschaft in die Gewinnrücklagen eingestellt oder vorgetragen werden, außerbilanziell gesondert zu erfassen[290].

2. Ermittlung der Gesamtausschüttungsbelastung

Die SIIC und die dem SIIC-Regime unterliegenden Tochtergesellschaften können nur dann von der Steuerbefreiung der begünstigten Einkünfte profitieren, wenn sie der Ausschüttungsverpflichtung insgesamt nachkommen. Werden die Gewinne einer Einkünftekategorie nicht oder nicht in der vorgeschriebenen Höhe ausgeschüttet, hat dies nicht nur Einfluss auf die Steuerbefreiung dieser Gewinne, sondern führt insgesamt zum Wegfall der Steuerbefreiung[291].

Zur Ermittlung der Gesamtausschüttungsbelastung eines Wirtschaftsjahres sind zunächst die einzelnen Ausschüttungsbeträge, die sich bei Anwendung der jeweiligen Ausschüttungsquote auf die im Wirtschaftsjahr erzielten Gewinne der verschiedenen Einkünftekategorien ergeben (‚Einzelausschüttungsbeträge'), zu addieren (‚theoretischer Gesamtausschüttungsbetrag').

Die Obergrenze des Gewinnausschüttungsbetrags bildet jedoch das für das Wirtschaftsjahr ermittelte Nettoergebnis des steuerbefreiten Bereichs[292]. Soweit der sich unter Anwendung der Ausschüttungsquoten ergebende theoretische Gesamtausschüttungsbetrag diese Obergrenze überschreitet, muss er nicht ausgeschüttet werden. Vielmehr reduzieren sich die jeweiligen Einzelausschüttungsbeträge im Verhältnis des Nettoergebnisses des steuerbefreiten Bereichs zum theoretischen Gesamtausschüttungsbetrag.

Eine weitere Ausschüttungsgrenze bildet der Buchgewinn (*bénéfice comptable*), der sich aus dem für das Wirtschaftsjahr ausgewiesenen Jahresüberschuss der SIIC bzw. SIIC-Tochtergesellschaft abzüglich vorheriger Verluste sowie der

---

289 Vgl. Instruction v. 25.9.2003, BOI 4 H-5-03, Rn. 32; Ed. Francis Lefebvre, Fiscal 2009, Rn. 2673; Ed. Francis Lefebvre, FR 58/02, Nr. 23 Rn. 20; Juris-Classeur, Fiscalité immobilière, Fasc. 561, Tz. 38; Ed. Lamy, Lamy Fiscal 2009, Rn. 6652; Editions Législatives, Bulletin 67, 13.10.2003, 157a, S. 8579 (8581).

290 Vgl. Instruction v. 25.9.2003, BOI 4 H-5-03, Rn. 48.

291 Instruction v. 25.9.2003, BOI 4 H-5-03, Rn. 42; Juris-Classeur, Fiscalité immobilière, Fasc. 561, Tz. 48; Editions Législatives, Bulletin 67, 13.10.2003, 157a, S. 8579 (8582).

292 Instruction v. 25.9.2003, BOI 4 H-5-03, Rn. 42; Juris-Classeur, Fiscalité immobilière, Fasc. 561, Tz. 50; Editions Législatives, Bulletin 67, 13.10.2003, 157a, S. 8579 (8582).

gesetzlichen Gewinnrücklagen und zuzüglich des Gewinnvortrags ergibt[293]. Soweit die ggf. korrigierten Einzelausschüttungsbeträge in ihrer Summe den Buchgewinn überschreiten, sind sie erst aus dem Gewinn künftiger Wirtschaftsjahre auszuschütten. In technischer Hinsicht reduzieren sich die Einzelausschüttungsbeträge im Verhältnis des Buchwertes zu ihrer Summe. Die verbleibenden Beträge sind aus dem Gewinn des folgenden bzw. der folgenden Wirtschaftsjahre auszuschütten[294].

VI. Besteuerung auf Ebene der Investoren

Für die Besteuerung der Anteilseigner einer SIIC gelten besondere Regelungen. Gegenstand der nachfolgenden Untersuchung sind daher die steuerlichen Folgen, die sich für in Frankreich und Deutschland ansässige Investoren aus ihrer SIIC-Beteiligung ergeben.

Im Vordergrund sollen neben Körperschaften als institutionelle Anleger auch natürliche Personen stehen, die ihre Anteile in Privatvermögen halten, da nach der Vorstellung des französischen Gesetzgebers insbesondere auch Privatanleger Zugang zum Kapital der SIIC haben sollen[295]. Für Zwecke der Untersuchung wird unterstellt, dass die Beteiligungen der deutschen – institutionellen – Investoren nicht in einer französischen Betriebsstätte gehalten werden. Die Untersuchung erstreckt sich auf die steuerlichen Folgen einer Beteiligung französischer Investoren an einer in Deutschland ansässigen SIIC. Dabei soll auch der Frage nachgegangen werden, wie es sich auf die Besteuerung in Deutschland auswirkt, wenn es sich bei der deutschen SIIC nicht nur um eine nach allgemeinen Vorschriften steuerpflichtige Immobilienaktiengesellschaft handelt (Grundfall), sondern diese zugleich die Kriterien einer in Deutschland steuerbefreiten REIT-AG erfüllt (Sonderfall).

---

293 Instruction v. 25.9.2003, BOI 4 H-5-03, Rn. 42; Juris-Classeur, Fiscalité immobilière, Fasc. 561, Tz. 51; Editions Législatives, Bulletin 67, 13.10.2003, 157a, S. 8579 (8582).

294 Ausführlich: Instruction v. 25.9.2003, BOI 4 H-5-03, Rn. 42 f.; Juris-Classeur, Fiscalité immobilière, Fasc. 561, Tz. 49 ff.; Editions Législatives, Bulletin 67, 13.10.2003, 157a, S. 8579 (8582).

295 Rapport Général Nr. 68 v. 21.11.2003, S. 66.

1. In Frankreich ansässige Anleger

a) Natürliche Personen (Privatanleger)

aa) Beteiligung an einer in Frankreich ansässigen SIIC

(1) Gewinnausschüttungen

Frankreich hat mit Wirkung zum 1. Januar 2005 eine Systemänderung in der Dividendenbesteuerung vorgenommen und das bis dahin geltende Anrechnungsverfahren durch ein Halbeinkünfteverfahren ersetzt[296]. Der Systemwechsel hatte auch Auswirkungen auf die Besteuerung der von einer SIIC ausgeschütteten Dividenden auf Ebene der privaten Investoren.

(a) Rechtslage bis zum 1. Januar 2005 (einschließlich Übergangsregelung)

Nach den Regeln des bis 1. Januar 2005 geltenden Anrechnungsverfahrens hatten in Frankreich ansässige natürliche Personen, wenn sie Dividenden von einer französischen Gesellschaft bezogen, grundsätzlich einen Anspruch auf eine Steuergutschrift (*avoir fiscal*) in Höhe der Hälfte des tatsächlich ausgeschütteten Dividendenbetrags. Zunächst waren sie verpflichtet, die bezogene Dividende zuzüglich der Steuergutschrift zu versteuern. Die Steuergutschrift wurde anschließend auf die gesamte Einkommensteuerlast des Steuerpflichtigen angerechnet. Überstieg sie die zu zahlende Einkommensteuer, wurde der übersteigende Betrag dem Steuerpflichtigen erstattet (Art. 158 bis, I CGI a.F.)[297].

Unterlag der Gewinnanteil, aus dem sich die ausgeschüttete Dividende finanzierte, auf Ebene der ausschüttenden Gesellschaft nicht dem regulären Körperschaftsteuersatz oder wurden für die Ausschüttung Gewinnrücklagen verwendet, die zwar der vollen Körperschaftsteuer unterlegen hatten, aber aus Wirtschaftsjahren stammten, die vor mehr als fünf Jahren abgeschlossen worden waren, hatte die ausschüttende Gesellschaft eine Ausschüttungsteuer (*précompte mobilier*) zu entrichten. Der Höhe nach entsprach diese dem *avoir fiscal* und betrug

296 Die neuen Regelungen wurden eingeführt durch Art. 93 und 95 des Finanzgesetzes für 2004, Nr. 2003–1311 v. 30.12.2003, JO v. 31.12.2003, S. 22530.

297 Zum Anrechnungsverfahren vor dem Systemwechsel: Instruction v. 11.8.2005, BOI 5 I–2–05, Rn. 3; *Duthilleul*, in: Debatin/Wassermeyer, DBA (Frankreich), Anh. Frankreich Rn. 86 ff.; *Viegener*, IWB 2004, Fach 5 Frankreich, Gruppe 2, 1377 (1377 f.).

somit 50% der tatsächlich ausgeschütteten Dividenden (Art. 223 sexies, 1 CGI a.F.)[298].

Zur Vermeidung von Verzerrungen[299] und zur Finanzierung der Kosten des Systemwechsels[300] wurde im Übergangsjahr 2005 eine Sonderabgabe in Höhe von 25% auf Gewinnausschüttungen von nicht voll versteuerten Gewinnen oder Rücklagen erhoben, die älter als fünf Jahre waren (*prélèvement exceptionnel*)[301]. Diese konnte zu je einem Drittel auf die Körperschaftsteuer der drei dem Ausschüttungsjahr folgenden Wirtschaftsjahre angerechnet werden. Der Anwendungsbereich der Sonderabgabe war weiter gefasst als der des streng mit dem *avoir fiscal* verbundenen *précompte mobilier*[302].

Hinsichtlich der Besteuerung der von einer SIIC ausgeschütteten Dividenden war zu differenzieren: Dividenden, die aus solchen Gewinnen stammten, die vor der Optionsausübung realisiert worden waren, fielen in den Anwendungsbereich des Anrechnungsverfahrens (*avoir fiscal*) und unterlagen ggf. der Ausschüttungsteuer (*précompte mobilier*)[303]. Gleiches galt für Dividenden, die aus dem Ergebnis der Abschlussbesteuerung anlässlich der Optionsausübung finanziert wurden[304], es sei denn, sie entstammten aus aufgedeckten stillen Reserven, die gemäß Art. 219, IV CGI unter Anwendung des reduzierten Steuersatzes (zu diesem Zeitpunkt: 16,5%) besteuert wurden (Art. 158 quater, 9° CGI a.F.)[305]. Schließlich unterlagen Dividenden aus den Gewinnen der steuerpflichtigen Tätigkeiten der SIIC dem *avoir fiscal* und – soweit anwendbar – dem *précompte mobilier*[306].

Um eine volle Besteuerung der auf SIIC-Ebene befreiten Gewinne zu garantieren, fand das Anrechnungsverfahren auf Dividenden, die dem steuerbefreiten Bereich entstammten, keine Anwendung (Art. 158 quater, 9° CGI a.F.). Dies galt unabhängig davon, ob diese Gewinne der Auschüttungspflicht unterlagen oder

298 Vgl. *Duthilleul*, in: Debatin/Wassermeyer, DBA (Frankreich), Anh. Frankreich Rn. 86 ff.; *Viegener*, IWB 2004, Fach 5 Frankreich, Gruppe 2, 1377 (1377 f.).

299 Vgl. *Viegener*, IWB 2004, Fach 5 Frankreich, Gruppe 2, 1377 (1377 f.).

300 Juris-Classeur, Fiscalité immobilière, Fasc. 561, Tz. 61.

301 Eingeführt wurde die Sonderabgabe durch Art. 95 des Finanzgesetzes für 2004 (Fn. 1118).

302 Ausführlich: Instruction v. 28.4.2005, BOI 4 J–2–05, Rn. 18 ff; vgl. auch *Duthilleul*, in: Debatin/Wassermeyer, DBA (Frankreich), Anh. Frankreich Rn. 134; *Tillmanns*, in: Widmann/Mayer, Umwandlungsrecht, Anh. 3: Frankreich Rn. F 204.

303 Instruction v. 25.9.2003, BOI 4 H–5–03, Rn. 47; Juris-Classeur, Fiscalité immobilière, Fasc. 561, Tz. 56; Editions Législatives, Bulletin 67, 13.10.2003, 157a, S. 8579 (8583).

304 Instruction v. 25.9.2003, BOI 4 H–5–03, Rn. 47; Juris-Classeur, Fiscalité immobilière, Fasc. 561, Tz. 56; Editions Législatives, Bulletin 67, 13.10.2003, 157a, S. 8579 (8583).

305 Juris-Classeur, Fiscalité immobilière, Fasc. 561, Tz. 58.

306 Instruction v. 25.9.2003, BOI 4 H–5–03, Rn. 49; Juris-Classeur, Fiscalité immobilière, Fasc. 561, Tz. 60; Editions Législatives, Bulletin 67, 13.10.2003, 157a, S. 8579 (8583).

nicht[307]. Entsprechend waren diese Ausschüttungen nicht von der Ausschüttungsbelastung betroffen (Art. 223 sexies, 3–9° CGI a.F.).

Hinsichtlich ihrer Ausschüttungen im Übergangsjahr 2005 war die SIIC nicht verpflichtet, die Sonderabgabe in Höhe von 25% zu entrichten[308]. Darüber hinaus konnten Dividenden, soweit sie auf stillen Reserven beruhten, die auf Ebene der SIIC unter Anwendung des ermäßigten Steuersatzes nach Art. 219, IV CGI besteuert worden waren, weder vom *avoir fiscal* profitieren, noch waren auf sie Ausschüttungsteuer und Sonderabgabe anwendbar (Art. 158 quater, 9° CGI a.F. und Art. 223 sexies, 3–9° CGI a.F.)[309].

(b) Derzeitige Rechtslage

Infolge einer weiteren Anpassung des zum 1. Januar 2005 eingeführten Halbeinkünfteverfahrens durch das Finanzgesetz für 2006[310] werden die seit 2006 von in Frankreich ansässigen natürlichen Personen bezogenen Dividenden nunmehr im Wege eines Teileinkünfteverfahrens besteuert.

Das Teileinkünfteverfahren betrifft ordentliche Ausschüttungen, die von den Gesellschaftsorganen regulär beschlossen worden sind (Art. 158, 3–2° S. 1 CGI); verdeckte Gewinnausschüttungen werden hingegen voll besteuert[311]. Erfasst werden Ausschüttungen sowohl französischer als auch ausländischer Gesellschaften, die in einem EU-Staat oder in einem Staat oder Gebiet ansässig sind, mit dem Frankreich ein DBA abgeschlossen hat. Seit dem 1. Januar 2009 muss dieses DBA zudem zwingend eine Amtshilfeklausel zur Bekämpfung der Steuerflucht und Steuerhinterziehung enthalten (Art. 158, 3–2° S. 2 CGI).

Voraussetzung ist ferner, dass die ausschüttende Gesellschaft qua Gesetz oder qua Option der französischen Körperschaftsteuer oder einer vergleichbaren ausländischen Steuer unterliegt (Art. 158, 3–2° S. 1 CGI). Dabei ist unerheblich, wenn bestimmte Einkünfte der Gesellschaft aufgrund spezieller Regelungen

307 Juris-Classeur, Fiscalité immobilière, Fasc. 561, Tz. 57; Editions Législatives, Bulletin 67, 13.10.2003, 157a, S. 8579 (8583).

308 Art. 25, II des Änderungsfinanzgesetzes für 2003, Nr. 2003–1312 v. 30.12.2003, JO v. 31.12.2003, S. 22594; Juris-Classeur, Fiscalité immobilière, Fasc. 561, Tz. 63.

309 Ursprünglich war vorgesehen, auch die Dividenden, die der *Exit Tax* unterlagen, dem Anrechnungsverfahren zu unterwerfen. Der Ausschluss vom Anrechnungsverfahren erfolgte erst nachträglich i.R.d. Änderungsfinanzgesetzes für 2003. Vgl. Ed. Francis Lefebvre, FR 61/03, Nr. 20 Rn. 1, 7 f.

310 Art. 76, I–1° und IV des Finanzgesetzes für 2006, Nr. 2005–1719 v. 30.12.2005, veröffentlicht im JO v. 31.12.2005, S. 20597.

311 Instruction v. 11.8.2005, BOI 5 I–2–05, Rn. 41 ff.; Ed. Francis Lefebvre, Fiscal 2009, Rn. 2139; vgl. auch: *Duthilleul*, in: Debatin/Wassermeyer, DBA (Frankreich), Anh. Frankreich Rn. 86; *Viegener*, IWB Nr. 6/2007, Fach 5 Frankreich, Gruppe 2, 1377 (1378).

sachlich steuerbefreit sind, so dass das Teileinkünfteverfahren im Ergebnis auch auf Ausschüttungen einer französischen SIIC an ihre französischen Anteilseigner Anwendung findet[312]. Dies gilt unabhängig davon, ob die Ausschüttungen den Einkünften der steuerbefreiten Haupttätigkeit oder denen der körperschaftsteuerpflichtigen Nebentätigkeiten entstammen.

Auf die ausgeschütteten Dividendenbeträge (Bruttodividende) wird zunächst ein Abschlag in Höhe von 40% vorgenommen (Art. 158, 1–2° S. 1 CGI), so dass nur 60% der Ausschüttung der Besteuerung unterliegen[313]. Nach Abzug der abzugsfähigen Werbungskosten (z.B. Gebühren, Depotkosten) findet zudem ein Freibetrag Anwendung (Art. 158, 3–5° CGI). Dieser beträgt derzeit 1.525 Euro für ledige, geschiedene oder verwitwete Personen sowie 3.050 Euro für gemeinsam veranlagte Ehegatten oder Personen, die einen zivilen Solidaritätspakt (*pacte civil de solidarité, PACS*)[314] eingegangen sind (nachfolgend auch als ‚Lebenspartner' bezeichnet)[315]. Der verbleibende Betrag unterliegt der Einkommensteuer unter Anwendung des persönlichen Steuersatzes des Anteilseigners.

Zum Ausgleich von Nachteilen, die mit dem Systemwechsel zusammenhängen, ist der Empfänger von Ausschüttungen, die dem Teileinkünfteverfahren unterliegen, berechtigt, einen jährlichen Anrechnungsbetrag geltend zu machen. Dieser beträgt 50% der Ausschüttungen, ist jedoch auf einen jährlichen Höchstbetrag von 115 Euro für ledige, geschiedene oder verwitwete Personen und 230 Euro für gemeinsam veranlagte Ehegatten oder Lebenspartner beschränkt. Der Betrag wird auf die Gesamteinkommensteuerbelastung des Jahres, in welchem die Ausschüttungen zugeflossen sind, angerechnet und, soweit er diese um mehr als acht Euro (Art. 1965 L CGI)[316] übersteigen sollte, vom Fiskus erstattet (Art. 200 septies CGI)[317].

---

312 Instruction v. 11.8.2005, BOI 5 I–2–05, Rn. 19; Ed. Francis Lefebvre, Fiscal 2009, Rn. 2138.

313 Vgl. Ed. Francis Lefebvre, Fiscal 2009, Rn. 2137.

314 Beim PACS handelt es sich um einen Vertrag, der zwischen zwei volljährigen natürlichen Personen desselben oder unterschiedlichen Geschlechts geschlossen wird, um das gemeinsame Leben zu organisieren (Art. 515–1 Code civil). Er wurde mit Gesetz Nr. 99–944 vom 15.11.1999 (*relative au pacte civil de solidarité*, JO v. 16.11.1999, S. 16959) in Frankreich eingeführt. Der zivile Solidaritätspakt wird durch gemeinsame Erklärung der Partner beim Amtsgericht des gemeinsamen Wohnortes geschlossen und verleiht den unverheirateten Partnern einen Rechtsstatus, der weitgehend dem verheirateter Paare entspricht. Rechtliche Folgen des Paktes sind z.B.: Wahl zwischen Gütertrennung und einheitlichem Besitz, Angleichung an das Erbrecht der Ehegatten, Möglichkeit der gemeinsamen Veranlagung, Recht auf Übernahme von Mietverhältnissen, Berücksichtigung bei Ausstellung einer Aufenthaltserlaubnis.

315 Ed. Francis Lefebvre, Fiscal 2009, Rn. 2141.

316 Vgl. Instruction v. 11.8.2005, BOI 5 I–2–05, Rn. 95; Ed. Francis Lefebvre, Fiscal 2009, Rn. 2142.

317 Instruction v. 11.8.2005, BOI 5 I–2–05, Rn. 86 ff.; Ed. Francis Lefebvre, Fiscal 2009, Rn. 2142.

Dividenden, die die SIIC an in Frankreich ansässige natürliche Personen ausschüttet, unterliegen als Einkünfte aus Kapitalertrag neben der Einkommensteuer der *contribution sociale généralisée* (CSG)[318] in Höhe von derzeit 8,2% (Art. L. 136–6, I Abs. 1 lit. c; Art. L. 136–8, I–2° Code de la sécurité sociale), der *contribution au remboursement de la dette sociale* (CRDS)[319] in Höhe von 0,5% (Art. 1600–0 G, I; Art. 1600–0 L CGI; Art. 15, I und 19 der Verordnung Nr. 96–50 vom 24. Januar 1996[320]) dem *prélèvement social*[321] von 2% (Art. L. 245–14; Art. 245–16 Code de la sécurité sociale) und zwei Zuschlägen zum *prélèvement social* (*contributions additionelles*) von 0,3%[322] (Art. L 14–10–4, 2° Code de l'action sociale et des familles) und 1,1%[323] (Art. L. 262–24, III Code de l'action sociale et des familles). Trotz der Bezeichnung und der sozialen Zielsetzung handelt es sich bei diesen Ergänzungsabgaben um zusätzliche Einkommensteuern für natürliche Personen[324]. Bemessungsgrundlage ist der bezogene Dividendenbetrag. Das Teileinkünfteverfahren findet keine Anwendung[325]. Die CSG kann in Höhe eines Teilbetrags von 5,8% der ausgeschütteten Dividende (Bemessungsgrundlage) vom Gesamtbetrag des steuerpflichtigen Einkommens abgezogen werden (Art. 154 quinquies, II CGI). Die übrigen Ergänzungsabgaben sind nicht abzugsfähig[326].

Als Alternative zu einer Besteuerung nach dem persönlichen Steuersatz unter Anwendung des Teileinkünfteverfahrens können in Frankreich ansässige Privatinvestoren hinsichtlich der Ausschüttungen der SIIC seit dem 1. Januar 2008 auch für eine abgeltende Abzugsteuer (*prélèvement forfaitaire libératoire*) optie-

318 Die CSG ist eine allgemeine Sozialsteuer, die auf alle Einkommensarten erhoben wird (vgl. Instruction v. 22.5.03, BOI 14 B–3–03, Rn. 22; Ed. Francis Lefebvre, Fiscal 2009, Rn. 3000).

319 Die CRDS dient der Sanierung der Sozialkassen.

320 Ordonnance n°96–50 v. 24.1.1996 relative au remboursement de la dette sociale, abrufbar im Internet unter: http://www.legifrance.gouv.fr.

321 Dieser Zuschlag ist für die Familien- und Rentenkassen bestimmt (*caisses nationales d'allocations familiales* und *caisse nationale d'assurance vieillesse*).

322 Der Zuschlag ist für die ‚Nationale Solidaritätskasse für Eigenständigkeit' behinderter und pflegebedürftiger Menschen (*caisse nationale de solidarité pour l'autonomie, CNSA*) bestimmt.

323 Der Zuschlag dient der Finanzierung des zum 1.6.2009 flächendeckend eingeführten *revenu de solidarité active* (RSA).

324 Instruction v. 22.5.03, BOI 14 B–3–03, Rn. 22; Ed. Francis Lefebvre, Fiscal 2009, Rn. 3000; *Duthilleul*, in: Debatin/Wassermeyer, DBA (Frankreich), Anh. Frankreich Rn. 16; *Rädler jr./Bullinger*, IStR 1999, 225 (226); a.A. EuGH, Urt. v. 15.2.2000, C.169/98, *Kommission gegen Frankreich*, Slg. 2000, I–1049, wonach es sich bei der CSG um eine Sozialabgabe handeln soll. Vgl. auch *de Bourmont/Julien-Saint-Amand*, in: Debatin/Wassermeyer, DBA (Frankreich), Art. 1 Rn. 143.

325 Ed. Francis Lefebvre, Fiscal 2009, Rn. 3028, 2143.

326 Ed. Francis Lefebvre, Fiscal 2009, Rn. 3023.

ren. Gemäß Art. 117 quater, I–1 CGI besteht diese Optionsmöglichkeit grundsätzlich für alle Dividenden, die nach Art. 158, 3–2° CGI dem Teileinkünfteverfahren unterfallen. Die Option kann bis zum Zeitpunkt der Auszahlung ausgeübt werden und ist für diese Auszahlung unwiderruflich. Bemessungsgrundlage für die Abzugssteuer, deren Steuersatz pauschal 18% beträgt, ist die ausgezahlte Bruttodividende, ohne dass ein Werbungskostenabzug oder der für das Teileinkünfteverfahren vorgesehene Abschlag von 40% des Ausschüttungsbetrags zulässig ist. Auch der in Art. 200 septies CGI vorgesehene Anrechnungsbetrag kann nicht geltend gemacht werden (Art. 200 septies, 1 Abs. 2 CGI). Ist die Dividenden auszahlende Stelle in Frankreich ansässig, erfolgt die Erhebung der Steuer durch Abzug vom Kapitalertrag. Mit Abführung des Steuerbetrags ist die Einkommensteuer insoweit abgegolten. Auch bei einer Option zur Abzugsteuer unterliegt der Steuerpflichtige mit den Ausschüttungen der SIIC den genannten Sozialsteuern (CDS, CDRS, *prélèvement social, contributions additionelles*)[327] von insgesamt 12,1% des Ausschüttungsbetrags, so dass sich eine Gesamtbelastung von 30,1% ergibt. Die Möglichkeit des teilweisen Abzugs der CSG vom Gesamtbetrag des steuerpflichtigen Einkommens besteht indes nicht (Art. 154 quinquies, II CGI)[328].

(2) Veräußerungsgewinne

Auf die Veräußerung von SIIC-Anteilen, die nicht in einem Betriebsvermögen gehalten werden, finden grundsätzlich die Regelungen über die Besteuerung von privaten Veräußerungsgewinnen Anwendung. Bemessungsgrundlage für die Besteuerung ist der Unterschiedsbetrag zwischen dem Börsenpreis, zu welchem die Veräußerung erfolgte, abzüglich der Kosten des Veräußerers auf der einen Seite und den Anschaffungskosten auf der anderen Seite[329]. Die Anschaffungskosten

---

327 CSG (Art. 1600–0 D CGI, Art. L. 136–7, I–1° Code de la sécurité sociale); CRDS (Art. 1600–0 H CGI, Art. 16 Ord. n° 96–50 v. 24.1.1996, Art. L. 136–7, I–1° Code de la sécurité sociale); *prélèvement social* (Art. 1600–0 F, II CGI, Art. L. 245–15 i.V.m. Art. L. 136–7, I–1° Code de la sécurité sociale); *contributions additionelles* (Art. L. 14–10–4, 2° Code de l'action sociale et de familles, Art. L. 245–15 i.V.m. Art. L. 136–7, I–1° Code de la sécurité sociale bzw. Art. L. 262–24, III Code de l'action sociale et de familles, Art. L. 245–15 i.V.m. Art. L. 136–7, I–1° Code de la sécurité sociale).

328 Zum *prélèvement forfaitaire libératoire*: Ed. Francis Lefebvre, Fiscal 2009, Rn. 2135, 2145 ff.; *Hellio/Crucifix*, in Mennel/Förster, Steuern in Europa, Amerika und Asien, Frankreich Rn. 142.

329 Werden die SIIC-Anteile als Anlagevermögen in einem Betriebsvermögen gehalten, unterliegt ihre Veräußerung den Regeln über die Besteuerung betrieblicher Veräußerungsgewinne, so dass zwischen langfristigen und kurzfristigen Veräußerungsgewinnen zu unterscheiden ist. Kurzfristige Nettoveräußerungsgewinne werden unter Anwendung des regulären persönlichen

umfassen neben dem Erwerbspreis auch alle übrigen für den Erwerb erforderlichen Aufwendungen (z.B. Maklerhonorare, Provisionen, Beratungskosten, Registersteuer). Erfolgte der Erwerb der Anteile unentgeltlich durch Erbschaft oder Schenkung, ist anstelle des Erwerbspreises der für die Ermittlung der Erbschaft- und Schenkungsteuer maßgebliche Wert anzusetzen (Art. 150–0 D, 1 CGI)[330].

Die Gewinne aus der Anteilsveräußerung unterliegen seit dem 1. Januar 2008 einem Pauschalsteuersatz von 18%[331] (Art. 200 A, 2 CGI)[332], sofern der im Veranlagungszeitraum von allen Mitgliedern des steuerlichen Haushalts (*foyer fiscal*)[333] erzielte Gesamtgewinn aus der Veräußerung von Wertpapieren und anderen Gesellschaftsrechten eine jährlich wechselnde Freigrenze überschreitet[334]. Für die im Veranlagungszeitraum 2010 erzielten Veräußerungsgewinne beträgt diese 25.830 Euro[335].

Erlittene Veräußerungsverluste können als solche aus der Veräußerung von Gesellschaftsanteilen grundsätzlich nur mit gleichartigen Veräußerungsgewin-

---

Steuersatzes besteuert. Die Entrichtung der Steuer kann jedoch über einen Zeitraum von drei Jahren zu jeweils gleichen Teilen erfolgen (Art. 39 quaterdecies, 1 CGI). Langfristige Nettoveräußerungsgewinne unterliegen einem ermäßigten Einkommensteuersatz von 16% (Art. 39 quindecies, I–1 Abs. 1 CGI). Ein langfristiger Nettoveräußerungsverlust kann nur während der nachfolgenden 10 Jahre ausschließlich mit langfristigen Veräußerungsgewinnen verrechnet werden (Art. 39 quindecies, I–2 CGI). Ausführlich: Ed. Francis Lefebvre, Fiscal 2009, Rn. 1641 ff., 1646, 1649; *Hellio/Crucifix*, in: Mennel/Förster, Steuern in Europa, Amerika und Asien, Frankreich Rn. 101 ff.

330 Ed. Francis Lefebvre, Fiscal 2009, Rn. 2957 ff.

331 Für Veräußerungen bis einschließlich 31.12.2007 betrug der Pauschalsteuersatz 16%. Die Erhöhung des Steuersatzes erfolgte durch Art. 74 des Finanzgesetzes für 2008, Nr. 2007–1822 v. 24.12.2007, veröffentlicht im JO v. 27.12.2007, S. 21211.

332 Ed. Francis Lefebvre, Fiscal 2009, Rn. 2981.

333 Im Rahmen der Einkommensteuer wird das zu versteuernde Einkommen für jeden steuerlichen Haushalt (Familieneinkommen/Familiensplitting) ermittelt. Zu einem *foyer fiscal* können Ehegatten, Lebenspartner, deren Kinder und andere Peronen gehören, die als unterhaltsberechtigt gelten. Ein *foyer fiscal* kann aber auch aus nur einer ledigen, verwitweten, geschiedenen oder getrennt lebenden Einzelperson bestehen. Vgl. zum *foyer fiscal:* Ed. Francis Lefebvre, Fiscal 2009, Rn. 14 ff.; *Duthilleul*, in: Debatin/Wassermeyer, DBA (Frankreich), Anh. Frankreich Rn. 25 f.; *Hellio/Crucifix*, in: Mennel/Förster, Steuern in Europa, Amerika und Asien, Frankreich Rn. 156 ff.

334 Die Freigrenze wird für die Jahre nach 2007 im selben Verhältnis erhöht wie die Obergrenze der ersten Stufe des Einkommensteuertarifs. Vgl. Ed. Francis Lefebvre, Fiscal 2009, Rn. 2945; *Hellio/Crucifix*, in: Mennel/Förster, Steuern in Europa, Amerika und Asien, Frankreich Rn. 94.

335 Vgl. Instruction v. 28.2.2010, BOI 5 C–3–10 v. 9.2.2010, Rn. 3. In den vorhergehenden Jahren betrug die Freigrenze gemäß Art. 150–O A, I–1 Abs. 1 S. 1 CGI: 20.000 € (2007); 25.000 € (2008); 25.730 € (2009).

nen[336] des Veräußerungsjahres oder der nachfolgenden zehn Jahre verrechnet werden (Art. 150–0 D, 11 CGI). Eine Verrechnung setzt ebenfalls voraus, dass die Veräußerungsgewinne die genannte Freigrenze überschreiten[337].

Für Gewinne aus der Veräußerung von Aktien und anderen Gesellschaftsanteilen sieht Art. 150–0 D bis CGI eine progressive Steuerbefreiung vor, die sich nach der Besitzzeit der Anteile richtet (*abattement pour durée de détention*)[338].

Bei der Ermittlung des zu versteuernden Veräußerungsgewinns ist von dem bei der Veräußerung erzielten Gewinn für jedes über eine Besitzzeit von fünf Jahren hinausgehende Jahr ein Abschlag von einem Drittel vorzunehmen, so dass im Ergebnis nach einer Besitzzeit von acht Jahren eine steuerfreie Veräußerung möglich ist (Art. 150–0 D bis, I CGI). Die Regelung ist im Rahmen des Änderungsfinanzgesetzes für 2005[339] mit Wirkung zum 1. Januar 2006 eingeführt worden. Bei Anteilen, die sich zu diesem Zeitpunkt bereits im Besitz des Steuerpflichtigen befunden haben, berechnet sich die Besitzzeit dennoch erst ab diesem Zeitpunkt (Art. 150–0 D bis, V–6° CGI), so dass sich die Regelung erstmalig bei Veräußerungen ab dem 1. Januar 2012 auswirken kann[340].

Voraussetzung für die Anwendung des Art. 150–0 D bis CGI ist neben einem Nachweis des Steuerpflichtigen hinsichtlich der Besitzzeit (Art. 150–0 D bis, II–1° CGI), dass die Gesellschaft, deren Anteile veräußert werden, qua Gesetz oder qua Option körperschaftsteuerpflichtig ist oder einer vergleichbaren – ausländischen – Steuer unterliegt (Art. 150–0 D bis, II–2°–a CGI) und ihren Sitz in einem EU-Mitgliedstaat oder in einem Mitgliedstaat des EWR hat, der mit Frankreich ein Steuerabkommen geschlossen hat, welches eine Amtshilfeklausel zur Bekämpfung der Steuerflucht und Steuerhinterziehung enthält (Art. 150–0 D bis, II–2°–c CGI). Darüber hinaus muss die Gesellschaft während der letzen fünf Jahre vor der Anteilsveräußerung ununterbrochen gewerblich, handwerklich, freiberuflich oder auf dem Gebiet der Land- und Forstwirtschaft oder der Finanzwirtschaft tätig gewesen sein. Die bloße Verwaltung ihres beweglichen oder unbeweglichen Vermögens genügt grundsätzlich nicht. Jedoch kommt der Abschlag auch bei der Veräußerung von Anteilen an einer Holding-Gesellschaft zur Anwendung, wenn ihr alleiniger Gesellschaftszweck darin besteht, Beteiligungen

---

336 Ausführlich zum Begriff der gleichartigen Veräußerungsgewinne: Instruction v. 13.6.2001, BOI 5 C–1–01 v. 3.7.2001, Rn. 111 f.; Ed. Francis Lefebvre, Fiscal 2009, Rn. 2982.

337 Ed. Francis Lefevre, Fiscal 2009, Rn. 2983; *Hellio/Crucifix*, in: Mennel/Förster, Steuern in Europa, Amerika und Asien, Frankreich Rn. 95.

338 Ed. Francis Lefevre, Fiscal 2009, Rn. 2965; *Hellio/Crucifix*, in: Mennel/Förster, Steuern in Europa, Amerika und Asien, Frankreich Rn. 94.

339 Art. 29, I und XVIII–A des Änderungsfinanzgesetzes für 2005, Nr. 2005–1720 v. 30.12.2005, veröffentlicht im JO v. 31.12.2005, S. 20654.

340 Vgl. auch Ed. Francis Lefebvre, Fiscal 2009, Rn. 2965.

an Gesellschaften zu halten, die die oben genannten Tätigkeiten ausüben (Art. 150–0 D bis, II–2°–b CGI). Da Art. 150–0 bis D CGI auf die Nettogewinne abstellt, findet die Regelung entsprechend auch auf Veräußerungsverluste Anwendung[341].

Es stellt sich die Frage, ob die Vorschrift auch auf solche Gewinne anwendbar ist, die ein Privatinvestor bei der Veräußerung seiner SIIC-Anteile erzielt. Art. 150–0 D bis, III CGI, der Anteile bestimmter Gesellschaften (z.B. Sofica, Sofipêche, SDR, SCR, SUIR, SICAV, SPPICAV) aus dem Anwendungsbereich des Art. 150–0 D bis CGI ausnimmt, erwähnt die SIIC nicht. Es spricht somit vieles dafür, dass auch Gewinne aus der Veräußerung von SIIC-Anteilen unter die progressive Steuerbefreiung fallen, wenn die SIIC während der letzen fünf Jahre vor der Anteilsveräußerung neben ihrer vermögensverwaltenden Haupttätigkeit im zulässigen Umfang auch entgeltliche Nebentätigkeiten ausgeübt hat. In diesem Fall ist die SIIC mit ihren Einkünften aus der Nebentätigkeit körperschaftsteuerpflichtig und hat zudem eine den Anforderungen des Art. 150–0 D bis, II–2°–b CGI genügende Tätigkeit ausgeübt.

Die Gewinne aus der Veräußerung der SIIC-Anteile unterliegen neben der Einkommensteuer ebenfalls den Sozialsteuern (CSG, CRDS, *prélèvement social*, *contributions additionelles*) in Höhe von derzeit insgesamt 12,1%[342]. Bemessungsgrundlage ist der erzielte Nettoveräußerungsgewinn. Bislang kam eine Besteuerung ebenfalls nur dann in Betracht, wenn der im Veranlagungszeitraum von den Mitgliedern des steuerlichen Haushalts (*foyer fiscal*) erzielte Gesamtgewinn aus der Veräußerung von Wertpapieren und anderen Gesellschaftsrechten die jeweils geltende Freigrenze überschritten hat. Für Veräußerungsvorgänge seit dem 1. Januar 2010 gilt diese Freigrenze nicht mehr im Rahmen der Sozialsteuern (Art. L. 136–6, I Abs. 3–1° Code de la sécurité sociale)[343], so dass insoweit eine Besteuerung „ab dem ersten Euro“ erfolgt[344]. Auch der Abschlag i.S.d.

---

341 Von einem nach sieben Jahren erlittenen Veräußerungsverlust kann somit z.B. lediglich ein Drittel vorgetragen werden. Vgl. Instruction v. 22.1.2007, BOI 5 C–1–07, Rn. 24 ff.; Ed. Francis Lefebvre, Fiscal 2009, Rn. 2965.

342 CSG (Art. 1600–0 C CGI, Art. L. 136–6, I Abs. 1 lit. e Code de la sécurité sociale); CRDS (Art. 1600–0 G CGI, Art. 15 Ord. n° 96–50 v. 24.1.1996, Art. L. 136–6, I Abs. 1 lit. e Code de la sécurité sociale); *prélèvement social* (Art. 1600–0 F, I CGI, Art. L. 245–14 i.V.m. Art. L. 136–6, I Abs. 1 lit. e Code de la sécurité sociale); *contributions additionelles* (Art. L. 14–10–4, 2° Code de l’action sociale et de familles, Art. L. 245–14 i.V.m. Art. L. 136–6, I Abs. 1 lit. e Code de la sécurité sociale bzw. Art. L. 262–24, III Code de l’action sociale et de familles, Art. Art. L. 245–14 i.V.m. Art. L. 136–6, I Abs. 1 lit. e Code de la sécurité sociale).

343 Die Änderung erfolgte durch Art. 17 des Gesetzes Nr. 2009–1646 v. 24.12.2009 (*de financement de la sécurité sociale pour 2010*), JO v. 27.12.2009, S. 22392.

344 Instruction v. 28.2.2010, BOI 5 C–3–10 v. 9.2.2010, Rn. 2.

Art. 150–0 D bis CGI findet keine Anwendung (Art. L. 136–6, I Abs. 2 CGI). Die Möglichkeit des – teilweisen – Abzugs der CSG vom Gesamtbetrag des steuerpflichtigen Einkommens besteht nicht[345].

Bei der Veräußerung von Gesellschaftsanteilen wird in der Regel eine ‚Registersteuer' erhoben (Art. 726, I CGI). Seit dem 6. August 2008[346] beträgt diese bei der Veräußerung von Aktien einer Aktiengesellschaft, die an der Börse gehandelt werden, 3% des Veräußerungspreises zuzüglich etwaiger Kosten, die dem Veräußerungspreis zugeschlagen werden können, maximal jedoch 5.000 Euro pro Übertragung[347]. Da die Aktien der SIIC zum Handel an einem geregelten Markt i.S.d. Art. L. 421–1 Code monétaire et financier notiert sind, wird die Registersteuer nur dann erhoben, wenn die Aktien durch einen schriftlichen Kaufvertrag (*par acte*) veräußert werden[348], d.h. über die Veräußerung eine Urkunde erstellt wird.

Bis einschließlich 2007 unterlag die Veräußerung von SIIC-Anteilen als Börsengeschäft grundsätzlich einer Börsenumsatzsteuer. Diese betrug für die ersten 153.000 Euro jedes Umsatzes 3‰ und für den diesen Betrag übersteigenden Teil des Umsatzes 1,5‰, abzüglich eines Abschlags von 23 Euro pro Umsatz. Sie durfte jedoch einen Betrag von insgesamt 610 Euro pro Umsatz nicht übersteigen (Art. 978 CGI a.F.)[349]. Die Börsenumsatzsteuer wurde im Rahmen des Finanzgesetzes für 2008 abgeschafft[350], so dass die seit dem 1. Januar 2008 getätigten Börsengeschäfte nicht mehr von dieser erfasst werden[351]. Zum Ausgleich daraus resultierender Defizite wurde im Gegenzug der für die Veräußerung von Wertpapieren und anderen Gesellschaftsrechten geltende pauschale Einkommensteuersatz von 16% auf 18% erhöht[352].

---

345 Art. 154 quinquies, II CGI verweist insoweit nicht auf Art. L. 136–6, I Abs. 1 lit. e Code de la sécurité sociale. Vgl. auch Ed. Francis Lefebvre, Fiscal 2009, Rn. 3023.

346 Art. 64, I–1° des Gesetzes zur Modernisierung der Wirtschaft (*de modernisation de l'économie*), Nr. 2008–776 v. 4.8.2008, JO v. 5.8.2008, S. 12471.

347 Vor dem 1.1.2006 betrug der Steuersatz 1%, vom 1.1.2006 bis 5.8.2008 1,1%. Die Höchstgrenze betrug vor dem 1.1.2006 3.049 €, vom 1.1.2006 bis 5.8.2008 4.000 €.

348 Zur Registersteuer: Instruction v. 26.11.2008, BOI 7 D–2–08, Rn. 1 ff.; Ed. Francis Lefebvre, Fiscal 2009, Rn. 6116 f.; *Hellio/Crucifix*, in: Mennel/Förster, Steuern in Europa, Amerika und Asien, Frankreich Rn. 470.

349 Zur Börsenumsatzsteuer: Ed. Francis Lefebvre, Fiscal 2007, Rn. 6927.

350 Art. 11, I des Finanzgesetzes für 2008, Nr. 2007–1822 v. 24.12.2007, JO v. 27.12.2007, S. 21211.

351 Instruction v. 18.2.2008, BOI 7 N–1–08, Rn. 2.

352 Siehe Fn. 331.

(3) Besonderheiten bei Aktiensparplänen (PEA)

Anteile an SIIC können Gegenstand eines sog. Aktiensparplans (*plan d'épargne en actions,* PEA) sein, der besonderen steuerlichen Regelungen unterliegt.

(a) Begriff des PEA

Mit Hilfe eines Aktiensparplans können Privatanleger in Aktien oder Aktienfonds investieren und unter der Voraussetzung, dass sie während eines Zeitraumes von mindestens fünf Jahren keine Auszahlungen vornehmen, von einer Steuerbefreiung der erzielten Dividenden und Veräußerungsgewinnen profitieren. Darüber hinaus haben sie die Möglichkeit, sich nach Ablauf von acht Jahren eine einkommensteuerfreie lebenslange Rente auszahlen zu lassen[353].

Die Einrichtung eines Aktiensparplans ist in Frankreich ansässigen natürlichen Personen vorbehalten (Art. 163 quinquies D CGI[354] i.V.m. Art. L. 221–30 Abs. 1 Code monétaire et financier), wobei jeder Steuerpflichtige nur einen PEA bei bestimmten Einrichtungen[355] eröffnen darf. Bei Personen, die einer gemeinsamen Veranlagung unterliegen, kann ein PEA für jeden Ehegatten oder Lebenspartner eröffnet werden (Art. L. 221–30 Abs. 2 Code monétaire et financier)[356], so dass innerhalb eines steuerlichen Haushalts (*foyer fiscal*) maximal zwei PEA eingerichtet werden dürfen. Ein PEA kann zum einen als Banksparplan unter Eröffnung eines Wertpapier- und eines verbundenen Abrechnungskontos oder zum anderen durch Abschluss eines Kapitalansammlungsvertrags bei einem Versicherungsunternehmen eröffnet werden (Art. L. 221–30 Abs. 3 Code monétaire et financier). Die Höchstsumme, die durch Einmalzahlung oder mehrfache Einzahlung angelegt werden kann, beträgt 132.000 Euro pro Aktiensparplan (Art. L. 221–30 Abs. 4 Code monétaire et financier). Die Anlagemöglichkeiten im Rahmen eines PEA sind beschränkt. Als Anlageprodukte kommen insbesondere Aktien, Genussscheine, Aktienbezugsrechte, GmbH-Anteile und Anteile an vergleichbaren Gesellschaften sowie Anteile an Genossenschaften in Betracht (Art. L. 221–31, I–1° Code monétaire et financier)[357]. Voraussetzung

353 Ed. Francis Lefebvre, Fiscal 2009, Rn. 2310.

354 Art. 163 quinquies D, I CGI verweist in Hinblick auf den Aktiensparplan auf die einschlägigen Vorschriften des Code monétaire et financier. Nachfolgend werden nur noch diese Vorschriften zitiert.

355 Dies sind gemäß Art. L. 221–30 Abs. 1 Code monétaire et financier: Kreditinstitute, die Caisse des dépots et consignations (staatliche Hinterlegungs- und Konsignationskasse), die Banque de France, die Postbank (La Poste), Investment- und Versicherungsunternehmen.

356 Ed. Francis Lefebvre, Fiscal 2009, Rn. 2310.

357 Vgl. auch Ed. Francis Lefebvre Fiscal 2009, Rn. 2311.

ist, dass die die Titel ausgebende Gesellschaft ihren Sitz in Frankreich, in einem anderen Staat der EU oder in einem nicht bereits der EU angehörenden Mitgliedstaat des EWR hat, der mit Frankreich ein Steuerabkommen geschlossen hat, welches eine Amtshilfeklausel zur Bekämpfung der Steuerflucht und Steuerhinterziehung enthält[358]. Darüber hinaus muss die Gesellschaft grundsätzlich nach den allgemeinen Regeln der französischen Körperschaftsteuer oder einer vergleichbaren Steuer unterliegen (Art. L. 221–31, I–4° S. 1 Code monétaire et financier). Diese Voraussetzung gilt jedoch ausdrücklich nicht für die dem besonderen Steuerregime unterliegenden SIIC i.S.d. Art. 208 C CGI (Art. L. 221–31, I–4° S. 2 Code monétaire et financier), so dass auch SIIC-Aktien Gegenstand eines PEA sein können[359]. Für die eingezahlten Beträge können auch Anteile an bestimmten Investmentsfonds erworben werden, sofern mindestens 75% ihres Vermögens aus den oben genannten Wertpapieren besteht (Art. L. 221–31, I–2° Code monétaire et financier). Die während der Laufzeit des Aktiensparplans erzielten Gewinne werden unter den für die Einzahlungen geltenden Regeln erneut angelegt (Art. L. 221–31, III Code monétaire et financier).

(b) Steuerliche Folgen

Beteiligungen an SIIC, die von Privatinvestoren im Rahmen eines PEA erworben werden, unterliegen den für Aktiensparpläne geltenden besonderen steuerlichen Regelungen.

Die aus den Beteiligungen resultierenden Ausschüttungen und Veräußerungsgewinne werden während der Laufzeit des PEA weder der Einkommensteuer noch den Ergänzungsabgaben unterworfen (Art. 157, 5° bis 1. HS CGI). Dennoch berechtigen die bezogenen Dividenden zur Geltendmachung des in Art. 200 septies CGI vorgesehenen Anrechnungsbetrags (Art. 200 septies, 1 CGI).

Abhebungen oder der ggf. teilweise Rückkauf des Kapitalansammlungsvertrags vor Ablauf von fünf Jahren nach Eröffnung des PEA führen zu seiner Auf-

358 Es handelt sich hierbei im Ergebnis um Island und Norwegen; vgl. Ed. Francis Lefebvre, Fiscal 2009, Rn. 2311.

359 Diese Ausnahmeregelung wurde durch Art. 104 des Finanzgesetzes für 2010 (Nr. 2009–1673 v. 30.12.2009, JO v. 31.12.2009, S. 22856) auf Gesellschaften ausgedehnt, die ihren Sitz in einem EU-Mitgliedstaat oder in einem Mitgliedstaat des EWR haben, der mit Frankreich ein Steuerabkommen geschlossen hat, welches eine Amtshilfeklausel zur Bekämpfung der Steuerflucht und Steuerhinterziehung enthält und deren Eigenschaften mit denen einer französischen SIIC vergleichbar sind oder einer vergleichbaren Besteuerung unterliegen. Somit können seit dem 1. Januar 2010 auch die Aktien einer REIT-AG in einen PEA aufgenommen werden. Vgl. hierzu auch Ed. Francis Lefebvre, FR 52/2009, Nr. 31 Rn. 2 ff.

lösung (Art. L. 221–32, II Abs. 1 Code monétaire et financier) mit der Folge, dass der seit Eröffnung realisierte Nettogewinn als privater Veräußerungsgewinn einkommensteuerpflichtig ist, sofern der von den Mitgliedern des steuerlichen Haushalts im Auflösungsjahr erzielte Gesamtgewinn aus der Veräußerung von Wertpapieren und anderen Gesellschaftsrechten die geltende Freigrenze nach Art. 150–0 A, 1 Abs. 1 S. 1 CGI überschritten hat (Art. 150–0 A, II–2 S. 1, 3 CGI). Gleiches gilt, wenn die Voraussetzungen des PEA nicht mehr erfüllt werden (Art. 1765 CGI). Der zu versteuernde Nettogewinn entspricht dem Unterschiedsbetrag zwischen dem Liquidationswert des PEA (*valeur liquidative du PEA*) bzw. dem Rückkaufswert des Kapitalansammlungsvertrags einerseits und den bis dahin eingezahlten Beträgen andererseits[360]. Der anzuwendende Einkommensteuersatz beträgt 22,5%, wenn die Auflösung vor Ablauf von zwei Jahren erfolgt (Art. 200 A, 5 CGI) und 18%, wenn sie nach zwei, jedoch vor fünf Jahren erfolgt (Art. 200 A–2 CGI). Darüber hinaus unterliegt der erzielte Gewinn den Sozialsteuern (CDS, CDRS, *prélèvement social, contributions additionelles*)[361] in Höhe von derzeit 12,1 %[362]. Bei der Ermittlung des Nettogewinns bleiben hier solche Gewinne, die sich Anteilen an FCPR und SCR zurechnen lassen, unberücksichtigt (Art. 136–7, II–5° Abs. 2 CGI)[363]. Ein teilweiser Abzug der CSG vom Gesamtbetrag des steuerpflichtigen Einkommens kommt nicht in Betracht[364].

In einigen Ausnahmefällen führt die Auflösung des Aktiensparplans nicht zu einer Besteuerung der durch sie realisierten Gewinne. Hierzu gehören der Tod des Anlegers, seine Anbindung an einen anderen steuerlichen Haushalt aufgrund seiner Pflegebedürftigkeit sowie die Verlegung seines Wohnsitzes ins Ausland[365]. Die realisierten Gewinne sind auch dann nicht einkommensteuerpflichtig, wenn der Anleger sie innerhalb von drei Monaten nach Auflösung des PEA zur Gründung oder Wiederaufnahme eines Unternehmens verwendet (Art. 150–0

360 Zur Ermittlung des Nettogewinns: D. adm. 5 G–4554, Rn. 34; Ed. Francis Lefebvre, Fiscal 2009, Rn. 2313.

361 CSG (Art. 1600–0 D CGI, Art. L. 136–7, II–5°–a Code de la sécurité sociale); CRDS (Art. 1600–0 H CGI, Art. 16 Ord. n° 96–50 v. 24.1.1996, Art. L. 137–7, II–5°–a Code de la sécurité sociale); *prélèvement social* (Art. 1600–0 F, II CGI, Art. L. 245–15 i.V.m. Art. L. 136–7, II–5°–a Code de la sécurité sociale); *contributions additionelles* (Art. L. 14–10–4, 2° Code de l'action sociale et de familles, Art. L. 245–15 i.V.m. Art. L. 136–7, II–5°–a Code de la sécurité sociale bzw. Art. L. 262–24, III Code de l'action sociale et de familles, Art. L. 245–15 i.V.m. Art. L. 136–7, II–5°–a Code de la sécurité sociale).

362 Ed. Francis Lefebvre, Fiscal 2009, Rn. 2313, 2317.

363 Ed. Francis Lefebvre, Fiscal 2009, Rn. 2313, 3038.

364 Art. 154 quinquies, II CGI verweist insoweit nicht auf Art. 136–7, II–5°–a Code de la sécurité sociale.

365 D. adm. 5 G–4554, Rn. 49; Ed. Francis Lefebvre, Fiscal 2009, Rn. 2313.

A, II–2 S. 2 CGI). Im zuletzt genannten Fall unterliegen sie jedoch den Sozialsteuern[366].

Abhebungen und Rückkäufe nach Ablauf von fünf Jahren, jedoch vor Ablauf von acht Jahren nach Eröffnung des PEA, führen ebenfalls zur Auflösung des Aktiensparplans (Art. L. 221–32, II Abs. 1 Code monétaire et financier). Der bis zu diesem Zeitpunkt realisierte Nettogewinn unterliegt jedoch nicht der Einkommensteuer[367], wohl aber den Sozialsteuern (CDS, CDRS, *prélèvement social, contributions additionelles*)[368]. Bei der Ermittlung der zu entrichtenden Sozialsteuern sind Änderungen der Steuersätze während der Laufzeit des Aktiensparplans zu berücksichtigen. Die in den einzelnen Perioden realisierten Gewinne sind gesondert zu ermitteln und dem für die jeweilige Periode geltenden Steuersatz zu unterwerfen[369]. Ein Abzug der CSG vom Gesamtbetrag des steuerpflichtigen Einkommens scheidet wiederum aus.

Nach Ablauf von acht Jahren führt nur eine vollständige Auszahlung oder ein vollständiger Rückkauf zur Auflösung des Aktiensparplans und den zuvor beschriebenen steuerlichen Folgen[370]. Im Falle einer Teilabhebung oder eines Teilrückkaufs können keine weiteren Einzahlungen mehr vorgenommen werden (Art. L. 221–32, I Code monétaire et financier). Die in den Auszahlungsbeträgen enthaltenen Nettogewinne sind nicht einkommensteuerpflichtig, unterliegen aber nach den oben beschriebenen Grundsätzen den Sozialsteuern[371].

Entscheidet sich der Privatanleger nach Ablauf von acht Jahren für die Auszahlung der lebenslangen Rente, werden die monatlichen Rentenbezüge bei der Ermittlung des zu versteuernden Einkommens nicht berücksichtigt (Art. 157, 5° ter CGI). Ein Teil der Rente unterliegt jedoch den Sozialsteuern (CDS, CDRS, *prélèvement social, contributions additionelles*) von derzeit 12,1% (Art. 136–7,

366 Vgl. auch Ed. Francis Lefebvre, Fiscal 2009, Rn. 2313.

367 Art. 150–0 A, II–2 CGI findet ausdrücklich nur Anwendung, wenn die Auflösung des PEA vor Ablauf von fünf Jahren erfolgt; vgl. auch Ed. Francis Lefebvre, Fiscal 2009, Rn. 2314.

368 Die insoweit maßgebliche Vorschrift des Art. 136–7, II–5°–a Code de la sécurité sociale stellt allein darauf ab, dass die Abhebungen bzw. Rückkäufe zu einer Auflösung des Aktiensparplans führen.

369 Vgl. Ed. Francis Lefebvre, Fiscal 2009, Rn. 2314, 2317, 3038, 3041 (mit tabellarischer Darstellung der anzuwendenden Steuersätze).

370 Fiscal 2007, Rn. 2314.

371 CSG (Art. 1600–0 D CGI, Art. L. 136–7, II–5°–b Code de la sécurité sociale); CRDS (Art. 1600–0 H CGI, Art. 16 Ord. n° 96–50 v. 24.1.1996, Art. L. 137–7, II–5°–b Code de la sécurité sociale); *prélèvement social* (Art. 1600–0 F, II CGI, Art. L. 245–15 i.V.m. Art. L. 136–7, II–5°–b Code de la sécurité sociale); *contributions additionelles* (Art. L. 14–10–4, 2° Code de l'action sociale et de familles, Art. L. 245–15 i.V.m. Art. L. 136–7, II–5°–b Code de la sécurité sociale bzw. Art. L. 262–24, III Code de l'action sociale et de familles, Art. L. 245–15 i.V.m. Art. L. 136–7, II–5°–b Code de la sécurité sociale).

II–5°–a Code de la sécurité sociale). Der abgabenpflichtige Teil der Rente ist nach den für die Einkommensteuer geltenden Regelungen zu ermitteln und ist abhängig vom Alter des Empfängers bei Beginn der Rentenzahlungen[372]. Ein Abzug der CSG vom Gesamtbetrag des steuerpflichtigen Einkommens ist nicht möglich.

bb) Beteiligung an einer in Deutschland ansässigen SIIC (Grundfall)

Beteiligen sich in Frankreich ansässige Privatanleger an einer in Deutschland ansässigen SIIC, kommt eine Besteuerung sowohl in Deutschland als auch in Frankreich in Betracht.

(1) Gewinnausschüttungen

(a) Besteuerung in Deutschland

Für deutsche Immobilienaktiengesellschaften mit französischem Immobilienportfolio kommt eine Option zur SIIC-Besteuerung auch dann in Betracht, wenn ein erheblicher Anteil der Investoren in Frankreich steuerlich ansässig ist[373]. Handelt es sich bei den Investoren um natürliche Personen, unterliegen diese mit den Dividenden, welche die in Deutschland ansässige SIIC an sie ausschüttet, in Deutschland der beschränkten Einkommensteuerpflicht (§§ 1 Abs. 4, § 49 Abs. 1 Nr. 5 lit. a EStG i.V.m. § 20 Abs. 1 Nr. 1, 2 EStG). Die Einkommensteuer wird im Wege des Steuerabzugs vom Kapitalertrag in Höhe von 25% (26,375% einschließlich Solidaritätszuschlag (SolZ)[374]) erhoben und gilt durch den Steuerabzug als abgegolten (§ 50 Abs. 2 EStG). Das deutsche Besteuerungsrecht wird jedoch durch die Regelungen des DBA-Frankreich eingeschränkt. Die Ausschüttungen der Gesellschaft stellen aus deutscher wie auch aus französischer Sicht Dividenden i.S.d. Art. 9 Abs. 6 DBA-Frankreich dar[375]. Daher steht das Besteuerungsrecht grundsätzlich Frankreich zu (Art. 9 Abs. 1 DBA-Frankreich). Deutschland behält lediglich ein eingeschränktes Quellensteuerabzugsrecht in

---

372 Ed. Francis Lefebvre, Fiscal 2009, Rn. 2314, 1960.

373 *Schimmelschmidt /Tauser/Lagarrigue*, IStR 2006, 120 (125).

374 Das FG Niedersachsen hält die andauernde Erhebung des Solidaritätszuschlags für verfassungswidrig und hat das Klageverfahren mit dem Aktenzeichen 7 K 143/08 durch Beschluss v. 25.11.2009 nach Art. 100 Abs. 1 GG ausgesetzt und dem BVerfG zur verfassungsrechtlichen Überprüfung vorgelegt. Zur vorläufigen Festsetzung des Solidaritätszuschlags: BMF, Schreiben v. 7.12.2009 (IV A 3 – S 0338/07/10010), BStBl. I 2009, S. 1509 sowie Schreiben v. 23.4.2010 (IV C 1 – S 2283–c/09/10005).

375 Vgl. *Gouthière*, Les impôts dans les affaires internationales, 7. Aufl., Rn. 2307; *Schimmelschmidt/Tauser/Lagarrigue*, IStR 2006, 120 (125); siehe auch unter: A. VI. 2. a) aa) (1).

Höhe von maximal 15% des Bruttobetrags der Dividenden (Art. 9 Abs. 2 DBA-Frankreich). Zwar ist Deutschland nach Art. 25 b Abs. 1 S. 1 DBA-Frankreich nicht gehindert, den Steuerabzug zunächst in voller Höhe vorzunehmen; auf Antrag des beschränkt steuerpflichtigen Anlegers ist die zuviel gezahlte Steuer jedoch zu erstatten (Art. 25 b Abs. 1 S. 2 DBA-Frankreich i.V.m. § 50d EStG)[376].

Gemäß Art. 25 b Abs. 1 S. 3 DBA-Frankreich i.V.m. § 50d Abs. 6 EStG kann die ausschüttende deutsche Gesellschaft im Wege des Kontrollmeldeverfahrens auch ermächtigt werden, den Steuerabzug nach dem niedrigeren Steuersatz vorzunehmen. Dies setzt voraus, dass sich im Zeitpunkt der Zahlung des Kapitalertrags der Anspruch auf Besteuerung nach einem niedrigeren Steuersatz ohne nähere Ermittlungen feststellen lässt. Der Gesetzesintention nach soll diese Verfahrenserleichterung in erster Linie Dividenden auf Namensaktien zugute kommen, bei denen die Identität des Dividendengläubigers und damit dessen Abkommensberechtigung üblicherweise bekannt ist oder sich leichthin ermitteln lässt[377].

(b) Besteuerung in Frankreich

In Frankreich unterliegen die französischen Privatanleger mit den von der in Deutschland ansässigen SIIC ausgeschütteten Dividenden der unbeschränkten Einkommensteuerpflicht (Art. 4 A Abs. 1 CGI). Für Ausschüttungen bis einschließlich Veranlagungszeitraum 2004 bestand unabhängig davon, aus welchen Einkünften der deutschen SIIC diese finanziert worden waren, kein Anspruch auf den *avoir fiscal*. Dieser wurde nur für Ausschüttungen einer französischen Gesellschaft gewährt (Art. 158 bis, I Abs. 1 CGI a.F.).

Die Regelungen des derzeit geltenden Teileinkünfteverfahrens gelten hingegen für die ordentlichen Ausschüttungen aller Gesellschaften, die der französischen Körperschaftsteuer oder einer vergleichbaren ausländischen Steuer unterliegen und ihren Sitz in einem EU-Mitgliedstaat oder in einem Staat oder Gebiet haben, mit dem Frankreich ein DBA geschlossen hat, welches seit dem 1. Januar 2009 eine Amtshilfeklausel zur Bekämpfung der Steuerflucht und Steuerhinterziehung enthalten muss (Art. 158, 3–2° CGI). Die Dividenden der in Deutschland ansässigen sowie der französischen und deutschen Körperschaftsteuer unterliegenden SIIC fallen somit ebenfalls in den Anwendungsbereich des französischen Teileinkünfteverfahrens. Die Tatsache, dass die Einkünfte aus der

---

376 Vgl. BMF, Schreiben v. 1.3.1993, IV C 5–S 1300–49/94, BStBl. I 1994, 203 Tz. 3; *Kessler/Sinz/Achilles-Pujol*, DBA-Kommentar Deutschland/Frankreich, Art. 25 b, B., S. 202; *Kramer*, in: Debatin/Wassermeyer, DBA (Frankreich), Art. 25 b Rn. 6.

377 Vgl. *Gosch*, in: Kirchhof, EStG, § 50d Rn. 21.

Vermietung und Veräußerung französischen Grundbesitzes in Frankreich steuerbefreit sind, ist hierbei unerheblich[378]. Die Besteuerung der Dividenden erfolgt nach denselben Regelungen wie die Besteuerung der Ausschüttungen einer in Frankreich ansässigen SIIC, so dass auf obige Ausführungen verwiesen werden kann[379]. Bemessungsgrundlage ist die ausgeschüttete Dividende zuzüglich der nach dem DBA-Frankreich in zulässiger Weise einbehaltenen deutschen Quellensteuer in Höhe von 15%[380].

Anstelle der Besteuerung nach dem persönlichen Steuersatz unter Anwendung des Teileinkünfteverfahrens kann der Steuerpflichtige auch für die abgeltende Abzugsteuer nach Art. 117 quater, I–1 CGI (*prélèvement forfaitaire libératoire*) optieren.

Die in Deutschland einbehaltene Quellensteuer wird in beiden Fällen in Höhe der nach dem DBA-Frankreich zulässigen 15% des Bruttobetrags der Dividende auf die französische Einkommensteuer angerechnet (DBA Art. 20 Abs. 2 lit. a, aa DBA-Frankreich; vgl. Art. 117 quater, I–1 Abs. 2 CGI)[381]. Ein etwaiger Anrechnungsüberhang wird erstattet[382]. Die Ausschüttungen unterliegen ferner den Sozialsteuern nach den dargestellten Grundsätzen[383].

(2) Veräußerungsgewinne

Französische Privatanleger sind mit ihren Gewinnen aus der Veräußerung von Anteilen an einer in Deutschland ansässigen SIIC in Deutschland beschränkt einkommensteuerpflichtig, wenn sie wesentlich i.S.d. § 17 EStG an dieser beteiligt waren (§ 1 Abs. 4 i.V.m. § 49 Abs. 1 Nr. 2 lit. e EStG). Unterhalb dieser Beteiligungsschwelle kommt eine beschränkte Einkommensteuerpflicht nur in Betracht, wenn die Aktien der REIT-AG nach dem 31. Dezember 2008 erworben wurden und es sich bei der Veräußerung um ein sog. Tafelgeschäft handelt (§ 49 Abs. 1 Nr. 5 lit. d EStG i.V.m. §§ 43 Abs. 1 Nr. 9, 20 Abs. 2 S. 1 Nr. 1 EStG)[384]. Soweit die Veräußerung von einem französischen oder einem anderem ausländischen Kreditinstitut durchgeführt wird oder dieses die Anteile verwahrt, unter-

---

378 Oben unter: A. VI. 1. a) aa) (1) (b).

379 Oben unter: A. VI. 1. a) aa) (1) (b).

380 Instruction, BOI 5 I–2–05 v. 11.8.2005, Rn. 70; *Gouthière*, Les impôts dans les affaires internationales, 7. Aufl., Rn. 2021.

381 *Kessler/Sinz/Achilles-Pujol*, DBA-Kommentar Deutschland/Frankreich, Art. 9, B. II., S. 90.

382 Instruction v. 19.3.1993, BOI 14 B 2–93 v. 2.4.1993, Rn. 61; *Kramer* und *de Bourmont/Julien-Saint-Amand*, in: Debatin/Wassermeyer, DBA (Frankreich), Art. 20 Rn. 48 und 108.

383 Siehe unter: A. VI. 1. a) aa) (1) (b).

384 Vgl. *Loschelder*, in: Schmidt, EStG, § 49 Rn. 68.

bleibt ein Abzug von Kapitalertragsteuer, da nur inländische Kreditinstitute zum Steuerabzug verpflichtet werden können (vgl. § 44 Abs. 1 S. 3 und 4 Nr. 1 lit. a, aa EStG).

Das Besteuerungsrecht Deutschlands ist jedoch, wenn die Beteiligung nicht zum Vermögen einer vom Anteilseigner in Deutschland unterhaltenen Betriebsstätte gehört, ausgeschlossen, da die Veräußerungsgewinne gemäß Art. 7 Abs. 1 DBA-Frankreich ausschließlich in Frankreich als Ansässigkeitsstaat besteuert werden dürfen. In Deutschland einbehaltene Kapitalertragsteuer ist auf Antrag zu erstatten (Art. 25 b Abs. 1 S. 2 DBA-Frankreich; § 50d Abs. 1 EStG). In Frankreich werden die Veräußerungsgewinne nach denselben Regelungen besteuert wie die Gewinne aus der Veräußerung von Anteilen an einer in Frankreich ansässigen SIIC[385].

(3) Aktiensparplan (PEA)

Gegenstand eines PEA können, wie ausgeführt, auch Aktien von Gesellschaften sein, die ihren Sitz nicht in Frankreich, sondern in einem anderen EU-Mitgliedstaat haben, wenn diese nach den allgemeinen Vorschriften der französischen oder einer der französischen Körperschaftsteuer vergleichbaren Steuer unterliegen. Ungeachtet der Tatsache, dass SIIC einem besonderen Steuerregime unterworfen werden, können ihre Aktien ebenfalls in den PEA aufgenommen werden (Art. L. 221–31, I-4° Code monétaire et financier)[386]. Die genannten Kriterien werden auch von den Aktien einer in Deutschland ansässigen SIIC erfüllt. Die Gesellschaft unterliegt in Deutschland nach allgemeinen Vorschriften der Körperschaftsteuer; unschädlich ist, dass sie in Frankreich nach den Regelungen des § 208 C CGI besteuert wird. In Frankreich ansässige natürliche Personen können somit auch Anteile an einer in Deutschland ansässigen SIIC im Rahmen eines PEA erwerben und die damit verbundenen steuerlichen Vorteile in Anspruch nehmen.

cc) Sonderfall: Beteiligung an einer in Deutschland ansässigen SIIC, die zugleich die Voraussetzungen einer deutschen REIT-AG erfüllt

Bei Beteiligung französischer Anleger an einer in Deutschland ansässigen SIIC stellt sich die Frage, ob es sich auf die Besteuerung der Gewinnausschüttungen in Deutschland auswirkt, wenn die Gesellschaft zugleich in Deutschland als REIT-AG registriert ist.

---

385 Siehe unter: A. VI. 1. a) aa) (2).

386 Siehe unter: A. 1. a) aa) (3) (a).

Auch in einem solchen Fall sind Privatanleger, die ihren Wohnsitz oder gewöhnlichen Aufenthalt in Frankreich haben, mit den Gewinnausschüttungen in Deutschland gemäß § 1 Abs. 4 EStG beschränkt einkommensteuerpflichtig, denn die Gewinnausschüttungen einer REIT-AG sind den inländischen Einkünften aus Kapitalvermögen zuzurechnen (§ 49 Abs. 1 Nr. 5 lit. a EStG i.V.m. §§ 19 Abs. 1 REITG, 20 Abs. 1 Nr. 1, 2 EStG). Die Einkommensteuer wird ebenfalls im Wege des Abzugs vom Kapitalertrag in Höhe von 25% (26,375% einschließlich SolZ) erhoben (§ 20 Abs. 1 S. 1 REITG; § 20 Abs. 1 S. 2 REITG i.V.m. §§ 43 Abs. 1 S. 1 Nr. 1, 43a Abs. 1 S. 1 Nr. 1 EStG), mit dem sie grundsätzlich abgegolten ist (§ 50 Abs. 2 EStG).

In Hinblick auf das Besteuerungsrecht Deutschlands lässt die Tatsache, dass die Gewinnausschüttungen von einer REIT-AG stammen, ihre abkommensrechtliche Qualifikation unberührt. Sie sind weiterhin nicht als Einkünfte aus unbeweglichem Vermögen i.S.d. Art. 3 DBA-Frankreich anzusehen, sondern fallen vorrangig in den Anwendungsbereich des Art. 9 DBA-Frankreich[387], der das Besteuerungsrecht für Dividenden, die eine in Deutschland ansässige Gesellschaft an eine in Frankreich ansässige Person zahlt, Frankreich zuweist und Deutschland ein eingeschränktes Quellenbesteuerungsrecht zubilligt.

Vor dem Hintergrund des inzwischen rechtskräftig gewordenen Urteils des FG Niedersachsen vom 29. März 2007[388] zu einem französischen Investmentfonds stellt sich jedoch die Frage, ob es sich bei einer REIT-AG um ‚eine in Deutschland ansässige Gesellschaft' i.S.d. Abkommens handelt. Nach der Definition in Art. 2 Abs. 1 Nr. 4 lit. a DBA-Frankreich ist eine Person in einem Vertragsstaat ansässig, wenn sie nach dem Recht dieses Staates dort aufgrund ihres Wohnsitzes, ihres Aufenthaltes, des Orts ihrer Geschäftsleitung oder eines anderen ähnlichen Merkmals steuerpflichtig ist.

Das FG Niedersachsen hat in seinem Urteil die abkommensrechtliche Ansässigkeit einer französischen Investmentgesellschaft mit variablem Kapital (*société d'investissement à capital variable*, SICAV) mit der Begründung verneint, die SICAV unterliege als nach innerstaatlichem Recht (Art. 208, 1° bis A CGI) körperschaftsteuerbefreite Gesellschaft in Frankreich nicht selbst der Körperschaftsteuer und sei daher kein eigenständiges Steuersubjekt im Rahmen einer Inländerbesteuerung[389].

Nach dieser Auffassung wäre auch die abkommensrechtliche Ansässigkeit der REIT-AG zu verneinen, da auch sie nach gemäß § 16 Abs. 1 S. 1 REITG von der

387 Vgl. *Jacob*, AG 2008, 583 (584); *Pluskat/Rogall*, RIW 2005, (252); *Reimer*, in: Vogel/Lehner, DBA, Art. 6 Rn. 24; *Schultz/Harrer*, DB 2005, 574 (576).

388 FG Niedersachsen, Urt. v. 29.3.2007 – 6 K 514/03, IStR 2007, 755 f.

389 FG Niedersachsen, Urt. v. 29.3.2007 – 6 K 514/03, IStR 2007, 755 (756).

Körperschaftsteuer befreit ist und keiner Inländerbesteuerung unterliegt. Hielte man insoweit Art. 9 DBA-Frankreich für nicht anwendbar, so wären die Gewinnausschüttungen der Gesellschaft keine in Art. 9 DBA-Frankreich behandelten Einkünfte, so dass Art. 18 DBA-Frankreich anzuwenden wäre, der das Besteuerungsrecht allein Frankreich zuweist[390].

Nach überwiegender Ansicht ist hingegen bei der Prüfung der Frage, ob eine Person in einem Vertragsstaat steuerpflichtig ist, auf die abstrakte persönliche Steuerpflicht abzustellen. Nicht erforderlich ist danach, dass die Person im Ansässigkeitsstaat tatsächlich steuerpflichtige Einkünfte erzielt hat oder tatsächlich einer Besteuerung unterworfen wurde[391]. Insbesondere eine persönliche Steuerbefreiung schließt die Ansässigkeit und Abkommensberechtigung nicht aus[392].

Der zuletzt genannten Ansicht ist zuzustimmen. Die Ansässigkeitsregelung dient lediglich der Auslegung des Abkommens[393]. Die Ansässigkeit der Person begründet zum einen ihre Abkommensberechtigung, zum anderen bestimmt sie darüber, welcher Staat als Quellenstaat die Verteilungsnormen bzw. als Ansässigkeitsstaat die Methodenartikel anzuwenden hat[394]. Die ansässigkeitsbegründenden Merkmale sind für Zwecke des Abkommens solche, die in dem jeweiligen Vertragsstaat zur Besteuerung als Inländer i.S.d. unbeschränkten Steuerpflicht führen, d.h. die ansässige Person muss die ortsbezogenen Merkmale aufweisen, die nach innerstaatlichem Recht die Inländerbesteuerung begründen[395]. Entscheidend ist, dass die Person zumindest zu einem Vertragsstaat diejenige Beziehung aufweist, die zu ihrer unbeschränkten Steuerpflicht führen *kann*[396]. Die Anwendbarkeit der Verteilungsnorm erfordert hingegen nicht, dass die Person auch tatsächlich besteuert wird[397].

---

390 Zu den Folgen (bezogen auf das OECD-MA) auch *Jacob*, AG 2008, 583 (585 f.).

391 FG München, Urt. v. 13.6.2003 – 7 K 38/00, EFG 2004, 478; *Wassermeyer*, in: Debatin/Wassermeyer, DBA (MA), Art. 4 Rn. 25; *Geurts/Jacob*, IStR 2007, 737 (737).

392 FG München, Urt. v. 13.6.2003 – 7 K 38/00, EFG 2004, 478 (479); Art. 4 Nr. 8.2 MA-Kommentar; *Geurts*, BB 2005, 913 (915); *Jacob*, AG 2008, 583 (585); *Lehner*, in: Vogel/Lehner, DBA, Art. 4 Rn. 83; *Schmidt/Blöchle*, IStR 2002, 645 (648); *Wassermeyer*, in: Debatin/Wassermeyer, DBA (MA), Art. 4 Rn. 25.

393 FG München, Urt. v. 13.6.2003 – 7 K 38/00, EFG 2004, 478.

394 *Wassermeyer*, in: Debatin/Wassermeyer, DBA (MA), Art. 4 Rn. 2.

395 FG München, Urt. v. 13.6.2003 – 7 K 38/00, EFG 2004, 478 (479); *Lehner*, in: Vogel/Lehner, DBA, Art. 4 Rn. 76 f.; *Wassermeyer*, in: Debatin/Wassermeyer, DBA (MA), Art. 4 Rn. 29.

396 I.E. BFH, Urt. v. 13.9.1972 – I R 130/70, BStBl. II 1973, 57 (59); Urt. v. 4.8.1976 – I R 152/74, BStBl. II 1976, 662 (663); vgl. auch FG München, Urt. v. 13.6.2003 – 7 K 38/00, EFG 2004, 478 (479); *Lehner*, in: Vogel/Lehner, DBA, Art. 4 Rn. 82.

397 FG München, Urt. v. 13.6.2003 – 7 K 38/00, EFG 2004, 478 (479); *Lehner*, in: Vogel/Lehner, DBA, Art. 4 Rn. 82.

Da Art. 9 DBA-Frankreich somit auch in diesem Fall Anwendung findet, behält Deutschland ein eingeschränktes Quellensteuerabzugsrecht in Höhe von maximal 15% des Bruttoertrags der Dividenden (Art. 9 Abs. 2 DBA-Frankreich). Die aufgrund der Ermächtigung in Art. 25 b Abs. 1 S. 1 DBA-Frankreich darüber hinaus einbehaltene Steuer, ist auf Antrag zu erstatten (Art. 25 b Abs. 1 S. 2 DBA-Frankreich).

Ob zudem eine Ermäßigung des Steuerabzugs nach § 50d Abs. 6 EStG in Betracht kommt, ist fraglich. Eine Ermäßigung des Steuerabzugs zum Zeitpunkt der Zahlung kann nach Art. 25 b Abs. 1 S. 3 DBA-Frankreich nur dann beantragt werden, wenn das nationale Recht des betreffenden Staates dies zulässt.

§ 20 Abs. 4 S. 1 REITG sieht seinem Wortlaut nach jedoch lediglich die ‚Erstattung' der einbehaltenen und abgeführten Kapitalertragsteuer nach § 50d EStG vor. Die in § 50d EStG vorgesehenen Möglichkeiten, vom Steuerabzug abzusehen, bleiben unerwähnt[398].

Gründe für einen solchen Ausschluss und die damit einhergehende Ungleichbehandlung der REIT-AGen gegenüber anderen Körperschaften sind nicht ersichtlich und lassen sich auch den Gesetzesmaterialien nicht entnehmen. Es könnte sich daher um eine planwidrige Regelungslücke handeln, die durch eine analoge Anwendung des § 50d Abs. 6 EStG geschlossen werden könnte.

b) Körperschaften (institutionelle Anleger)

aa) Beteiligung an einer in Frankreich ansässigen SIIC

(1) Gewinnausschüttungen

Die Systemänderung in der Dividendenbesteuerung hatte ebenfalls Auswirkungen auf die Besteuerung französischer institutioneller Anteilseigner einer SIIC.

(a) Rechtslage bis zum 1. Januar 2005 (einschließlich Übergangsregelung)

Das bis zum 1. Januar 2005 geltende Anrechnungsverfahren fand auch auf Gesellschaften Anwendung, die der französischen Körperschaftsteuer unterlagen, so dass auch sie grundsätzlich einen Anspruch auf eine Steuergutschrift (*avoir fiscal*) hatten (Art. 158 bis, I CGI a.F.). Diese betrug 50% des ausgeschütteten Dividendenbetrags, wenn der Empfänger eine Muttergesellschaft i.S.d. französischen Mutter-Tochter-Regimes war. In allen anderen Fällen war er zuletzt auf

398 So auch *Engers*, in: Helios/Wewel/Wiesbrock, REIT-Gesetz, § 20 Rn. 10.

10% der Dividende begrenzt (Art. 158 bis, II CGI a.F.). Die Dividenden beziehende Gesellschaft hatte zunächst die bezogene Bruttodividende zuzüglich der Steuergutschrift zu versteuern. Anschließend wurde die Steuergutschrift auf die gesamte Körperschaftsteuerlast angerechnet. Im Fall des begrenzten *avoir fiscal* konnte die Gesellschaft einen zusätzlichen Anrechnungsbetrag in Höhe von zuletzt 80% der von der ausschüttenden Gesellschaft tatsächlich gezahlten Ausschüttungsteuer (*précompte mobilier*) geltend machen, soweit dieser nicht auf Entnahmen aus der Rücklage für langfristige Veräußerungsgewinne (*réserve des plus-values à long terme*) beruhte (Art. 158 bis, II Abs. 2 CGI a.F.)[399]. Anders als bei natürlichen Personen wurde ein Steuergutschriftsüberhang nicht erstattet (vgl. Art. 158 bis, I Abs. 5 CGI a.F.)[400].

Die ausschüttende Gesellschaft hatte bei Vorliegen der Voraussetzungen die Ausschüttungsteuer (*précompte mobilier)* zu entrichten (Art. 223 sexies, 1 CGI a.F.)[401]. Im Übergangsjahr 2005 wurde eine Sonderabgabe von 25% auf Ausschüttungen von nicht voll versteuerten Gewinnen oder Rücklagen erhoben, die älter als fünf Jahre waren[402].

Für die Besteuerung der Ausschüttungen einer SIIC an einen institutionellen Anleger galten somit die gleichen Grundsätze wie bei den Ausschüttungen an die privaten Anleger. Auf Ausschüttungen, die aus Gewinnen der steuerbefreiten Tätigkeiten oder aus stillen Reserven stammten, die nach Art. 219, IV CGI unter Anwendung des reduzierten Steuersatzes (zu diesem Zeitpunkt: 16,5%) besteuert worden waren, fand das Anrechnungsverfahren (*avoir fiscal*, *précompte mobilier*) einschließlich der Sonderabgabe im Übergangsjahr 2005 (*prélèvement exceptionnel*) keine Anwendung (Art. 158 quater, 9° CGI a.F. und Art. 223 sexies, 3–9° bis CGI a.F.)[403].

(b) Derzeitige Rechtslage

Seit Wegfall des Anrechnungsverfahrens sind Gewinnausschüttungen an eine der Körperschaftsteuer unterliegende Gesellschaft grundsätzlich voll steuerpflichtig[404]. Eine Doppelbelastung wird nur dann vermieden, wenn die Ausschüttungen

---

399 Instruction v. 6.5.2003, BOI 4 J–3–03, Rn. 16 ff.

400 Vgl. die Zusammenfassung in der Instruction v. 28.4.2005, BOI 4 J–2–05, Rn. 3; ebenso *Duthilleul*, in: Debatin/Wassermeyer, DBA (Frankreich), Anh. Frankreich Rn. 134.

401 Siehe unter: A. VI. 1. a) aa) (a).

402 Vgl. ebenfalls unter: A. VI. 1. a) aa) (a); Instruction v. 28.4.2005, BOI 4 J–2–05, Rn. 18 ff.

403 Instruction v. 25.9.2003, BOI 4 H–5–03, Rn. 46 ff.; Juris-Classeur, Fiscalité immobilière, Fasc. 561, Tz. 55 ff.; Editions Législatives, Bulletin 67, 13.10.2003, 157a, S. 8579 (8583).

404 *Duthilleul*, in: Debatin/Wassermeyer, DBA (Frankreich), Anh. Frankreich Rn. 134; *Tillmanns*, in: Widmann/Mayer, Umwandlungsrecht, Anh. 3: Frankreich, Rn. F 204.

in den Anwendungsbereich des französischen Mutter-Tochter-Regimes (*régime des sociétés mères et filiales*) fallen[405]. In diesem Fall sind die Gewinnausschüttungen zu mindestens 95% von der Körperschaftsteuer befreit (Art. 145 i.V.m Art. 216, I CGI). Hinsichtlich der Gewinnausschüttungen einer SIIC ist hierbei wiederum zu unterscheiden:

Das Mutter-Tochter-Regime findet zunächst Anwendung, soweit die ausgeschütteten Dividenden aus solchen Gewinnen der SIIC stammen, die bereits vor Ausübung der Option zur SIIC-Besteuerung realisiert wurden[406]. Gleiches gilt für Ausschüttungen, die aus dem Ergebnis der anlässlich der Optionsausübung durchgeführten Abschlussbesteuerung gespeist werden[407]. Anders als beim Anrechnungsverfahren werden hierbei jedoch auch Ausschüttungen erfasst, die aus den stillen Reserven stammen, die auf Ebene der SIIC nach Art. 219, IV CGI unter Anwendung des reduzierten Steuersatzes von 19% (bis Ende 2008: 16,5%) besteuert worden sind[408]. Entsprechend können auch Ausschüttungen aus stillen Reserven von den Regelungen des Mutter-Tochter-Regimes profitieren, die erst nach Ausübung der Option durch Überführung eines begünstigten Wirtschaftsguts in den steuerbefreiten Bereich aufgedeckt und nach Art. 208 C ter i.V.m. Art. 219, IV CGI ermäßigt besteuert werden. Schließlich ist das Mutter-Tochter-Regime auf Dividenden aus den Gewinnen der steuerpflichtigen Tätigkeiten der SIIC anwendbar[409]. Soweit jedoch die Ausschüttungen aus den steuerbefreiten Gewinnen der SIIC finanziert werden, ist seine Anwendung ausdrücklich ausgeschlossen (Art. 145, 6–h–1° CGI). Soweit es zu einer Besteuerung der Dividenden kommt, erfolgt diese grundsätzlich nach den allgemeinen Vorschriften, d.h. zum Normalsteuersatz von 33⅓% bzw. 15% bei PME (zuzüglich etwa anfallender *contribution sociale*).

Werden die SIIC-Anteile hingegen von einer Organisation ohne Erwerbszweck (*organisme sans but lucratif*) gehalten, unterliegen die aus dem Gewinn des steuerbefreiten Bereichs stammenden Dividenden einem ermäßigten Körperschaftsteuersatz von 15% (Art. 219 bis, I Abs. 2 lit. e i.V.m. Art. 206, 5–c CGI).

---

405 *Duthilleul*, in: Debatin/Wassermeyer, DBA (Frankreich), Anh. Frankreich Rn. 134; *Tillmanns*, in: Widmann/Mayer, Umwandlungsrecht, Anh. 3: Frankreich, Rn. F 204. Zum Mutter-Tochter-Regime vgl. auch die Ausführungen unter: B. IV. 1. a) aa).

406 Instruction v. 25.9.2003, BOI 4 H–5–03, Rn. 47; Editions du Juris-Classeur, Fiscalité immobilière, Fasc. 561, Tz. 56; Editions Législatives, Bulletin 67, 13.10.2003, 157a, S. 8579 (8583).

407 Instruction v. 25.9.2003, BOI 4 H–5–03, Rn. 47; Juris-Classeur, Fiscalité immobilière, Fasc. 561, Tz. 56; Editions Législatives, Bulletin 67, 13.10.2003, 157a, S. 8579 (8583).

408 Instruction v. 25.9.2003, BOI 4 H–5–03, Rn. 47; Juris-Classeur, Fiscalité immobilière, Fasc. 561, Tz. 59.

409 Instruction v. 25.9.2003, BOI 4 H–5–03, Rn. 49; Juris-Classeur, Fiscalité immobilière, Fasc. 561, Tz. 60; Editions Législatives, Bulletin 67, 13.10.2003, 157a, S. 8579 (8583).

Organisationen ohne Erwerbszweck sind, wenn die Einnahmen aus ihren mit Erwerbszweck ausgeübten Nebentätigkeiten einen Betrag von 60.000 Euro nicht übersteigen, grundsätzlich von der Körperschaftsteuer befreit (Art. 206, 1 bis CGI)[410]. Wird die Erwerbstätigkeit über Gesellschaftsbeteiligungen ausgeübt, werden die hieraus resultierenden Einkünfte nach den allgemeinen Vorschriften besteuert. Eine Steuerpflicht besteht darüber hinaus hinsichtlich ihrer Vermögenseinkünfte (Einkünfte aus Vermietung und Verpachtung, land- und forstwirtschaftliche Gewinne, bestimmte Kapitaleinkünfte), sofern diese nicht der ideellen Tätigkeit zuzurechnen sind (Art. 206, 5 CGI). Diese unterliegen grundsätzlich einem ermäßigten Steuersatz von 24% (Art. 219 bis Abs. 1 S. 1 CGI). Für bestimmte Kapitaleinkünfte beträgt der Steuersatz 10% (Art. 219 bis, 1° CGI). Zu diesen zählten ursprünglich ausdrücklich auch die Gewinnausschüttungen einer SIIC i.S.d. Art. 208 C CGI. Seit Januar 2010 gilt jedoch für alle Dividenden ein einheitlicher Steuersatz von 15% (Art. 219 bis, 2° CGI)[411]. Die Vermögenseinkünfte fallen nicht in den Anwendungsbereich der *contribution sociale*[412].

(2) Veräußerungsgewinne

Bei der Veräußerung von SIIC-Aktien durch einen körperschaftsteuerpflichtigen Anteilseigner gelten die zwischen lang- und kurzfristigen Veräußerungsgewinnen unterscheidenden Regelungen für die Besteuerung betrieblicher Veräußerungsgewinne unter Berücksichtigung der für die Körperschaftsteuer geltenden Besonderheiten[413].

Daher werden die Veräußerungsgewinne grundsätzlich unter Anwendung der Regelungen für kurzfristige Veräußerungsgewinne der Regelbesteuerung in Höhe von 33⅓% (ggf. zuzüglich *contribution sociale*) unterworfen. Ein Veräußerungsverlust kann mit anderen kurzfristigen Veräußerungsgewinnen verrechnet werden, ein sich hierbei ergebender kurzfristiger Nettoveräußerungsverlust mit dem Ergebnis des laufenden Wirtschaftsjahres. Etwas anderes gilt lediglich

---

410 Zur steuerlichen Behandlung der Organisationen ohne Erwerbszweck: Instructions v. 15.9.1998, BOI 4 H-5-98; v. 16.2.1999, BOI 4 H-1-99 v. 19.2.1999; v. 30.10.2000, BOI 4 H-3-00 v. 7.11.2000; v. 26.4.2000, BOI 4 C-2-00 v. 5.5.2000; v. 17.12.2005, BOI 4 H-6-01 v. 24.12.2001; v. 18.12.2006, BOI 4 H-5-06; Ed. Francis Lefebvre, Fiscal 2009, Rn. 7060 ff.

411 Die Gesetzesänderung erfolgte durch Art. 34 des Änderungsfinanzgesetzes für 2009, Nr. 2009-1674 v. 30.12.2009, JO v. 31.12.2009, S. 22940.

412 Art. 235 ter ZC CGI verweist lediglich auf Einkünfte, die dem Normalsteuersatz (Art. 219, I CGI) oder dem ermäßigten Steuersatz nach Art. 219, IV CGI unterliegen, nicht jedoch auf Einkünfte, die nach Art. 219 bis CGI besteuert werden. Vgl. auch Ed. Francis Lefebvre, Fiscal 2009, Rn. 7998.

413 Siehe hierzu die Ausführungen unter: A. III. 1. a) bb).

dann, wenn die SIIC-Anteile über einen Zeitraum von mindestens zwei Jahren im Anlagevermögen des Anteilseigners gehalten wurden und es sich um Beteiligungen i.S.d. Art. 219, I–a ter CGI (*titres de participation*) handelt (Art. 219, I–a quater Abs. 1 i.V.m. I–a ter Abs. 1 und 3 CGI). In diesem Fall sind die bei der Veräußerung erzielten Gewinne oder Verluste langfristiger Natur. Die langfristigen Veräußerungsgewinne unterliegen gemäß Art. 219, I–a Abs. 3 und IV CGI nunmehr einem ermäßigten Steuersatz von 19% (bis Ende 2008: 16,5%) ggf. zuzüglich *contribution sociale*. Ein langfristiger Veräußerungsverlust kann nach den oben beschriebenen Grundsätzen[414] mit langfristigen Veräußerungsgewinnen verrechnet, ein verbleibender langfristiger Nettoveräußerungsverlust über zehn Jahre hinweg vorgetragen werden[415].

bb) Beteiligung an einer in Deutschland ansässigen SIIC (Grundfall)

Wie bei Privatanlegern kommt auch bei Beteiligung französischer Körperschaften an einer in Deutschland ansässigen SIIC eine Besteuerung in Deutschland und Frankreich in Betracht.

(1) Gewinnausschüttungen

(a) Besteuerung in Deutschland

Beteiligt sich eine französische Körperschaft an einer deutschen Immobilienaktiengesellschaft mit einem französischen Immobilienportfolio, die in Frankreich zur SIIC-Besteuerung optiert hat, unterliegt sie mit den von der Gesellschaft bezogenen Gewinnausschüttungen in Deutschland der beschränkten Körperschaftsteuerpflicht (§ 2 KStG i.V.m. §§ 8 Abs. 1 S. 1 KStG, 49 Abs. 1 Nr. 5 lit. a und Abs. 2 EStG). Die Körperschaftsteuer wird im Wege des Abzugs vom Kapitalertrag erhoben und ist nach § 32 Abs. 1 Nr. 2 KStG durch diesen abgegolten, wenn die Beteiligung nicht einer inländischen Betriebsstätte zuzuordnen ist. Seit dem 1. Januar 2009 beträgt der Kapitalertragsteuersatz grundsätzlich 25% des Kapitalertrags (§ 43a Abs. 1 S. 1 Nr. 1 EStG)[416]. Beschränkt steuerpflichtigen Körperschaften wird die Kapitalertragsteuer jedoch auf Antrag vom Bundeszentralamt für Steuern zu zwei Fünfteln erstattet (§ 44a Abs. 9 S. 1 EStG). Hier-

414 Siehe unter: A. III. 1. a) bb).

415 Ed. Francis Lefebvre, Fiscal 2009, Rn. 1694.

416 Der Kapitalertragsteuersatz betrug vorher 20%, wenn der Gläubiger die Kapitalertragsteuer getragen hat und 25%, wenn der Schuldner sie übernommen hat (§ 43a Abs. 1 S. 1 Nr. 1 EStG a.F.). Unter Berücksichtigung des SolZ ergibt sich nun ein Steuerabzug von 26,375%.

durch wird der Kapitalertragsteuersatz im Ergebnis auf 15% herabgesetzt und dem Tarifsatz für unbeschränkt steuerpflichtige Körperschaften angeglichen[417].

Im Fall einer zum Zeitpunkt des Dividendenzuflusses bzw. Gewinnverteilungsbeschlusses seit zwölf Monaten ununterbrochen bestehenden unmittelbaren Beteiligung von mindestens 10% wird die Kapitalertragsteuer gemäß § 43b Abs. 1 S. 1 EStG, der die europarechtliche Mutter-Tochter-Richtlinie[418] in nationales Recht umsetzt, auf Antrag nicht erhoben. Wird der erforderliche Beteiligungszeitraum erst nach dem Zufluss der Dividende vollendet, ist die einbehaltene und abgeführte Kapitalertragsteuer nach § 50d Abs. 1 EStG zu erstatten (§ 43b Abs. 2 S. 5 EStG).

Darüber hinaus wird auch hier das Besteuerungsrecht Deutschlands auf DBA-Ebene eingeschränkt. Art. 9 Abs. 1 DBA-Frankreich weist das Besteuerungsrecht hinsichtlich der Gewinnausschüttungen Frankreich zu. Das Quellenbesteuerungsrecht Deutschlands wird auf grundsätzlich 15% des Bruttobetrags der Gewinnausschüttungen beschränkt (Art. 9 Abs. 2 DBA). Abweichend hiervon sieht Art. 9 Abs. 5 DBA-Frankreich eine weitergehende Beschränkung des deutschen Besteuerungsrechts vor, wenn Dividenden von einer in Deutschland ansässigen Kapitalgesellschaft an eine in Frankreich ansässige Kapitalgesellschaft gezahlt werden, der mindestens 10% des Kapitals der ausschüttenden Gesellschaft gehören (sog. Schachtelbeteiligung). In diesem Fall darf die in Deutschland erhobene Quellensteuer 5% nicht übersteigen.

Zuviel einbehaltene Steuer ist zu erstatten (Art. 25 b Abs. 1 S. 2 DBA-Frankreich i.V.m. § 50d Abs. 1 EStG). Zudem kommt im Fall der Schachtelbeteiligung eine teilweise Abstandnahme vom Steuerabzug in Betracht (Art. 25 b Abs. 1 S. 3 DBA-Frankreich i.V.m. § 50d Abs. 2 EStG). Im Ergebnis sind die Regelungen des DBA-Frankreich lediglich dann von Bedeutung, wenn eine Schachtelbeteiligung besteht, die Voraussetzungen des § 43b EStG jedoch im Übrigen nicht erfüllt sind (v.a. Mindesthaltedauer)[419].

(b) Besteuerung in Frankreich

Soweit sie nicht in den Anwendungsbereich des französischen Mutter-Tochter-Regimes (*régime des sociétés mères et filiales*) fallen, unterliegen die Ausschüt-

---

417 *Weber-Grellet*, in: Schmidt, EStG, § 44a Rn. 33. Unter Berücksichtigung des SolZ ergibt sich eine Belastung in Höhe von 15,825%.

418 RL 90/435/EWG des Rates vom 23. Juli 1990 über das gemeinsame Steuersystem der Mutter- und Tochtergesellschaften verschiedener Mitgliedstaaten, ABl. Nr. L 225 v. 20.8.1990, S. 6, ber. ABl EG Nr. L 266 S. 20.

419 Vgl. auch *Kessler/Sinz/Achilles-Pujol*, DBA-Kommentar Deutschland/Frankreich, Art. 9, B. I., S. 88.

tungen einer in Deutschland ansässigen SIIC an ihre französischen institutionellen Anleger in Frankreich nach den allgemeinen Vorschriften der Körperschaftsteuer und der *contribution sociale*. Zur Vermeidung einer Doppelbesteuerung haben die Anleger Anspruch auf einen Anrechnungsbetrag. Im Fall einer Schachtelbeteiligung entspricht der Anrechnungsbetrag dem Betrag der in Deutschland gemäß Art. 9 Abs. 5 DBA-Frankreich entrichteten Quellensteuer von bis zu 5% der Bruttodividende, wobei er jedoch auf den Betrag der auf die Ausschüttungen entfallenden französischen Körperschaftsteuer begrenzt ist (Art. 20 Abs. 2 lit. a, bb DBA-Frankreich). Übersteigt die deutsche Quellensteuer diesen Betrag, besteht insoweit keine Rückerstattungsmöglichkeit[420]. Handelt es sich bei den Ausschüttungen nicht um Schachteldividenden i.S.d. Art. 9 Abs. 5 DBA-Frankreich, kann die nach den Vorgaben des Art. 9 Abs. 2 DBA entrichtete deutsche Quellensteuer von bis zu 15% der Bruttodividende ohne weitere Höchstbetragsbegrenzung auf die französische Körperschaftsteuer angerechnet werden (Art. 20 Abs. 2 lit. a, aa DBA-Frankreich)[421]. Die Möglichkeit der Erstattung eines Anrechnungsüberhangs beschränkt die Finanzverwaltung auf natürliche Personen[422].

Bei Vorliegen der Voraussetzungen des französischen Mutter-Tochter-Regimes (*régime des sociétés mères et filiales*)[423] sind die von der französischen Muttergesellschaft empfangenen Dividenden, abgesehen von einem Anteil nicht abzugsfähiger Aufwendungen in Höhe von maximal 5% der Bruttodividende – einschließlich der nach dem DBA-Frankreich in zulässiger Weise einbehaltenen deutschen Quellensteuer – grundsätzlich von der französischen Körperschaftsteuer (Art. 145 i.V.m Art. 216, I CGI) und der *contribution sociale* befreit.

Es stellt sich die Frage, ob diese Steuerbefreiung bei Ausschüttungen einer in Deutschland ansässigen SIIC vollumfänglich, d.h. ohne Berücksichtigung ihres SIIC-Status gilt, oder ob die aus den nach Art. 208 C, II CGI in Frankreich steuerbefreiten Gewinnen stammenden Ausschüttungen von der Steuerbefreiung ausgenommen sind. Im ersten Fall käme es im Ergebnis zu einer Besserstellung der in Deutschland ansässigen SIIC[424].

Das französische Mutter-Tochter-Regime findet zunächst keine Anwendung auf Gewinnausschüttungen ausländischer Gesellschaften, die eine Tätigkeit ausüben, die mit der einer SIIC i.S.d. Art. 208 C CGI identisch ist und im Ansässig-

420 Instruction v. 19.3.1993, BOI 14 B–2–93 v. 2.4.1993, Rn. 60; *de Bourmont/Julien-Saint-Amand*, in: Debatin/Wassermeyer, DBA (Frankreich), Art. 20 Rn. 107.

421 *Kessler/Sinz/Achilles-Pujol*, DBA-Kommentar Deutschland/Frankreich, Art. 20, C., S. 167.

422 Instruction v. 19.3.1993, BOI 14 B–2–93 v. 2.4.1993, Rn. 61; *de Bourmont/Julien-Saint-Amand*, in: Debatin/Wassermeyer, DBA (Frankreich), Art. 20 Rn. 108.

423 Siehe unter: A. IV. 1. a) aa).

424 So *Schimmelschmidt /Tauser/Lagarrigue*, IStR 2006, 120 (125).

keitsstaat von der Körperschaftsteuer befreit sind (Art. 145, 6–h–2° CGI). Da die deutsche SIIC in dem hier untersuchten Fall jedoch nicht gleichzeitig auch als REIT-AG im Sinne des deutschen REIT-Gesetzes qualifiziert und somit in Deutschland grundsätzlich der Körperschaftsteuer unterliegt, ist diese Ausnahmeregelung nicht einschlägig[425].

Darüber hinaus schließt Art. 145, 6–h–1° CGI die Anwendbarkeit des französischen Mutter-Tochter-Regimes ausdrücklich für Gewinnausschüttungen einer SIIC i.S.d. Art. 208 C CGI aus, die aus den nach Art. 208 C, II CGI steuerbefreiten Gewinnen gespeist werden. Auch bei einer deutschen SIIC mit französischem Immobilienportfolio handelt es sich um eine solche nach Art. 208 C CGI. Zur Geltendmachung der Steuerfreiheit ihrer Immobilieneinkünfte beruft sie sich ebenfalls auf die Vorschrift des Art. 208 C, II CGI. Es erscheint somit folgerichtig, die aus den nach Art. 208 C, II CGI steuerbefreiten Gewinnen deutscher SIIC stammenden Ausschüttungen aus dem Anwendungsbereich des französischen Mutter-Tochter-Regimes herauszunehmen und der regulären Besteuerung zu unterwerfen. Im Gegenzug ist die auf diese Dividende angefallene deutsche Quellensteuer nach Art. 20 Abs. 2 lit. a, aa oder bb DBA-Frankreich anzurechnen.

Soweit das französische Mutter-Tochter-Regime Anwendung findet, ist eine Anrechnung deutscher Kapitalertragsteuer nach Abschaffung des Anrechnungsverfahrens zum 1. Januar 2005 nahezu ausgeschlossen. Die Befreiung der Gewinnausschüttungen von der französischen Körperschaftsteuer lässt einen Anspruch auf Anrechnung der deutschen Quellensteuer entfallen, denn dieser besteht nach Art. 20 Abs. 2 lit. a DBA-Frankreich nur, wenn die betroffenen *Dividendeneinkünfte* in der Bemessungsgrundlage der französischen Körperschaftsteuer enthalten sind. Folgerichtig kommt nach der Rechtsprechung des französischen *Conseil d'Etat* eine Anrechnung auch nicht in Hinblick auf den Teil der Körperschaftsteuer in Betracht, der auf den Anteil nicht abzugsfähiger Aufwendungen beruht[426]. Dies gilt auch unter Berücksichtigung der Tatsache, dass sich dieser Aufwandsanteil nach Art. 216, I Abs. 2 CGI auf Grundlage der Bruttodividenden einschließlich der Anrechnungsbeträge aus einbehaltener ausländischer Quellensteuer berechnet[427] („*[...] 5% du produit total des participa-*

425 Art. 145, 6–h–2° CGI wäre hingegen einschlägig, wenn die Gesellschaft in Deutschland zugleich als REIT-AG registriert wäre.

426 Conseil d'Etat, Entscheidung v. 17.1.2009, n° 262967, 10ème et 11ème sous-sections réunies, *Banque fédérative du Crédit Mutuel*, RJF 4/07 n° 406.

427 Zur Vereinbarkeit dieser Regelung mit dem Gemeinschaftsrecht: EuGH, Urt. v. 3.4.2008, C–27/07, *Banque Fédérative du Crédit Mutuel*, Slg. 2008, I–2067.

tions, crédit d'impôt compris")[428]. Eine Anrechnungsmöglichkeit ergab sich im Rahmen des Anrechnungsverfahrens bei einer Weiterausschüttung an die Anteilseigner der die Dividenden empfangenden französischen Muttergesellschaft. Diese war berechtigt, die deutsche Kapitalertragsteuer auf die von ihr gegebenenfalls zu entrichtende Ausschüttungsteuer (*précompte mobilier*) anzurechnen. Mit dem Wegfall des Anrechnungsverfahrens und damit einhergehend der Ausschüttungsteuer ist diese Anrechnungsmöglichkeit entfallen[429]. Eine Anrechnung der deutschen Kapitalertragsteuer kommt lediglich dann in Betracht, wenn eine Weiterausschüttung der bezogenen Dividenden an diejenigen Anteilseigner der französischen Muttergesellschaft erfolgt, die nicht in Frankreich ansässig sind. In diesem Fall berechnet sich die in Frankreich anfallende Quellensteuer (*retenue à la source de sortie*) unter Anrechnung der in Deutschland gezahlten Kapitalertragsteuer (*retenue à la source d'entrée*)[430].

(2) Veräußerungsgewinne

Die in Frankreich ansässigen Körperschaften sind mit ihren Gewinnen aus der Veräußerung von Anteilen an einer in Deutschland ansässigen SIIC beschränkt körperschaftsteuerpflichtig, wenn ihre Beteiligung die Voraussetzungen des § 17 EStG erfüllt (§ 2 KStG i.V.m. §§ 8 Abs. 1 S. 1 KStG, 49 Abs. 1 Nr. 2 lit. e EStG) oder es sich – bei nach dem 31. Dezember 2008 erworbenen Aktien – um ein Tafelgeschäft handelt (§ 2 KStG i.V.m. §§ 8 Abs. 1 S. 1 KStG, 49 Abs. 1 Nr. 5 lit. d, bb; 43 Abs. 1 S. 1 Nr. 9; 20 Abs. 2 S. 1 Nr. 1 S. 1 EStG). Art. 7 Abs. 1 DBA-Frankreich weist das Besteuerungsrecht jedoch ausschließlich Frankreich zu, wenn die Anteile nicht im Vermögen einer von der französischen Körperschaft in Deutschland unterhaltenen Betriebsstätte gehalten werden[431].

cc) Sonderfall: Beteiligung an einer in Deutschland ansässigen SIIC, die zugleich die Voraussetzungen einer deutschen REIT-AG erfüllt

Insbesondere bei der Beteiligung in Frankreich ansässiger Körperschaften an einer in Deutschland ansässigen SIIC stellt sich die Frage nach den Auswirkun-

---

428 *Gouthière*, Les impôts dans les affaires internationales, 7. Aufl., Rn. 2013; *Kessler/Sinz/Achilles-Pujol*, DBA-Kommentar Deutschland/Frankreich, Art. 9, B. II., S. 90 f.

429 *Gouthière*, Les impôts dans les affaires internationales, 7. Aufl., Rn. 2013; *Kessler/Sinz/Achilles-Pujol*, DBA-Kommentar Deutschland/Frankreich, Art. 9, B. II., S. 90 f.

430 Vgl. Ed. Francis Lefebvre, Fiscal 2009, Rn. 2193, 3678; *Gouthière*, Les impôts dans les affaires internationales, 7. Aufl., Rn. 2029.

431 Oben unter: A. VI. 1. b) aa) (2).

gen auf die deutsche Dividendenbesteuerung, wenn die Gesellschaft in Deutschland zugleich als REIT-AG registriert ist.

(1) Beschränkte Steuerpflicht

Wie im Grundfall unterliegen auch institutionelle Anleger mit Sitz und Geschäftsleitung in Frankreich, die sich an der Gesellschaft beteiligt haben, mit den von dieser bezogenen Gewinnausschüttungen in Deutschland der beschränkten Körperschaftsteuerpflicht (§ 2 KStG i.V.m. §§ 8 Abs. 1 S. 1 KStG, 49 Abs. 1 Nr. 5 lit. a und Abs. 2 EStG). Die Körperschaftsteuer wird durch Steuerabzug an der Quelle erhoben (§ 20 Abs. 1 S. 1 REITG) und ist durch den Steuerabzug nach § 32 Abs. 1 KStG abgegolten, wenn die Aktien nicht einer inländischen Betriebsstätte zuzuordnen sind. Der Kapitalertragsteuersatz beträgt seit dem 1. Januar 2009 einheitlich 25% (§ 43a Abs. 1 S. 1 Nr. 1 EStG)[432], wobei die Kapitalertragsteuer auf Antrag zu zwei Fünfteln erstattet wird (§ 44a Abs. 9 EStG). Ansprüche beschränkt steuerpflichtiger Körperschaften auf weitergehende Freistellung oder Erstattung nach § 43b EStG oder nach einem DBA bleiben zwar gemäß § 44a Abs. 9 S. 3 EStG grundsätzlich unberührt. Nach der Konzeption des deutschen REIT-Regimes sollen jedoch beschränkt steuerpflichtige Anteilseigner einer REIT-AG nicht von einer weitergehenden oder gar vollständigen Freistellung oder Kapitalertragsteuererstattung profitieren können[433].

(2) Keine Anwendung der europarechtlichen Mutter-Tochter-Richtlinie

Zunächst wird die Anwendbarkeit des die EU-rechtliche Mutter-Tochter-Richtlinie in nationales Recht umsetzenden § 43b EStG in doppelter Weise ausgeschlossen:

Gemäß § 43b Abs. 1 EStG wird Kapitalertragsteuer auf Antrag nicht auf solche Gewinnausschüttungen erhoben, die einer Muttergesellschaft, die in Deutschland weder Sitz noch Geschäftsleitung hat, von einer Tochtergesellschaft zufließen. Tochtergesellschaft in diesem Sinne ist gemäß § 43b Abs. 2 S. 3 EStG jede unbeschränkt steuerpflichtige Gesellschaft, die die in der Anlage 2 zum EStG und in Art. 3 Abs. 1 lit. b der Mutter-Tochter-Richtlinie bezeichneten Voraussetzungen erfüllt. Zu diesen gehört, dass die Gesellschaft der Körperschaft-

432 Vor dem 1. Januar 2009 bezogene Gewinnausschüttungen unterlagen einem zu diesen Zeitpunkt besonderen Steuerabzug i.H.v. 25% bzw. bei Übernahme der Kapitalertragsteuer durch die REIT-AG 33⅓% (jeweils zuzüglich SolZ) des tatsächlich ausgezahlten Betrags (§ 20 Abs. 2 REITG a.F.). Unter Berücksichtigung des SolZ ergibt sich nunmehr ein Steuerabzug i.H.v. von 26,375% des Kapitalertrags.

433 Vgl. *Sieker/Göckeler/Köster*, DB 2007, 933 (941).

steuer oder einer diese ersetzenden Steuer unterliegt, ohne davon befreit zu sein (Nr. 3 der Anlage 2 zum EStG). Die vollständige Befreiung der REIT-AG von den Ertragsteuern schließt somit eine Anwendung des § 43b EStG und der Mutter-Tochter-Richtlinie aus, was zudem aus dem Sinn und Zweck der Regelung und Art. 2 Abs. 1 lit. c der Mutter-Tochter-Richtlinie abgeleitet wird[434].

Weitere Voraussetzung für eine Anwendung des § 43b EStG ist, dass die Muttergesellschaft zu mindestens 10% unmittelbar am Kapital der Tochtergesellschaft beteiligt ist (§ 43b Abs. 2 S. 1 und 2 EStG). Aufgrund der in § 11 Abs. 4 REITG vorgesehenen Höchstbeteiligungsgrenze, wonach kein Anleger direkt 10% oder mehr der Aktien einer REIT-AG halten darf, kann diese Mindestbeteiligung theoretisch nicht erreicht werden. Sollte ein Anteilseigner dennoch eine unmittelbare Beteiligung von mindestens 10% halten, kann er gemäß § 16 Abs. 2 S. 2 REITG dennoch nur die Rechte geltend machen, die ihm aus einer Beteiligung von unter 10% zustehen würden[435].

(3) Beschränkung des Besteuerungsrechts durch das DBA-Frankreich?

Art. 9 Abs. 1 DBA Frankreich weist das Besteuerungsrecht hinsichtlich der Gewinnausschüttungen der REIT-AG Frankreich zu. Das deutsche Quellenbesteuerungsrecht wird grundsätzlich auf 15% des Bruttobetrags der Gewinnausschüttungen (Art. 9 Abs. 2 DBA-Frankreich) beschränkt. Im Fall einer Schachtelbeteiligung von mindestens 10% darf die in Deutschland erhobene Quellensteuer 5% nicht übersteigen (Art. 9 Abs. 5 DBA-Frankreich).

Mit der vorgeschriebenen Begrenzung der direkten Beteiligung an einer REIT-AG auf weniger als 10% der Anteile soll die Anwendung entsprechender Schachtelprivilegien ausgeschlossen werden[436]. Die Berufung auf die privilegierende Regelung des Art. 9 Abs. 5 DBA-Frankreich bleibt einem französischen institutionellen Anleger auch dann versagt, wenn er faktisch die vorgesehene Schachtelbeteiligung erlangt hat. Denn gemäß § 16 Abs. 2 S. 2 REITG kann er lediglich die Rechte geltend machen, die ihm bei Einhaltung der Höchstbeteiligungsquote zustünden. Dies gilt gemäß § 16 Abs. 2 S. 3 REITG ausdrücklich auch für die Anwendung der Doppelbesteuerungsabkommen.

Die Sicherung des Steueraufkommens aus den von der REIT-AG erwirtschafteten Vermietungs- und Verpachtungseinkünften sowie Grundstücksveräuße-

---

434 Ebenso *Bron*, Der G-REIT, 195; *Teske/Stock/Küppers*, DB 2005, 906 (909); kritisch: *Blaas/Ruoff*, in: Seibt/Conradi, Handbuch REIT Aktiengesellschaft, Rn. 742–744; *Engers*, in: Helios/Wewel/Wiesbrock, REIT-Gesetz, § 19 Rn. 11.

435 So auch *Engers*, in: Helios/Wewel/Wiesbrock, REIT-Gesetz, § 19 Rn. 11; a.A. wohl *Blaas/Ruoff*, in: Seibt/Conradi, Handbuch REIT Aktiengesellschaft, Rn. 745 f.

436 Vgl. auch *Götze/Hütte*, NZG 2007, 332 (337).

rungsgewinnen soll insoweit mit Hilfe eines sog. *Treaty Override* herbeigeführt werden[437]. Die verbleibende Beschränkung des Besteuerungsrechts auf 15% nimmt der Gesetzgeber in Kauf.

Zuviel einbehaltene Steuer ist nach Art. 25 b Abs. 1 S. 2 DBA-Frankreich i.V.m. §§ 20 Abs. 4 REITG, 50d Abs. 1 EStG zu erstatten. Hält man zudem eine teilweise Abstandnahme vom Steuerabzug i.S.d. Art. 25 b Abs. 1 S. 3 DBA-Frankreich für zulässig[438], käme diese auch hier nur unter den engen Voraussetzungen des § 50d Abs. 6 EStG in Betracht, da die in § 50d Abs. 2 EStG für Schachteldividenden vorgesehene Freistellung im Steuerabzugsverfahren wegen § 16 Abs. 2 S. 2 REITG nicht anwendbar wäre.

(4) Treaty Override

Ein *Treaty Override*[439] liegt nach der Definition des OECD-Steuerausschusses vor, wenn ein nationaler Gesetzgeber mit Wissen und Wollen eine Bestimmung erlässt, die in klarem Widerspruch zu den vom gleichen Staat in einem DBA eingegangenen Verpflichtungen steht[440]. Ein solches *Treaty Override* ist grundsätzlich völkerrechtswidrig. Doppelbesteuerungsabkommen gehören zu den völkerrechtlichen Verträgen. Nach allgemeinem Völkerrecht sind die Parteien eines völkerrechtlichen Vertrags an diesen Vertrag gebunden und haben ihn nach Treu und Glauben zu erfüllen (*pacta sunt servanda*). Dieser Grundsatz ist in Art. 26 des Wiener Übereinkommens über das Recht der Verträge (WÜRV) auch positiv-rechtlich normiert. Nach Art. 27 WÜRV kann sich eine Vertragspartei nicht auf ihr innerstaatliches Recht berufen, um die Nichterfüllung eines Vertrags zu rechtfertigen. Ein *Treaty Override* als Vertragsbruch gibt dem anderen

437 Vgl. BT-Drs. 16/4026, 15 (Begründung Allgemeiner Teil), 24 (zu § 16 REITG-E). Ein weiteres *Treaty Override* enthält § 20 Abs. 4 S. 2 und 3 REITG für DBA, die das Halten einer Aktie über eine Personengesellschaft dem direkten Halten durch den Gesellschafter gleichstellen oder auf die Kontrolle der Stimmrechte abstellen. Danach können auch Anteilseigner, die 10% oder mehr der Anteile indirekt halten bzw. mindestens 10% der stimmberechtigten Aktien oder Stimmrechte besitzen oder kontrollieren nur die Rechte in Anspruch nehmen, die ihnen unterhalb der 10%-Schwelle zustünden. Gleiches gilt, wenn in den genannten Fällen eine Zusammenrechnung mit direkt gehaltenen Anteilen zu einem Erreichen der 10%-Grenze führt. Vgl. hierzu: BT-Drs. 16/4026, 25 (zu § 20 REITG-E); *Sieker/Göckeler/Köster*, DB 2007, 933 (941); *Korts*, Stbg 2008, 97 (103).

438 Oben unter: A. VI. 1. a) cc).

439 Zum Terminus und möglichen Schreibweisen: *Musil*, in: Deutsches Treaty Overriding und seine Vereinbarkeit mit dem Europäischen Gemeinschaftsrecht, S. 26.

440 *OECD Committee on Fiscal Affairs*, Model Tax Convention on Income and on Capital, Volume II, Tax treaty override, R (8)-3, Tz. 5: „*[...] the enactment of domestic legislation intended by the legislator to have effects in clear contradiction to international treaty obligations.*"

Vertragspartner das Recht, Sanktionen zu ergreifen. Er kann die Herstellung des rechtmäßigen Zustands und Schadensersatz verlangen. Bei einer erheblichen Verletzung des Vertrags kann er nach Art. 60 WÜRV den Vertrag kündigen oder seinen Vollzug ganz oder teilweise suspendieren[441]. Aufgrund seiner Völkerrechtswidrigkeit wird das *Treaty Override* ungeachtet seines in der Praxis häufigen Gebrauchs[442] allgemein als unerwünscht bezeichnet, da es Deutschland als schlechten Vertragspartner erscheinen lässt[443]. Auch der OECD-Steuerausschuss hat sich in seinem Bericht vom 2. Oktober 1989 ausdrücklich gegen *Treaty Overrides* ausgesprochen[444]. Hiervon zu unterscheiden ist jedoch die Frage nach der innerstaatlichen Behandlung eines Abkommensbruchs.

Hält eine in Frankreich ansässige Kapitalgesellschaft, sei es aufgrund einer faktischen Überschreitung der Höchstbeteiligungsquote, sei es, weil sich diese als europarechtswidrig erweisen sollte, 10% oder mehr des Kapitals einer deutschen REIT-AG, so hängt die Durchsetzbarkeit der vom Gesetzgeber vorgesehenen Dividendenbesteuerung in Höhe von 15% zunächst davon ab, ob es sich (a) bei der Regelung des § 16 Abs. 2 S. 3 REITG[445] tatsächlich um ein *Treaty Override* im oben beschriebenen Sinne handelt. Bejaht man ein *Treaty Override*, stellt sich im Anschluss die Frage, ob die Regelung nicht (b) nach nationalem Recht verfassungswidrig und nichtig oder (c) europarechtswidrig und aufgrund des Anwendungsvorrangs des Gemeinschaftsrechts zu suspendieren ist. Hiermit werden Probleme angesprochen, die im Internationalen Steuerrecht kontrovers diskutiert werden und im Rahmen dieser Arbeit nur angerissen werden können.

(a) Vorliegen eines Treaty Override

Ein *Treaty Override* im oben beschriebenen Sinne setzt voraus, dass die betreffende nationale Bestimmung im klaren Widerspruch zu den Regelungen des DBA steht.

Umstritten ist jedoch, ob den DBA, sofern sie – wie das DBA-Frankreich – keine Missbrauchsklausel enthalten, ein ungeschriebener Missbrauchsvorbehalt

---

441 Vgl. *Musil*, RIW 2006, 287 (288); *Rust/Reimer*, IStR 2005, 844 (844); *Stein*, IStR 2006, 505 (506 ff.); *Vogel*, in: Vogel/Lehner, DBA, Einl. Rn. 194 ff.

442 Vgl. die Bestandsaufnahme von *Gosch*, IStR 2008, 413 (414 ff.).

443 Vgl. nur *Gosch*, IStR 2008, 413 (413), m.w.N.; *Weigell*, IStR 2009, 636 (640).

444 *OECD Committee on Fiscal Affairs*, Model Tax Convention on Income and on Capital, Volume II, Tax treaty override, R (8)–10, Tz. 34: „*The Commitee has considered the arguments that might be put forward to defend the use of overriding legislation and recognized that in a number of cases the legitimacy of the objective pursued – in particular where they aim at counteracting abuse of conventions – is well founded but the Committee remains strongly opposed to overriding legislation.*"

445 Gleiches gilt für § 20 Abs. 4 S. 2 und 3 REITG.

inhärent ist oder ein solcher aus dem allgemeinen Völkerrecht entnommen werden kann. Ein solcher Missbrauchsvorbehalt wird zum Teil bejaht[446]. Danach dürfen DBA nicht missbräuchlich in Anspruch genommen werden; eine abkommenswidrige Gesetzgebung, die Missbräuche verhindern soll, widerspreche dem Sinn der Abkommen erst gar nicht. Der Missbrauchsvorbehalt wird dabei teilweise als stillschweigende Vereinbarung der Vertragsstaaten begriffen, die die Anwendbarkeit des Abkommens in solchen Fällen ausschließt, die die Vertragsstaaten nach ihrem nationalen Steuerrecht übereinstimmend als Missbrauch ansehen[447]. Teilweise wird er auch aus den allgemeinen Rechtsgrundsätzen der zivilisierten Nationen, wie sie in Art. 38 Abs. 1 lit. c des IGH-Statuts formuliert sind[448], oder aus dem in Art. 26 und 31 Abs. 1 WÜRV verankerten Grundsatz von Treu und Glauben abgeleitet[449]. Wenn danach ein Vertragsstaat die Umgehung des Abkommens durch den anderen nicht hinzunehmen brauche, so wäre es sinnwidrig, wenn er dem anderen Vertragsstaat gegenüber verpflichtet wäre, eine Umgehung durch Privatpersonen hinzunehmen und das Abkommen ungeachtet der Umgehung streng formal anzuwenden[450]. Einigkeit besteht darüber, dass ein Missbrauch im Einzelfall nachgewiesen werden muss und nicht leichtfertig angenommen werden kann[451]; die Inanspruchnahme des Missbrauchsvorbehalts soll die Ausnahme bleiben[452]. Ein Gesetz als nicht nur auf Einzelfälle bezogene Regelung könne allenfalls dann völkerrechtlich anerkannt werden, wenn seine Formulierung nur Fälle erfassen würde, in denen die Anwendung des Missbrauchsgedankens auch im Einzelfall gerechtfertigt wäre[453]. Vor diesem Hintergrund ließe sich argumentieren, dass ein *Treaty Override* tatsächlich nicht vorliege, weil die ausländische Kapitalgesellschaft ihre Schachtelbeteiligung unter Verstoß gegen die nationale Regelung des § 11 Abs. 4 REITG herbeigeführt

446 So z.B. *Forsthoff*, IStR 2006, 509 (509); *Rust/Reimer*, IStR 2005, 843 (848).

447 *Wassermeyer*, in: Debatin/Wassermeyer, DBA (MA), Art. 1 Rn. 57.

448 *Prokisch*, in: Vogel/Lehner, DBA, Art. 1 Rn. 117.

449 Zum sog. *Treaty Shopping* i.R.d. DBA Schweiz/Dänemark: SchweizBG, BGE v. 28.11.2005, 2A.239/2005, abrufbar im Internet unter: http://www.bger.ch, dazu: *Matteoti*, ASA 75 (2007), 767 (789 ff.); *Oesterhelt/Winzap*, ST 80 (2006), 773 (774 f.).

450 Vgl. *Prokisch*, in: Vogel/Lehner, DBA, Art. 1 Rn. 117; SchweizBG, BGE v. 28.11.2005, 2A.239/2005, abrufbar unter: http://www.bger.ch; *Oesterhelt/Winzap*, ST 80 (2006), 773 (774 f.).

451 Art. 1 Nr. 9.5 MA-Kommentar; *Menhorn*, IStR 2005, 325 (326): „eng auszulegen"; *Vogel*, in: Vogel/Lehner, DBA, Einl. 198, m.w.N.

452 *Matteoti*, ASA 75 (2007), 767 (793 f.): „[...] wenn die Anwendung des Abkommenstextes im konkreten Rechtsanwendungsfall zu einem offensichtlich sinnwidrigen oder unvernünftigen Ergebnis führt.";*Prokisch*, in: Vogel/Lehner, DBA, Art. 1 Rn. 117.

453 *Vogel*, in: Vogel/Lehner, DBA, Einl. Rn. 198.

habe und sich somit nicht auf das Schachtelprivileg berufen dürfe[454]. Ungeachtet der Gegenansicht, die die Existenz eines ungeschriebenen Rechtsmissbrauchsverbots im Völkerrecht überhaupt verneint[455] oder nach der die Versagung einer im DBA vorgesehenen Steuerentlastung aufgrund einer einseitig nationalen Vorschrift völkervertragsrechtlich zumindest zweifelhaft ist, wenn sich eine entsprechende Befugnis nicht eindeutig aus dem DBA ergibt[456], ist fraglich, ob die Berufung auf das abkommensrechtliche Schachtelprivileg als rechtsmissbräuchlich anzusehen wäre.

Das REITG verbietet den Anlegern die Überschreitung der Höchstbeteiligungsquote nicht. Die mit einer höheren Beteiligung einhergehenden Folgen im Hinblick auf das Dividendenbezugs- und das Stimmrecht sollen ausdrücklich unberührt bleiben (§ 16 Abs. 2 S. 2 REITG). Die Höchstbeteiligungsquote ist lediglich Voraussetzung für die Anwendung der steuerlichen Sonderregelungen. Ihre Überschreitung führt im Wiederholungsfall zum Wegfall der besonderen Besteuerung (§ 18 Abs. 3 S. 2 REITG). Da bei Anwendung des REIT-Regimes die Besteuerung der Gewinne aus der Immobilientätigkeit von der Ebene Gesellschaft auf die der Anteilseigner verlagert wird, soll allein eine Besteuerung der Ausschüttungen in Höhe von 15% sichergestellt werden. Die Regelung dient somit der Sicherung von Steuersubstrat[457] und nicht der Verhinderung einer missbräuchlichen Abkommensverwendung.

Losgelöst vom Missbrauchsgedanken könnte man ferner argumentieren, dass die in den DBA enthaltenen Dividendenartikel, welche ein Schachtelprivileg enthalten, davon ausgehen, dass die Gewinne der ausschüttenden Gesellschaft im Ansässigkeitsstaat bereits besteuert worden sind. Dies treffe jedoch im Fall der Beteiligung an einer REIT-AG nicht zu. Unter Berücksichtigung von Sinn und Zweck der Regelung könne daher bei Ausschüttungen von REIT-Gesellschaften von einer Anwendung des Schachtelprivilegs abgesehen werden[458].

Im Wortlaut des DBA-Frankreich findet sich für eine solche Auslegung jedoch kein Anhaltspunkt. Entsprechend hat auch der Steuerausschuss der OECD, der ebenfalls den Unterschied zwischen REIT-Ausschüttungen und Dividenden anderer Gesellschaften anerkennt, in seinem Diskussionspapier zur REIT-Besteuerung vom 30. Oktober 2007 festgestellt, dass eine solche Vorgehenswei-

---

454 Vgl. auch *Gröpl*, DStZ 2008, 62 (68).

455 Vgl. *Ipsen*, Völkerrecht, 5. Aufl., § 39 Rn. 44 ff.; *Stein*, IStR 2006, 505 (507).

456 *Laule*, Mißbrauch der Abkommensberechtigung, FS Ritter, S. 181 (187); *Sagasser/Schüppen*, DStR 1994, 311 (312).

457 So auch *Gosch*, IStR 2008, 413 (418).

458 In diese Richtung wohl *Lüdicke*, Überlegung zur deutschen DBA-Politik, S. 36 („im Grundsatz unbedenklich“).

se eine Anpassung des Abkommens erfordere[459]. Im Ergebnis ist somit von einem *Treaty Override* im beschriebenen Sinne auszugehen.

(b) Verfassungsrechtliche Zulässigkeit des Treaty Override

Dem Grundgesetz liegt die Vorstellung zugrunde, dass das Völkerrecht und das nationale Recht zwei unterschiedliche Rechtskreise bilden (sog. dualistische Theorie). Art. 25 GG und Art. 59 Abs. 2 GG verdeutlichen, dass das Völkerrecht nur dann innerstaatlich gilt, wenn ein innerstaatlicher Akt dies anordnet[460]. Im Grundgesetz wie häufig auch in der Rechtsprechung[461] bleibt jedoch offen, ob es sich bei dem Anordnungsakt um einen Rechtsanwendungsbefehl[462] handelt, mit der Folge, dass das Völkerrecht als solches im Inland Anwendung findet oder um einen Transformationsakt[463], mit der Folge, dass das umgesetzte Recht als nationales Recht gilt[464]. Den Anordnungsakt für die allgemeinen Regeln des Völkerrechts enthält Art. 25 GG. Das sonstige Völkerrecht muss durch einen eigenständigen Anordnungsakt übernommen werden[465]. DBA als völkerrechtliche Verträge des Bundes bedürfen hierbei eines Zustimmungsgesetzes des Bundesgesetzgebers (Art. 59 Abs. 2 GG). Die übernommene Regelung des Völkerrechts hat den Rang des Gesetzes, das die innerstaatliche Geltung ausspricht[466]. Das Grundgesetz geht darüber hinaus „von der Eingliederung des von ihm verfassten Staates in die Völkerrechtsordnung“ aus[467]. Es verpflichtet daher

459 *OECD Committee on Fiscal Affairs*, Tax treaty issues related to REITs, public discussion draft, 30. October 2007, Rn. 25, 29.

460 BVerfG, Beschl. v. 22.10.1986 – 2 BvR 197/83, BVerfGE 73, 339 (375); *Jarass*, in: Jarass/Pieroth, GG, Art. 25 Rn. 1a.

461 BVerfG, Beschl. v. 14.10.2004 – 2 BvR 1481/04, BVerfGE 111, 307 (316 f.).

462 Wohl BVerfG, Beschl. v. 22.10.1986 – 2 BvR 197/83, BVerfGE 73, 339 (375); BGH, Urt. v. 25.6.1969 – I ZR 15/67, BGHZ 52, 216 (219); vgl. auch FG Köln, Urt. v. 30.1.2008, EFG 2008, 593 (595).

463 Z.B. BFH, Urt. v. 20.3.2002 – I R 38/00, BFHE 198, 514 (521); BVerwG, Urt. v. 22.2.1995 – 1 C 11.94, BVerwGE 98, 31 (41).

464 Vgl. statt aller *Jarass*, in: Jarass/Pieroth, GG, Art. 25 Rn. 1a.

465 *Jarass*, in: Jarass/Pieroth, GG, Art. 25 Rn. 1a.

466 Vgl. *Jarass*, in: Jarass/Pieroth, GG, Art. 59 Rn. 19 m.w.N.

467 Dies verdeutlichen die Präambel, Art. 25, 100 Abs. 2, 24 Abs. 3 und 9 Abs. 2 GG. Vgl. BVerfG, Beschl. v. 31.3.1987 – 2 BvM 2/86, BVerfGE 75, 1 (17); Beschl. v. 24.6.2003 – 2 BvR 685/03, BVerfGE 108, 129 (137); *Jarass*, in: Jarass/Pieroth, GG, Art. 25 Rn. 4.

zu besonderer Völkerrechtsfreundlichkeit[468] und „stellt die Staatsorgane mittelbar in den Dienst der Durchsetzung des Völkerrechts“[469].

Nach der bislang herrschenden Meinung in Rechtsprechung und Literatur sind Gesetze, die ein *Treaty Override* enthalten, trotz ihrer Abkommenswidrigkeit gültig und anwendbar[470]. Die übernommenen Regelungen des DBA teilten den Rang des Zustimmungsgesetzes und stünden somit im Rang eines einfachen Bundesgesetzes. Als solches könnten sie durch ein späteres gleichrangiges Gesetz (lex posterior) überschrieben werden. Ein Anwendungsvorrang lasse sich auch nicht aus § 2 AO herleiten, wonach Verträge mit anderen Staaten i.S.d. Art. 59 Abs. 2 S. 1 GG über die Besteuerung den Steuergesetzen vorgehen, soweit sie unmittelbar anwendbares innerstaatliches Recht geworden sind. Dabei kann dahinstehen, ob § 2 AO von der lex-posterior-Regel entbindet[471] oder anordnet bzw. klarstellt, dass DBA gegenüber den allgemeinen Steuergesetzen als speziellere Normen anzusehen sind[472].

§ 2 AO habe seinerseits nur den Rang eines einfachen Bundesgesetzes, so dass der Gesetzgeber den normierten Anwendungsvorrang durch ein gleichrangiges Gesetz überwinden könne. Voraussetzung ist, dass der Gesetzgeber – wie hier – klar und zweifelsfrei deutlich macht, dass die gesetzliche Regelung entgegenstehenden DBA vorgehen soll[473]. Auch Art. 25 GG, wonach die allgemeinen Regeln des Völkerrechts Bestandteil des Bundesrechts sind und den Gesetzen vorgehen, steht nach der bislang herrschenden Auffassung einem *Treaty Override* nicht entgegen. Zwar gehöre der Grundsatz *‚pacta sunt servanda‘* zu den allgemeinen Regeln des Völkerrechts[474], die Regel sage indes nichts über die innerstaatliche Geltung eines völkerrechtlichen Vertrags aus[475].

---

468 BVerfG, Beschl. v. 30.6.1964 – 1 BvR 93/64; BVerfGE 18, 112 (121); Beschl. v. 4.5.1971 – 1 BvR 636/68, BVerfGE 31, 58 (75 f.); Beschl. v. 31.3.1987 – 2 BvM 2/86, BVerfGE 75, 1 (17); *Jarass*, in Jarass/Pieroth, GG, Art. 25 Rn. 4.

469 BVerfG, Beschl. v. 14.10.2004 – 2 BvR 1481/04, BVerfGE 111, 307 (328).

470 Vgl. BFH, Urt. v. 13.7.1994 – I R 120/93, BStBl. II 1995, 129 (130); Urt. v. 17.5.1995 – I B 183/94, BStBl. II 1995, 781 (782); FG Köln, Urt. v. 30.1.2008, EFG 2008, 593 (595); *Bron*, IStR 2007, 431 (436); *Musil*, RIW 2006, 287 (289 f.); *Wassermeyer*, in: Debatin/Wassermeyer, DBA (MA), Art. 1 Rn. 12 (m.w.N.); *Wassermeyer/Schönfeld*, in: Flick/Wassermeyer/Baumhoff, Außensteuerrecht, § 20 AStG Rn. 41 ff.

471 *Birk*, in: Hübschmann/Hepp/Spitaler, AO/FGO, § 2 Rn. 174; *Seer*, IStR 1997, 481 (485); *Pahlke*, in: Pahlke/Koenig, AO, § 2 Rn. 19.

472 *Frotscher* , Internationales Steuerrecht, § 2 Rn. 49; *Langbein*, RIW 1988, 875 (878); *Debatin*, DB 1985, Beilage 23/85 zu Heft 39, 1 (2); *Vogel*, in: Vogel/Lehner, DBA, Einl. Rn. 203.

473 *Drüen*, in: Tipke/Kruse, AO/FGO, § 2 Rn. 2; Musil, RIW 2006, 287 (290); *Bron*, IStR 2007, 431 (433); a.A. *Leisner*, RIW 1993, 1019 f. (Zitiergebot vergleichbar Art. 19 Abs. 1 S. 2 GG).

474 Die insbesondere von *Klaus Vogel* vertretene Gegenansicht ging indes von der Verfassungswidrigkeit des *Treaty Override* aus. Dem Grundsatz *‚pacta sunt servanda‘* komme über Art. 25 S. 2 GG unmittelbar Verfassungsrang zu; im Übrigen ergebe sich ein Verstoß gegen

Jüngere Entscheidungen des Bundesverfassungsgerichts haben jedoch vermehrt Zweifel an dieser Sichtweise aufkommen lassen. In dem sog. ‚*Görgülü-Beschluss*' vom 14. Oktober 2004, welcher das Umgangsrecht des Kindsvaters betraf, bestätigt das BVerfG die aus dem Rechtsstaatsprinzip abzuleitende Verpflichtung aller Organe zur Beachtung der EMRK und führt aus: „Die Völkerrechtsfreundlichkeit entfaltet Wirkung nur im Rahmen des demokratischen und rechtsstaatlichen Systems des Grundgesetzes. Das Grundgesetz erstrebt die Einfügung Deutschlands in die Rechtsgemeinschaft friedlicher und freiheitlicher Staaten, verzichtet aber nicht auf die in dem letzten Wort der deutschen Verfassung liegende Souveränität. Insofern widerspricht es nicht dem Ziel der Völkerrechtsfreundlichkeit, wenn der Gesetzgeber ausnahmsweise Völkervertragsrecht nicht beachtet, sofern nur auf diese Weise ein Verstoß gegen tragende Grundsätze der Verfassung abzuwenden ist."[476]

Hieraus lässt sich der Schluss ziehen, dass der Gesetzgeber als Teil des Rechtsstaatsgebots i.S.d. Art. 20 Abs. 3 GG von Verfassungs wegen grundsätzlich verpflichtet ist, Völkervertragsrecht zu beachten. Ausnahmen sind nur dann zulässig, wenn dies zur Abwendung eines Verstoßes gegen tragende Grundsätze der Verfassung, insbesondere die Menschenwürde und die Grundrechte, erforderlich ist[477].

Überträgt man dies auf DBA, so dürften *Treaty Overrides* im Regelfall nicht nur völkerrechts- sondern auch verfassungswidrig sein, da sie die hohen Anforderungen an eine Abweichung vom Völkervertragsrecht nicht erfüllen können.

Im Beschluss vom 26. Oktober 2004 zu Rückübertragungsansprüchen sog. Alteigentümer präzisiert das BVerfG dies wie folgt:

„Das Grundgesetz [...] ordnet nicht die Unterwerfung der deutschen Rechtsordnung unter die Völkerrechtsordnung an, sondern will den Respekt vor friedens- und freiheitswahrenden Internationalen Organisationen und dem Völkerrecht erhöhen, ohne die letzte Verantwortung für die Achtung der Würde des Menschen und die Beachtung der Grundrechte durch die deutsche öffentliche Gewalt aus der Hand zu geben."[478]

Das BVerfG stellt ferner heraus, dass sich aus der Vökerrechtsfreundlichkeit des Grundgesetzes u.a. die Pflicht der deutschen Staatsorgane ergebe, „die die

---

das Rechtsstaatsprinzip i.V.m. dem Grundsatz der Völkerrechtsfreundlichkeit. Vgl. *Vogel*, JZ 1997, 161 (162).

475 Vgl. *Gosch*, IStR 2008, 413 (418); *Gröpl*, DStZ 2008, 62 (68).

476 BVerfG, Beschl. v. 14.10.2004 – 2 BvR 1481/04, BVerfGE 111, 307 (318 f.).

477 Ebenso: *Gosch*, IStR 2008, 413 (419); *Rust/Reimer*, IStR 2005, 843 (848); *Gröpl*, DStZ 2008, 62 (68); *Stein*, IStR 2006, 505 (508 f.); *Vogel*, IStR 2005, 29 (30).

478 BVerfG, Beschl. v. 26.10.2004 – 2 BvR 955/00, 2 BvR 1038/01, BVerfGE 112, 1 (25 f.).

Bundesrepublik Deutschland bindenden Völkerrechtsnormen zu befolgen und Verletzungen nach Möglichkeit zu unterlassen."[479]

Dies gilt insbesondere für das hier in Frage stehende *Treaty Override* in § 16 Abs. 2 REITG. Fraglich ist bereits, welche tragenden Verfassungsgrundsätze diese Vorschrift wahren könnte. Im Schrifttum wird hier die Steuerverteilungsgerechtigkeit zwischen den Staaten angesprochen[480], wobei unklar ist, welcher konkrete tragende Verfassungsgrundsatz diese untermauert[481]. Ebenso wird auf das Demokratieprinzip rekurriert[482].

Jedenfalls dürfte ein Vertragsbruch nicht erforderlich sein, da als mildere Mittel z.B. die Aufkündigung des Vertrags, punktuelle Nachverhandlungen oder das Verständigungs-, Konsultations- und Notifikationsverfahren zu nennen sind[483]. Ebenso hätte der Gesetzgeber auch an die Überschreitung der Höchstbeteiligungsquote eine Zahlungspflicht knüpfen können[484].

Nach der Gegenansicht ändert auch die jüngere Rechtsprechung des BVerfG nichts an der verfassungsrechtlichen Zulässigkeit und Wirksamkeit des *Treaty Override*. Danach habe das BVerfG im Rahmen der genannten Beschlüsse keine abschließende Aussage über die Zulässigkeit derogierender Gesetzgebung treffen wollen und an die Konstellation des *Treaty Override* ersichtlich nicht gedacht. Zudem lasse sich dem Grundsatz der Völkerrechtsfreundlichkeit nur das Postulat entnehmen, dass innerstaatliche Normen so völkerrechtsfreundlich wie möglich auszulegen seien. Ein Nichtigkeitsverdikt für völkerrechtsunfreundliches Recht trage der Grundsatz indes nicht. Für eine völkerrechtsfreundliche Auslegung bleibe kein Raum mehr, wenn der Gesetzgeber unmissverständlich deutlich mache, dass er das Völkerrecht zurückdrängen will[485].

Es ist zu erwarten, dass die Rechtssprechung bei gegebenem Anlass eine Entscheidung des Streits im Wege des Normenkontrollverfahrens nach Art. 100 Abs. 1 GG herbeiführen wird[486].

---

479 BVerfG, Beschl. v. 26.10.2004 – 2 BvR 955/00, 2 BvR 1038/01, BVerfGE 112, 1 (26).

480 *Elicker*, Die Zukunft des deutschen internationalen Steuerrechts, in Institut „Finanzen und Steuern" e.V., Schrift Nr. 438, 2006, S. 22 ff.

481 Kritisch auch *Gröpl*, DStZ 2008, 62 (68).

482 Vgl. *Rust/Reimer*, IStR 2005, 843 (847 f.).

483 Vgl. *Gosch*, IStR 2008, 413 (419); *Gröpl*, DStZ 2008, 62 (68 f.).

484 So auch *Gröpl*, DStZ 2008, 62 (69), der als weitere Maßnahmen den (unmittelbaren) Wegfall der Steuerbefreiung der REIT-AG und den Wegfall des Dividendenanspruchs des Anteilseigners nennt.

485 Vgl. *Bron*, IStR 2007, 431 (434); *Forsthoff*, IStR 2006, 509 (509, Fn. 6); *Musil*, RIW 2006, 287 (289).

486 *Vgl. Gosch*, IStR 2008, 413 (421); *Rust/Reimer*, IStR 2005, 843 (848); *Stein*, IStR 2006, 505 (509); *Vogel*, IStR 2005, 29 (30).

(c) Europarechtliche Zulässigkeit des Treaty Override

Diskutiert wird ebenfalls die europarechtliche Zulässigkeit des *Treaty Override*[487].

Vor Inkrafttreten des Vertrags von Lissabon[488] wurde ein *Treaty Override* hierbei teilweise als Verstoß gegen die gemeinschaftsrechtliche Pflicht der Mitgliedstaaten zur Aufnahme zwischenstaatlicher Verhandlungen mit dem Ziel einer Vermeidung der Doppelbesteuerung i.S.d. Art. 293 Spiegelstrich 2 EG betrachtet. Unterstellt, dass sich Art. 293 Spiegelstrich 2 EG auch auf bilaterale Abkommen bezog[489], und eine Bemühenspflicht zum Abschluss von DBA begründete, musste nach dieser Ansicht die Vorschrift in gleicher Weise auch den Bestand des DBA und (ggf. i.V.m. der in Art. 10 EG verankerten Pflicht zur loyalen Zusammenarbeit) dessen Beachtung vorschreiben[490]. Art. 293 EG ist nicht in den EUV oder AEUV übernommen worden und mit dem Vertrag von Lissabon weggefallen. Lediglich Art. 4 Abs. 3 EUV enthält nun eine allgemeine Vorschrift, wonach die Mitgliedstaaten alle Maßnahmen unterlassen sollen, die die Verwirklichung der Ziele der Union gefährden könnten.

Die Gegenansicht lehnte unter Verweis auf das EuGH-Urteil in der Rechtssache *Gilly*[491] einen Verstoß gegen Art. 293 EG mit der Begründung ab, dass die bilateralen DBA gerade nicht als Erfüllung der Pflicht aus Art. 293 EG angesehen werden konnten und dass Art. 293 EG zudem nicht unmittelbar wirkte, d.h. keine subjektiven Rechte für die Steuerpflichtigen begründete[492].

Die Rechtsprechung des EuGH lässt auch im Übrigen, insbesondere aus der Perspektive der Grundfreiheiten, nicht auf die Gemeinschaftsrechtswidrigkeit des *Treaty Override* als solches schließen. So äußerte GA *Geelhoed* in seinem Schlussantrag in der Rechtssache *Kerkhaert & Morres* die Ansicht, dass der Umstand, dass Belgien seine Verpflichtungen aus dem französisch-belgischen DBA verletze, hinsichtlich des festgestellten Ergebnisses keinen Unterschied mache. Außerdem führte er aus, dass der Umstand, dass die Rechtsvorschriften eines Mitgliedstaates mit dem einschlägigen DBA in Einklang stünden, nicht

487 Hierzu *Bron*, IStR 2007, 431 (434); *Forsthoff*, IStR 2006, 509 (509 ff.); *Gosch*, IStR 2008, 413 (419 ff.); *Kofler*, SWI 2006, 62 (62 ff.); *Musil*, RIW 2006, 287 (291 ff.); *Reimer*, in: Helios/Wewel/Wiesbrock, REIT-Gesetz, C Rn. 160 ff.

488 Vertrag von Lissabon zur Änderung des Vertrags über die Europäische Union und des Vertrags zur Gründung der Europäischen Gemeinschaft v. 13.12.2007, ABl. 2007 Nr. C 306, S. 1.

489 Zu dieser Frage ausführlich: *Musil*, Deutsches Treaty Overriding und seine Vereinbarkeit mit dem Europäischen Gemeinschaftsrecht, S. 100 ff.

490 *Busching/Trompeter*, IStR 2005, 510 (513); *Reimer*, in: Helios/Wewel/Wiesbrock, REIT-Gesetz, C Rn. 161; *Seer*, IStR 1997, 520 (522).

491 EuGH, Urt. v. 12.5.1998, C–336/96, *Gilly*, Slg. I–2793, Rn. 23.

492 *Bron*, IStR 2007, 431 (434); *Forsthoff*, IStR 2006, 509 (510).

bereits bedeute, dass ein derartiges Verhalten mit den dort in Frage stehenden Vertragsbestimmungen über die Freizügigkeit übereinstimme[493].

Wenn die Beachtung eines DBA einen Verstoß gegen die Grundfreiheiten nicht ausschließt, so lässt sich daraus umgekehrt folgern, dass ein *Treaty Override* nicht unweigerlich zu einem entsprechenden Verstoß führen muss[494]. Auch in der Rechtssache *Columbus Container* erwies sich der in § 20 Abs. 2 AStG enthaltene Wechsel von der Befreiungs- zur Anrechnungsmethode nicht als schädlich. Der EuGH bestätigte, dass mangels entsprechender Harmonisierungsmaßnahmen die Aufteilung der Besteuerungsrechte zwischen den Mitgliedstaaten in die Kompetenz der Mitgliedstaaten fällt[495]. Zudem stellte er fest, dass das Verhältnis zwischen einer nationalen Maßnahme und einem DBA nicht zur Auslegung des Gemeinschaftsrechts gehört[496]. Solange ein *Treaty Override* im Ergebnis nicht zu einer diskriminierenden Besteuerung führt, dürfte es somit als solches gemeinschaftsrechtlich unbeachtlich sein[497].

(d) Zwischenergebnis

Die Vorschrift des § 16 Abs. 2 S. 3 DBA steht im Widerspruch zu den Regelungen des Art. 9 Abs. 5 DBA-Frankreich. Während dieses *Treaty Override* gemeinschaftsrechtlich unbeachtlich sein dürfte, bestehen unter Berücksichtigung der jüngeren Rechtsprechung des BVerfG jedoch berechtigte Zweifel an seiner verfassungsrechtlichen Zulässigkeit. Sollten sich diese Zweifel bestätigen, könnten französische institutionelle Anleger, die eine Schachtelbeteiligung an einer in Deutschland ansässigen SIIC halten, auch dann das Schachtelprivileg des Art. 9 Abs. 5 DBA-Frankreich in Anspruch nehmen, wenn die Gesellschaft zugleich in Deutschland als REIT-AG registriert ist.

493 Schlussanträge des GA *Geelhoed* v. 6.4.2006, C–513/04, *Kerkhaert & Morres*, Slg. 2006, I–10967, Rn. 37.

494 *Forsthoff*, IStR 2006, 509 (511).

495 EuGH, Urt. v. 6.12.2007, C–298/05, *Columbus Container*, Slg. 2007, I–10451, Rn. 45.

496 EuGH, Urt. v. 6.12.2007, C–298/05, *Columbus Container*, Slg. 2007, I–10451, Rn. 47.

497 Zu verbleibenden offenen Fragen: *Gosch*, IStR 2008, 413 (419 ff.).

2. In Deutschland ansässige Anleger (einer französischen SIIC)

a) Natürliche Personen (Privatanleger)

aa) Gewinnausschüttungen

(1) Besteuerung in Frankreich

Beziehen natürliche Personen, die in Frankreich nicht steuerlich ansässig sind, Einkünfte aus französischer Quelle, unterliegen sie in Frankreich der beschränkten Einkommensteuerpflicht (Art. 4 A Abs. 2, 164 B CGI)[498].

Beteiligen sich in Deutschland ansässige natürliche Personen ohne steuerlichen Wohnsitz (*domicile fiscal*)[499] in Frankreich unmittelbar an einer französischen SIIC, sind sie in Frankreich mit den Gewinnausschüttungen, die sie aufgrund ihrer Beteiligung erhalten, beschränkt einkommensteuerpflichtig, denn diese werden den Einkünften aus französischer Quelle i.S.d. Art. 164 B CGI zugerechnet. Es handelt sich dabei um Einkünfte aus französischem (beweglichem) Kapitalvermögen (*revenus de valeurs mobilières françaises et de tous autres capitaux mobiliers placés en France*, Art. 164 B, I–b CGI) und nicht um Einkünfte aus in Frankreich belegenem Grundbesitz (*revenus d'immeubles sis en France ou de droits relatifs à ces immeubles*, Art. 164 B, I–a CGI). Zwar ist der Begriff der ‚Einkünfte aus französischem Grundbesitz' nach französischem Recht recht weit auszulegen[500]. Er umfasst neben den unmittelbaren Einkünften aus in Frankreich belegenen Immobilien und Rechten an diesen auch mittelbare Einkünfte aus Anteilen an bestimmten Immobiliengesellschaften (*sociétés immobilières*)[501]. Zu diesen gehören zunächst die sog. *sociétés immobilières de copropriété*, deren alleiniger Gesellschaftszweck darin besteht, Immobilien zu erwerben oder zu errichten, um sie anschließend in einzelne Untereinheiten aufgeteilt an die Gesellschafter zu verteilen oder diesen zur Verfügung zu stellen oder um

---

498 Zur beschränkten Einkommensteuerpflicht: Ed. Francis Lefebvre, Fiscal 2009, Rn. 45, 432 ff.; *Gouthière*, Les impôts dans les affaires internationales, 7. Aufl., Rn. 209 ff.; *Hellio/Crucifix*, in: Mennel/Förster, Steuern in Europa, Amerika und Asien, Frankreich Rn. 42 f.

499 Zum Begriff des *domicile fiscal*: Ed. Francis Lefebvre, Fiscal 2009, Rn. 39; *Gouthière*, Les impôts dans les affaires internationales, 7. Aufl., Rn. 1401 ff.

500 *Gouthière*, Les impôts dans les affaires internationales, 7. Aufl., Rn. 2305.

501 Vgl. *de Bourmont/Julien-Saint-Amand*, in: Debatin/Wassermeyer, DBA (Frankreich), Art. 3 Rn. 113; *Duthilleul*, in: Debatin/Wassermeyer, DBA (Frankreich), Anh. Frankreich Rn. 76; Ed. Francis Lefebvre, Fiscal 2009, Rn. 2410; *Gouthière*, Les impôts dans les affaires internationales, 7. Aufl., Rn. 2305; *Kessler/Sinz/Achilles-Pujol*, DBA-Kommentar Deutschland/Frankreich, Art. 3, C. I., S. 37.

diese entsprechend aufgeteilt zu verwalten. Diese Gesellschaften sind unabhängig von ihrer Rechtsform steuerlich voll transparent (Art. 8 bis CGI, Art. 1655 ter CGI), d.h. die Anteilseigner werden steuerlich so behandelt, als seien sie anteilig Eigentümer der Immobilien[502]. Ebenfalls erfasst werden die nicht transparenten, nicht der Körperschaftsteuer unterliegenden Immobilienpersonengesellschaften, insbesondere die Immobiliengesellschaften bürgerlichen Rechts (*sociétés civiles immobilières*, SCI) sowie als Unterform dieser die Immobilieninvestmentgesellschaften i.S.d. Art. 239 septies CGI (*sociétés civiles de placement immobilier*, SCPI)[503]. Entsprechend den für die Besteuerung von Personengesellschaften geltenden Regeln[504] sind diese steuerlich insoweit existent, als die von der Gesellschaft erzielten Gewinne auf Ebene der Gesellschaft ermittelt und erklärt werden. Die Gesellschaft ist jedoch nicht Schuldnerin der Steuer. Die Besteuerung erfolgt ihrer Beteiligung entsprechend auf Ebene der Gesellschafter[505].

Einkünfte aus Grundbesitz erzielen schließlich die Anteilsinhaber von Immobilieninvestmentfonds (*Fonds de placement immobilier*, FPI)[506] hinsichtlich der Einkünfte aus französischem Grundbesitz[507].

Die Einkünfte aus Beteiligungen an anderen Gesellschaften werden hingegen, auch wenn ihr Aktivvermögen überwiegend oder vollständig aus Immobilien besteht, nicht zu den Einkünften aus Grundbesitz zugerechnet. So gehören insbesondere die von einem beschränkt Steuerpflichtigen aus seiner Beteiligung an einer französischen Immobilienaktiengesellschaft bezogenen Dividenden zu den Einkünften aus Kapitalvermögen[508].

Die Besteuerung der Gewinnausschüttungen einer SIIC an ihre in Deutschland ansässigen Aktionäre erfolgt durch Einbehalt einer Quellensteuer (Art. 119 bis, 2

502 Vgl. *de Bourmont/Julien-Saint-Amand*, in: Debatin/Wassermeyer, DBA (Frankreich), Art. 3 Rn. 113; Ed. Francis Lefebvre, Fiscal 2009, Rn. 2410, 2654 ff.; *Gouthière*, Les impôts dans les affaires internationales, 7. Aufl., Rn. 2306.

503 *De Bourmont/Julien-Saint-Amand*, in: Debatin/Wassermeyer, DBA (Frankreich), Art. 3 Rn. 114; Ed. Francis Lefebvre, Fiscal 2009, Rn. 2410, 2645 ff; *Gouthière*, Les impôts dans les affaires internationales, 7. Aufl., Rn. 2307. Zu den SCI und SCPI: Ed. Francis Lefebvre, Fiscal 2009, Rn. 2645 ff.; *de Bourmont/Rubechi*, IWB 2003, Fach 5 Frankreich, Gruppe 2, S. 1359 (1360 ff.).

504 Ausführlich: Ed. Francis Lefebvre, Fiscal 2009, Rn. 3310 ff.; *Gouthière*, Les impôts dans les affaires internationales, 7. Aufl., Rn. 1202, 1204.

505 Vgl. *de Bourmont/Rubechi*, IWB 2003, Fach 5 Frankreich, Gruppe 2, 1359 (1360 ff.); *Gouthière*, Les impôts dans les affaires internationales, 7. Aufl., Rn. 2307.

506 Siehe unter: B. II. 1. a) bb) (2); ebenso Ed. Francis Lefebvre, Fiscal 2009, Rn. 2637 ff.; *Hellio/Kenk*, IWB 2007, Fach 5 Frankreich, Gruppe 2, 1477 (1482).

507 Ed. Francis Lefebvre, Fiscal 2009, Rn. 2411.

508 *De Bourmont/Julien-Saint-Amand*, in: Debatin/Wassermeyer, DBA (Frankreich), Art. 3 Rn. 115; *Gouthière*, Les impôts dans les affaires internationales, 7. Aufl., Rn. 2307.

Abs. 1 CGI). Die Quellensteuer hat gemäß Art. 199 quater A CGI abgeltende Wirkung. Der Quellensteuersatz beträgt grundsätzlich 18%, wenn die Ausschüttungen – wie hier – ihrer Natur nach in den Anwendungsbereich des französischen Teileinkünfteverfahrens fallen und der Empfänger seinen Wohnsitz außerhalb Frankreichs in einem EU-Mitgliedstaat oder in einem anderen Mitgliedstaat des EWR hat, der mit Frankreich ein Steuerabkommen geschlossen hat, welches eine Amtshilfeklausel zur Bekämpfung der Steuerflucht und Steuerhinterziehung enthält, im Übrigen 25% (Art. 187, 1 CGI)[509]. Bemessungsgrundlage der Quellensteuer ist die ausgeschüttete Bruttodividende (Ann. II, Art. 48 CGI). Weder der für das Teileinkünfteverfahren vorgesehene Abschlag von 40% des Ausschüttungsbetrags noch der Freibetrag nach Art. 158, 3–5° CGI finden Anwendung[510].

Das Besteuerungsrecht Frankreichs wird jedoch durch das DBA-Frankreich eingeschränkt. Aus französischer Sicht handelt es sich bei den Ausschüttungen der französischen SIIC – als Ausschüttungen einer nicht nach Art. 1655 CGI transparenten Immobilienaktiengesellschaft – um Dividendeneinkünfte i.S.d. Art. 9 Abs. 6 DBA Frankreich, so dass das Frankreich eingeräumte Steuerabzugsrecht auf 15% des Bruttoertrags der Dividenden begrenzt wird (Art. 9 Abs. 2 DBA-Frankreich).

Die Beschränkung kann im Wege des ‚normalen' oder des ‚vereinfachten' Verfahrens geltend gemacht werden[511]. Das ‚vereinfachte Verfahren' (*procédure simplifiée*) erlaubt nach Vorlage einer Ansässigkeitsbescheinigung die unmittel-

509 Der ermäßigte Steuersatz von 18% gilt für alle seit dem 1.1.2008 zufließenden Ausschüttungen. Die Regelung ist zeitgleich mit der Einführung der abgeltenden Abzugsteuer (*prélèvement forfaitaire libératoire*) nach Art. 117 quater CGI (siehe unter: B. VI. 1. a) aa) (1) (b)) im Rahmen des Änderungsfinanzgesetzes für 2008 (Nr. 2007–1822 v. 24.12.2007, Art. 10–IV und XVII, JO v. 27.12.2007, S. 21211) eingeführt worden und führt insoweit zu einer Gleichstellung von unbeschränkt und beschränkt Steuerpflichtigen. Zuvor galt ein Quellensteuersatz von 25%. Es stellte sich die Frage nach Anwendbarkeit der für das Teileinkünfteverfahren geltenden Regelungen bei der Bestimmung der Bemessungsgrundlage der Quellensteuer. Während die französische Finanzverwaltung dies unter Verweis auf Ann. II, Art. 48 CGI ablehnte (Instruction v. 11.08.2005, BOI 5 I–2–05, Rn. 105), sprach sich *Gouthière* (Les impôts dans les affaires internationales, 7. Aufl., Rn. 2007) für eine Anwendbarkeit dieser Regelungen aus. Er verwies dabei insbesondere auf Art. 164 A CGI, wonach die Quelleneinkünfte beschränkt Steuerpflichtiger nach den gleichen Regeln zu ermitteln sind wie Einkünfte gleicher Natur von unbeschränkt Steuerpflichtigen und hielt den Verweis der Finanzverwaltung auf eine im Rang unter dem Parlamentsgesetz stehende Durchführungsverordnung für nicht überzeugend.

510 Ed. Francis Lefebvre, Fiscal 2009, Rn. 2193.

511 Instruction v. 25.2.2005, BOI 4 J–1–05, Rn. 11 ff.; *Gouthière*, Les impôts dans les affaires internationales, 7. Aufl., Rn. 2810; *Kessler/Sinz/Achilles-Pujol*, DBA-Kommentar Deutschland/Frankreich, Art. 9, C. I., S. 93.

bare Anwendung des reduzierten Quellensteuersatzes zum Zeitpunkt der Gewinnausschüttung[512]. Das ‚normale Verfahren' (*procédure normale*) lässt den Quellensteuerabzug in Höhe von 18% oder 25% unberührt und führt zur nachträglichen Erstattung der zuviel einbehaltenen Quellensteuer[513].

Wie bereits ausgeführt, sind in Frankreich ansässige Privatanleger berechtigt, einen jährlichen Anrechnungsbetrag in Höhe von 50% der dem Teileinkünfteverfahren unterliegenden Ausschüttungen, begrenzt auf einen Höchstbetrag von 115 Euro (ledige, geschiedene, verwitwete Personen) bzw. 230 Euro (gemeinsam veranlagte Ehegatten und Lebenspartner) von der Gesamteinkommensteuerbelastung des Veranlagungszeitraumes der Ausschüttung abzuziehen[514]. Obwohl dieser Vorteil nach dem Wortlaut des Art. 200 septies, 1 CGI in Frankreich ansässigen natürlichen Personen vorbehalten ist, soll der Anrechnungsbetrag laut Verwaltungsanweisung vom 11. August 2005 auch beschränkt Einkommensteuerpflichtigen erstattet werden, sofern die von ihnen bezogenen Ausschüttungen dem Steuerabzug unterlegen haben und das zwischen Frankreich und dem Ansässigkeitsstaat geschlossene DBA die Gewährung des ehemaligen *avoir fiscal* auch gegenüber beschränkt Steuerpflichtigen vorsieht[515].

Infolge der Einführung des deutschen Halbeinkünfteverfahrens und der generellen Freistellung der Schachteldividenden von der Besteuerung in Deutschland wurde die ursprünglich auch im DBA-Frankreich vorgesehene Übertragung des *avoir fiscal* durch das Zusatzabkommen zum DBA-Frankreich vom 20. Dezember 2001 ersatzlos gestrichen[516]. Deutschen Privatanlegern einer französischen SIIC bleibt daher die Geltendmachung des Anrechnungsbetrags i.S.d. Art. 200 septies CGI verwehrt.

(2) Besteuerung in Deutschland

Die in Deutschland ansässigen Anteilseigner einer französischen SIIC sind in Deutschland unbeschränkt einkommensteuerpflichtig (§ 1 Abs. 1 S. 1 EStG). Im Verhältnis zu Frankreich steht Deutschland nach Art. 9 Abs. 1 DBA-Frankreich hinsichtlich der Gewinnausschüttungen der SIIC auch das Besteuerungsrecht zu.

---

512 Instruction v. 25.2.2005, BOI 4 J–1–05, Rn. 11 ff.; *Gouthière*, Les impôts dans les affaires internationales, 7. Aufl., Rn. 2810.

513 Instruction v. 25.2.2005, BOI 4 J–1–05, Rn. 16 ff.; *Gouthière*, Les impôts dans les affaires internationales, 7. Aufl., Rn. 2810.

514 Siehe unter: A. VI. 1. a) aa) (1) (b).

515 Instruction v. 11.8.2005, BOI 5 I–2–05, Rn. 107 ff.; *Gouthière*, Les impôts dans les affaires internationales, 7. Aufl., Rn. 2024.

516 Hierzu: *Schultze*, IStR 2004, 639 (639 ff.).

(a) Keine Besteuerung nach dem Investmentsteuergesetz (InvStG)

Es stellt sich die Frage, ob die Einkünfte unbeschränkt steuerpflichtiger Anleger aus ihrer Beteiligung an einer in Frankreich ansässigen SIIC in Deutschland nach den Regelungen des InvStG oder nach den allgemeinen Regelungen des EStG bzw. KStG unter Berücksichtigung der Vorschriften des REITG besteuert werden.

Bei einer Besteuerung nach dem InvStG könnten die Anleger zum einen die Steuerbefreiung des § 4 Abs. 1 InvStG für sich geltend machen, wonach Ausschüttungen und ausschüttungsgleiche Erträge unberücksichtigt bleiben, soweit sie ausländische Einkünfte enthalten, hinsichtlich derer Deutschland in einem DBA auf sein Besteuerungsrecht verzichtet hat[517]. Betroffen wären insbesondere die Einkünfte der SIIC aus der Vermietung und Veräußerung ausländischen Grundbesitzes, mit der Folge, dass sie sowohl in Frankreich als auch in Deutschland der Besteuerung entzogen wären[518]. Zum anderen drohte die Pauschalbesteuerung nach § 6 InvStG, wenn die SIIC den Bekanntmachungspflichten des § 5 InvStG nicht ordnungsgemäß nachkäme.

Das InvStG ist auf inländische sowie ausländische Investmentvermögen und Investmentanteile anzuwenden (§ 1 Abs. 1 InvStG), wobei die Begriffsbestimmungen in § 1 S. 2 und § 2 InvG gelten (§ 2 Abs. 2 S. 1 InvStG).

Durch das am 28. Dezember 2007 in Kraft getretene Investmentänderungsgesetz (InvÄndG)[519] ist die Definition des ausländischen Investmentanteils geändert worden.

§ 2 Abs. 9 InvG in der Fassung vor Inkrafttreten des InvÄndG definierte ausländische Investmentanteile lediglich als Anteile an ausländischen Investmentvermögen, die von einem Unternehmen mit Sitz im Ausland (ausländische Investmentgesellschaft) ausgegeben werden. Es galt der sog. materielle Investmentbegriff[520]. Mit der Gesetzesänderung sollte dieser durch einen formellen Investmentbegriff ersetzt werden[521]. Nach der neuen Definition sind ausländische Investmentanteile nunmehr Anteile an ausländischen Investmentvermögen, die

---

517 Für die Anwendbarkeit des § 4 InvStG auch auf ausländische Investmentvermögen: BMF, Schreiben v. 18.08.2009, IV C 1 – S 1980–1/08/10019, betreffend Investmentsteuergesetz (InvStG), Zweifels- und Auslegungsfragen, Aktualisierung des BMF-Schreibens v. 2.6.2005 (nachfolgend: ‚InvSt-Erlass 2009'), BStBl. I 2009, S. 931, Tz. 75; *Hamacher*, in: Korn, EStG, § 4 InvStG, Rn. 5; *Schimmelschmidt/Tauser/Lagarrigue*, IStR 2006, 120 (123).

518 So auch *Schimmelschmidt/Tauser/Lagarrigue*, IStR 2006, 120 (123). Zur französischen Missbrauchsbesteuerung vgl. die Ausführungen unter: B. VII.

519 Gesetz zur Änderung des Investmentgesetzes und zur Anpassung anderer Vorschriften (Investmentänderungsgesetz – InvÄndG) v. 21.12.2007, BGBl. I, S. 3089 ff.

520 Ausführlich *Volckens/Panzer*, IStR 2005, 426 ff.

521 BT-Drs. 16/5576, S. 56.

von einer ausländischen Investmentgesellschaft ausgegeben werden, und bei denen der Anleger verlangen kann, dass ihm gegen Rückgabe des Anteils sein Anteil an dem ausländischen Investmentvermögen ausgezahlt wird. Hat der Anleger kein solches Rückgaberecht, muss die ausländische Investmentgesellschaft in ihrem Sitzstaat einer Aufsicht über Vermögen zur gemeinschaftlichen Kapitalanlage (ausländische Investmentaufsicht) unterstellt sein. Die BaFin hat mit Rundschreiben vom 22. Dezember 2008[522] zur Auslegung des neuen Begriffs des ausländischen Investmentanteils Stellung genommen. Die Finanzverwaltung folgt der aufsichtsrechtlichen Auslegung auch für das Steuerrecht[523].

(aa) Ausländisches Investmentvermögen

Ein ausländisches Investmentvermögen ist ein Vermögen zur gemeinschaftlichen Kapitalanlage, das nach dem Grundsatz der Risikomischung in Vermögensgegenstände i.S.d. § 2 Abs. 4 InvG angelegt ist und dem Recht eines anderen Staates untersteht (§ 2 Abs. 8 S. 1 i.V.m. § 1 Abs. 1 S. 2 InvG).

Ein Vermögen zur gemeinschaftlichen Kapitalanlage wird gemeinhin als eigenständiges Vermögen verstanden, dessen objektiver Geschäftszweck hauptsächlich auf die Anlage und Verwaltung seiner Mittel für gemeinschaftliche Rechnung der Anteilsinhaber gerichtet ist. Es muss mehr als einen Anleger haben können. Unerheblich ist sowohl die Rechtsform des Vermögens als auch die der Anleger. Eine mitgliedschaftliche Beteiligung der Anleger ist nicht erforderlich; ihre wirtschaftliche Beteiligung an den Chancen und Risiken der gemeinschaftlichen Kapitalanlage genügt[524].

Das Gesetz lässt offen, ob die Anlagemöglichkeiten des Investmentvermögens auf Vermögensgegenstände i.S.d. § 2 Abs. 4 InvG beschränkt sind oder in welchem Umfang diese Vermögensgegenstände erworben werden müssen. Nach Auffassung der BaFin und der Finanzverwaltung kann ein Vermögen nunmehr nur dann als ausländisches Vermögen angesehen werden, wenn es tatsächlich oder nach dessen objektivem Geschäftszweck unmittelbar zu mehr als 90% des

522 BaFin, Rundschreiben 14/2008 (WA) zum Anwendungsbereich des Investmentgesetzes nach § 1 Satz 1 Nr. 3 InvG, WA 41–WP 2136–2008/0001 (nachfolgend: ‚Rundschreiben 14/2008‘), abgedruckt in: *Beckmann/Scholtz/Vollmer*, Investment-Handbuch, Kz. 412 Nr. 56; vgl. ergänzend den Fragenkatalog der BaFin zum Anwendungsbereich des Investmentgesetzes nach § 1 S. 1 Nr. 3 InvG und zum Rundschreiben 14/2008 v. 21.1.2010, WA 41 – Wp 2136 – 2008/a, abrufbar im Internet unter: http://www.bafin.de.

523 BMF, InvSt-Erlass 2009, Tz. 5.

524 BaFin, Rundschreiben 14/2008, Abschn. I. 1. a); *Elser/Gütle-Kunz*, BB 2010, 414 (415); *Helios/Schmies*, BB 2009, 1100 (1105); *Wenzel*, in: Blümich, EStG/KStG/GewStG, § 1 InvStG Rn 11 f.

Nettoinventarwertes in entsprechende Vermögensgegenstände angelegt oder auf eine solche Anlage ausgerichtet ist[525]. Eine Investition von bis zu 10% des Nettoinventarwertes in andere Vermögensgegenstände ist danach unschädlich (sog. ‚Schmutzgrenze')[526].

Zentrales Element des ausländischen Investmentvermögens ist die Anlage der Vermögensgegenstände nach dem Grundsatz der Risikomischung[527]. Das Gesetz trifft keine Aussage, unter welchen Voraussetzungen eine ausreichende Risikomischung vorliegt. Der Begriff der Risikomischung ist bei Einführung des InvG und des InvStG durch das Investmentmodernisierungsgesetz[528] aus dem bis dato geltenden Auslandsinvestmentgesetz (AuslInvestmG) übernommen worden. Ausweislich der Gesetzesmaterialien zum AuslInvestmG sah der damalige Gesetzgeber den Grundsatz der Risikomischung als erfüllt an, wenn die Investmentgesellschaft die zufließenden Gelder in einer Vielzahl von Wertpapieren oder Grundstücken oder beiden anlegt[529]. Die erstinstanzliche Rechtsprechung deutete den Begriff der Risikomischung zunächst streng objektiv; auf die Zielsetzung des Fonds sollte es danach nicht ankommen[530]. Das BVerwG hat dieser Auslegung in dem sog. ‚Hapimag-Urteil'[531] widersprochen. Nach seiner Rechtsprechung genügt ein aus Grundstücken gebildetes Vermögen nicht schon dann dem Grundsatz der Risikomischung, wenn die Grundstücke unter Kapitalanlagegesichtspunkten (Werterhaltung, Rendite, Liquidität) unterschiedliche Risiken tragen und sich somit das Grundvermögen als Ganzes als eine Mischung verschiedener Anlagerisiken darstellt. Erforderlich sei darüber hinaus, dass das Vermögen „nach dem Grundsatz der Risikomischung *angelegt*[532] ist", d.h. der

---

525 BaFin, Rundschreiben 14/2008, Abschn. I. 1. a); BMF, InvSt-Erlass 2009, Tz. 5; a.A. *Krause*, in: Kraft, AStG, § 7 Rn. 404 (überwiegende Anlage in Vermögensgegenstände nach § 2 Abs. 4 InvG genügt); *Vahldiek*, in: Bödecker, Handbuch Investmentrecht, Teil II InvG § 1 E.IV, S. 42. Auch die BAKred und das BMF sind ursprünglich von einer 50%-Grenze ausgegangen; vgl. BAKred, Rundschreiben v. 30.8.1990, V2–X–11/90, abgedruckt in: *Beckmann/Scholtz/Vollmer*, Investment, Kz. 448 Nr. 26; BMF, Schreiben v. 2.5.2005, IV C 1 – S 1980–1/87/05, betreffend Investmentsteuergesetz (InvStG), Zweifels- und Auslegungsfragen (nachfolgend: ‚InvSt-Erlass 2005'), BStBl. I 2005, S. 728, Tz. 297.

526 Vgl. *Elser/Gütle-Kunz*, BB 2010, 414 (417); *Helios/Schmies*, BB 2009, 1100 (1103).

527 Vgl. hierzu *Volckens/Panzer*, IStR 2005, 426 (426 ff.); *Baur*, Investmentgesetze, 2. Aufl., § 1 AuslInvestmG Rn. 39 ff.

528 Gesetz zur Modernisierung des Investmentwesens und zur Besteuerung von Investmentvermögen (Investmentmodernisierungsgesetz) v. 15.12.2003, BGBl. I 2003, S. 2676 (2724 ff.).

529 BT-Drs. V/3494, 17 (zu § 1 AuslInvestmG-E); vgl. auch *Beckmann*, in: Beckmann/Scholtz/Vollmer, Investment, Kz. 410 § 1 InvG Rn. 45; *Helios/Schmies*, BB 2009, 1100 (1101); *Volckens/Panzer*, IStR 2005, 426 (468).

530 Vgl. auch *Helios/Schmies*, BB 2009, 1100 (1101); *Volckens/Panzer*, IStR 2005, 426 (468).

531 BVerwG, Urt. v. 16.10.1979 – I C 14.75, NJW 1980, 2482 (2482 f.).

532 Hervorhebung durch den Verfasser.

Geschäftszweck der Investmentgesellschaft die Anlage von Geld in Grundstücken ist. Nur dieser Geschäftszweck lasse die Bildung eines aus mehreren Grundstücken zusammengesetzten Vermögens objektiv als Anlage von Grundvermögen nach dem Grundsatz der Risikomischung erscheinen (sog. objektiv-subjektiver Begriff)[533].

Auch die BaFin folgt im Rundschreiben 14/2008[534] diesem Ansatz. Danach muss die Gestaltung des Vermögens nach seinem objektiven Geschäftszweck auf die Risikomischung gerichtet sein. Eine solche liege regelmäßig vor, wenn das Vermögen zum Zwecke der Risikostreuung in mehr als drei Vermögensgegenständen mit unterschiedlichen Anlagerisiken angelegt ist. Das Halten der Vermögensgegenstände müsse dabei Anlagezwecken und nicht etwa der Unterhaltung von Liquidität dienen. Die zufällige Herbeiführung der Risikomischung genügt danach nicht, wenn für die Bildung und Zusammensetzung des Vermögens auch andere Überlegungen als die Herbeiführung einer Risikomischung maßgebend sind. Der Grundsatz der Risikomischung gilt gemäß § 2 Abs. 8 S. 2 InvG auch dann als gewahrt, wenn das Vermögen in nicht nur unerheblichem Umfang Anteile an einem oder mehreren anderen Vermögen hält, die ebenfalls nach dem Grundsatz der Risikomischung angelegt sind. Diese Vermögen müssen nach Auffassung der BaFin keine Investmentvermögen i.S.d. § 1 S. 2 InvG sein, es kann sich z.B. auch um Immobilien-Gesellschaften handeln[535].

Vorbehaltlich der Umstände des konkreten Einzelfalls genügen die in Frankreich ansässigen SIIC den genannten Anforderungen an ein ausländisches Investmentvermögen. Ihre Ausgestaltung als Aktiengesellschaft ist unerheblich. Immobilien und Beteiligungen an Immobilien-Gesellschaften gehören zu den tauglichen Anlagegegenständen (§ 2 Abs. 4 Nr. 5 und 6 InvG). SIIC haben mehr als nur einen Aktionär und werden im Regelfall über ein Immobilienportfolio von mehr als drei Grundstücken verfügen oder in nicht nur unerheblichem Umfang Beteiligungen an Immobilien-Gesellschaften halten. Der Erwerb der Immobilien erfolgt, wie bei einem Immobilienfonds, zur Anlage der von den Aktionären zufließenden Gelder, so dass ihr Vermögen grundsätzlich auch nach dem Grundsatz der Risikomischung angelegt sein wird.

Die Finanzverwaltung und die BaFin haben ihre zunächst geäußerte Auffassung, wonach die Gesellschaftsvermögen von ausländischen Immobilienunternehmen, die keine Personengesellschaften sind, deren Anteile an einer Börse

---

533 BVerwG, Urt. v. 16.10.1979 – I C 14.75, NJW 1980, 2482 (2482 f.), vgl. auch *Helios/Schmies*, BB 2009, 1100 (1101); *Volckens/Panzer*, IStR 2005, 426 (428 f.).

534 Ausführlich zur Entwicklung der Verwaltungspraxis: *Volckens/Panzer*, IStR 2005, 426 (429 f.), m.w.N.

535 BaFin, Rundschreiben 14/2008, Abschn. I. 1. b); kritisch hierzu: *Wenzel*, in: Blümich, EStG/KStG/GewStG, § 1 InvStG Rn. 16.

zum amtlichen Markt zugelassen oder in einem anderen organisierten Markt einbezogen sind und die im Sitzstaat keiner Investmentaufsicht unterliegen, nicht zu den ausländischen Investmentvermögen gehören sollten[536], anlässlich der Änderung des § 2 Abs. 9 InvG und Einführung des formellen Investmentbegriffs wieder aufgegeben[537]. Ausländische Investmentvermögen in der Rechtsform der börsennotierten Grundstückskapitalgesellschaft sollen für nach dem 30. Juni 2009 beginnende Wirtschaftsjahre auch als solche behandelt werden[538].

(bb) Rückgaberecht

§ 2 Abs. 9 InvG trifft keine Aussage, unter welchen Voraussetzungen von einem Rückgaberecht auszugehen ist. Das BaFin-Rundschreiben 14/2008 gibt einige Anhaltspunkte. Nach Auffassung der BaFin setzt das Rückgaberecht nicht voraus, dass der Anleger seine Anteile jederzeit zurückgeben kann; eine Rückgabemöglichkeit zu mindestens einem bestimmten Rücknahmetermin innerhalb von zwei Jahren genügt. Maßgebend ist ein für die Mehrheit der Anteile geltendes Rückgaberecht, nicht hingegen das einzelnen Anlegern individuell eingeräumte Recht. Grundsätzlich verlangt das Rückgaberecht die vollständige Auszahlung des Anteils gegen Anteilsrücknahme. Abzüge von bis zu 15% des Nettoinventarwertes stehen der Annahme des Rückgaberechts ebensowenig entgegen wie eine Sachauskehrung anstelle der Barauszahlung. Der Rücknahme gleichgestellt ist unter bestimmten Voraussetzungen die Verpflichtung zum Rückkauf der Anteile durch Rückkaufgesellschaften[539]. Die Möglichkeit, die Anteile jederzeit an der Börse zu veräußern, wie sie auch für die Aktien französischer SIIC besteht, stellt jedoch bereits begrifflich kein Rückgaberecht dar und genügt somit nicht[540].

---

536 BMF, Schreiben v. 15.2.2005, IV C 1–S 1980–1–15/05, DStR 2005, 379; BMF, InvSt-Erlass 2005, Tz. 6; BaFin, Schreiben v. 9.5.2005, WA/09 – 2 Abs. 4, abgedruckt in: Beckmann/Scholtz/Vollmer, Investment, Kz. 412, Nr. 4; vgl. auch *Volckens*, IStR 2005, 449 f.; *Kayser/Bujotzek*, FR 2006, 49 (53); kritisch *Schimmelschmidt/Tauser/Lagarrigue*, IStR 2006, 120 (123).

537 BaFin, Rundschreiben 14/2008, Abschn. VI; BMF, InvSt-Erlass 2009, Tz. 6.

538 BMF, InvSt-Erlass 2009, Tz. 296; hierzu auch *Sradj/Schmitt/Krause*, DStR 2009, 2283 (2284 f.).

539 BaFin, Rundschreiben 14/2008, Abschn. I. 2.

540 Ebenso *Gemmel/Schierle*, BB 2008, 1144 (1146); *Helios/Schmies*, BB 2009, 1100 (1106).

(cc) Ausländische Investmentaufsicht

Der Gesetzeswortlaut lässt offen, welche Anforderungen an eine ausländische Investmentaufsicht zu stellen sind[541]. Eine Investmentaufsicht ist eine staatliche Aufsicht, die insbesondere dem Schutz der Anleger dient. Sie muss im Sitzstaat des Vermögens ausgeübt werden[542]. Nach Auffassung der BaFin soll eine Investmentaufsicht i.S.d. § 2 Abs. 9 InvG beispielsweise dann anzunehmen sein, wenn vor Auflegung des Fonds die Bonität der Investmentgesellschaft, die Zuverlässigkeit und fachliche Eignung des leitenden Personals sowie nach seiner Auflegung die Einhaltung gesetzlicher und (gesellschafts-)vertraglicher Anlagebedingungen – insbesondere Anlagegrenzen – kontrolliert werden[543]. Aus der Tatsache, dass das BaFin-Rundschreiben 14/2008 anstelle der noch im veröffentlichten Rundschreiben-Entwurf verwendeten Verknüpfung „oder" die Verknüpfung „sowie" verwendet, folgt, dass die Voraussetzungen grundsätzlich kumulativ erfüllt sein müssen. Aus der Wendung „beispielsweise" lässt sich jedoch zugleich schließen, dass nach der BaFin im Einzelfall auch unter anderen Gesichtspunkten oder bei Fehlen einer der genannten Kriterien eine ausreichende Aufsicht bejaht werden kann. Im Schrifttum wird in Anlehnung an das BaFin-Rundschreiben 14/2008 eine ausreichende ausländische Investmentaufsicht überwiegend nur dann angenommen, wenn die im Sitzstaat eingerichtete Aufsicht kumulativ sowohl die Prüfungen im Vorfeld als auch die anschließende laufende Kontrolle der Anlagebedingungen durchführt. Nur dies gewährleiste einen effektiven und dauerhaften Anlegerschutz[544]. Teilweise wird jedoch allein auf eine Kontrolle von Anlagegrenzen abgestellt[545]. Keine Investmentaufsicht i.S.d. § 2 Abs. 9 InvG liegt vor, wenn das aufsichtsrechtliche Handeln lediglich der Integrität und Funktionsfähigkeit des Marktes oder der Überprüfung steuerlicher Voraussetzungen dienen soll[546]. Unabhängig davon, welche Anforderungen man nun an den Umfang der Aufsicht stellt, unterliegen die in Frankreich ansässigen SIIC keiner Investmenfaufsicht i.S.d § 2 Abs. 9 InvG[547]. Anders als beispielsweise bei den OPCI[548] bedürfen Gründung, Umstrukturierung und Liquidation der

541 *Ebner*, NWB 2008, Fach 3, 14927 (14932), geht davon aus, dass § 19 Abs. 5 REITG hier als gesetzestechnisches Vorbild diente.

542 Vgl. nur BaFin, Rundschreiben 14/2008, Abschn. I. 3.; *Wenzel*, in: Blümich, EStG/KStG/GewStG, § 1 InvStG Rn. 37.

543 BaFin, Rundschreiben 14/2008, Abschn. I. 3.

544 *Elser/Gütle-Kunz*, BB 2010, 414 (419); *Gemmel/Miske*, NWB 2009, Fach 3, 15583 (15587).

545 *Helios/Schmies*, BB 2009, 1100 (1106).

546 BaFin, Rundschreiben 14/2008, Abschn. I. 3.; *Wenzel*, in Blümich, EStG/KStG/GewStG, § 1 InvStG Rn. 37.

547 So auch *Schimmelschmidt/Tauser/Lagarrigue*, IStR 2006, 120 (123).

548 Siehe unter: A. II. 1. a) bb) (2).

SIIC nicht der Genehmigung der AMF. Auch unterliegen sie keinen dem Anlegerschutz dienenden Anlagegrenzen. Die Vorgaben hinsichtlich der Zusammensetzung ihres Vermögens ergeben sich allein aus steuerlichen Gesichtspunkten. Im Übrigen ist die Aufsicht der AMF wie bei allen Unternehmen, deren Anteile börsennotiert sind, auf die allgemeine Börsen- bzw. Wertpapieraufsicht beschränkt[549] und dient der Integrität und Funktionsfähigkeit des Marktes.

(dd) Anwendbarkeit des InvStG nur bei Vorliegen eines ausländischen Investmentvermögens?

Die Untersuchung hat gezeigt, dass in Frankreich ansässige SIIC zwar grundsätzlich als ausländische Investmentvermögen i.S.d. § 2 Abs. 8 InvG in Betracht kommen, ihre Anteile jedoch keine ausländischen Investmentanteile i.S.d. § 2 Abs. 9 InvG darstellen. Da gemäß § 1 Abs. 1 Nr. 2 InvStG das InvStG auf ausländische Investmentvermögen und ausländische Investmentanteile anzuwenden ist, stellt sich die Frage, ob es für die Anwendbarkeit des InvStG ausreicht, wenn die SIIC im Einzelfall nur als ausländisches Investmentvermögen qualifiziert. Das Problem der Anwendbarkeit des InvStG bei Vorliegen eines ausländischen Investmentvermögens, ohne dass zugleich die Voraussetzungen des ausländischen Investmentanteils vorliegen, ist mit der Änderung der Definition des ausländischen Investmentanteils im Rahmen des InvÄndG entstanden und wird insbesondere auch im Rahmen des § 50d Abs. 3 S. 4 EStG diskutiert[550].

Nach *Haase* genügt es für die Anwendbarkeit des InvStG, wenn nur eine der Voraussetzungen des § 1 Abs. 2 Nr. 2 InvStG erfüllt ist. Seiner Ansicht nach stehen die dort genannten Tatbestandsmerkmale ‚ausländisches Investmentvermögen' und ‚ausländische Investmentanteile' alternativ nebeneinander, was durch den Wortlaut des § 2 Abs. 9 InvG und den des § 1 S. 1 Nr. 3 InvG gestützt werde, die ebenfalls beide zwischen ‚ausländischem Investmentvermögen' und ‚ausländischen Investmentanteilen' unterschieden. Insbesondere aus § 2 Abs. 9 InvG ergebe sich, dass Anteile an einem ausländischen Investmentvermögen nur dann als ‚ausländische Investmentanteile' qualifizierten, wenn die zusätzlichen Voraussetzungen des Rückgaberechts und der ausländischen Investmentaufsicht vorlägen. Da Steuerrecht Eingriffsverwaltung sei und zudem die Anwendung des InvStG für die Anleger vorteilhaft sei, sollten in Hinblick auf den Wortlaut des § 1 Abs. 1 Nr. 2 InvStG keine zu engen Voraussetzungen aufgestellt werden[551].

---

549 Vgl. auch *Schimmelschmidt/Tauser/Lagarrigue*, IStR 2006, 120 (123).

550 Vgl. v.a. *Haase*, DStR 2009, 957 ff.; *Häussermann/Rengier*, IStR 2008, 679 ff.; *Helios/Schmies*, BB 2009, 1100 (1102, 1110); *Süß/Mayer*, DStR 2009, 1741 ff.

551 *Haase*, DStR 2009, 957 (958).

Gegen eine solche Auslegung sprechen vor allem systematische Erwägungen. Leitbild des InvStG ist das sog. Transparenzprinzip. Der Investmentsparer soll so besteuert werden, als hätte er die Wirtschaftsgüter nicht über ein Investmentvermögen sondern selbst erworben[552]. Hierzu werden ihm die im InvStG aufgeführten Einkünfte des Investmentfonds zugerechnet. Entsprechend bestimmt § 2 Abs. 1 S. 1 InvStG, dass die auf Investmentanteile ausgeschütteten und ausschüttungsgleichen Erträge den Anlegern als Kapitalerträge oder Betriebseinnahmen zugerechnet werden. Auch im Übrigen knüpfen die steuerlichen Folgen für die Anleger an das Halten von Investmentanteilen an. Investmentanteile in diesem Sinne sind die inländischen und ausländischen Investmentanteile, wie sie in § 1 Abs. 1 InvStG und § 2 Abs. 9 InvG definiert sind[553]. Dass das InvStG maßgeblich auf den 'Investmentanteil' abstellt, ergibt sich zudem aus den im Gesetzestext verwendeten amtlichen Überschriften. Das InvStG besteht aus vier Abschnitten, von denen Abschnitt 1 die gemeinsamen Regelungen für in- und ausländische Investmentanteile, die Abschnitte 2 und 3 jeweils besondere Regelungen für inländische bzw. ausländische Investmentanteile und Abschnitt 4 Anwendungs- und Übergangsregelungen enthält. Gegen eine weitere Anwendbarkeit des InvStG auf Anteile an ausländischen Investmentvermögen, die nicht zugleich als ausländische Investmentanteile qualifizieren, spricht zudem die Übergangsregelung des § 18 Abs. 11 InvStG, die diese Anteile letztmalig in den vor dem 28. Dezember 2007 begonnenen Geschäftsjahren dem InvStG unterwirft[554]. Die Anwendung des InvStG nur auf ausländische Investmentvermögen widerspricht insoweit auch dem Willen des Gesetzgebers. Es besteht Einigkeit darüber, dass die durch das InvÄndG entstandene begriffliche Diskrepanz in § 1 Abs. 1 Nr. 2 InvStG vom Gesetzgeber wohl nicht beabsichtigt war[555]. Aufgrund der mit dem materiellen Investmentbegriff verbundenen Rechtsunsicherheiten wollte der Gesetzgeber diesen mit der Änderung des § 2 Abs. 9 InvG durch einen formellen Investmentbegriff ersetzen und den Anwendungsbereich des InvG auf offene Fonds oder ausländische geschlossene Fonds, die im Sitzstaat einer Investmentaufsicht unterliegen, begrenzen[556]. Dass diese Begrenzung auch für den Anwendungsbereich des InvStG gelten soll, ergibt sich beispielsweise aus der Gesetzesbegründung zu § 18 Abs. 10 und 11 InvStG[557].

---

552 Statt aller *Wenzel*, in: Blümich, EStG/KStG/GewStG, § 1 InvStG Rn. 9.

553 So auch *Süß/Mayer*, DStR 2009, 1741 (1743).

554 Zur Übergangsregelung vgl. auch *Grabbe/Behrens*, DStR 2008, 950 (956).

555 Vgl. *Haase*, DStR 2009, 957 (957); *Helios/Schmies*, BB 2009, 1100 (1102); *Süß/Mayer*, DStR 2009, 1741 (1743).

556 BT-Drs. 16/5576, S. 56.

557 BT-Drs. 16/7036, S. 29; vgl. auch *Süß/Mayer*, DStR 2009, 1741 (1743).

Im Ergebnis ist somit davon auszugehen, dass es auf Anlegerebene nur dann zu einer Besteuerung nach dem InvStG kommt, wenn der Anleger Anteile an einem ausländischen Investmentvermögen hält, die zugleich die Voraussetzungen ausländischer Investmentanteile i.S.d. § 9 Abs. 9 InvG erfüllen[558]. Auch wenn in Frankreich ansässige SIIC grundsätzlich als ausländische Investmentvermögen in Betracht kommen, erfolgt die Besteuerung der inländischen Anleger nicht nach den Regelungen des InvStG sondern nach den allgemeinen Vorschriften[559].

(b) Besteuerung nach den allgemeinen Vorschriften

Die Einführung sowohl des deutschen REITG als auch der Abgeltungsteuer im Rahmen des Unternehmensteuerreformgesetzes 2008[560] haben sich auf die Besteuerung der Gewinnausschüttungen einer französischen SIIC an ihre in Deutschland ansässigen Anteilseigner ausgewirkt.

Während die vor dem 1. Januar 2008 bezogenen Gewinnausschüttungen der SIIC unter Anwendung des Halbeinkünfteverfahrens und Anrechnung der französischen Quellensteuer nach den allgemeinen Regeln genauso besteuert wurden wie die Ausschüttungen anderer in Frankreich ansässiger Körperschaften, fallen die seit diesem Stichtag empfangenen Gewinnausschüttungen nunmehr in den Anwendungsbereich der besonderen Regelungen des REITG, wenn die französische SIIC die Voraussetzungen einer ‚anderen REIT-Körperschaft, -Personenvereinigung oder -Vermögensmasse' i.S.d. § 19 Abs. 5 REITG erfüllt. Es handelt sich bei diesen um ausländische REITs, deren Anteilseigner nach § 19 REITG genauso besteuert werden, wie die Aktionäre einer deutschen REIT-AG. Aus Vertrauensschutzgründen ist der mit Wirkung zum 1. Januar 2007 eingeführte § 19 REITG jedoch erst auf solche Ausschüttungen ausländischer REITs anwendbar, die dem Anteilseigner nach dem 31. Dezember 2007 zufließen (§ 23 Abs. 2 REITG a.F./§ 23 Abs. 3 REITG n.F.).

---

558 So auch *Elser/Gütle-Kunz*, BB 2010, 414 (414); *Helios/Schmies*, BB 2009, 1100 (1102, 1110); gl.A. bzgl. der Besteuerung der Fondsanleger, jedoch für eine weitere Anwendung des ‚materiellen Investmentbegriffs' i.R.d. § 50 Abs. 3 S. 4 EStG: *Häussermann/Rengier*, IStR 2008, 679 (683); *Süß/Mayer*, DStR 2009, 1741 (1742 ff.)

559 Etwas anderes kann jedoch bei Beteiligung an einer im Ausland ansässigen SIIC gelten, die in ihrem Sitzstaat einer ausländischen Investmentaufsicht unterliegt und bzgl. derer Anteile ein Rückgaberecht besteht. So auch *Schimmelschmidt/Tauser/Laggarigue*, IStR 2006, 120 (123), unter Hinweis auf eine Luxemburger SICAV mit französischem Grundbesitz, die zur SIIC-Besteuerung optiert hat. Ebenso *Ebner*, NWB 2007, Fach 3, 14535 (14545).

560 Unternehmensteuerreformgesetz 2008 v. 14. August 2007, BGBl. I 2007, 1912.

In seiner ursprünglichen Fassung definierte § 19 Abs. 5 REITG den Begriff der ‚anderen REIT-Körperschaft, -Personenvereinigung und -Vermögensmasse' als Körperschaft, Personenvereinigung oder Vermögensmasse, die nicht im Inland ansässig ist, deren Bruttovermögen zu mehr als zwei Dritteln aus unbeweglichem Vermögen besteht, deren Bruttoerträge zu mehr als zwei Dritteln aus der Vermietung und Verpachtung und der Veräußerung von unbeweglichem Vermögen stammen, die in ihrem Sitzstaat keiner Investmentaufsicht unterliegen, deren Anteile im Rahmen eines geregelten Marktes gehandelt werden und deren Ausschüttungen an ihre Anleger nicht mit einer der deutschen Körperschaftsteuer vergleichbaren ausländischen Steuer in ihrem Sitzstaat vorbelastet sind.

Ob eine französische SIIC diese Voraussetzungen erfüllte, war aufgrund ihrer nur partiellen Körperschaftsteuerbefreiung zweifelhaft, denn eine Vorbelastung ihrer Ausschüttungen mit französischer Körperschaftsteuer ist gegeben, soweit diese aus einer steuerpflichtigen Nebentätigkeit stammen. Damit auch partiell steuerbefreite ausländische REITs von § 19 Abs. 5 REITG erfasst werden, änderte der Gesetzgeber die Vorschrift im Rahmen des JStG 2009 dahingehend ab, dass lediglich die aus Immobilien stammenden Ausschüttungen nicht mit einer der deutschen Körperschaftsteuer vergleichbaren ausländischen Steuer belastet sein dürfen[561]. Die geänderte Begriffsbestimmung ist ebenfalls erstmals für das Kalenderjahr 2008 anzuwenden (§ 23 Abs. 1 REITG).

Eine französische SIIC dürfte nunmehr regelmäßig eine andere REIT-Körperschaft i.S.d. § 19 Abs. 5 REITG sein, wobei die Voraussetzungen jedoch in jedem Einzelfall zu prüfen sind[562]. Ihre Gewinnausschüttungen werden als solche einer anderen REIT-Körperschaft weitgehend genauso besteuert, wie die einer deutschen REIT-AG. Soweit der Anleger seine SIIC-Anteile im Privatvermögen hält, gehören die Gewinnausschüttungen zu seinen Anteilen aus Kapitalvermögen i.S.d. § 20 Abs. 1 Nr. 1 EStG (§ 19 Abs. 1 REITG). Ausschüttungen, die der Anleger vor dem 1. Januar 2009 bezogen hat, fallen dabei nur insoweit unter das Halbeinkünfteverfahren nach § 3 Nr. 40 EStG, als sie aus vorbelasteten Teilen des Gewinns stammen (§ 19a Abs. 1 S. 1 REITG), d.h. wenn hierfür Einkünfte als verwendet gelten, die mit mindestens 15% deutscher Körperschaftsteuer oder einer mit dieser vergleichbaren ausländischen Steuer für den jeweiligen Veranlagungszeitraum belastet sind (§ 19a Abs. 2 S. 1 REITG). Dies ist zunächst der Fall, soweit die ausgeschütteten Gewinne im Rahmen einer zulässigen Nebentätigkeit der SIIC erzielt wurden und somit der französischen Körperschaftsteuer

561 Referentenentwurf zum JStG 2009, S. 108; *Bron*, BB 2009, 84 (84).

562 So ist es theoretisch denkbar, dass die SIIC die Ertragsvorgaben nicht erfüllt, da das französische REIT-Regime keine entsprechende Regelung kennt oder ihr Bruttovermögen nicht zu mehr als zwei Dritteln aus unbeweglichem Vermögen i.S.d. § 3 Abs. 8 REITG besteht.

unterlegen haben. Eine Vorbelastung ist ferner zu bejahen, wenn die SIIC aufgrund eines Verstoßes gegen die Höchstbeteiligungsquote vorübergehend nach den allgemeinen Vorschriften besteuert wurde[563]. Gleiches gilt, soweit die Gewinne aus der Vermietung oder Veräußerung von im Ausland belegenem Grundbesitz im Belegenheitsstaat der Quellenbesteuerung unterlegen haben. Die Berücksichtigung der vorbelasteten Ausschüttungen wird in der Praxis jedoch dadurch erschwert, dass der Nachweis der Vorbelastung gemäß § 19a Abs. 4 REITG dem Anteilseigner obliegt. Bei Anwendung des Halbeinkünfteverfahrens sind Werbungskosten hälftig, im Übrigen voll abzugsfähig. Die Besteuerung erfolgt zum individuellen Steuersatz des Anteilseigners.

Die seit dem 1. Januar 2009 bezogenen Gewinnausschüttungen der SIIC fallen in den Anwendungsbereich der Abgeltungsteuer. Als Einkünfte aus Kapitalvermögen unterliegen sie grundsätzlich einem gesonderten Einkommensteuertarif von 25% (§ 32d Abs. 1 S. 1 EStG)[564]. Die Gewinnausschüttungen sind dabei in voller Höhe steuerpflichtig. Eine Anwendung des § 3 Nr. 40 EStG kommt – unabhängig von § 19 Abs. 3 REITG – nicht in Betracht (§ 3 Nr. 40 S. 2 EStG). Tatsächlich entstandene und durch die Beteiligung veranlasste Werbungskosten können nicht abgezogen werden. Stattdessen ist bei der Ermittlung der gesamten Einkünfte aus Kapitalvermögen der sog. *Sparer-Pauschbetrag* von derzeit 801 Euro (1.602 Euro bei zusammen veranlagten Ehegatten) als Werbungskosten abzuziehen (§ 20 Abs. 9 EStG).

Anders als zuvor werden die Gewinnausschüttungen der SIIC als ausländische Kapitalerträge nunmehr ebenfalls dem Kapitalertragsteuerabzug in Höhe von 25% (26,375% inklusive SolZ) unterworfen (§ 20 Abs. 1 REITG i.V.m. § 43 Abs. 1 S. 1 Nr. 6 EStG). Der Steuerabzug ist hierbei nicht von der SIIC als Schuldner der Kapitalerträge gemäß § 44 Abs. 1 S. 3 EStG, sondern von der auszahlenden Stelle, d.h. dem inländischen Kreditinstitut oder dem inländischen Finanzdienstleistungsinstitut i.S.d. § 43 Abs. 1 S. 1 Nr. 7 lit. b EStG vorzunehmen, das die SIIC-Anteile verwaltet (§ 44 Abs. 1 S. 4 Nr. 1 lit. a, aa EStG). Mit dem Steuerabzug ist die Einkommensteuer grundsätzlich abgegolten (§ 43 Abs. 5 EStG).

Sofern jedoch beim Steuerabzug für den Anteilseigner günstige Umstände nicht oder nicht in vollem Umfang berücksichtigt wurden, hat er die Möglichkeit, gemäß § 32d Abs. 4 EStG eine Steuerveranlagung zu beantragen. Die Gewinnausschüttungen werden auch im Rahmen der Veranlagung nach § 32d

563 Siehe unter: A. VIII. 3. a).

564 Unter Berücksichtigung des SolZ i.H.v. 5,5% der Einkommensteuer beträgt die Steuerbelastung 26,375%.

Abs. 4 EStG dem gesonderten Steuersatz von 25% (zuzüglich SolZ) unterworfen.

Liegt der persönliche Einkommensteuersatz des Anteilseigners unter dem gesonderten Steuersatz, kann er gemäß § 32d Abs. 6 EStG beantragen, seine Einkünfte aus Kapitalvermögen in die allgemeine Steuerveranlagung einzubeziehen und der tariflichen Einkommensteuer zu unterwerfen. Die Finanzbehörde führt in diesem Fall eine Günstigerprüfung durch.

Auf Antrag des Anlegers findet eine Steuerveranlagung ferner dann statt, wenn er unmittelbar und/oder mittelbar[565] zu mindestens 25% an der SIIC beteiligt oder im Fall einer unmittelbaren und/oder mittelbaren[566] Beteiligung von einem Prozent für diese beruflich tätig ist (§ 32d Abs. 2 S. 1 Nr. 3 lit. a und b EStG). In diesem Fall werden die Gewinnausschüttungen nicht dem gesonderten, sondern dem individuellen Steuersatz des Anteilseigners unterworfen. Soweit die Gewinnausschüttungen aus vorbelasteten Teilen des Gewinns der SIIC stammen, unterliegen sie jedoch dem nunmehr geltenden Teileinkünfteverfahren, so dass sie lediglich in Höhe von 60% steuerpflichtig sind (§ 32d Abs. 2 S. 2 EStG; § 19a Abs. 1 S. 1 REITG). Tatsächlich entstandene Werbungskosten sind, soweit das Teileinkünfteverfahren Anwendung findet, gemäß § 19a Abs. 1 S. 1 REITG i.V.m. § 3c Abs. 2 EStG zu 60%, im Übrigen in voller Höhe abzugsfähig (§ 19 Abs. 3 REITG). Gemäß § 20 Abs. 1 REITG i.V.m. § 43 Abs. 1 S. 1 Nr. 6 EStG einbehaltene und abgeführte Kapitalertragsteuer kann auf die Einkommensteuer angerechnet werden (§ 20 Abs. 4 S. 1 REITG i.V.m. § 36 Abs. 2 Nr. 2 EStG).

Die auf die Gewinnausschüttungen erhobene französische Steuer wird gemäß Art. 20 Abs. 1 lit. c DBA-Frankreich ebenfalls auf die deutsche Einkommensteuer angerechnet, die auf die Gewinnausschüttungen entfällt. Die Anrechnung erfolgt hierbei unter Beachtung der Vorschriften des deutschen Rechts über die Anrechnung ausländischer Steuern. Bei der Verweisung handelt es sich um eine Rechtsfolgenverweisung[567]. Insoweit gilt § 34c Abs. 1 EStG für vor dem 1. Januar 2009, § 32d Abs. 5 EStG für seit diesem Stichtag bezogene Gewinnausschüttungen. Die auszahlende Stelle hat die französische Quellensteuer gemäß § 43a Abs. 3 EStG bei Vornahme des Steuerabzugs zu berücksichtigen. Bei Nichtberücksichtigung kommt die Antragsveranlagung nach § 32d Abs. 4 EStG in Betracht.

---

565 Vgl. BMF, Schreiben v. 22.12.2009, IV C 1 – S 2252/08/10004, betreffend Einzelfragen zur Abgeltungsteuer, BStBl. I 2010, S. 94, Tz. 139; *Treiber*, in: Blümich, EStG/KStG/GewStG, § 32d EStG Rn. 140.

566 Vgl. *Treiber*, in: Blümich, EStG/KStG/GewStG, § 32d EStG Rn. 141.

567 *Kramer*, in: Debatin/Wassermeyer, DBA (Frankreich), Art. 20 Rn. 42.

Exkurs: Im Betriebsvermögen gehaltene SIIC-Anteile
Hält der Anteilseigner die SIIC-Anteile in einem Betriebsvermögen, so gehören die Gewinnausschüttungen zu seinen Betriebseinnahmen. Das Halb-/Teileinkünfteverfahren ist vorbehaltlich des § 19a REITG nicht anwendbar. Soweit es jedoch auf vorbelastete Gewinnausschüttungen Anwendung findet, ist ein Betriebsausgabenabzug nur in Höhe von 50% bzw. 60%, ansonsten in vollem Umfang zulässig. Die Gewinnausschüttungen unterliegen dem individuellen Steuersatz des Anteilseigners. Die französische Quellensteuer ist nach Art. 20 Abs. 1 lit. c DBA-Frankreich i.V.m. 34c EStG anrechenbar. Ein Kapitalertragsteuerabzug unterbleibt auch bei seit dem 1. Januar 2009 bezogenen Gewinnausschüttungen, wenn der Anteilseigner gegenüber der auszahlenden Stelle nach amtlich vorgeschriebenem Vordruck erklärt, dass es sich um Betriebseinnahmen eines inländischen Betriebs handelt (§ 43 Abs. 2 S. 3 Nr. 2 EStG).

bb) Veräußerungsgewinne

(1) Besteuerung in Frankreich

(a) Besteuerung nach nationalem Recht

In Deutschland ansässige Privatanleger unterliegen mit ihren Gewinnen aus der Veräußerung von Anteilen an einer französischen SIIC in Frankreich zunächst dann der beschränkten Einkommensteuerpflicht, wenn das Aktivvermögen der SIIC unmittelbar oder mittelbar überwiegend aus in Frankreich belegenen Immobilien oder Rechten an diesen besteht (Art. 4 A Abs. 2, 164 B, I–e ter–1° CGI). Die Besteuerung erfolgt im Wege des Steuerabzugs an der Quelle (Art. 244 bis A, I–1 Abs. 1 und I–2–a CGI). Voraussetzung ist jedoch, dass der Anleger unmittelbar oder mittelbar zu mindestens 10% am Kapital der SIIC beteiligt ist (Art. 244 bis A, I–3–c CGI). Die Quellensteuer beträgt 16% des Veräußerungsgewinns (Art. 244 bis A, I Abs. 3 i.V.m. Art. 200 B Abs. 1 CGI)[568] und hat nach Art. 244 bis A, V CGI abgeltende Wirkung.

Liegt das Immobilienvermögen der SIIC hingegen überwiegend außerhalb Frankreichs, kommt eine beschränkte Steuerpflicht der deutschen Anteilseigner nur dann in Betracht, wenn sie innerhalb der letzten fünf Jahre vor der Veräußerung unmittelbar oder mittelbar zu mindestens 25% an dieser beteiligt waren (Art. 4 A Abs. 2, 164 B, I–f CGI). In diesem Fall erfolgt die Besteuerung nach

568 Ausführlich zur Ermittlung des Veräußerungsgewinns: Instruction v. 4.8.2005, BOI 8 M–1–05, fiche 14 Rn. 25 ff.; Ed. Francis Lefebvre, Fiscal 2009, Rn. 2921 ff.; *Gouthière*, Les impôts dans les affaires internationales, 7. Aufl., Rn. 2326.

den gleichen Regelungen, wie sie auch für die unbeschränkt steuerpflichtigen Anteilseigner der SIIC gelten (vgl. Art. 244 bis B Abs. 1 CGI)[569].

(b) Beschränkung des Besteuerungsrechts durch das DBA-Frankreich

Eine Besteuerung der Veräußerungsgewinne scheidet insgesamt aus, wenn das Besteuerungsrecht Frankreichs durch die Regelungen des DBA-Frankreich ausgeschlossen ist. Dies ist der Fall, wenn die Veräußerungsgewinne in den Anwendungsbereich des Art. 7 DBA-Frankreich fallen und die veräußerten Anteile – wie im hier untersuchten Fall – nicht zum Vermögen einer französischen Betriebsstätte des Veräußerers gehören. Denn nach Art. 7 Abs. 1 DBA-Frankreich können Gewinne aus der Veräußerung einer Beteiligung an einer Kapitalgesellschaft nur im Ansässigkeitsstaat des Veräußerers veräußert werden. Etwas anderes würde hingegen gelten, wenn die Veräußerungsgewinne in den Anwendungsbereich des Art. 3 DBA-Frankreich fallen, wonach die Einkünfte aus unbeweglichem Vermögen nur in dem Staat besteuert werden können, in dem dieses Vermögen belegen ist (Art. 3 Abs. 1 DBA-Frankreich). Dies gilt ausdrücklich auch für die Gewinne aus seiner Veräußerung (Art. 3 Abs. 4 S. 2 DBA-Frankreich). Der Begriff ‚unbewegliches Vermögen' (*biens immobiliers*) bestimmt sich hierbei nach den Gesetzen des Vertragsstaates, in dem das Vermögen belegen ist (Art. 3 Abs. 2 DBA-Frankreich).

Es stellt sich insoweit die Frage, ob die Gewinne aus der Veräußerung von Anteilen an einer französischen SIIC nach französischem Recht als Gewinne aus der Veräußerung ‚unbeweglichen Vermögens' anzusehen sind, zumindest wenn das Aktivvermögen der SIIC überwiegend aus in Frankreich belegenen Immobilien besteht. Dafür könnte zunächst sprechen, dass diese Gewinne, sofern sie von beschränkt Steuerpflichtigen erzielt werden, nach innerstaatlichem Recht gemäß den für Immobilienveräußerungen geltenden Vorschriften besteuert werden. Die französische Finanzverwaltung hatte früher einmal vertreten, dass die Anwendung der abkommensrechtlichen Regelung über die Sitzstaatbesteuerung unbeweglichen Vermögens immer dann gerechtfertigt sei, wenn die Besteuerung der Gewinne aus der Veräußerung von Immobilien oder Anteilen an Immobiliengesellschaften innerstaatlich nach den Vorschriften über die Immobilienveräußerung erfolgt[570].

---

569 Siehe hierzu unter: A. VI. 1. a) aa) (2); vgl. auch Ed. Francis Lefebvre, Fiscal 2009, Rn. 2950 f.; *Gouthière*, Les impôts dans les affaires internationales, 7. Aufl., Rn. 2235.

570 Vgl. Doc. adm. 14 B 2313 v. 1.6.1971 („*La règle d'imposition [des revenus immobiliers dans l'Etat de situation des biens] s'applique non seulement aux revenus proprement dits [...] mais également à ceux provenant de l'aliénation desdits biens. Bien entendu, en ce qui concerne les impôts français, cette précision doit, en tant qu'elle vise plus spécialement les plus-values*

Dagegen spricht jedoch, dass der Wortlaut des Art. 3 Abs. 4 S. 2 DBA-Frankreich allein auf die Veräußerung von unbeweglichem Vermögen abstellt. Auch nach französischem Recht stellen Anteile an Immobiliengesellschaften, unabhängig davon, ob es sich um Kapitalgesellschaften oder nicht transparente Immobilienpersonengesellschaften handelt, kein unbewegliches Vermögen (Immobilien oder Rechte an diesem) dar und werden diesem auch nicht gleichgestellt[571]. Im Bereich der Vermögensteuer hat die Finanzverwaltung dies anerkannt[572]. Speziell für SIIC-Anteile beschränkt Steuerpflichtiger ergibt sich dies ebenfalls aus Art. 244 bis A, I–3–a und c CGI, der ausdrücklich zwischen Gewinnen aus der Veräußerung von ‚unbeweglichem Vermögen' (*biens immobiliers*) und der Veräußerung von ‚SIIC-Aktien' (*actions de SIIC*) unterscheidet. Eine Ausnahme gilt allein für die transparenten *sociétés immobilières de copropriété* i.S.d. Art. 8 bis, 1655 ter CGI, bei denen die Immobilien den Gesellschaftern unmittelbar zugerechnet werden[573]. Gewinne aus der Veräußerung von Anteilen an Immobiliengesellschaften werden nach innerstaatlichem Recht allenfalls nach den ebenfalls für Immobilienveräußerungen geltenden Vorschriften besteuert. Für unbeschränkt Steuerpflichtige gilt dies jedoch nur für die Anteile an den nicht transparenten Immobilienpersonengesellschaften[574]. Anders als bei den beschränkt Steuerpflichtigen werden Gewinne aus der Veräußerung von SIIC-Anteilen bei diesen somit nach den für Aktiengewinne geltenden Vorschriften besteuert. Gegen die Anwendbarkeit des Art. 3 DBA-Frankreich spricht darüber hinaus, dass das DBA-Frankreich in Art. 19 für den Bereich der Vermögensteuer ausdrücklich zwischen unbeweglichem Vermögen (i.S.d. Art. 3 DBA-Frankreich) und Aktien oder Anteilen an Gesellschaften oder juristischen Personen unterscheidet, deren Betriebsvermögen im wesentlichen aus unbeweglichem Vermögen besteht[575], jedoch anders als zahlreiche andere DBA Frankreichs[576]

---

immobilières, être regardée comme trouvant en fait à jouer toutes les fois que la législation interne permet l'imposition des plus-values de cette nature, réalisées lors de la cession d'immeubles ou de droits sociaux réputés immobiliers."); ebenfalls zitiert von *Gobert-Chéramy*, Fiscalité immobilière des non-résidents, Rn. 376.

571 *De Bourmont/Julien-Saint-Amand*, in: Debatin/Wassermeyer, DBA (Frankreich), Art. 3 Rn. 120 ff.; *Gobert-Chéramy*, Fiscalité immobilière des non-résidents, Rn. 371, 348; bzgl. Anteilen an Immobilienkapitalgesellschaften auch *Lautenbach/Gratzki*, IWB 2004, Fach 5 Frankreich, Gruppe 2, 1395 (1407).

572 Vgl. *Gobert-Chéramy*, Fiscalité immobilière des non-résidents, Rn. 371 unter Verweis auf Instruction v. 21.11.1985, 7 R–4–85.

573 Siehe unter: A. VI. 2. a) aa) (1).

574 Ed. Francis Lefebvre, Fiscal 2009, Rn. 2907.

575 So auch *Gobert-Chéramy*, Fiscalité immobilière des non-résidents, Rn. 375; *Kramer*, in: Debatin/Wassermeyer, DBA (Frankreich), Art. 3 Rn. 20.

darüber hinaus keine Sonderregelungen im Hinblick auf das Besteuerungsrecht für Gewinne aus der Veräußerung von Anteilen an solchen Immobiliengesellschaften enthält[577]. Entgegen der früheren Auffassung der Finanzverwaltung kommt eine Anwendung des Art. 3 DBA-Frankreich somit nur bei der Veräußerung von Immobilien, Rechten an diesen und Anteilen an transparenten *sociétés immobilières de copropriété* in Betracht[578]. Die Gewinne aus der Veräußerung der SIIC-Anteile fallen hingegen in den Anwendungsbereich des Art. 7 DBA-Frankreich[579].

Den französischen Sozialsteuern (CDS, CDRS, *prélèvement social* sowie *contributions additionelles*) unterliegen nur natürliche Personen mit steuerlichem Wohnsitz in Frankreich[580].

Die Registersteuer[581] fällt grundsätzlich auch dann nicht an, wenn im Ausland (in Deutschland) eine Vertragsurkunde ausgestellt wird[582].

(2) Besteuerung in Deutschland

Gewinne aus der Veräußerung von außerhalb eines Betriebsvermögens gehaltener Anteile an einer französischen SIIC, die vor dem 1. Januar 2009 erworben wurden, sind den gewerblichen Einkünften des Anteilseigners zuzurechnen, wenn er zum Veräußerungszeitpunkt innerhalb der letzten fünf Jahre unmittelbar

---

576 Z.B. Art. 13 DBA Frankreich-Niederlande, Art. 13 DBA Frankreich-Finnland, Art. 13 DBA Frankreich-Türkei, Art. 5 und 13 DBA Frankreich-Großbritannien, Art. 13 DBA Frankreich-Spanien; Art. 13 DBA Frankreich-USA.

577 Vgl. auch *de Bourmont/Julien-Saint-Amand*, in: Debatin/Wassermeyer, DBA (Frankreich), Art. 3 Rn. 122; *Gouthière*, Les impôts dans les affaires internationales, 7. Aufl., Rn. 2327.

578 *De Bourmont/Julien-Saint-Amand* und *Kramer*, in: Debatin/Wassermeyer, DBA (Frankeich), Art. 3 Rn. 20, 118; *Gobert-Chéramy*, Fiscalité immobilière des non-résidents, Rn. 370 ff.; *Gouthière*, Les impôts dans les affaires internationales, 7. Aufl., Rn. 2327.

579 *Schimmelschmidt/Tauser/Lagarrigue*, IStR 2006, 120 (125); generell für Anteile an Immobilienkapitalgesellschaften, die keine *sociétés immobilières de copropriété* sind: *De Bourmont/Julien-Saint-Amand*, in: Debatin/Wassermeyer, DBA (Frankreich), Art. 7 Rn. 109; *Kramer*, in: Debatin/Wassermeyer, DBA (Frankreich), Art. 7 Rn. 10; *Lautenbach/Gratzki*, IWB 2004, Fach 5 Frankreich, Gruppe 2, 1395 (1407).

580 CSG (Art. 1600–0 C CGI, Art. L. 136–6, I Code de la sécurité sociale); CRDS (Art. 1600–0 G CGI, Art. 15, I i.V.m. 14, I Ord. n° 96–50 v. 24.1.1996, Art. L. 136–1 Code de la sécurité sociale); *prélèvement social* (Art. 1600–0 F, I CGI, Art. L. 245–14 Code de la sécurité sociale); *contributions additionelles* (Art. L. 14–10–4, 2° bzw. Art. L. 262–24, III Code de l'action sociale et de familles i.V.m. Art. Art. L. 245–14 Code de la sécurité sociale); vgl. auch Ed. Francis Lefebvre, Fiscal 2009, Rn. 2920; *Gouthière*, Les impôts dans les affaires internationales, 7. Aufl., Rn. 2326.

581 Vgl. oben unter: A. VI. 1. a) aa) (2).

582 Vgl. Ed. Francis Lefebvre, Fiscal 2009, Rn. 6118.

oder mittelbar zu mindestens 1% am Kapital der SIIC beteiligt war. Im Übrigen kommt eine Besteuerung nur als privates Veräußerungsgeschäft innerhalb der Spekulationsfrist von einem Jahr nach Anschaffung in Betracht. Dies ergibt sich entweder unmittelbar aus §§ 17, 22 Nr. 2, 23 Abs. 1 S. 1 Nr. 2 EStG oder für nach dem 31. Dezember 2007 erzielte Veräußerungsgewinne in Verbindung mit § 19 Abs. 2 REITG a.F., wenn die SIIC die Voraussetzungen einer anderen REIT-Körperschaft i.S.d. § 19 Abs. 5 REITG erfüllt (vgl. § 23 Abs. 3 REITG). Im zuletzt genannten Fall ist gemäß § 19 Abs. 3 REITG das Halbeinkünfteverfahren (§ 3 Nr. 40 EStG a.F.) nicht anwendbar, was zugleich die Anwendung des § 3c Abs. 2 EStG a.F. ausschließt. § 19a REITG betrifft lediglich die Besteuerung der laufenden Erträge beim Anteilseigner. Die vom Anteilseigner vorgenommenen Veräußerungen von REIT-Anteilen sollen hingegen nicht erfasst werden[583].

Auf die Veräußerung von nach dem 31. Dezember 2008 erworbenen Anteile einer französischen SIIC finden, wenn die Anteile nicht in einem Betriebsvermögen gehalten werden, § 17 EStG sowie der mit der Abgeltungsteuer eingeführte § 20 Abs. 2 S. 1 Nr. 1 EStG Anwendung. Für den Regelfall, dass die SIIC die Anforderungen einer anderen REIT-Körperschaft i.S.d. § 19 Abs. 5 REITG erfüllt, ergibt sich dies ausdrücklich aus § 19 Abs. 2 REITG.

Sofern der Anteilseigner zum Zeitpunkt der Veräußerung nicht innerhalb der letzten fünf Jahre i.S.d. § 17 EStG zu mindestens einem Prozent an der SIIC beteiligt war, gehören die Veräußerungsgewinne gemäß § 20 Abs. 2 S. 1 Nr. 1 EStG nunmehr – unabhängig von der Haltedauer – zu den Einkünften aus Kapitalvermögen und unterliegen der Abgeltungsteuer. Insoweit sind die Veräußerungsgewinne zwar unter Berücksichtigung des für sämtliche Einkünfte aus Kapitalvermögen geltenden *Sparer-Pauschbetrags* von 801 Euro (1.602 Euro bei zusammen veranlagten Ehegatten), jedoch ohne dass eine Abzug tatsächlich entstandener Werbungskosten möglich ist, voll umfänglich einkommensteuerpflichtig und werden grundsätzlich dem gesonderten Einkommensteuersatz von 25% (zuzüglich SolZ i.H.v. 5,5% der Einkommensteuer) unterworfen.

Die Einkommensteuer wird im Wege des Abzugs vom Kapitalertrag erhoben (§ 20 Abs. 1 REITG i.V.m. § 43 Abs. 1 S. 1 Nr. 9 EStG)[584] und ist, sofern der Anteilseigner weder die Steuerveranlagung zum gesonderten Einkommensteuersatz nach § 32d Abs. 6 EStG noch die Günstigerprüfung nach § 32d Abs. 6 EStG beantragt, mit der Kapitalertragsteuer in Höhe von 25% (26,375% inklusive

583 BT-Drs. 16/11108, 61; kritisch: *Bron*, BB 2009, 84 (85); *Korezkij*, BB 2008, 1367 (1372).

584 Der Steuereinbehalt erfolgt auch hier nur dann, wenn die die Veräußerungsgewinne auszahlende Stelle ein inländisches Kreditinstitut, Finanzdienstleistungsinstitut, Wertpapierhandelsunternehmen oder eine inländische Wertpapierhandelsbank ist (§ 44 Abs. 1 S. 3 i.V.m. S. 4 Nr. 1 lit. a EStG).

5,5% SolZ) abgegolten. Bemessungsgrundlage für den Steuerabzug ist der Veräußerungsgewinn i.S.d. § 20 Abs. 4 EStG, d.h. der Unterschiedsbetrag zwischen den Einnahmen der Veräußerung nach Abzug der mit dem Veräußerungsgeschäft in sachlichem Zusammenhang stehenden Aufwendungen und den Anschaffungskosten (§ 43a Abs. 2 S. 2 EStG). Können die Anschaffungsdaten nicht nachgewiesen werden, beträgt die Bemessungsgrundlage 30% des Veräußerungspreises (§ 43a Abs. 2 S. 7 EStG).

Veräußerungsgewinne i.S.d. § 17 EStG hat der Anteilseigner unter Berücksichtigung des Freibetrags i.S.d. § 17 Abs. 3 EStG weiterhin als gewerbliche Einkünfte – wie auch Gewinne aus der Veräußerung im Betriebsvermögen gehaltener Anteile – nach seinem individuellen Einkommensteuersatz zu versteuern. Die Anwendbarkeit des Teileinkünfteverfahrens ist gemäß § 19 Abs. 3 REITG ausgeschlossen. Gemäß § 20 Abs. 1 S. 1 und 2 REITG i.V.m. § 43 Abs. 4 EStG erhobene Kapitalertragsteuer ist auf die Einkommensteuer anrechenbar (§ 20 Abs. 4 S. 1 REITG i.V.m. § 36 Abs. 2 Nr. 2 EStG)[585].

Während Verluste aus in einem Betriebsvermögen gehaltenen SIIC-Anteilen in den besonderen Verlustverrechnungskreis des § 19 Abs. 4 REITG fallen und nur mit Betriebsvermögensmehrungen oder Betriebseinnahmen aus der Veräußerung von Aktien in- und ausländischer REITs ausgeglichen werden können, unterliegen Verluste aus der Veräußerung von im Privatvermögen gehaltenen SIIC-Aktien, soweit es sich nicht um solche i.S.d. § 17 EStG handelt, den Verlustverrechnungsregeln der Abgeltungsteuer.

Verluste aus der Veräußerung von nach dem 31. Dezember 2008 erworbenen SIIC-Aktien können daher gemäß § 20 Abs. 6 S. 5 HS 1 EStG ausschließlich mit Aktienveräußerungsgewinnen ausgeglichen werden. Eine Beschränkung auf Veräußerungsgewinne aus REIT-Aktien besteht insoweit nicht. Allerdings entfällt auch eine Verrechnung mit Veräußerungsgewinnen aus Anteilen an ausländischen REITs, bei denen es sich nicht um Aktien handelt. Nicht verrechnete Verluste dürfen vorgetragen werden und mindern die Aktienveräußerungsgewinne der folgenden Veranlagungszeiträume (§ 20 Abs. 6 S. 5 HS 2 i.V.m. S. 3 und 4 EStG).

Spekulationsverluste i.S.d. § 23 Abs. 1 S. 1 Nr. 2 EStG a.F. aus SIIC-Aktien, die vor dem 1. Januar 2009 erworben und nach dem 31. Dezember 2008 veräußert wurden, können zunächst mit Gewinnen aus privaten Veräußerungsgeschäften ausgeglichen werden. Dabei mindern die Verluste nach Maßgabe des § 10d

585 Hält der Anteilseigner die Aktien in einem Betriebsvermögen, unterliegen die Veräußerungsgewinne nicht dem Steuerabzug vom Kapitalertrag nach § 20 Abs. 1 REITG i.V.m. § 43 Abs. 1 Nr. 9 und Abs. 4 EStG, wenn er der die Veräußerungsgewinne auszahlenden Stelle nach amtlich vorgeschriebenen Vordrucken erklärt, dass die Kapitalerträge Betriebseinnahmen eines inländischen Betriebs sind (§ 43 Abs. 2 S. 3 Nr. 2 EStG).

EStG auch die im unmittelbar vorangegangenen Veranlagungszeitraum oder in den nachfolgenden Veranlagungszeiträumen erzielten Einkünfte aus privaten Veräußerungsgeschäften. Darüber hinaus können die Spekulationsverluste bis einschließlich Veranlagungszeitraum 2013 mit Veräußerungsgewinnen i.S.d. § 20 Abs. 2 EStG ausgeglichen werden, wobei ebenfalls ein Verlustvortrag nach Maßgabe des § 10d EStG zulässig ist. Bei der Verrechnung mit Veräußerungsgewinnen i.S.d. § 20 Abs. 2 EStG sind die Spekulationsverluste vorrangig zu berücksichtigen (§ 20 Abs. 6 S. 1 i.V.m. § 23 Abs. 3 S. 9, 10 i.V.m. § 52a Abs. 11 S. 11 EStG). Nach Ablauf des Veranlugungszeitraumes 2013 kommt eine Verrechnung dieser Verluste nur noch mit Einkünften aus privaten Veräußerungsgeschäften nach § 23 EStG in Betracht.

Veräußerungsverluste nach § 17 EStG können als gewerbliche Verluste grundsätzlich mit positiven Einkünften ausgeglichen und nach § 10d EStG vor- und zurückgetragen werden[586]. § 19 Abs. 4 REITG ist nicht anwendbar, da es sich bei den Veräußerungsverlusten weder um Betriebsvermögensminderungen noch um Betriebsausgaben handelt. Da das Teileinkünfteverfahren wegen § 19 Abs. 3 REITG keine Anwendung findet, wirkt sich auch ein erlittener Veräußerungsverlust steuerlich in voller Höhe aus. Ein Verlustabzug ist jedoch gemäß § 17 Abs. 2 S. 6 lit. a EStG ausgeschlossen, soweit der Verlust auf SIIC-Aktien entfällt, die der Anteilseigner innerhalb der letzten fünf Jahre von einem Rechtsvorgänger unentgeltlich erworben hatte, der den Verlust anstelle des Anteilseigners ebenfalls nicht hätte geltend machen können. Gleiches gilt, soweit der Verlust auf entgeltlich erworbene SIIC-Aktien entfällt, die nicht innerhalb der gesamten letzten fünf Jahre zu einer Beteiligung des Anteilseigners i.S.d. § 17 Abs. 1 S. 1 EStG gehört haben, es sei denn, der Erwerb der innerhalb dieses Zeitraumes erworbenen Aktien begründete eine solche Beteiligung oder erfolgte nach ihrer Begründung (§ 17 Abs. 2 S. 6 lit b EStG)[587].

b) Körperschaften (institutionelle Anleger)

Wie bei den Privatanlegern kommt auch bei deutschen Körperschaften, die sich an einer in Frankreich ansässigen SIIC beteiligen eine Besteuerung in Frankreich und Deutschland in Betracht.

---

586 Vgl. BFH, Urt. v. 29.6.1995 – VIII R 68/93, BStBl. II 1995, 722 (723); *Weber-Grellet*, in: Schmidt, EStG, § 17 Rn. 196 f.; *Gosch*, in: Kirchhof, EStG, § 17 Rn. 113.

587 Gegen die Untersagung jeglicher Verlustberücksichtigung in § 17 Abs. 2 S. 6 EStG wendet sich *Dinkelbach*, DB 2009, 870 (874), der sich in diesen Fällen für eine Anwendung der Regelungen des § 20 Abs. 6 EStG ausspricht.

aa) Gewinnausschüttungen

(1) Besteuerung in Frankreich

(a) Grundsatz: Quellenbesteuerung

Beteiligen sich in Deutschland ansässige Körperschaften an einer französischen SIIC, unterliegen sie mit den von der SIIC bezogenen Gewinnausschüttungen, sofern diese keiner in Frankreich unterhaltenen Betriebsstätte zugerechnet werden können[588], grundsätzlich der Quellenbesteuerung in Höhe von 25% der ausgeschütteten Bruttodividende (Art. 119 bis, 2; Art. 187, 1; Ann. II, Art. 48 CGI)[589]. Die Quellensteuer hat Abgeltungswirkung (Art. 199 quater A CGI)[590].

(b) Keine Einschränkung entsprechend den Regelungen des französischen Mutter-Tochter-Regimes (*régime des sociétés mères et filiales*)

Nach den Regelungen des französischen Mutter-Tochter-Regimes (*régime des sociétés mères et filiales*)[591] sind die von einer Muttergesellschaft empfangenen Dividenden, abgesehen von einem Anteil nicht abzugsfähiger Aufwendungen in Höhe von maximal 5% der Bruttodividende, grundsätzlich von der französischen Körperschaftsteuer befreit (Art. 145 i.V.m Art. 216, I CGI). Nach dem Wortlaut des Art. 145, 1 Abs. 1 CGI kommen jedoch nur solche Muttergesellschaften in den Genuss des Schachtelprivilegs, die zum Normalsteuersatz der französischen Körperschaftsteuer unterliegen. Ausländische Gesellschaften, die Dividenden von gebietsansässigen Tochtergesellschaften beziehen, ohne in Frankreich eine Betriebsstätte zu unterhalten oder aufgrund anderer Tätigkeiten die genannte Voraussetzung erfüllen[592], werden grundsätzlich nicht erfasst.

Bis Januar 2007 unterwarf die französische Finanzverwaltung diese Gesellschaften daher dem Quellensteuerabzug nach Art. 119 bis, 2 i.V.m. Art. 187, 1

588 Können die Ausschüttungen einer französischen Betriebsstätte der deutschen Kapitalgesellschaft zugerechnet werden, unterliegen sie der Körperschaftsteuerveranlagung nach den allgemeinen Vorschriften. Der Quellensteuerabzug unterbleibt, da für Zwecke des Art. 119 bis, 2 CGI die französische Betriebsstätte einem Gesellschaftssitz in Frankreich gleichgestellt wird (Conseil d'Etat, Entscheidung v. 19.12.1975, n° 84774 und 91895, RJF 2/76, S. 64). Vgl. *Gouthière*, Les impôts dans les affaires internationales, 7. Aufl., Rn. 2008.

589 Zu der Frage, ob Dividenden einer SIIC als Einkünfte aus Kapitalvermögen oder Einkünfte aus französischem Grundbesitz qualifizieren, siehe unter: A. VI. 2. a) aa) (1).

590 Ed, Francis Lefebvre, Fiscal 2009, Rn. 2192; *Gouthière*, Les impôts dans les affaires internationales, 7. Aufl., Rn. 2007.

591 Oben unter: A. IV. 1. a) aa).

592 Zum Territorialitätsprinzip: Ed. Francis Lefebvre, Fiscal 2009, Rn. 3115.

CGI, wenn dieser nicht durch die Vorgaben der europäischen Mutter-Tochter-Richtlinie – umgesetzt durch Art. 119 ter CGI – oder eines DBA beschränkt oder ausgeschlossen wurde. Diese Verwaltungspraxis ließ die Frage aufkommen, ob eine Regelung, die Dividenden gebietsansässiger Tochtergesellschaften an ihre gebietsfremde Muttergesellschaft der (Quellen-)Besteuerung unterwirft, während gebietsansässige Muttergesellschaften von der Besteuerung fast vollständig befreit sind, nicht gegen die europäische Niederlassungsfreiheit (Art. 49 und 54 AEUV ;vorher: Art. 43 und 48 EG) verstieße. Fraglich war zudem, ob die Existenz eines DBA, das einen Quellensteuerabzug ausdrücklich zulässt und die Möglichkeit der Anrechnung der Quellensteuer im Ansässigkeitsstaat vorsieht, in diesem Zusammenhang zu berücksichtigen sei und wie es sich auswirke, wenn eine solche Anrechnungsmöglichkeit mangels Besteuerung im Ansässigkeitsstaat tatsächlich nicht möglich ist.

Anlässlich des Verfahrens *Société Denkavit International BV et SARL Denkavit France* hat der französische Conseil d'Etat diese Fragen dem EuGH zur Entscheidung vorgelegt[593]. Dieser hat daraufhin im sog. *Denkavit*-Urteil entschieden, dass nationale Rechtsvorschriften, die eine gebietsfremde Muttergesellschaft mit einer Steuer auf Dividenden belasten, gebietsansässige Muttergesellschaft aber fast völlig davon befreiten, tatsächlich eine diskriminierende Beschränkung der Niederlassungsfreiheit darstellen und mit Art. 49 AEUV und 54 AEUV (vorher: Art. 43 und 48 EG) nicht vereinbar seien[594]. Gleiches gelte für Rechtsvorschriften eines Mitgliedstaates, die bei Vorliegen eines mit einem anderen Mitgliedstaat geschlossenen DBA, welches zwischen den Mitgliedstaaten eine Quellensteuer zulässt und die Anrechnung der auferlegten Belastung auf die Steuerschuld im Ansässigkeitsstaat erlaubt, allein für gebietsfremde Muttergesellschaften eine Quellensteuer auf die von ihren gebietsansässigen Tochtergesellschaften ausgeschütteten Dividenden vorsehen, wenn für eine Muttergesellschaft die im Abkommen vorgesehene Anrechnung im Ansässigkeitsstaat nicht möglich ist[595].

Aufgrund der EuGH-Rechtsprechung und der darauf ergangenen Entscheidung des *Conseil d'Etat*[596] änderte die französische Finanzverwaltung mit Wirkung zum 1. Januar 2007 ihre bisherige Verwaltungspraxis im Hinblick auf die Besteuerung europäischer Muttergesellschaften, die nunmehr von einer Befrei-

---

593 Conseil d'Etat, Entscheidung v. 15.12.2004, n° 235069, 10ème et 9ème sous-sections réunies, *Société Denkavit International BV et SARL Denkavit France*, RJF 3/05 n° 233; vgl. auch EuGH, Urt. v. 14.12.2006, C–170/05, *Denkavit*, Slg. 2006, I–11949, Rn. 16.

594 Vgl. EuGH, Urt. v. 14.12.2006, C–170/05, *Denkavit*, Slg. 2006, I–11949, Rn. 41 und Tenor.

595 Vgl. EuGH, Urt. v. 14.12.2006, C–170/05, *Denkavit*, Slg. 2006, I–11949, Rn. 56 und Tenor.

596 Conseil d'Etat, Entscheidung v. 06.04.2007, n° 235069, 10ème et 9ème sous-sections réunies, *Société Denkavit International BV et SARL Denkavit France*, RJF 7/07 n° 807.

ung von der Quellensteuer i.S.d. Art. 119 bis, 2 i.V.m. Art. 187, 1 CGI profitieren können[597].

Begünstigt sind Muttergesellschaften, die ihren tatsächlichen Verwaltungssitz in einem EU-Staat oder in einem anderen Mitgliedstaat des EWR haben, der mit Frankreich ein DBA geschlossen hat, welches eine Amtshilfeklausel zur Bekämpfung der Steuerflucht und Steuerhinterziehung enthält, und dort ganz oder teilweise nach den allgemeinen Vorschriften der Körperschaftsteuer unterworfen werden[598]. Diese müssen zudem die Voraussetzungen für die Anwendung des französischen Mutter-Tochter-Regimes nach Art. 145, 216 CGI erfüllen, d.h. insbesondere zu mindestens 5% am Kapital der ausschüttenden Tochtergesellschaft beteiligt sein[599] und diese Beteiligung über einen Zeitraum von mindestens zwei Jahren halten[600]. In sachlicher Hinsicht werden ausschließlich ordentliche Ausschüttungen sowie bestimmte diesen gleichgestellte Ausschüttungen begünstigt[601]. Eine Befreiung der Ausschüttungen von der Quellensteuer kommt nur dann in Betracht, wenn eine Anrechnung der Quellensteuer im Ansässigkeitsstaat der Muttergesellschaft ausgeschlossen ist[602] und kein Gestaltungsmissbrauch vorliegt[603].

Da die Quellensteuerbefreiung nur unter den Voraussetzungen des Art. 145 CGI gewährt werden soll[604], Ausschüttungen einer SIIC jedoch unter den Ausschlusstatbestand des Art. 145, 6–h–1° CGI fallen, soweit sie aus den auf SIIC-Ebene steuerbefreiten Gewinnen stammen, kann sie von in Deutschland ansässigen institutionellen Anlegern einer französischen SIIC grundsätzlich nur hinsichtlich der aus den körperschaftsteuerpflichtigen Nebentätigkeitsgewinnen der SIIC stammenden Ausschüttungen in Anspruch genommen werden[605]. Eine Quellensteuerbefreiung kommt auch dann in Betracht, wenn die SIIC wegen eines Verstoßes gegen die Höchstbeteiligungsquote vorübergehend der allgemeinen Besteuerung unterworfen wird.

---

597 Instruction v. 10.5.2007, BOI 4 C–7–07; Instruction v. 12.7.2007, BOI 4 C–8–07; vgl. Ed. Francis Lefebvre, Fiscal 2009, Rn. 2196; *Gouthière*, Les impôts dans les affaires internationales, 7. Aufl., Rn. 2007–0; *Hellio/Crucifix*, in: Mennel/Förster, Steuern in Europa, Amerika und Asien, Frankreich Rn. 312.

598 Instruction v. 12.7.2007, BOI 4 C–8–07, Rn. 2.

599 Instruction v. 12.7.2007, BOI 4 C–8–07, Rn. 3.

600 Instruction v. 12.7.2007, BOI 4 C–8–07, Rn. 4.

601 Vgl. Instruction v. 12.7.2007, BOI 4 C–8–07, Rn. 5 ff.

602 Instruction v. 12.7.2007, BOI 4 C–8–07, Rn. 8.

603 Vgl. Instruction v. 10.5.2007, BOI 4 C–7–07, Rn. 5.

604 Instruction v. 12.7.2007, BOI 4 C–8–07, Rn. 2 und 5.

605 So auch *Gouthière*, Les impôts dans les affaires internationales, 7. Aufl., Rn. 2007–0.

(c) Anwendbarkeit der europarechtlichen Mutter-Tochter-Richtlinie?

Unklar ist, ob Art. 119 ter CGI, der die europarechtliche Mutter-Tochter-Richtlinie in nationales Recht umsetzt, der Quellenbesteuerung der Ausschüttungen einer französischen SIIC an ihre in einem anderen EU-Mitgliedstaat ansässigen institutionellen Anleger entgegen stehen kann.

Nach dieser Vorschrift findet der Quellensteuerabzug i.S.d. Art. 119 bis, 2 CGI keine Anwendung auf Dividenden, die von einer der französischen Körperschaftsteuer unterliegenden Tochtergesellschaft an ihre Muttergesellschaft ausgeschüttet werden, wenn diese einer der im Erlass (*arrêté*) zu Art. 119 ter CGI vom 24. Juni 2006[606] aufgeführten Rechtsformen entspricht sowie ihren tatsächlichen Verwaltungssitz in einem EU-Mitgliedstaat hat und nicht aufgrund eines mit einem Drittstaat geschlossenen DBA als steuerlich außerhalb der EU ansässig betrachtet wird. Erforderlich ist ferner, dass die Muttergesellschaft über einen Zeitraum von mindestens zwei Jahren ununterbrochen – seit 1. Januar 2009 – zu mindestens 10% unmittelbar am Kapital der ausschüttenden Gesellschaft beteiligt ist oder sich verpflichtet, eine solche Beteiligung über einen entsprechenden Zeitraum zu halten. Zudem muss sie im Ansässigkeitsstaat der Körperschaftsteuer unterliegen, wobei jedoch Gesellschaften, die von dieser befreit sind oder ihr nur auf Option unterliegen, ausgenommen sind.

Nach Art. 119 ter, 1 CGI unterbleibt der Quellensteuerabzug nur dann, wenn die ausschüttende Tochtergesellschaft der Körperschaftsteuer zum Normalsteuersatz („*au taux normal*“) von 33⅓% (bzw. 15% bei PME) unterworfen wird. Es stellt sich somit die Frage, ob und inwieweit die von einer französischen SIIC an ihre im Ausland – hier: Deutschland – ansässigen institutionellen Anleger ausgeschütteten Dividenden ebenfalls in den Anwendungsbereich des Art. 119 ter CGI fallen, da die Einkünfte der SIIC nur bei Ausübung einer Nebentätigkeit teilweise zum Normalsteuersatz körperschaftsteuerpflichtig sind.

Das Einführungsschreiben der französischen Finanzverwaltung zum SIIC-Regime geht auf die Vorschrift des Art. 119 ter CGI nicht ein. Die Ausschüttungen der SIIC an ihre im Ausland ansässigen Anteilseigner unterliegen danach vorbehaltlich der Regelungen der DBA gemäß Art. 119 bis, 2 CGI dem Steuerabzug in Höhe von 25%[607]. Die französische Finanzverwaltung wendet Art. 119 ter CGI jedoch grundsätzlich beschränkt auch auf Gesellschaften an, die nur teilweise zum Normalsteuersatz der Körperschaftsteuer unterliegen. Der Quel-

606 Arrêté v. 24.3.2006, *fixant la liste des personnes morales mentionnée au b du 2 de l'article 119 ter du CGI*, JO v. 13.5.2006, S. 7010. Dieser enthält die im Anhang der Mutter-Tochter-Richtlinie aufgeführte Liste der unter Art. 2 Abs. 1 lit. a Mutter-Tochter-Richtlinie fallenden Gesellschaften.

607 Instruction v. 25.9.2003, BOI 4 H-5-03, Rn. 50.

lensteuerabzug unterbleibt in diesen Fällen, soweit die ausgeschütteten Dividenden aus Gewinnen stammen, die zum Normalsteuersatz besteuert wurden[608]. Bei einer SIIC sind insoweit nur die aus den Gewinnen der Nebentätigkeit stammenden Dividenden betroffen[609]. Die Literatur spricht sich unter Verweis auf die europarechtliche Mutter-Tochter-Richtlinie teilweise für eine vollumfängliche Anwendung des Art. 119 ter CGI aus[610].

Für eine Anwendung des Art. 119 ter CGI spricht zunächst der Gesetzeswortlaut, denn auch eine SIIC ist eine grundsätzlich zum Normalsteuersatz der Körperschaftsteuer unterliegende Gesellschaft („*société ou organisme soumis à l'impôt sur les sociétés au taux normal*", Art. 119 ter, 1 CGI)[611]. Sie ist nicht subjektiv von der Körperschaftsteuer befreit, sondern nur die Einkünfte aus ihrer Haupttätigkeit sind sachlich steuerbefreit. Zu berücksichtigen ist zudem, dass das Einführungsschreiben zum SIIC-Regime Art. 119 ter CGI zwar nicht erwähnt, seine Anwendbarkeit aber nicht ausdrücklich ausschließt. Einigkeit besteht darüber, dass die Gewinnausschüttungen einer SIIC in den Anwendungsbereich des französischen Teileinkünfteverfahrens fallen[612]. Auch Art. 158 CGI fordert, dass die Ausschüttungen von einer körperschaftsteuerpflichtigen Gesellschaft stammen.

Aufgrund der Einschränkung ‚zum Normalsteuersatz' (‚*au taux normal*') lässt der Wortlaut des Art. 119 ter CGI grundsätzlich auch eine beschränkte Anwendung der Vorschrift zu, denn zum Normalsteuersatz wird die SIIC nur mit ihren Einkünften aus zulässiger Nebentätigkeit besteuert. Art. 119 ter CGI setzt andererseits jedoch die europarechtliche Mutter-Tochter-Richtlinie in nationales Recht um. Der Richtlinienwortlaut unterscheidet nicht zwischen unterschiedlichen Körperschaftsteuersätzen. Er stellt vielmehr nur darauf ab, dass die Gesellschaft überhaupt der Körperschaftsteuer unterliegt, d.h. Körperschaftsteuersubjekt ist[613]. Nicht in den Anwendungsbereich der Richtlinie fallen danach nur Gesellschaften die subjektiv, d.h. gänzlich von der Körperschaftsteuer befreit

608 Ed. Francis Lefebvre, Fiscal 2009, Rn. 2195.

609 *Lazarski*, ET 2003, 131 (133); *Royou*, International Tax Review, Februar 2004, 25 (28).

610 Vgl. *Bron*, Der G-REIT, S. 196; kritisch auch *Schimmelschmidt/Tauser/Lagarrigue*, IStR 2006, 120 (124).

611 *Gouthière*, Les impôts dans les affaires internationales, 7. Aufl., Rn. 2331–1.

612 Oben unter: A. VI. 1. a) aa) (1) (b); Instruction v. 11.9.2005, BOI 5 I-2-05, Rn. 19.

613 Vgl. z.B. die deutsche („*die [...] einer der nachstehenden Steuern [...] unterliegt, ohne davon befreit zu sein*"), die französische („*qui [...] est assujettie, [...] sans être exonoré à l'un des impôts suivants*", die englische („*which [...] is subject to one of the following taxes, without the possibility of [...] being exempt*") sowie die spanische („*que [...] esté sujeta, [...] sin estar exenta, a uno de los impuestos siguientes*") Sprachfassung des Art. 2 Abs. 1 lit. c Mutter-Tochter-Richtlinie.

sind[614]. Gesellschaften die zwar körperschaftsteuerpflichtig sind, jedoch für bestimmte Einkünfte eine Steuerbefreiung geltend machen können, sind hingegen selbst dann nicht ausgenommen, wenn das steuerbefreite Einkommen das gesamte Einkommen der Gesellschaft ausmacht[615]. Vieles spricht somit dafür, Art. 119 ter CGI bei richtlinienkonformer Auslegung insgesamt auf die Ausschüttungen der französischen SIIC an ihre in Deutschland ansässigen institutionellen Anleger anzuwenden und diese bei Vorliegen seiner Voraussetzungen von der Quellenbesteuerung auszunehmen. Aufgrund der derzeitigen Fassung des DBA-Frankreich dürfte das aufgezeigte Problem im Verhältnis Frankreich-Deutschland praktisch eine nur untergeordnete Rolle spielen[616].

(d) Beschränkung des Besteuerungsrechts durch das DBA-Frankreich

Art. 9 Abs. 2 S. 1 DBA-Frankreich beschränkt die nach innerstaatlichem Recht vorgesehene Quellensteuerbelastung auf grundsätzlich 15% des Bruttobetrags der ausgeschütteten Dividenden. Bei einer Schachtelbeteiligung einer in Deutschland ansässigen Kapitalgesellschaft an einer in Frankreich ansässigen Kapitalgesellschaft wird das Besteuerungsrecht Frankreichs darüber hinausgehend zugunsten Deutschlands vollständig ausgeschlossen (Art. 9 Abs. 3 DBA-Frankreich). Ein institutioneller Anleger, dem mindestens 10% des Gesellschaftskapitals einer französischen SIIC gehören, darf in Frankreich somit nicht besteuert werden.

Die Beschränkung kann auch hier im Wege des ‚vereinfachten' oder des ‚normalen' Verfahrens geltend gemacht werden, d.h. die Quellensteuer wird von vornherein in zulässiger Höhe einbehalten oder später erstattet.

(2) Besteuerung in Deutschland

Die von einem unbeschränkt körperschaftsteuerpflichtigen Anteilseigner vor dem 1. Januar 2008 bezogenen Gewinnausschüttungen einer französischen SIIC bleiben nach § 8b Abs. 1 KStG bei der Ermittlung des Einkommens außer Ansatz; lediglich ein Anteil von 5% der Gewinnausschüttung gilt als nicht abzieh-

---

614 Vgl. *Bron*, Der G-REIT, S. 196; *Meerpohl*, Die Mutter-/Tochterrichtlinie der EG und ihre Umsetzung in das Recht der Mitgliedstaaten, S. 58; *Thömmes*, in: Wollert-Elmendorff Deutsche Industrie-Treuhand GmbH (Hrsg.), Die Umsetzung der EG-Fusionsrichtlinie und der EG-Mutter-Tochter-Richtlinie in den EG-Mitgliedstaaten, S. 9 f.

615 *Meerpohl*, Die Mutter-/Tochterrichtlinie der EG und ihre Umsetzung in das Recht der Mitgliedstaaten, S. 58 (m.w.N.).

616 Dazu siehe sogleich unter: A. VI. 2. b) aa) (1) (d).

bare Betriebsausgaben[617]. Hält man – der Konzeption des französischen Gesetzgebers entsprechend – die europarechtliche Mutter-Tochter-Richtlinie auf Gewinnausschüttungen einer SIIC, die ihren steuerbefreiten Gewinnen entstammen, für nicht anwendbar[618], können insoweit lediglich Lebens- und Krankenversicherungen sowie Pensionsfonds unter den Voraussetzungen des § 8b Abs. 8 KStG bzw. Kredit- und Finanzdienstleistungsinstitute, soweit die SIIC-Anteile dem Handelsbuch zuzurechnen sind (§ 8b Abs. 7 KStG), nicht von der Steuerfreistellung des § 8b KStG profitieren.

Für nach dem 31. Dezember 2007 bezogene Gewinnausschüttungen gilt dies nur, falls die SIIC nicht als andere REIT-Körperschaft i.S.d. § 19 Abs. 5 REITG qualifiziert oder soweit die Gewinnausschüttungen aus vorbelasteten Teilen des Gewinns i.S.d. § 19a REITG stammen. Im Übrigen ist eine Anwendung des § 8b KStG gemäß § 19 Abs. 3 REITG ausgeschlossen, so dass die Gewinnausschüttungen in vollem Umfang der Körperschaftsteuer unterliegen. Die in Frankreich auf die Gewinnausschüttungen erhobene Steuer ist nach Art. 20 Abs. 1 lit. c DBA-Frankreich unter Beachtung der §§ 26 KStG, 34c EStG auf die deutsche Körperschaftsteuer anzurechnen, soweit diese auf die Gewinnausschüttungen entfällt.

Für Schachteldividenden ordnet Art. 20 Abs. 1 lit. b DBA-Frankreich an, dass die den gezahlten Dividenden entsprechenden Nettoeinkünfte gemäß Art. 20 Abs. 1 lit. a DBA-Frankreich von der Bemessungsgrundlage der deutschen Steuer auszunehmen sind. Es handelt sich hierbei um Dividenden, die eine in Frankreich ansässige Kapitalgesellschaft an eine in Deutschland ansässige Kapitalgesellschaft zahlt, der mindestens 10% ihres Gesellschaftskapitals gehören.

Die dem Anteilseigner nach dem 31. Dezember 2008 zufließenden Schachteldividenden einer SIIC, die zugleich die Voraussetzungen einer anderen REIT-Körperschaft i.S.d. § 19 Abs. 5 REITG erfüllt, sind jedoch nach der Konzeption des deutschen Gesetzgebers von der Freistellung ausgeschlossen.

Eine solche Freistellung steht nach Ansicht des Gesetzgebers im Widerspruch zu der der REIT-Gesetzgebung innewohnenden Systematik, nach der die Besteuerung der ausgeschütteten Dividenden in voller Höhe auf Ebene des Anteilseigners sichergestellt werden soll[619]. Daher enthält der im Rahmen des JStG 2009 neu eingefügte § 19 Abs. 6 REITG nach dem Vorbild des § 20 AStG und in Anlehnung an den *Partnership Report* der OECD eine sog. *switch-over*-Klausel[620], wonach in den Fällen, in denen ein DBA im jeweiligen Methoden-

617 Vgl. *Schultz*, DB-Status Recht 2007, 165 (167).

618 Vgl. die Ausführungen unter: A. VI. 2. b) aa) (1) (c).

619 Referentenentwurf zum JStG 2009, S. 109 (zu Art. 16, Nr. 2 Buchst. e).

620 Vgl. Referentenentwurf zum JStG 2009, S. 109 (zu Art. 16, Nr. 2 Buchst. e).

artikel die Steuerfreistellung von (Schachtel-)Dividenden im Ansässigkeitsstaat des Anteilseigners anordnet, die Doppelbesteuerung von Dividenden eines ausländischen REITs i.S.d. § 19 Abs. 5 REITG unbeschadet des Abkommens nicht durch Freistellung sondern durch Anrechnung der auf die Gewinnausschüttungen erhobenen ausländischen Steuer zu vermeiden. Der Gesetzgeber bedient sich insoweit eines weiteren *Treaty Override*[621]. Die vorgesehene Anrechnung geht hier jedoch ins Leere, da Frankreich die Schachteldividenden nach Art. 9 Abs. 3 DBA-Frankreich nicht besteuern darf.

Ein Abzug von Kapitalertragsteuer findet auch für nach dem 31. Dezember 2008 bezogene Gewinnausschüttungen nicht statt, wenn es sich bei dem Anteilseigner um ein inländisches Kredit- oder Finanzleistungsinstitut i.S.d. § 43 Abs. 1 S. 1 Nr. 7 lit. b EStG (§ 43 Abs. 2 S. 2 EStG) oder um eine unbeschränkt steuerpflichtige, nicht steuerbefreite Körperschaft handelt (§ 43 Abs. 2 S. 3 Nr. 1 EStG). Bei einer steuerbefreiten Körperschaft oder inländischen juristischen Person des öffentlichen Rechts kommt eine Abstandnahme vom Steuerabzug nach § 44a Abs. 4 S. 1 EStG in Betracht.

In gewerbesteuerlicher Hinsicht fließen die Gewinnausschüttungen einer in Frankreich ansässigen SIIC, soweit eine Anwendung des § 8b KStG wegen § 19 Abs. 3 REITG ausgeschlossen ist, in den Gewerbeertrag nach § 7 S. 1 GewStG ein. Jedoch kommt eine Anwendung des gewerbesteuerlichen Schachtelprivilegs nach § 9 Nr. 7 GewStG in Betracht, wenn der Anteilseigner seit Beginn des Erhebungszeitraumes ununterbrochen zu mindestens 15% am Nennkapital der SIIC beteiligt ist und deren Bruttoerträge ausschließlich oder fast ausschließlich aus aktiven Tätigkeiten i.S.d. § 8 Abs. 1 Nr. 1 bis 6 AStG stammen. Zu diesen kann gemäß § 8 Abs. 1 Nr. 6 lit. b HS 2 AStG auch die Vermietung und Verpachtung von Grundstücken gehören, sofern es sich um französischen oder in einem Drittstaat belegenen Grundbesitz handelt und das zwischen Deutschland und dem Belegenheitsstaat geschlossene DBA die aus diesem stammenden Einkünfte aus unbeweglichem Vermögen von der Besteuerung in Deutschland freistellt. Die Kürzungsvorschrift des § 9 Nr. 8 GewStG dürfte nach der Konzeption des Gesetzgebers hingegen regelmäßig nicht anwendbar sein. Zwar ordnet auch das DBA-Frankreich für die von einer in Frankreich ansässigen Kapitalgesellschaft an eine in Deutschland ansässige Kapitalgesellschaft gezahlten Dividenden unter der Voraussetzung einer Mindestbeteiligung von 10% eine Befreiung von der deutschen Gewerbesteuer an (Art. 1 Abs. 2 Nr. 2 lit. e i.V.m. Art. 20 Abs. 1 lit. b DBA-Frankreich). Gemäß § 19 Abs. 6 REITG soll diese Regelung jedoch nicht für die Gewinnausschüttungen eines ausländischen REITs i.S.d. § 19 Abs. 5 REITG gelten. Das Halten von Anteilen an einer REIT-AG ist

621 Zur Frage der Wirksamkeit, siehe unter: B. VI. 1. b) cc) (4) (b) und (c).

als Verwaltung eigenen Kapitalvermögens i.S.d. § 9 Nr. 1 S. 2 GewStG anzusehen und wirkt sich – soweit die Voraussetzungen im Übrigen erfüllt sind – nicht schädlich auf die erweiterte Kürzung aus[622].

bb) Veräußerungsgewinne

(1) Besteuerung in Frankreich

Die Besteuerung der Veräußerungsgewinne der institutionellen Anleger erfolgt im Wesentlichen nach den gleichen Grundsätzen, wie sie bereits für die privaten Anleger erörtert wurden[623]. Das innerstaatliche Recht sieht einen Quellensteuerabzug für den Fall vor, dass das Aktivvermögen der SIIC unmittelbar oder mittelbar überwiegend aus in Frankreich belegenen Immobilien oder Rechten an diesen besteht und der Anteilseigner unmittelbar oder mittelbar zu mindestens 10% am Kapital der SIIC beteiligt ist (Art. 244 bis A CGI). Die Quellensteuer beträgt für Veräußerungen seit dem 1. Januar 2009 19% (Art. 244 bis A, III Abs. 2 i.V.m. Art. 219, I–a Abs. 3 und IV CGI; vorher: 16,5%). Anders als bei natürlichen Personen ist sie grundsätzlich auf die Körperschaftsteuer anrechenbar und ggf. erstattungsfähig[624]. Nach dem aktuellen Wortlaut des Art. 209 CGI kommt derzeit eine Besteuerung grundsätzlich auch bei einer Beteiligung unterhalb von 10% in Betracht; hier soll jedoch kurzfristig eine Anpassung erfolgen[625].

Liegt das Immobilienvermögen der SIIC hingegen überwiegend außerhalb Frankreichs, kommt nach nationalem Recht eine Besteuerung der Veräußerungsgewinne gemäß den dargestellten Grundsätzen nur bei einer Beteiligung von mindestens 25% innerhalb der letzten fünf Jahre in Betracht (Art. 244 bis B Abs. 1 CGI)[626]. Die Registersteuer fällt bei einer Veräußerung in Deutschland regelmäßig nicht an[627].

Hinsichtlich der Veräußerungsgewinne ist jedoch das Besteuerungsrecht Frankreichs gemäß Art. 7 DBA-Frankreich ausgeschlossen, wenn die Anteile nicht einer französischen Betriebsstätte zugeordnet sind.

---

622 *Engers*, in: Helios/Wewel/Wiesbrock, REIT-Gesetz, § 19 Rn. 7.

623 Siehe unter: A. VI. 2. a) bb) (1).

624 Ed. Francis Lefebvre, Fiscal 2009, Rn. 2921.

625 So *Foissac/Charriau*, Option Finance – La lettre de l'immobilier, v. 15.3.2010, S. 3 (4), unter Berufung auf entsprechende Verlautbarungen der DLF.

626 Siehe unter: A. VI. 2. a) bb) (1).

627 Vgl. Ed. Francis Lefebvre, Fiscal 2009, Rn. 6118 („*Un acte passé à l'étranger n'est pas soumis en principe à l'enregistrement.*").

(2) Besteuerung in Deutschland

Auf die von einem unbeschränkt körperschaftsteuerpflichtigen Investor vor dem 1. Januar 2008 erzielten Gewinne aus der Veräußerung seiner Anteile an einer französischen SIIC fand die Vorschrift des § 8b KStG Anwendung. Die Veräußerungsgewinne blieben, sofern nicht ein Ausnahmefall i.S.d. § 8b Abs. 7 oder 8 KStG vorlag, ungeachtet eines Anteils von 5% nicht abzugsfähiger Betriebsausgaben bei der Ermittlung des Einkommens außer Ansatz.

Da die SIIC im Regelfall als andere REIT-Körperschaft i.S.d. 19 Abs. 5 REITG qualifiziert, ist § 8b KStG auf nach dem 31. Dezember 2007 erzielte Veräußerungsgewinne grundsätzlich nicht mehr anwendbar (§ 19 Abs. 3 REITG). Wertminderungen der Beteiligung sind nicht zu berücksichtigen, soweit sie auf steuerlich vorbelasteten Dividenden i.S.d. § 19a Abs. 2 REITG beruhen (§ 19a Abs. 1 S. 2 REITG). Betriebsvermögensminderungen oder Betriebsausgaben, die mit den SIIC-Aktien in wirtschaftlichem Zusammenhang stehen, dürfen gemäß § 19 Abs. 4 REITG nur mit Betriebsvermögensmehrungen oder Betriebseinnahmen aus der Veräußerung von Anteilen anderer REITs ausgeglichen werden. Ist eine solcher Ausgleich in demselben Veranlagungszeitraum nicht möglich, können verbleibende Verluste unter den weiteren Beschränkungen des § 10d EStG zurück- und vorgetragen werden[628].

In gewerbesteuerlicher Hinsicht wirken sich die Sonderregelungen in § 19 Abs. 3 und 4 REITG ebenfalls bei der Ermittlung des Gewerbeertrags nach § 7 S. 1 GewStG und somit auf die Gewerbesteuerpflicht des Anteilseigners aus[629].

VII. Missbrauchsbesteuerung

1. Hintergrund

Bei Schachtelbeteiligungen ausländischer Kapitalgesellschaften an einer französischen SIIC besteht die Möglichkeit, dass Gewinne der SIIC aus der begünstigten Immobilientätigkeit einer Besteuerung in Frankreich entzogen werden[630]. Frankreich nimmt diese Möglichkeit grundsätzlich in Kauf (sog. Strategie des „*Laissez-faire*“[631]). Dies hatte ursprünglich jedoch zur Folge, dass eine Besteue-

628 Vgl. *Engers*, in: Helios/Wewel/Wiesbrock, REIT-Gesetz, § 19 Rn. 32.

629 *Blaas/Ruoff*, in: Seibt/Conradi, Handbuch REIT Aktiengesellschaft, Rn. 763 f., 792; *Engers*, in: Helio/Wewel/Wiesbrock, REIT-Gesetz, § 19 Rn. 7.

630 Vgl. die Ausführungen unter: A. VI. 2. b) aa) (1) (c) und (d).

631 Den Begriff der Strategie des „*Laissez-faire*“ findet man im deutschen Schrifttum, vgl. *Bron*, Der G-REIT, S. 217 (auch „Akzeptanzkonzept“).

rung der Gewinne insgesamt entfallen konnte, wenn die von der SIIC ausgeschütteten Dividenden aufgrund abkommensrechtlicher oder nationaler Regelungen des Ansässigkeitsstaates der Kapitalgesellschaft auch dort nicht besteuert werden[632]. Insbesondere spanische Investoren, die ihr Immobilienportfolio geographisch diversifizieren wollten, um dem Risiko eines Endes des damaligen spanischen Immobilienbooms zu begegnen, machten in der Praxis von dieser Möglichkeit regen Gebrauch[633]. Dies lief jedoch der Idee des SIIC-Regimes zuwider. Der Steuerbefreiung auf SIIC-Ebene sollte die Ausschüttungspflicht und Besteuerung auf Ebene der Anteilseigner gegenüberstehen. Zum Ausgleich[634] hat der französische Gesetzgeber im Rahmen des Änderungsfinanzgesetzes für 2006 eine pauschale Ausschüttungsteuer in Höhe von 20% (*prélèvement de 20%*)[635] eingeführt, die auf seit dem 1. Juli 2007 vorgenommene Gewinnausschüttungen Anwendung findet, die beim Empfänger nicht oder nur gering besteuert werden[636].

2. Anwendungsbereich

Der Anwendungsbereich der Ausschüttungsteuer ist eröffnet, wenn eine SIIC Gewinne an institutionelle Anteilseigner ausschüttet, die zum Zeitpunkt der Ausschüttung zu mindestens 10% am Kapital der SIIC beteiligt sind, im Hinblick auf die empfangenen Dividenden nicht oder nur geringfügig körperschaftsteuerpflichtig sind und selbst keiner Ausschüttungsverpflichtung unterliegen. Das Gleiche gilt für Gewinne, die aufgrund gesetzlicher Vorschriften als ausgeschüttet gelten (Art. 208 C, II ter Abs. 1 S. 1 CGI).

---

632 Revue de droit fiscal, N° 6 v. 8.2.2007, Nr. 170, S. 29 (35).

633 Vgl. hierzu die Presseartikel von *A.C.*, Les Echos v. 25.1.2007, S. 27, sowie *Odile Coupé*, La chasse aux avantages fiscaux des foncières espagnoles, in Le Figaro v. 29.6.2005, abrufbar im Internet unter: http://www.lefigaro.fr.

634 Vgl. Rapport Général Nr. 115 v. 13.12.2006, S. 212; Ed. Francis Lefebvre, FR 56/06, Nr. 52 Rn. 34; Revue de droit fiscal, N° 6 v. 8.2.2007, Nr. 170, S. 29 (35); *Lugand/Hamis*, Droit & Patrimoine, n° 164 – November 2007, S. 30 (33 f.).

635 Vgl. hierzu auch Ed. Francis Lefebvre, Fiscal 2009, Rn. 2676; Ed. Francis Lefebvre, FR 56/06, Nr. 52 Rn. 34 ff.; Ed. Lamy, Lamy fiscal 2009, Rn. 6653; *Gouthière*, Les impôts dans les affaires internationales, 7. Aufl., Rn. 2331–1; Revue de droit fiscal, N° 6 v. 8.2.2007, Nr. 170, S. 29 (35 f.).

636 Art. 138, II–4° und VII–3° des Änderungsfinanzgesetzes für 2006, Nr. 2006–1771 v. 30.12.2006, JO v. 31.12.2006, S. 20228.

a) Erforderliche Beteiligungsverhältnisse

Art. 208 C II ter CGI erfasst ausschließlich Gewinnausschüttungen an Aktionäre, die keine natürlichen Personen sind (Art. 208 C, II ter Abs. 1 S. 1 CGI). Die vorgesehene Beteiligungsgrenze von 10% bezieht sich allein auf das Dividendenbezugsrecht und nicht auf das Stimmrecht (Art. 208 C, II ter Abs. 4 CGI). Nach dem Wortlaut des Art. 208 C, II ter Abs. 1 CGI kann die Beteiligung unmittelbarer oder mittelbarer Natur sein („*Lorsque des produits sont distribués ou réputés distribués [...] à un associé [...] détenant, directement ou indirectement, au moins 10% du capital [...]*").

Der Wortlaut ist nicht ganz eindeutig, denn der Inhaber einer mittelbaren Beteiligung ist grundsätzlich nicht selbst Gesellschafter und bezieht keine Dividenden[637]. Neben Mischfällen unmittelbarer und mittelbarer Beteiligungen dürfte der französische Gesetzgeber hierbei Gestaltungen im Auge gehabt haben, bei denen die ausländische Kapitalgesellschaft SIIC-Anteile über eine zwischengeschaltete ausländische Personengesellschaft erwirbt. Wird diese im Sitzstaat als steuerlich transparent behandelt, betrachtet auch Frankreich den dahinter stehenden Gesellschafter als Dividendenempfänger[638].

b) Keine oder eine nur geringfügige Besteuerung

Die Ausschüttungen der SIIC dürfen auf Ebene des Aktionärs nicht der französischen Körperschaftsteuer oder einer vergleichbaren Steuer unterliegen. Dies ist nach der Legaldefinition in Art. 208 C, II ter Abs. 3 CGI dann der Fall, wenn sie entweder steuerbefreit sind oder die erhobene Steuer um mehr als zwei Drittel geringer ist als die französische Körperschaftsteuer unter Anwendung der allgemeinen Vorschriften, d.h. derzeit unter 11,11% liegt[639]. Die Vorschrift lässt offen, welche Steuererhebungen (z.B. ggf. erhobene französische Quellensteuer) hierbei zu berücksichtigen sind[640]. Nicht eindeutig ist auch die Rechtslage bei nur teilweiser Steuerbefreiung der Ausschüttungen. Nach der Systematik und dem Zweck der Vorschrift dürfte in einem solchen Fall maßgeblich auf die aus dem steuerbefreiten Bereich (Art. 208 C, II CGI) stammenden Ausschüttungen abzustellen sein.

---

637 Vgl. Revue de droit fiscal, N° 6 v. 8.2.2007, Nr. 170, S. 29 (35).

638 Vgl. Instruction v. 29.3.2007, BOI 4 H-5-07, Rn. 12 ff.; *Gouthière*, Les impôts dans les affaires internationales, 7. Aufl., Rn. 1217-1.

639 Revue de droit fiscal, N° 6 v. 8.2.2007, Nr. 170, S. 29 (35).

640 Revue de droit fiscal, N° 6 v. 8.2.2007, Nr. 170, S. 29 (35).

c) Keine Ausschüttungsverpflichtung des Anteilseigners

Auch bei Erfüllung der zuvor genannten Voraussetzungen wird die Ausschüttungsteuer nicht erhoben, wenn der Anteilseigner seinerseits verpflichtet ist, die empfangenen (bzw. ihm zugerechneten) Ausschüttungen in ihrer Gesamtheit an seine Anteilseigner auszuschütten und diese, sofern sie zum Zeitpunkt der Ausschüttung unmittelbar oder mittelbar 10% oder mehr der Dividendenbezugsrechte innehaben, hinsichtlich der Ausschüttungen der französischen Körperschaftsteuer oder einer vergleichbaren Steuer unterliegen (Art. 208 C, II ter Abs. 2 bis 4 CGI). Durch diese Ausnahmevorschrift sollen insbesondere Ausschüttungen an andere SIIC oder vergleichbare REITs vom Anwendungsbereich der Ausschüttungsteuer ausgenommen werden[641]. Ihre praktische Anwendung kann sich mitunter als schwierig gestalten, da sie der SIIC (bzw. der für sie handelnden Personen) genaue Kenntnis von den Beteiligungsverhältnissen ihrer Aktionäre abverlangt. So muss die SIIC v.a. Informationen über die jeweiligen Dividendenbezugsrechte der Gesellschafter ihrer Aktionäre besitzen[642].

3. Besteuerungsmodalitäten

Schuldner der Ausschüttungsteuer ist die ausschüttende SIIC[643]. Die Steuer beträgt 20% der in ihren Anwendungsbereich fallenden Ausschüttungen, soweit diese aus den nach Art. 208 C, II CGI steuerbefreiten Gewinnen der SIIC stammen (Art. 208 C, II ter Abs. 1 S. 1 CGI)[644]. Wälzt die SIIC die Belastung auf den sie auslösenden Aktionär ab, indem sie die Ausschüttung um den abzuführenden Steuerbetrag kürzt, ist zur Bestimmung der Bemessungsgrundlage auf den ungekürzten Ausschüttungsbetrag vor Anrechnung der Belastung abzustellen (Art. 208 C II, ter Abs. 1 S. 1 CGI). Die Bemessungsgrundlage ist jedoch um solche Ausschüttungsbeträge zu kürzen, die bereits zuvor der Ausschüttungsteuer unterlagen (Art. 208 C, II ter Abs. 1 S. 2 CGI). Die Regelung soll insbesondere Fallkonstellationen erfassen, in denen eine Mutter-SIIC, an der ein die Ausschüttungsteuer auslösender Aktionär beteiligt ist, wiederum mindestens 10% der Anteile einer Tochter-SIIC hält. Die Ausschüttungen beider SIIC unterliegen

641 Ed. Francis Lefebvre, FR 56/06, Nr. 52 Rn. 36; Revue de droit fiscal, N° 6 v. 8.2.2007, Nr. 170, S. 29 (35).

642 So auch *Donneaud/Carcelero*, Option Finance, n° 920 v. 19.2.2007, S. 25 (26); Revue de droit fiscal, N° 6 v. 8.2.2007, Nr. 170, S. 29 (35).

643 Revue de droit fiscal, N° 6 v. 8.2.2007, Nr. 170, S. 29 (35).

644 Ed. Francis Lefebvre, FR 56/06, Nr. 52 Rn. 37; *Gouthière*, Les impôts dans les affaires internationales, 7. Aufl., Rn. 2331–1; Revue de droit fiscal, N° 6 v. 8.2.2007, Nr. 170, S. 29 (36).

hier der Ausschüttungsteuer. Die Möglichkeit der Mutter-SIIC, die Bemessungsgrundlage um die von der Tochter-SIIC bezogenen und dort bereits versteuerten Ausschüttungen zu kürzen, verhindert jedoch eine Doppelbesteuerung dieser Ausschüttungen[645].

Die Ausschüttungsteuer ist in dem auf die Auszahlung der Ausschüttungen folgenden Monat zu entrichten (Art. 208 C, II ter Abs. 5 S. 1 CGI). Steuererhebung und Kontrolle unterliegen den für die Körperschaftsteuer geltenden Regelungen (Art. 208 C, II ter Abs. 5 S. 2 CGI). Sie ist nicht anrechenbar oder erstattungsfähig und mindert weder die körperschaftsteuerliche Bemessungsgrundlage der SIIC noch die Ausschüttungsverpflichtung (Art. 208 C, II ter Abs. 5, S. 3 und 4 CGI)[646].

4. Ausschüttungsteuer bei Beteiligung deutscher Investoren

Die Untersuchung hat gezeigt, dass die von einem unbeschränkt körperschaftsteuerpflichtigen Anteilseigner vor dem 1. Januar 2008 bezogenen Gewinnausschüttungen einer französischen SIIC bis auf einen Anteil nicht abzugsfähiger Werbungskosten in Höhe von 5% in Deutschland bei der Ermittlung des Einkommens nach § 8b KStG außer Ansatz bleiben[647]. Auf die seit diesem Zeitpunkt bezogenen Gewinnausschüttungen ist eine Anwendung des § 8b KStG im Regelfall nach § 19 Abs. 3 REITG ausgeschlossen, so dass es zu einer regulären Besteuerung zum Körperschaftsteuersatz von 15% kommt. Für nach dem 31. Dezember 2008 zufließende Schachteldividenden eines ausländischen REITs schließt § 19 Abs. 6 REITG die Anwendung des in Art. 20 Abs. 1 lit. a und b DBA-Frankreich vorgesehenen internationalen Schachtelprivilegs aus.

Bei Vorliegen der erforderlichen Beteiligungsverhältnisse war der Anwendungsbereich der Auschüttungsteuer somit für die im Zeitraum vom 1. Juli 2007 bis zum 1. Januar 2008 bezogenen Gewinnausschüttungen einer französischen SIIC grundsätzlich eröffnet. Für Schachteldividenden i.S.d. Art. 20 Abs. 1 lit. b DBA-Frankreich galt dies darüber hinaus bis zum 1. Januar 2009.

Abgesehen von Fällen subjektiver Körperschaftsteuerbefreiung ist die Erhebung der Ausschüttungsteuer aufgrund einer Beteiligung deutscher Investoren an einer französischen SIIC wegen der Regelungen des § 19 REITG nunmehr grundsätzlich ausgeschlossen; sie kommt nur in Betracht, falls die SIIC die

645 Vgl. auch Ed. Francis Lefebvre, FR 56/06, Nr. 52 Rn. 37; Revue de droit fiscal, N° 6 v. 8.2.2007, Nr. 170, S. 29 (37).

646 Vgl. Ed. Francis Lefebvre, FR 56/06, Nr. 52 Rn. 38.

647 Zu den möglichen Ausnahmen siehe unter: A. VI. 2. b) aa) (2).

Voraussetzungen einer anderen REIT-Körperschaft i.S.d. § 19 Abs. 5 REITG nicht erfüllt[648]. Sollte sich allerdings das in § 19 Abs. 6 REITG enthaltene *Treaty Override* als verfassungswidrig erweisen[649], fielen die auf Ebene der deutschen Investoren von der Besteuerung auszunehmenden Schachteldividenden der SIIC weiterhin in den Anwendungsbereich der Ausschüttungsteuer.

In diesem Fall stellte sich die Frage der Zulässigkeit ihrer Erhebung, die im Rahmen dieser Arbeit jedoch nur angerissen werden kann. Die Rechtsnatur der Ausschüttungsteuer ist nicht geklärt. Als Quellensteuer[650] oder Körperschaftsteuer auf Dividenden wäre sie an Art. 9 DBA-Frankreich zu messen. Auch wenn man sie als nicht unter das Abkommen fallende Abgabe *sui generis* betrachtete, stellte sich die Frage ihrer Europarechtskonformität, da sie – wenn auch allgemein formuliert – gezielt als Maßnahme gegen ausländische Investoren eingeführt wurde, die von bestimmten abkommensrechtlichen oder nationalen Regelungen profitieren konnten[651].

Exkurs: Beteiligung an einer in Deutschland ansässigen SIIC
Eine vergleichbare Problematik ergibt sich bei der Beteiligung deutscher Körperschaften an einer in Deutschland ansässigen und dort nach allgemeinen Regelungen steuerpflichtigen SIIC.

Nach dem Wortlaut des Art. 208 C, II ter CGI kommt eine Anwendung der Ausschüttungsteuer in einem solchen Fall grundsätzlich in Betracht, da die aus den in Frankreich steuerbefreiten Immobiliengewinnen stammenden Ausschüttungen der SIIC unter die Vorschrift des § 8b KStG fallen. Fraglich ist auch hier, ob das DBA-Frankreich einer solchen Besteuerung entgegensteht, was maßgeblich davon abhängt, ob die Ausschüttungsteuer überhaupt in den sachlichen Anwendungsbereich des Abkommens fällt und welcher Artikel in diesem Fall einschlägig ist. Da die Ausschüttungsteuer (*prélèvement de 20%*) in Art. 1 Abs. 2 Nr. 1 DBA-Frankreich nicht erwähnt ist, kommt es darauf an, ob sie einer aufgeführten Steuer ihrem Wesen nach gleich oder ähnlich ist (Art. 1 Abs. 3 DBA-Frankreich). Eine Anwendung des Abkommens wäre ausgeschlossen, wenn man die Ausschüttungsteuer als Sonderabgabe *sui generis* für Missbrauchsfälle begreift, die mit keiner der aufgeführten Steuern Ähnlichkeit aufweist. Sieht man in ihr eine nachgelagerte Besteuerung der Immobilieneinkünfte für Fälle, in denen eine Besteuerung der Dividenden auf Anlegerebene unterbleibt, käme eine An-

---

648 Eine Anwendung des § 8b KStG auf vorbelastete Ausschüttungen i.S.d. § 19 a REITG dürfte unschädlich sein, da diese regelmäßig nicht aus steuerbefreiten Gewinnen i.S.d. Art. 208 C, II CGI stammen.

649 Siehe unter: A. VI. 1. b) cc) (4) (b).

650 So *Knebel/Schmidt*, IWB 2007, Fach 10, Gruppe 2, 1957 (1969).

651 *Lugand/Hamis*, Droit & Patrimoine, n° 164 – November 2007, S. 30 (34).

wendung des Art. 3 DBA-Frankreich in Betracht, der Frankreich das Besteuerungsrecht zuspräche. Für den Fall, dass man sie als eine Steuer auf die aus französischen Einkünften stammenden Gewinnausschüttungen betrachtet, sieht das DBA-Frankreich keine dem Art. 10 Abs. 5 OECD-MA vergleichbare Regelung vor. Eine gewisse Ähnlichkeit besteht gegenüber dem ursprünglichen *précompte mobilier*, der ebenfalls eine begünstigte Dividendenbesteuerung auf Gesellschafterebene ausgleichen sollte. Steuerschuldner der auf die Ausschüttungen erhobenen Steuer ist in beiden Fällen die ausschüttende Gesellschaft. Jedoch betrifft Art. 9 Abs. 4 DBA-Frankreich seinem Wortlaut nach nur Ausschüttungen in Frankreich ansässiger Gesellschaften.

VIII. Steuerliche Sanktionen und Ende des SIIC-Regimes

Das französische SIIC-Regime knüpft an Verstöße gegen die gesetzlichen Rahmenbedingungen oder die Ausschüttungsverpflichtung unterschiedliche Rechtsfolgen. Während ein Verstoß gegen die Ausschüttungspflicht den Status als SIIC oder SIIC-Tochtergesellschaft unberührt lässt und lediglich mit dem Wegfall der Steuerbefreiung sanktioniert wird, führt die nachträgliche Nichtbeachtung der gesetzlichen Rahmenbedingungen grundsätzlich zum Ausscheiden aus dem SIIC-Regime und löst die damit verbundenen Folgen aus. Besondere Regelungen gelten bei einer Überschreitung der Höchstbeteiligungsquote. Eine Ergänzung der Sanktionsvorschriften im Rahmen des Finanzgesetzes für 2009[652] führte zu einer Verschärfung der steuerlichen Folgen eines Ausscheidens aus dem SIIC-Regime.

1. Wegfall der Steuerbefreiung bei Verstoß gegen die Ausschüttungspflicht

Ein Verstoß gegen die Ausschüttungspflicht kann sich grundsätzlich unter zwei Gesichtspunkten ergeben[653]:

Denkbar ist zunächst, dass die SIIC oder eine unter das SIIC-Regime fallende SIIC-Tochtergesellschaft von vornherein die gesetzlich vorgegebenen Ausschüttungsquoten oder Ausschüttungsfristen nicht beachtet. In einem solchen Fall

652 Art. 24 des Finanzgesetzes für 2009, Nr. 2008–1425 v. 27.12.2008, veröffentlicht im JO v. 28.12.2008, S. 20230, berichtigt in JO v. 31.12.2008, S. 20566.

653 Instruction v. 25.2.2003, BOI 4 H-5-03, Rn. 44; Juris-Classeur, Fiscalité immobilière, Fasc. 561, Tz. 53; Editions Législatives, Bulletin 67, 13.10.2003, 157a, S. 8579 (8582 f.).

entfällt die Steuerbefreiung aller begünstigten Gewinne i.S.d. Art. 208 C, II CGI des betreffenden Wirtschaftsjahres. Die SIIC bzw. SIIC-Tochtergesellschaft hat die Gewinne nach den allgemeinen Vorschriften zu versteuern[654].

Darüber hinaus kann sich ein Verstoß gegen die Ausschüttungsverpflichtung daraus ergeben, dass die Gewinnausschüttungen zwar zunächst den gesetzlichen Vorgaben entsprochen haben, das Ergebnis des steuerbefreiten Bereichs jedoch nachträglich im Rahmen einer Berichtigung erhöht wird oder erhöht werden muss, und es dadurch im Nachhinein zu einer Unterschreitung der Ausschüttungsquoten kommt. In diesem Fall wird lediglich der nachträglich erhöhte und nicht ausgeschüttete Teil des Ergebnisses der regulären Besteuerung unterworfen[655]. Die Bemessungsgrundlage reduziert sich, wenn die SIIC bzw. SIIC-Tochtergesellschaft gemessen am Ergebnis vor der Berichtigung mehr als gesetzlich vorgegeben ausgeschüttet hat. Sie entspricht in diesem Fall dem Unterschiedsbetrag zwischen dem Ergebnis des steuerbefreiten Bereichs nach der Berichtigung und dem Ergebnis, das sich unter der Annahme ergibt, dass die ausgeschütteten Beträge den gesetzlichen Ausschüttungsquoten entsprochen hätten[656].

2. Beendigung des SIIC-Regimes bei nachträglicher Nichtbeachtung der gesetzlichen Rahmenbedingungen

Eine SIIC, die nach Ausübung der Option zur SIIC-Besteuerung die gesetzlichen Vorgaben hinsichtlich Börsennotierung, Mindestgrundkapital und Unternehmensgegenstand nicht mehr erfüllt, scheidet aus dem Anwendungsbereich des SIIC-Regimes aus[657]. Das Ausscheiden der SIIC zieht gleichzeitig das Ausscheiden der SIIC-Tochtergesellschaften nach sich, die ebenfalls zur SIIC-Besteue-

---

654 Vgl. Instruction v. 25.9.2003, BOI 4 H-5-03, Rn. 44; Juris-Classeur, Fiscalité immobilière, Fasc. 561, Tz. 53; Editions Législatives, Bulletin 67, 13.10.2003, 157a, S. 8579 (8582); *Royou*, International Tax Review, Februar 2004, S. 25 (27).

655 Vgl. Instruction v. 25.9.2003, BOI 4 H-5-03, Rn. 44 f.; Juris-Classeur, Fiscalité immobilière, Fasc. 561, Tz. 54; Editions Législatives, Bulletin 67, 13.10.2003, 157a, S. 8579 (8583).

656 Vgl. hierzu: Instruction v. 25.9.2003, BOI 4 H-5-03, Rn. 45; Juris-Classeur, Fiscalité immobilière, Fasc. 561, Tz. 54; Editions Législatives, Bulletin 67, 13.10.2003, 157a, S. 8579 (8583), jeweils mit folgendem *Beispiel*: Der erklärte Gewinn beträgt 100. Ausgeschüttet wurden 90. Ist der Gewinn nachträglich auf 120 anzuheben, ist ein Betrag i.H.v. [(120*85%)-90]*100/85=14,12 zum Normalsteuersatz zu versteuern.

657 Instructions v. 25.9.2003, BOI 4 H-5-03, Rn. 55; v. 20.1.2010, BOI 4 H-3-10 v. 1.2.2010, Rn. 32; Ed. Francis Lefebvre, FR 66/08, Nr. 29 Rn. 18; Juris-Classeur, Fiscalité immobilière, Fasc. 561, Tz. 73; Editions Législatives, Bulletin 67, 13.10.2003, 157a, S. 8579 (8583); *Schimmelschmidt/Tauser/Lagarrigue*, IStR 2006, 120 (122).

rung optiert haben[658]. Für diese endet das SIIC-Regime darüber hinaus, sobald ihr Unternehmensgegenstand nicht mehr den gesetzlichen Anforderungen entspricht oder ihre Anteile nicht mehr zu mindestens 95% von einer oder mehreren SIIC oder SPPICAV[659] gehalten werden[660]. Das Ausscheiden einer SIIC-Tochtergesellschaft lässt jedoch den Status der an ihr beteiligten SIIC unberührt[661].

Nachfolgend wird untersucht, welche steuerlichen Folgen mit einem Ausscheiden aus dem SIIC-Regime verbunden sind.

a) Rückwirkender Wegfall der Steuerbefreiung

Die Beendigung des SIIC-Regimes wirkt auf den Beginn des Wirtschaftsjahres zurück, in welchem die gesetzlichen Vorgaben erstmals nicht mehr erfüllt worden sind. Die in diesem Wirtschaftsjahr bezogenen Einkünfte aus begünstigter Immobilientätigkeit sind daher nicht mehr von der Körperschaftsteuer befreit[662].

b) Sanktionen bei einem Ausscheiden innerhalb eines Zeitraumes von zehn Jahren seit Optionsausübung

Weitere Sanktionen sieht Art. 208 C, IV Abs. 1 CGI vor, wenn die SIIC innerhalb eines Zeitraumes von zehn Jahren, beginnend mit der Ausübung der Option zur SIIC-Besteuerung, endgültig aus dem REIT-Regime ausscheidet. In diesem Fall kommt es neben einer Nachversteuerung der ursprünglich im Rahmen der *Exit Tax* begünstigt versteuerten stillen Reserven nunmehr zu einer Nachversteuerung der noch nicht ausgeschütteten steuerbefreiten Gewinne sowie zu einer Besteuerung der während der Geltung des SIIC-Regimes gebildeten stillen Reserven. Die Vorschrift des Art. 208 C, IV CGI betrifft ausschließlich das Ausscheiden der SIIC; sie findet keine Anwendung, wenn eine SIIC-Tochtergesellschaft allein aus dem SIIC-Regime ausscheidet[663]. Für diese bleibt es beim Wegfall der Steuerbefreiung im Wirtschaftsjahr des Ausscheidens.

---

658 Instruction v. 25.9.2003, BOI 4 H–5–03, Rn. 20, 55; Juris-Classeur, Fiscalité immobilière, Fasc. 561, Tz. 19, 73; Editions Législatives, Bulletin 67, 13.10.2003, 157a, S. 8579 (8583).

659 Zu den verschiedenen Beteiligungsmöglichkeiten siehe unter: B. II. 1. b) aa).

660 Vgl. Instruction v. 25.9.2003, BOI 4 H–5–03, Rn. 20; Juris-Classeur, Fiscalité immobilière, Fasc. 561, Tz. 19.

661 Oben unter: A. II. 2.

662 Instruction v. 25.9.2003, BOI 4 H–5–03, Rn. 55; Juris-Classeur, Fiscalité immobilière, Fasc. 561, Tz. 73, 76.

663 Hinsichtlich der Nachversteuerung stiller Reserven: Instruction v. 25.9.2003, BOI 4 H–5–03, Rn. 56; Juris-Classeur, Fiscalité immobilière, Fasc. 561, Tz. 77.

aa) Nachversteuerung der im Rahmen der Exit Tax begünstigt versteuerten stillen Reserven

Scheidet die SIIC vor Ablauf von zehn Jahren seit Optionsausübung aus dem SIIC-Regime aus, sind die stillen Reserven der SIIC und der SIIC-Tochtergesellschaften, die anlässlich der Optionsausübung oder bei nachträglicher Einbeziehung eines Wirtschaftsguts in den Anwendungsbereich der partiellen Körperschaftsteuerbefreiung zum reduzierten Körperschaftsteuersatz i.S.d. Art. 219, IV CGI (16,5% bzw. 19% seit 1. Januar 2009) besteuert wurden, im Wirtschaftsjahr des Ausscheidens nachzuversteuern (Art. 208 C, IV Abs. 1 S. 1 CGI). Die Besteuerung erfolgt unter Anrechnung der bereits entrichteten *Exit Tax* zu dem im Wirtschaftsjahr des Ausscheidens geltenden Normalsteuersatz nach Art. 219, I CGI[664].

bb) Nachversteuerung nicht ausgeschütteter steuerbefreiter Gewinne

Eine der im Rahmen des Finanzgesetzes für 2009 vorgenommenen Verschärfungen der Sanktionsvorschriften betrifft die steuerliche Behandlung der nicht ausgeschütteten steuerbefreiten Gewinne der SIIC und ihrer SIIC-Tochtergesellschaften.

Ursprünglich unterlagen die begünstigten Gewinne aus vorherigen Wirtschaftsjahren weiterhin der Körperschaftsteuerbefreiung, wenn die ausscheidende Gesellschaft diese im Wirtschaftsjahr des Ausscheidens oder in späteren Wirtschaftsjahren entsprechend den gesetzlichen Vorgaben an ihre Aktionäre ausschüttete. Die Ausschüttungspflicht galt insoweit fort[665]. Im Gegenzug wurden die Ausschüttungen auf Ebene des Anteilseigners weiterhin nach den für das SIIC-Regime geltenden Regelungen besteuert. Insbesondere fand das Mutter-Tochter-Regime auf die den steuerbefreiten Gewinnen vorheriger Wirtschaftsjahre entnommenen Dividenden der ausgeschiedenen SIIC keine Anwendung[666]. Die Entscheidung, aus welchen Gewinnen die Ausschüttungen entnommen werden sollten, lag allein bei der ausschüttenden Gesellschaft[667].

---

664 Instruction v. 25.9.2003, BOI 4 H-5-03, Rn. 55; Ed. Francis Lefebvre, FR 66/08, Nr. 29 Rn. 17; Juris-Classeur, Fiscalité immobilière, Fasc. 561, Tz. 74; *Royou*, International Tax Review, Februar 2004, S. 25 (27); *Schimmelschmidt/Tauser/Lagarrigue*, IStR 2006, 120 (122).

665 Vgl. Instruction v. 25.9.2003, BOI 4 H-5-03, Rn. 55 f.; Juris-Classeur, Fiscalité immobilière, Fasc. 561, Tz. 73, 76.

666 Instruction v. 25.9.2003, BOI 4 H-5-03, Rn. 57; Juris-Classeur, Fiscalité immobilière, Fasc. 561, Tz. 79.

667 Vgl. Juris-Classeur, Fiscalité immobilière, Fasc. 561, Tz. 79.

Bei einem Ausscheiden der SIIC innerhalb des Zehnjahreszeitraumes kommt es nunmehr zu einer Nachversteuerung der zuvor im Rahmen des SIIC-Regimes steuerbefreiten Gewinne, soweit sie nicht ausgeschüttet worden sind. Die SIIC und die mit ihr ausscheidenden SIIC-Tochtergesellschaften haben ihrem steuerlichen Ergebnis den Teil des bei Abschluss des Wirtschaftsjahres des Ausscheidens vorliegenden ausschüttungsfähigen Gewinns hinzuzurechnen, der aus den nach Art. 208 C, II CGI steuerbefreiten Gewinnen der vorhergehenden Wirtschaftsjahre stammt (vgl. Art. 208 C, IV Abs. 1 S. 2 CGI). Der ausschüttungsfähige Gewinn besteht aus dem für das Wirtschaftsjahr ausgewiesenen Jahresüberschuss abzüglich vorheriger Verluste sowie der gesetzlichen oder statutarischen Gewinnrücklagen und zuzüglich des Gewinnvortrags (Art. L. 232–11 Abs. 1 Code de commerce). Nach der Finanzverwaltung ist bei der Ermittlung des Hinzurechnungsbetrags auf die außerbilanziell vorgenommene Erfassung der steuerbefreiten Gewinne zurückzugreifen, die nicht der Ausschüttungspflicht unterlagen und in die Gewinnrücklagen eingestellt oder vorgetragen wurden[668]. Die Besteuerung erfolgt nach den allgemeinen Vorschriften. Im Gegenzug können spätere Ausschüttungen aus den nachversteuerten Gewinnen bei Vorliegen der übrigen Voraussetzungen von den Regelungen des französischen Mutter-Tochter-Regimes profitieren[669].

Die SIIC und ihre SIIC-Tochtergesellschaften werden nach Auffassung der Finanzverwaltung auch nach dem Ausscheiden aus dem SIIC-Status nicht von ihrer Ausschüttungspflicht hinsichtlich der zuvor steuerbefreiten Gewinne befreit. Kommen sie ihrer Verpflichtung nicht nach und kommt es bereits insoweit zu einer Nachversteuerung der Gewinne, unterbleibt eine weitere Nachversteuerung aufgrund des Ausscheidens aus dem SIIC-Regime[670]. Die Regelung des Art. 208 C, IV Abs. 1 S. 2 CGI ist anzuwenden, wenn das das Ausscheiden auslösende Ereignis seit dem 2. Januar 2010 eintritt. Durch sie werden im Ergebnis steuerliche Vorteile des SIIC-Regimes, die v.a. daraus resultieren, dass der auf SIIC-Ebene steuerbefreite Gewinn teilweise nur zu 85% oder 50% auszuschütten und auf Ebene der Aktionäre zu versteuern ist, wieder abgeschöpft[671].

Scheidet eine SIIC-Tochtergesellschaft allein aus dem SIIC-Regime aus, bleibt es bei der ursprünglichen Rechtslage. Die begünstigten Gewinne aus vorherigen Wirtschaftsjahren bleiben steuerbefreit, wenn die SIIC-Tochtergesellschaft im Wirtschaftsjahr des Ausscheidens oder in späteren Wirtschaftsjahren ihrer weiterhin bestehenden Ausschüttungspflicht nachkommt. Die aus den be-

668 Instruction v. 20.1.2010, BOI 4 H-3-10 v. 1.2.2010, Rn. 35.

669 Instruction v. 20.1.2010, BOI 4 H-3-10 v. 1.2.2010, Rn. 37; Ed. Francis Lefebvre, FR 66/08, Nr. 29 Rn. 22.

670 Instruction v. 20.1.2010, BOI 4 H-3-10 v. 1.2.2010, Rn. 38.

671 Vgl. auch Ed. Francis Lefebvre, FR 66/08, Nr. 29 Rn. 19.

günstigten Gewinnen stammenden Dividenden bleiben auch nach dem Ausscheiden der SIIC-Tochtergesellschaft auf Ebene der Mutter-SIIC körperschaftsteuerbefreit, soweit diese sie binnen Jahresfrist weiter an ihre Aktionäre ausschüttet[672].

cc) Besteuerung der im Rahmen des SIIC-Regimes gebildeten stillen Reserven

Scheidet eine SIIC innerhalb von zehn Jahren seit Optionsausübung aus dem SIIC-Regime aus, werden als weitere Sanktion die stillen Reserven, die sich während dieses Zeitraumes in den begünstigten Wirtschaftsgütern der SIIC und SIIC-Tochtergesellschaften (Immobilien, dingliche Rechte i.S.d. Art. 208 C, II Abs. 1 und 6 CGI, Rechte aus einem *crédit-bail immobilier*, Beteiligungen an Immobilienpersonengesellschaften) gebildet haben, einer zusätzlichen Besteuerung in Höhe von 25% unterworfen (Art. 208 C, IV Abs. 1 S. 3 HS 2 CGI). Bemessungsgrundlage ist der Unterschiedsbetrag zwischen dem gemeinen Wert (*valeur réelle*) der Wirtschaftsgüter und ihrem steuerlichen Wert (*valeur fiscale*) zum Zeitpunkt des Ausscheidens, abzüglich eines Anteils von 10% für jedes seit Eintritt in das SIIC-Regime abgelaufene Kalenderjahr[673]. Bei Wirtschaftsgütern, die erst nach Eintritt in das SIIC-Regime angeschafft wurden, entspricht der steuerliche Wert den Anschaffungskosten abzüglich der bis zum Ausscheiden vorgenommenen Abschreibungen. Gehörten die Wirtschaftsgüter bereits bei Optionsausübung zum Gesellschaftsvermögen, tritt an die Stelle der Anschaffungskosten der im Rahmen der Abschlussbesteuerung nach Art. 221, 2 Abs. 2 CGI angesetzte Wert. Ist das Wirtschaftsgut erst nachträglich in den Anwendungsbereich der Körperschaftsteuerbefreiung gefallen, ist anstelle der Anschaffungskosten der für die Besteuerung nach Art. 208 C ter CGI angesetzte Wert maßgebend[674]. Ein negatives Ergebnis mindert den steuerpflichtigen Gewinn der SIIC nicht[675]. Auch diese Sanktion ist im Rahmen des Finanzgesetzes für 2009 mit Wirkung zum 2. Januar 2009 eingeführt worden.

672 Instruction v. 25.9.2003, BOI 4 H-5-03, Rn. 56; Juris-Classeur, Fiscalité immobilière, Fasc. 561, Tz. 78.
673 Instruction v. 20.1.2010, BOI 4 H-3-10 v. 1.2.2010, Rn. 39; Ed. Francis Lefebvre, FR 66/08, Nr. 29 Rn. 24.
674 Instruction v. 20.1.2010, BOI 4 H-3-10 v. 1.2.2010, Rn. 40.
675 Instruction v. 20.1.2010, BOI 4 H-3-10 v. 1.2.2010, Rn. 43.

c) Veräußerungen nach Ausscheiden aus dem SIIC-Regime

Kommt es nach dem Ausscheiden einer SIIC oder SIIC-Tochtergesellschaft aus dem SIIC-Regime zu einer Veräußerung eines zuvor begünstigten Gegenstands, erfolgt die Ermittlung des Veräußerungsgewinns ebenfalls auf Grundlage des gemeinen Wertes, der dem jeweiligen Wirtschaftsgut bei Eintritt in das SIIC-Regime beigemessen wurde[676]. Der Anteil der in den Wirtschaftsgütern ruhenden stillen Reserven, der infolge eines Ausscheidens der SIIC innerhalb von zehn Jahren nach Optionsausübung bereits in Höhe von 25% besteuert wurde, kann nach Auffassung der Finanzverwaltung nicht gewinnmindernd berücksichtigt werden, da es sich insoweit um eine von der Körperschaftsteuer zu unterscheidende Steuer handelt[677].

Die Gewinne, die eine SIIC durch Veräußerung ihrer Anteile an einer allein aus dem SIIC-Regime ausscheidenden SIIC-Tochtergesellschaft im Jahr des Ausscheidens realisiert, profitieren weiterhin von der Steuerbefreiung nach Art. 208 C, II CGI[678].

3. Steuerliche Folgen bei Überschreitung der Höchstbeteiligungsgrenze

Eine nur vorübergehende Überschreitung der für die SIIC vorgeschriebenen Höchstbeteiligungsgrenze von 60% führt, sofern sie nicht aufgrund eines gesetzlichen Ausnahmetatbestands unschädlich ist[679], zunächst nur zu einer vorübergehenden Aussetzung des SIIC-Regimes. Erst ein fortwährender oder wiederholter Verstoß führt zum definitiven Ausscheiden der SIIC und ihrer SIIC-Tochtergesellschaften aus dem SIIC-Regime.

a) Aussetzung des SIIC-Regimes aufgrund vorübergehender Überschreitung der Höchstbeteiligungsgrenze

Kommt es im Laufe eines Wirtschaftsjahres zu einer Überschreitung der Höchstbeteiligungsgrenze, wird das SIIC-Regime für die Dauer dieses Wirtschaftsjahres

676 Instruction v. 25.9.2003, BOI 4 H-5-03, Rn. 55 f.; Juris-Classeur, Fiscalité immobilière, Fasc. 561, Tz. 75.

677 Instruction v. 20.1.2010, BOI 4 H-3-10 v. 1.2.2010, Rn. 42.

678 Instruction v. 25.9.2003, BOI 4 H-5-03, Rn. 56; Juris-Classeur, Fiscalité immobilière, Fasc. 561, Tz. 78.

679 Zu den gesetzlichen Ausnahmetatbeständen siehe unter: A. II. 1. a) dd) (1) (b).

ausgesetzt. Gelingt es der SIIC bis zum Abschluss dieses Wirtschaftsjahres die erforderlichen Beteiligungsverhältnisse wieder herzustellen, bleibt es bei der vorübergehenden Aussetzung und sie kann in den nachfolgenden Wirtschaftsjahren weiterhin die steuerlichen Regelungen des SIIC-Regimes für sich geltend machen, ohne dass dafür eine erneute Option notwendig ist[680].

Während des Wirtschaftsjahres der Aussetzung gilt die partielle Steuerbefreiung i.S.d. Art. 208 C, II CGI nicht. Die SIIC unterliegt vielmehr mit sämtlichen Einkünften nach den allgemeinen Vorschriften der Körperschaftsteuer (Art. 208 C, IV Abs. 2 CGI). Gleiches gilt für ihre Tochtergesellschaften[681].

Eine Besonderheit gilt für Gewinne aus der Immobilienveräußerung. Veräußert die SIIC oder eine SIIC-Tochtergesellschaft im Aussetzungszeitraum eine Immobilie, so ist der erzielte Veräußerungsgewinn um den Gesamtbetrag, der während des Zeitraumes der Steuerbefreiung vorgenommenen Abschreibungen zu kürzen (Art. 208 C, IV Abs. 3 CGI). Die Besteuerung erfolgt sodann zum reduzierten Körperschaftsteuersatz von 19% (Art. 219, IV i.V.m. Art. 208 C, IV Abs. 3 CGI)[682]. Die Sonderregelung steht nicht unter der Bedingung, dass die SIIC nach Ablauf des Aussetzungsjahres wieder in das SIIC-Regime eintritt. Sie ist jedoch auf das Wirtschaftsjahr der Aussetzung beschränkt; scheidet die SIIC danach endgültig aus dem SIIC-Regime aus, ist die Regelung nicht mehr anwendbar[683].

Soweit die SIIC und ihre SIIC-Tochtergesellschaften während des Wirtschaftsjahres der Aussetzung nach den allgemeinen Vorschriften besteuert werden, unterliegen sie mit den in diesem Zeitraum realisierten Gewinnen auch nicht der Ausschüttungspflicht. Im Übrigen gilt die Ausschüttungspflicht jedoch für die steuerbefreiten Gewinne der vorherigen Wirtschaftsjahre fort, d.h. die Gesellschaften müssen diese auch im Aussetzungsjahr nach den gesetzlichen Vorgaben ausschütten, um die Steuerbefreiung nicht zu verlieren. Ausschüttungen aus den im Aussetzungsjahr versteuerten Gewinnen unterliegen auf Ebene des Anteilseigners ebenfalls der allgemeinen Besteuerung. Die SIIC als Dividendenempfänger sowie ihre eigenen Aktionäre können insoweit von den Regelungen des französischen Mutter-Tochter-Regimes profitieren[684].

Der Wiedereintritt der SIIC in die partielle Steuerbefreiung des SIIC-Regimes zieht als Wechsel des Besteuerungsregimes erneut die nach Art. 221, 2 CGI vorgesehenen Folgen der Betriebsaufgabe nach sich. Die Besteuerung der in den

680 Instruction v. 20.1.2010, BOI 4 H–3–10 v. 1.2.2010, Rn. 14.

681 Instruction v. 20.1.2010, BOI 4 H–3–10 v. 1.2.2010, Rn. 14.

682 Vgl. auch Instruction v. 20.1.2010, BOI 4 H–3–10 v. 1.2.2010, Rn. 21; Ed. Francis Lefebvre, FR 66/08, Nr. 29 Rn. 10.

683 Vgl. Instruction v. 20.1.2010, BOI 4 H–3–10 v. 1.2.2010, Rn. 21.

684 Instruction v. 20.1.2010, BOI 4 H–3–10 v. 1.2.2010, Rn. 22.

begünstigten Wirtschaftsgütern (Immobilien, dingliche Rechte i.S.d. Art. 208 C, II Abs. 6 CGI, Rechte aus einem *crédit-bail immobilier*, Beteiligungen an Immobilienpersonengesellschaften) ruhenden stillen Reserven beschränkt sich hierbei jedoch auf die stillen Reserven, die während des Aussetzungszeitraumes gebildet wurden (Art. 208 C, IV Abs. 5 S. 1 CGI). Wie beim erstmaligen Eintritt in das SIIC-Regime werden diese zum ermäßigten Körperschaftsteuersatz von 19% besteuert (Art. 219, IV CGI) und sind von der *contribution sociale* ausgenommen (Art. 235 ter ZC, III bis CGI). Anders als im Rahmen der *Exit Tax* ist die anfallende Körperschaftsteuer jedoch sofort zu entrichten. Im Fall einer späteren Veräußerung der Wirtschaftsgüter sind die bereits versteuerten stillen Reserven des Aussetzungszeitraumes bei der Ermittlung des Veräußerungsgewinns gewinnmindernd zu berücksichtigen[685]. Unter der Voraussetzung, dass die Buchwerte der dem steuerpflichtigen Bereich zuzuordnenden Wirtschaftsgüter fortgeführt werden, entfällt die sofortige Besteuerung der in ihnen ruhenden stillen Reserven im Rahmen der Abschlussbesteuerung (Art. 208 C, IV Abs. 5 S. 2 CGI). Während der Aussetzung des SIIC-Regimes erlittene Verluste können mit einem positiven Ergebnis der Abschlussbesteuerung verrechnet werden; ein darüber hinausgehender Verlust geht verloren[686].

b) Ausscheiden aus dem SIIC-Regime bei einem fortwährenden oder wiederholten Verstoß gegen die Höchstbeteiligungsgrenze

Gelingt es der SIIC nicht, bis zum Abschluss des Wirtschaftsjahres, in dem sie die Höchtstbeteiligungsgrenze überschritten hat, die erforderlichen Beteiligungsverhältnisse wiederherzustellen, scheidet sie endgültig aus dem SIIC-Regime aus. Das Gleiche gilt, wenn es aufgrund eines der in Art. 208 C, I Abs. 3 CGI aufgeführten Ausnahmetatbestände zu einer Überschreitung der Beteiligungsgrenze gekommen ist und die SIIC den Sollzustand nicht rechtzeitig wieder herbeiführen kann[687]. In beiden Fällen gilt die SIIC als am ersten Tag des Wirtschaftsjahres ausgeschieden, in welchem sie gegen die Höchstbeteiligungsquote verstoßen hat (Art. 208 C, IV Abs. 3 S. 3 CGI)[688]. Darüber hinaus scheidet sie aus dem SIIC-Regime aus, wenn sie innerhalb der ersten zehn Jahre nach Ausübung der Option zur SIIC-Besteuerung oder der daran anschließenden zehn

685 Instruction v. 20.1.2010, BOI 4 H-3-10 v. 1.2.2010, Rn. 15.

686 Instruction v. 20.1.2010, BOI 4 H-3-10 v. 1.2.2010, Rn. 24.

687 Instruction v. 20.1.2010, BOI 4 H-3-10 v. 1.2.2010, Rn. 32; Ed. Francis Lefebvre, FR 66/08, Nr. 29 Rn. 18.

688 Instruction v. 20.1.2010, BOI 4 H-3-10 v. 1.2.2010, Rn. 36.

Jahre mehr als einmal gegen die Höchstbeteiligungsquote verstößt[689]. Eine SIIC kann somit während eines Zeitraumes von 20 Jahren nach Eintritt in das SIIC-Regime grundsätzlich alle zehn Jahre in einem Wirtschaftsjahr die 60%-Höchstbeteiligungsgrenze überschreiten.

Bei einem Ausscheiden aus dem SIIC-Regime unterliegen die SIIC und ihre SIIC-Tochtergesellschaften den bereits beschriebenen Sanktionen des Art. 208 C, IV Abs. 1 CGI (Art. 208 C, IV Abs. 3 S. 2 CGI). Auch hier kommt es somit zu einer Nachversteuerung der ursprünglich im Rahmen der *Exit Tax* begünstigt versteuerten stillen Reserven sowie der noch nicht ausgeschütteten steuerbefreiten Gewinne und zur Erhebung der speziellen Steuer von 25% auf die während der Geltung des SIIC-Regimes gebildeten stillen Reserven[690]. Scheidet die SIIC aus, weil es ihr bis zum Abschluss des Wirtschaftsjahres der Aussetzung des SIIC-Regimes nicht gelungen ist, die Höchstbeteiligungsquote wieder einzuhalten, werden sie und ihre Tochtergesellschaften über die genannten Sanktionen hinaus den gleichen steuerlichen Folgen unterworfen, denen sie auch bei einem Wiedereintritt in das SIIC-Regime unterlegen hätten (Art. 208 C, IV Abs. 1 S. 3 HS 3 i.V.m. Abs. 5 CGI)[691]. Auch hier kommt es somit zu einer sofortigen Besteuerung der während des Aussetzungsjahres in den begünstigten Wirtschaftsgütern gebildeten stillen Reserven zum ermäßigten Körperschaftsteuersatz von 19%[692]. Ziel dieser Regelung ist es, die SIIC im Fall einer Überschreitung der Höchstbeteiligungsquote verstärkt zu einem Wiedereintritt in das SIIC-Regime zu motivieren[693].

IX. Besonderheiten bei Umstrukturierungsmaßnahmen

Eine Schwachstelle des im Jahr 2003 eingeführten SIIC-Regimes zeigte sich im Zusammenhang mit Umstrukturierungsvorgängen. Konnten die SIIC bei der Optionsausübung von der *Exit Tax* und im Rahmen der laufenden Besteuerung von der partiellen Körperschaftsteuerbefreiung profitieren, führten genau diese Vorteile zu steuerlichen Nachteilen, wenn die SIIC nach der Optionsausübung an Umstrukuturierungsmaßnahmen wie Verschmelzungen, Spaltungen oder Teileinbringungen beteiligt waren. Steuerliche Sonderregelungen, die körperschaftsteuerpflichtigen Gesellschaften weitgehend steuerneutrale Umstrukturierungen

689 Ed. Francis Lefebvre, FR 66/08, Nr. 29 Rn. 9.

690 Siehe unter: A. VIII. 2. b) cc).

691 Instruction v. 20.1.2010, BOI 4 H-3-10 v. 1.2.2010, Rn. 44; Ed. Francis Lefebvre, FR 66/08, Nr. 29 Rn. 26.

692 Ed. Francis Lefebvre, Fiscal 2009, Rn. 2674.

693 Vgl. Ed. Francis Lefebvre, FR 66/08, Nr. 29 Rn. 26.

erlaubten, konnten die SIIC bzw. SIIC-Tochtergesellschaften nicht in Anspruch nehmen. Verschiedene gesetzliche Anpassungen ermöglichen nunmehr auch innerhalb des SIIC-Regimes steuerneutrale Umstrukturierungen.

1. Anwendbarkeit steuerlicher Sonderregelungen (*régime de faveur*) bei Umstrukturierungsvorgängen

Zur Erleichterung von Unternehmensumstrukturierungen unterwirft das französische Steuerrecht Verschmelzungen (*fusions*), Spaltungen (*scissions*), Teileinbringungen (*apports partiels d'actif*) und Anwachsungen (*confusions de patrimoine*) unter bestimmten Voraussetzungen steuerlichen Sonderregelungen (sog. *régime spécial des fusions*; *régime de faveur des fusions*[694]), die auf dem Gebiet der Körperschaftsteuer und der Registersteuern Begünstigungen vorsehen[695]. Liegen die Voraussetzungen für ihre Anwendung nicht vor, erfolgt die Besteuerung nach den allgemein geltenden Regelungen (sog. *régime de droit commun*)[696].

Auf dem Gebiet der Körperschaftsteuer führt die Anwendung der steuerlichen Sonderregelungen zu einer weitgehenden steuerlichen Neutralität des jeweiligen Umstrukturierungsvorgangs[697]. Nach überwiegender Ansicht konnten SIIC oder SIIC-Tochtergesellschaften aufgrund ihrer partiellen Steuerbefreiung von diesem Vorteil ursprünglich nicht profitieren. Umstrukturierungsvorgänge, an denen sie beteiligt waren, unterlagen danach allein den allgemein geltenden Regelungen[698]. Aufgrund gesetzlicher Anpassungen im Rahmen des Finanzgesetzes für 2005[699] und des Änderungsfinanzgesetzes für 2005[700] können diese jedoch seit dem 1. Januar 2005 unter bestimmten Voraussetzungen ebenfalls den steuerlichen

694 Die Begriffe ‚*régime spécial des fusions*' und ‚*régime de faveur (des fusions)*' werden im Schrifttum synonym verwendet. Im Rahmen dieser Arbeit werden die steuerlichen Sonderregelungen nachfolgend als ‚*régime de faveur*' bezeichnet.

695 Vgl. Ed. Francis Lefebvre, Fiscal 2009, Rn. 3450; *Tillmanns*, in: Widmann/Mayer, Umwandlungsrecht, Anh. 3: Frankreich, Rn. F 300.

696 Ed. Francis Lefebvre, Fiscal 2009, Rn. 3451.

697 Vgl. *Tillmanns*, in: Widmann/Mayer, Umwandlungsrecht, Anh. 3: Frankreich, Rn. F 300.

698 Ed. Francis Lefebvre, FR 57/04, Nr. 31 Rn. 10; a.A. wohl *Tillmanns*, in: Widmann/Mayer, Umwandlungsrecht, Anh. 3: Frankreich, Rn. F 301, wonach eine tatsächliche Körperschaftsteuerpflicht nicht notwendig ist und auch durch eine Spezialvorschrift steuerbefreite Gesellschaften unter das *régime de faveur* fallen können.

699 Art. 26, I–C und II–B des Finanzgesetzes für 2005, Nr. 2004–1484 v. 30.12.2004, veröffentlicht im JO v. 31.12.2004, S. 22459.

700 Art. 28, A–XXIX und C–VI des Änderungsfinanzgesetzes für 2005, Nr. 2005–1720 v. 30.12.2005, veröffentlicht im JO v. 31.12.2005, S. 20654.

Sonderregelungen (*régime de faveur*) unterworfen und steuerneutral durchgeführt werden[701].

Nachfolgend soll daher zunächst auf die körperschaftsteuerlichen Regelungen sowohl des *régime de droit commun* als auch des *régime de faveur* eingegangen werden, bevor anschließend die für die SIIC und die SIIC-Tochtergesellschaften geltenden speziellen Regelungen untersucht werden.

a) Überblick über die allgemeinen Regelungen (*régime de droit commun*)

aa) Situation der übertragenden Gesellschaft

Verschmelzung und Spaltung der übertragenden Gesellschaft führen zu ihrer Auflösung, was auf dem Gebiet der Körperschaftsteuer die Folgen einer Betriebsaufgabe (*cessation d'entreprise*)[702] und somit die sofortige Besteuerung aller bislang nicht versteuerten Gewinne nach sich zieht (Art. 221, 2 Abs. 1 i.V.m. Art. 201, 1 CGI). Der Besteuerung unterliegen hierbei die im laufenden Wirtschaftsjahr bis zum Zeitpunkt der Umwandlungsmaßnahme (*période intercalaire*) erzielten Gewinne sowie die gegenstandslos gewordenen Rückstellungen und ähnlichen Passivposten[703]. Keine der von der übertragenden Gesellschaft gebildeten Rückstellungen kann von der übernehmenden Gesellschaft übernommen werden[704].

Veräußerungsgewinne der übertragenden Gesellschaft, die aus der Einbringung ihrer Wirtschaftsgüter zu einem höheren Wert als dem Buchwert oder steuerlichen Wert (*valeur fiscale*) resultieren, sind ebenfalls sofort zu versteuern, wobei die besonderen Regelungen für die Besteuerung kurzfristiger und langfristiger Veräußerungsgewinne (*plus-values à court terme/plus-values à long terme*) zu berücksichtigen sind[705]. Bestehende Verlustvorträge der übertragenden Gesellschaft können bei dieser mit einem Übertragungsgewinn verrechnet, jedoch

---

701 Ed. Francis Lefebvre, FR 57/04, Nr. 31 Rn. 11.

702 Ed. Francis Lefebvre, Fiscal 2009, Rn. 3451; *Tillmanns*, in: Widmann/Mayer, Umwandlungsrecht, Anh. 3: Frankreich, Rn. F 400, F 500.

703 Vgl. Ed. Francis Lefebvre, Fiscal 2009, Rn. 3451, 1155; *Tillmanns*, in: Widmann/Mayer, Umwandlungsrecht, Anh. 3: Frankreich, Rn. F 400.

704 Ausführlich zur Behandlung von Rückstellungen i.R.d. *régime de droit commun*: *Tillmanns*, in: Widmann/Mayer, Umwandlungsrecht, Anh. 3: Frankreich, Rn. F 401.

705 Ed. Francis Lefebvre, Fiscal 2009, Rn. 3451, 1155; *Tillmanns*, in: Widmann/Mayer, Umwandlungsrecht, Anh. 3: Frankreich, Rn. F 400, 402. Zur Behandlung lang- und kurzfristiger Veräußerungsgewinne im Bereich der Körperschaftsteuer, siehe auch unter: B. III. 1. a) bb).

grundsätzlich nicht von der übernehmenden Gesellschaft übernommen werden[706].

Im Fall der Teileinbringung (*apport partiel d'actif*) hat die übertragende Gesellschaft den realisierten Einbringungsgewinn und die gegenstandslos gewordenen Rückstellungen zu versteuern[707].

bb) Situation der übernehmenden Gesellschaft

(1) Wertansatz der übernommenen Wirtschafsgüter

Die übernehmende Gesellschaft befindet sich bei Anwendung der allgemeinen Regelungen (*régime de droit commun*) in der gleichen Situation wie bei der einfachen Einbringung (*apport pur et simple*)[708]. Die steuerliche Behandlung der übernommenen Wirtschaftsgüter hängt maßgeblich von ihrem Wertansatz in der Bilanz der übernehmenden Gesellschaft ab[709]:

Bei den bis zum 1. Januar 2005 durchgeführten Verschmelzungen, Spaltungen und Teileinbringungen mussten die übernommenen Wirtschaftsgüter mit dem gemeinen Wert (*valeur réelle*) angesetzt werden[710]. Das Komitee für die Reglementierung des Rechnungswesens (*Comité de la Réglementation Comptable, CRC*)[711], in dessen Zuständigkeitsbereich die Regelung der bilanziellen Behandlung von Umwandlungen fiel, hatte sich zwar nicht auf einen bestimmten Wertansatz festgelegt. Die französische Finanzverwaltung machte die Möglichkeit einer Buchwertfortführung jedoch davon abhängig, dass der Umwandlungs-

706 Ed. Francis Lefebvre, Fiscal 2009, Rn. 3516, 3144.

707 Vgl. Ed. Francis Lefebvre, Fiscal 2009, Rn. 3451; *Tillmanns*, in: Widmann/Mayer, Umwandlungsrecht, Anh. 3: Frankreich, Rn. F 601 unter Verweis auf Rn. F 400 bis F 404.

708 Ed. Francis Lefebvre, Fiscal 2009, Rn. 3451; *Tillmanns*, in: Widmann/Mayer, Umwandlungsrecht, Anh. 3: Frankreich, Rn. F 420.

709 *Tillmanns*, in: Widmann/Mayer, Umwandlungsrecht, Anh. 3: Frankreich, Rn. F 421.

710 Ausführlich hierzu: *Tillmanns*, in: Widmann/Mayer, Umwandlungsrecht, Anh. 3: Frankreich, Rn. F 421.

711 Das damals zuständige CRC wurde durch Gesetz v. 6.4.1998 (Loi n° 98–261 *portant réforme de la réglementation comptable et adaptation du régime de la publicité foncière*, JO v. 7.4.1998, S. 5384) eingerichtet. Es erließ die generellen und die für die einzelnen Wirtschaftsbereiche geltenden Vorschriften auf dem Gebiet der Buchhaltung und Bilanzierung. Die Vorschriften sind für alle natürlichen und juristischen Personen des Privatrechts, die zum Führen von Büchern verpflichtet sind, verbindlich. Das CRC erließ seine Vorschriften auf Empfehlung oder nach einer Stellungnahme des nationalen Rates für das Rechnungswesen (*Conseil National de la Comptabilité, CNC*). Das CRC und der CNC sind mit Verordnung v. 22.1.2009 (Ordonnance n° 2009–79 créant l'Autorité des normes comptables, JO v. 23.1.2009, S. 1428), ratifiziert durch Gesetz v. 12.5.2009 (Loi n° 2009–526 , Art. 138–I, JO v. 13.5.2009, S. 7920), durch die *Autorité des normes comptables* (ANC) ersetzt worden.

vorgang zum einen den steuerlichen Sonderregelungen des *régime de faveur* unterlag und dass die aufnehmende Gesellschaft die Buchwerte (historische Anschaffungs-/Herstellungskosten, Abschreibungen, Wertberichtigungen) der übertragenden Gesellschaft übernahm und die künftigen Abschreibungen auf Grundlage der in den Büchern der übertragenden Gesellschaft ausgewiesenen historischen Anschaffungs-/Herstellungskosten vornahm. Zugleich betonte sie allerdings, dass die Regelung der bilanziellen Behandlung der Umwandlungsvorgänge dem CRC oblag und die steuerliche Behandlung unter dem Vorbehalt entsprechender Regelungen des CRC stand[712].

Nach einer Stellungnahme des nationalen Rates für das Rechnungswesen (*Conseil National de la Comptabilité,* CNC) zur bilanziellen Behandlung von Verschmelzungen und diesen gleichgestellten Umwandlungsvorgängen[713] hat das CRC den Wertansatz der übertragenen Wirtschaftsgüter durch *Règlement* vom 4. Mai 2004[714] mit Wirkung zum 1. Januar 2005 verbindlich geregelt. Der Wertansatz der übernommenen Wirtschaftsgüter richtet sich danach nicht mehr nach der steuerlichen Behandlung des Umwandlungsvorgangs, sondern nach den im Zeitpunkt seiner Durchführung bestehenden Kontrollverhältnissen und der Durchführungsrichtung[715]. Festzustellen ist zunächst, ob die übertragende und die übernehmende Gesellschaft unter gemeinsamer Kontrolle stehen (Art. 1 Règlement CRC n° 2004–01 i.V.m. 4.1 des Anhangs). Dies ist der Fall, wenn sie i.S.d. Art. L. 233–16, II Code de commerce demselben Konsolidierungskreis angehören[716]. Darüber hinaus ist entscheidend, ob der Umwandlungsvorgang ‚richtig herum‘ (*à l'endroit*) oder in ‚umgekehrter Richtung‘ (*à l'envers*) erfolgt (Art. 1 Règlement CRC n° 2004–01 i.V.m. 4.2 des Anhangs). Ein Vorgang erfolgt *à l'endroit*, wenn der Hauptgesellschafter der übernehmenden Gesellschaft nach Abschluss des Vorgangs die Kontrolle über die Gesellschaft – wenn auch abgeschwächt – behält. Die Initiative geht dabei von der übernehmenden Gesellschaft oder einer Tochtergesellschaft aus, während die übertragende Gesellschaft die Zielgesellschaft ist (Art. 1 Règlement CRC n° 2004–01 i.V.m. 4.2.1 des Anhangs). Bei einem Umwandlungsvorgang *à l'envers* übernimmt oder verstärkt der Hauptgesellschafter der übertragenden Gesellschaft die Kontrolle über die übernehmende Gesellschaft. Hier geht die Initiative von der übertragenden Ge-

712 Vgl. Instruction v. 3.8.2000, BOI 4 I–2–00 v. 18.8.2000, Rn. 79 ff.

713 CNC, Avis n° 2004–01 v. 25.3.2004 *relatif au traitement comptable des fusions et opérations assimilées*, abrufbar im Internet unter: http://www.cnc.bercy.gouv.fr.

714 CRC, Règlement n° 2004–01 v. 4.5.2004, ebenfalls abrufbar unter: http://www.cnc.bercy.gouv.fr (nachfolgend: ‚Règlement CRC n° 2004–01‘).

715 Ed. Francis Lefebvre, Fiscal 2009, Rn. 3499.

716 Vgl. Ed. Francis Lefebvre, Fiscal 2009, Rn. 3499; *Tillmanns*, in: Widmann/Mayer, Umwandlungsrecht, Anh. 3: Frankreich, Rn. F 300.2.

sellschaft oder ihrer Muttergesellschaft aus. Zielgesellschaft ist die übernehmende Gesellschaft (Art. 1 Règlement CRC n° 2004–01 i.V.m. 4.2.2 des Anhangs).

Erfolgt der Umwandlungsvorgang *à l'endroit* zwischen Gesellschaften, die nicht unter gemeinsamer Kontrolle stehen, hat die übernehmende Gesellschaft die übertragenen Wirtschaftsgüter zwingend mit dem gemeinen Wert (*valeur réelle*) zu aktivieren (Art. 1 Règlement CRC n° 2004–01 i.V.m. 4.3 des Anhangs)[717]. Das Gleiche gilt im Fall der Ausgliederung eines Teilbetriebs auf eine Tochtergesellschaft, wenn der Einbringung des Teilbetriebs die Veräußerung der Tochtergesellschaftsanteile an eine nicht unter gleicher Kontrolle stehende Gesellschaft oder ein Börsengang der Tochtergesellschaft nachfolgt und die Veräußerung oder der Börsengang bereits im Einbringungsvertrag vorgesehen war (Art. 1 Règlement CRC n° 2004–01 i.V.m. 4.1 und 4.3 (4) des Anhangs)[718]. Der gemeine Wert ist auch dann anzusetzen, wenn der Ansatz der Buchwerte für die Kapitalerhöhung der übernehmenden Gesellschaft nicht ausreichend wäre (Art. 1 Règlement CRC n° 2004–01 i.V.m. 4.1 und 4.3 a.E. des Anhangs). Dies gilt jedoch nur bei der Übertragung auf eine bereits bestehende Gesellschaft[719].

Bei Ansatz der gemeinen Werte hat die übernehmende Gesellschaft auch solche Wirtschaftsgüter in ihre Bilanz aufzunehmen, die bei der übertragenden Gesellschaft nicht bilanziert waren, wie selbst geschaffene immaterielle Wirtschaftsgüter, Pensionsrückstellungen, latente Steuern oder den Firmenwert (Art. 1 Règlement CRC n° 2004–01 i.V.m. 4.1 und 4.3 a.E. des Anhangs)[720]. Zudem erhöht sich die AfA-Bemessungsgrundlage, wobei die voraussichtliche Restnutzungsdauer anzusetzen ist. Die AfA ist zwingend linear, da die degressive AfA neuen Wirtschaftsgütern vorbehalten ist[721].

Erfolgt der Umwandlungsvorgang zwischen Gesellschaften, die unter gemeinsamer Kontrolle stehen oder handelt es sich um einen Vorgang *à l'envers* zwischen nicht unter gemeinsamer Kontrolle stehenden Gesellschaften, so sind zwingend die Buchwerte fortzuführen (Art. 1 Règlement CRC n° 2004–01

717 Instruction v. 30.12.2005, BOI 4 I–1–05, Rn. 8; Ed. Francis Lefebvre, Fiscal 2009, Rn. 3499; *Tillmanns*, in: Widmann/Mayer, Umwandlungsrecht, Anh. 3: Frankreich, Rn. F 300.2.

718 Ausführlich: Instruction v. 30.12.2005, BOI 4 I–1–05, Rn. 8 f.; Ed. Francis Lefebvre, Fiscal 2009, Rn. 3499; *Tillmanns*, in: Widmann/Mayer, Umwandlungsrecht, Anh. 3: Frankreich, Rn. F 300.2.

719 Vgl. Dringlichkeitsausschuss (*comité d'urgence*) des CNC, Avis n° 2005–C v. 4.5.2005, Frage 22 und Art. 4 des Règlement CRC n° 2005–09 v. 3.11.2005, jeweils abrufbar unter: http://www.cnc.bercy.gouv.fr. Ebenso Instruction v. 30.12.2005, BOI 4 I–1–05, Rn. 8; Ed. Francis Lefebvre, Fiscal 2009, Rn. 3499; *Tillmanns*, in: Widmann/Mayer, Umwandlungsrecht, Anh. 3: Frankreich, Rn. F 300.2.

720 Ed. Francis Lefebvre, Fiscal 2009, Rn. 3500; *Tillmanns*, in: Widmann/Mayer, Umwandlungsrecht, Anh. 3: Frankreich, Rn. F 300.2.

721 *Tillmanns*, in: Widmann/Mayer, Umwandlungsrecht, Anh. 3: Frankreich, Rn. F 300.2.

i.V.m. 4.3 des Anhangs)[722]. Obwohl die übernehmende Gesellschaft die Buchwerte der übertragenden Gesellschaft übernehmen muss, ändert der Buchwertansatz nichts an der Besteuerung der stillen Reserven auf Ebene der übertragenden Gesellschaft[723]. Um eine Doppelbesteuerung zu vermeiden, ist bei einer späteren Veräußerung der Wirtschaftsgüter durch die übernehmende Gesellschaft der Veräußerungsgewinn auf Grundlage des – gemeinen – Wertes zu ermitteln, der für die Besteuerung des Einbringungsgewinns auf Ebene der übertragenden Gesellschaft maßgeblich war[724]. Die Möglichkeit eines Zwischenwertansatzes ist im französischen Bilanzrecht nicht vorgesehen[725].

(2) Behandlung von Übernahmegewinnen und Übernahmeverlusten

Ist die übernehmende Gesellschaft an der übertragenden Gesellschaft beteiligt, kann es auf Ebene der übernehmenden Gesellschaft zu einem Übernahmegewinn oder -verlust kommen, soweit ihre Anteile aufgrund der Auflösung der übertragenden Gesellschaft im Rahmen des Umwandlungsvorgangs untergehen und an ihre Stelle die Wirtschaftsgüter der übertragenden Gesellschaft treten (vgl. Art. 1 Règlement CRC n° 2004–01 i.V.m. 4.5 des Anhangs).

Ein Übernahmegewinn (*boni de fusion*) entsteht, wenn der Übertragungswert des empfangenen Nettoaktivvermögens, soweit es der Höhe der Beteiligung entspricht, den steuerlichen Wert der Beteiligung übersteigt[726]. Er unterliegt der Körperschaftsteuer, wobei die Regelungen über die Besteuerung lang- und kurzfristiger Veräußerungsgewinne zu berücksichtigen sind[727].

Ein Übernahmeverlust (*mali de fusion*) entsteht im umgekehrten Fall, wenn der Übertragungswert des empfangenen Nettoaktivvermögens, soweit es der Höhe der Beteiligung entspricht, geringer ist als der steuerliche Wert der Beteiligung[728]. Er kann aus zwei Elementen bestehen. Zum einen aus einem technischen

722 Instruction v. 30.12.2005, BOI 4 I–1–05, Rn. 8; Ed. Francis Lefebvre, Fiscal 2009, Rn. 3499; *Tillmanns*, in: Widmann/Mayer, Umwandlungsrecht, Anhang 3 Frankreich, Rn. F 300.2.

723 Vgl. Instruction v. 30.12.2005, BOI 4 I–1–05, Rn. 31; ausführlich auch *Tillmanns*, in: Widmann/Mayer, Umwandlungsrecht, Anhang 3 Frankreich, Rn. F 400.

724 Instruction v. 30.12.2005, BOI 4 I–1–05, Rn. 31; Ed. Francis Lefebvre, Fiscal 2009, Rn. 3451; *Tillmanns*, in: Widmann/Mayer, Umwandlungsrecht, Anh. 3: Frankreich, Rn. F 421.

725 *Tillmanns*, in: Widmann/Mayer, Umwandlungsrecht, Anh. 3: Frankreich, Rn. F 300.2, F 400.

726 Vgl. Art. 1 Règlement CRC n° 2004–01 i.V.m. 4.5.1 Abs. 1 des Anhangs; Instruction v. 30.12.2005, BOI 4 I–1–05, Rn. 40; *Tillmanns*, in: Widmann/Mayer, Umwandlungsrecht, Anh. 3: Frankreich, Rn. F 447.

727 Instruction v. 30.12.2005, BOI 4 I–1–05, Rn. 43; *Tillmanns*, in: Widmann/Mayer, Umwandlungsrecht, Anh. 3: Frankreich, Rn. F 426. Zur steuerlichen Behandlung lang- und kurzfristiger Veräußerungsgewinne siehe unter: A. III. 1. a) bb).

728 Vgl. Art. 1 Règlement CRC n° 2004–01 i.V.m. 4.5.2 Abs. 1 des Anhangs.

Übernahmeverlust (*mali technique/faux mali de fusion*), der sich allgemein im Fall der Buchwertfortführung ergibt, wenn der Nettobuchwert der Beteiligung den Buchwert des Nettoaktivvermögens übersteigt[729]. Zum anderen aus einem wirklichen Verlust (*vrai mali de fusion*), wenn der Buchwert der Beteiligung den tatsächlichen Wert des empfangenen Nettoaktivvermögens übersteigt[730]. Er entspricht im Grunde einer – vor der Umwandlung nicht vorgenommenen – Wertberichtigung auf die Beteiligung[731].

Der wirkliche Übernahmeverlust (*vrai mali de fusion*) ist grundsätzlich verrechenbar, wobei jedoch wiederum zu berücksichtigen ist, ob er langfristiger oder kurzfristiger Natur ist. Handelte es sich bei der Beteiligung an der übertragenden Gesellschaft um eine solche i.S.d. Art. 219, I–a quinquies CGI (*titres de participation*)[732], die von der übernehmenden Gesellschaft vor der Umwandlung über einen Zeitraum von mindestens zwei Jahren gehalten wurde, ist eine Verlustverrechnung aufgrund der Steuerbefreiung der langfristigen Veräußerungsgewinne ausgeschlossen[733].

Ebenfalls nicht abzugsfähig ist seit dem 1. Januar 2005 der Verlust, der sich im Rahmen der Anwachsung oder der Verschmelzung einer Tochtergesellschaft auf die sämtliche Anteile haltende Muttergesellschaft aus der Übernahme eines negativen Nettoaktivvermögens ergibt (Art. 209, II bis CGI)[734].

Im Rahmen des *régime de droit commun* berücksichtigt die Finanzverwaltung auch den technischen Übernahmeverlust (*mali technique*). Dieser wirkt sich jedoch aus bilanziellen Gründen nicht unmittelbar aus. Der *mali technique* entspricht in Höhe der ursprünglichen Beteiligung der Summe der in den bilanzierten oder nicht bilanzierten Aktiva der übertragenden Gesellschaft ruhenden stillen Reserven abzüglich der mangels Passivierungspflicht nicht bilanzierten Pas-

---

729 Zum Begriff des *mali technique*: Art. 1 Règlement CRC n° 2004–01 i.V.m. 4.5.2 Abs. 1 des Anhangs; Instruction v. 30.12.2005, BOI 4 I–1–05, Rn. 41; Ed. Francis Lefebvre, Fiscal 2009, Rn. 3513; *Tillmanns*, in: Widmann/Mayer, Umwandlungsrecht, Anh. 3: Frankreich, Rn. F 447.

730 Zum Begriff des *vrai mali*: Art. 1 Règlement CRC n° 2004–01 i.V.m. 4.5.2 Abs. 1 des Anhangs; Instruction v. 30.12.2005, BOI 4 I–1–05, Rn. 41; Ed. Francis Lefebvre, Fiscal 2009, Rn. 3513; *Tillmanns*, in: Widmann/Mayer, Umwandlungsrecht, Anh. 3: Frankreich, Rn. F 447.

731 Vgl. *Tillmanns*, in: Widmann/Mayer, Umwandlungsrecht, Anh. 3: Frankreich, Rn. F 447.

732 Siehe unter: A. III. 1 a) bb).

733 Zur steuerlichen Behandlung des *vrai mali*: Instruction v. 30.12.2005, BOI 4 I–1–05, Rn. 46; Ed. Francis Lefebvre, Fiscal 2009, Rn. 3513; *Tillmanns*, in: Widmann/Mayer, Umwandlungsrecht, Anh. 3: Frankreich, Rn. F 447.

734 Ausführlich: Instruction v. 30.12.2005, BOI 4 I–1–05, Rn. 48 f.; Ed. Francis Lefebvre, Fiscal 2009, Rn. 3514; *Tillmanns*, in: Widmann/Mayer, Umwandlungsrecht, Anh. 3: Frankreich, Rn. F 447.

siva[735]. Nach den Vorgaben des CRC hat die übernehmende Gesellschaft den *mali technique* auf einem speziellen Unterkonto ‚*mali de fusion*' zum Konto 207 ‚*fonds de commerce* (*good will*)' zu aktivieren. Außerhalb der Bilanz ist der *mali technique* sodann aufzuteilen und den einzelnen Aktiva im Verhältnis der stillen Reserven zuzurechnen[736], wobei der zuzurechnende Anteil den Betrag der im jeweiligen Wirtschaftsgut ruhenden stillen Reserven nicht überschreiten darf. Der aktivierte *mali de fusion* kann nicht abgeschrieben werden. Allerdings ist eine Wertberichtigung vorzunehmen, wenn der tatsächliche Wert eines zu Grunde liegenden Wirtschaftsgutes den um den zugerechneten Anteil des *mali technique* erhöhten Buchwert des Wirtschaftsgutes unterschreitet. Scheidet ein solches Wirtschaftsgut – insbesondere im Veräußerungsfall – aus der Bilanz aus, ist der aktivierte *mali technique* entsprechend zu kürzen.

Da es auch bei der Buchwertfortführung zu einer Besteuerung des Einbringungsgewinns auf Ebene der übertragenden Gesellschaft kommt, und der *mali technique* ganz oder teilweise den besteuerten stillen Reserven entspricht, erkennt die Finanzverwaltung die Wertberichtigungen und Kürzungen des *mali technique* auch steuerlich an. Die steuerliche Behandlung der Verluste richtet sich dabei nach den für das jeweils zu Grunde liegende Wirtschaftsgut geltenden Regelungen[737].

b) Überblick über die steuerlichen Sonderregelungen (*régime de faveur*)

Anders als das *régime de droit commun* führt das körperschaftsteuerliche *régime de faveur* auf Ebene der übertragenden Gesellschaft zu einer steuerlichen Befreiung der aus dem Umwandlungsvorgang resultierenden Übertragungsgewinne. Um eine spätere Besteuerung dieser Gewinne zu ermöglichen, setzt die Anwendung des *régime de faveur* voraus, dass die übernehmende Gesellschaft im Umwandlungsvertrag verschiedene steuerliche Pflichten übernimmt[738].

---

735 Art. 1 Règlement CRC n° 2004–01 i.V.m. 4.5.2 Abs. 1 des Anhangs; Instruction v. 30.12.2005, BOI 4 I–1–05, Rn. 41; *Tillmanns*, in: Widmann/Mayer, Umwandlungsrecht, Anh. 3: Frankreich, Rn. F 447 (dort Fn. 1).

736 Zuzurechnender Anteil = Gesamtbetrag des *mali technique* * (Buchwert des WG ./. gemeiner Wert des WG zum Zeitpunkt der Durchführung der Umwandlung).

737 Instruction v. 30.12.2005, BOI 4 I–1–05, Rn. 60.

738 Vgl. Ed. Francis Lefebvre, Fiscal 2009, Rn. 3487.

aa) Rahmenbedingungen

Die Anwendung der körperschaftsteuerlichen Sonderregelungen ist fakultativ[739]. Die Option für das *régime de faveur* ist ausdrücklich im Verschmelzungs-, Spaltungs- oder Einbringungsvertrag oder im Fall der Anwachsung (Art. 1844–5 Code civil) durch eine Erklärung gegenüber der Finanzverwaltung auszuüben[740].

Der Anwendungsbereich des *régime de faveur* ist in persönlicher, sachlicher und räumlicher Hinsicht begrenzt.

(1) Persönlicher Anwendungsbereich

Persönlich beschränkt er sich auf Vorgänge, an denen ausschließlich körperschaftsteuerpflichtige Gesellschaften beteiligt sind (Art. 210 C, 1 CGI)[741].

(2) Sachlicher Anwendungsbereich

In sachlicher Hinsicht findet das *régime de faveur* nur auf solche Umwandlungsvorgänge Anwendung, die bestimmte gesetzliche Voraussetzungen erfüllen.

(a) Verschmelzung (*fusion*)

Erfasst werden zunächst Verschmelzungen (*fusions*), durch die eine oder mehrere Gesellschaften infolge und im Zeitpunkt ihrer ohne Liquidation erfolgenden Auflösung ihr gesamtes Vermögen auf eine andere bereits bestehende oder eine von ihnen neu gegründete übernehmende Gesellschaft gegen Ausgabe von Anteilen an der übernehmenden Gesellschaft an ihre Gesellschafter und eventuell Zahlung eines Aufgeldes in Höhe von bis zu 10% des Nominalwertes dieser Anteile übertragen (Art. 200–0 A, I–1°–a und b CGI)[742]. Die Anwachsung (*confusion de patrimoine*) i.S.d. Art. 1844–5 Code civil wird ebenfalls von der Definition der Verschmelzung in Art. 210–0 A CGI erfasst, so dass auch sie dem *régime de faveur* zugänglich ist[743].

---

739 Ed. Francis Lefebvre, Fiscal 2009, Rn. 3487.

740 *Tillmanns*, in: Widmann/Mayer, Umwandlungsrecht, Anh. 3: Frankreich, Rn. F 300.1.

741 Ausführlich hierzu: Ed. Francis Lefebvre, Fiscal 2009, Rn. 3475 sowie *Tillmanns*, in: Widmann/Mayer, Umwandlungsrecht, Anh. 3: Frankreich, Rn. F 301.

742 Vgl. Instruction v. 25.10.2002, BOI 4 I–2–02, Rn. 3 ff.; Ed. Francis Lefebvre, Fiscal 2009, Rn. 3456; *Tillmanns*, in: Widmann/Mayer, Umwandlungsrecht, Anh. 3: Frankreich, Rn. F 303 (Rn. F. 309.1 enthält eine deutsche Übersetzung der einschlägigen Artikel des CGI).

743 Instruction v. 25.10.2002, BOI 4 I–2–02, Rn. 13; Ed. Francis Lefebvre, Fiscal 2009, Rn. 3456; *Tillmanns*, in: Widmann/Mayer, Umwandlungsrecht, Anh. 3: Frankreich, Rn. F 304.2.

(b) Spaltung (*scission*)

Ebenfalls erfasst werden Spaltungen (*scissions*), bei denen die gespaltene Gesellschaft infolge und im Zeitpunkt ihrer ohne Liquidation erfolgenden Auflösung die Gesamtheit ihres Vermögens auf zwei oder mehr bereits zuvor bestehende oder neu gegründete Gesellschaften überträgt und im Gegenzug die Gesellschafter der gespaltenen Gesellschaft im Verhältnis zu ihrer Beteiligung Anteile an den übernehmenden Gesellschaften und eventuell ein Aufgeld in Höhe von bis zu 10% des Nominalwertes dieser Anteile erhalten (Art. 200–0 A, I–2° CGI)[744] .

Kommt es in den genannten Fällen nicht zu einem Austausch von Anteilen an der übernehmenden Gesellschaft gegen solche der übertragenden Gesellschaft, sind die steuerlichen Sonderregelungen nach Art. Art. 200–0 A, I–3° CGI dennoch anwendbar, wenn die Anteile von den Gesellschaften wechselseitig gehalten werden[745].

Im Falle der Spaltung (*scission*) ist weiter erforderlich, dass die aufgespaltene Gesellschaft mindestens zwei vollständige Teilbetriebe[746] besitzt, jede der begünstigten Gesellschaften mindestens einen dieser Teilbetriebe übernimmt und sich die Gesellschafter der aufgespaltenen Gesellschaft im Spaltungsvertrag verpflichten, die für die Einbringung gewährten Anteile drei Jahre lang zu halten (Art. 210 B, 1 Abs. 4 S. 1 CGI). Der zuletzt genannten Haltepflicht unterliegen nur Gesellschafter der aufgespaltenen Gesellschaft, die entweder am Tag der Genehmigung der Spaltung mindestens 5% der Stimmrechte halten oder solche, die zu diesem 0,1% der Stimmrechte innehaben und unmittelbar oder mittelbar die Funktion eines Vorstands-, Verwaltungsrats- oder Aufsichtsratsmitglieds ausüben oder innerhalb der vorangehenden sechs Monate ausgeübt haben (Art. 210 B, 1 Abs. 4 S. 2 CGI). Die der Haltepflicht unterliegenden Gesellschafter müssen am Tag der Genehmigung des Vorgangs insgesamt jedoch mindestens 20% des Kapitals der aufgespaltenen Gesellschaft halten (Art. 210 B, 1 Abs. 5 CGI)[747]. Wird eine der genannten Bedingungen nicht erfüllt, finden die Regelungen des *régime de faveur* nur nach vorheriger ministerieller Genehmigung (*agrément*) Anwendung (Art. 210 B, 3 i.V.m. Art. 1649 nonies CGI). Die

744 Vgl. Instruction v. 25.10.2002, BOI 4 I–2–02, Rn. 7 ff.; Ed. Francis Lefebvre, Fiscal 2009, Rn. 3458; *Tillmanns*, in: Widmann/Mayer, Umwandlungsrecht, Anh. 3: Frankreich, Rn. F 304, F 309.1.

745 Instruction v. 25.10.2002, BOI 4 I–2–02, Rn. 4 und 8; *Tillmanns*, in: Widmann/Mayer, Umwandlungsrecht, Anh. 3: Frankreich, Rn. F 304, F 309.1.

746 Zum Begriff des Teilbetriebs: Ed. Francis Lefebvre, Fiscal 2009, Rn. 3465 (m.w.N.).

747 Vgl. Instruction v. 25.10.2002, BOI 4 I–2–02, Rn. 68 ff.; Ed. Francis Lefebvre, Fiscal 2009, Rn. 3458; *Tillmanns*, in: Widmann/Mayer, Umwandlungsrecht, Anh. 3: Frankreich, Rn. F 309.1; 502 ff.

Genehmigung wird erteilt, wenn der Vorgang durch ein wirtschaftliches Motiv gerechtfertigt ist, sein Hauptziel oder eines der verfolgten Hauptziele nicht die Steuerumgehung oder Steuerhinterziehung ist und die spätere Besteuerung der zunächst im Rahmen des *régime des faveur* befreiten Übertragungsgewinne nach den Umständen des Vorgangs sicher erscheint (Art. 210 B, 3–a bis c CGI)[748]. Die Nichtbeachtung der Haltepflicht führt nicht dazu, dass die Anwendbarkeit des *régime de faveur* nachträglich aberkannt wird; sie löst vielmehr die in Art. 1768 CGI näher geregelte Steuerstrafe aus (Art. 210 B, 1 Abs. 6 CGI)[749].

(c) Teileinbringung (*apport partiel d'actif*)

Neben den genannten Verschmelzungen (einschließlich Anwachsung) und Spaltungen können in sachlicher Hinsicht schließlich auch Teileinbringungen (*apports partiels d'actif*) in den Anwendungsbereich des *régime de faveur* fallen (Art. 210 B, 1 Abs. 2 CGI)[750]. Die Teileinbringung wird allgemein als Vorgang definiert, durch den eine Gesellschaft einen Teil der Elemente ihres Aktivvermögens auf eine bereits bestehende oder neu gegründete Gesellschaft überträgt und als Gegenleistung Anteile der übernehmenden Gesellschaft erhält[751]. Ann. II, Art. 301 E und Art. 301 F CGI, die den Begriff der Teileinbringung für das registersteuerliche *régime de faveur* definieren, lassen als Gegenleistung neben der Gewährung von Anteilen auch ein auf 10% des Nominalwertes dieser Anteile begrenztes Aufgeld zu. Da die für das körperschaftsteuerliche *régime de faveur* geltenden Vorschriften keine eigene Definition des Begriffs ‚Teileinbringung' enthalten, die registersteuerlichen und körperschaftsteuerlichen Definitionen der Verschmelzung und Spaltung jedoch übereinstimmen, wird auch auf dem Gebiet der Körperschaftsteuer ein entsprechendes Aufgeld für zulässig erachtet[752]. An-

748 Vgl. Ed. Francis Lefebvre, Fiscal 2009, Rn. 3458, 3472.

749 Art. 210 B, 1 Abs. 6 CGI verweist auf Art. 1734 ter A CGI, dessen Inhalt jedoch nach Art. 1768 CGI transferiert wurde. Zu Einzelheiten der Steuerstrafe vgl. auch Ed. Francis Lefebvre, Fiscal 2009, Rn. 3459; *Tillmanns*, in: Widmann/Mayer, Umwandlungsrecht, Anh. 3: Frankreich, Rn. F 505.

750 Vgl. Instruction v. 25.10.2002, BOI 4 I-2-02, Rn. 40 ff.; Ed. Francis Lefebvre, Fiscal 2009, Rn. 3462; *Hellio/Thill*, Steuern in Frankreich, 2. Aufl., Rn. 539; *Tillmanns*, in: Widmann/Mayer, Umwandlungsrecht, Anh. 3: Frankreich, Rn. F 304.1, F 309.1.

751 Ed. Francis Lefebvre, Fiscal 2009, Rn. 3462; vgl. auch *Hellio/Thill*, Steuern in Frankreich, 2. Aufl., Rn. 539; *Tillmanns*, in: Widmann/Mayer, Umwandlungsrecht, Anh. 3: Frankreich, Rn. F 163.

752 So Ed. Francis Lefebvre, Fiscal 2009, Rn. 3462; *Tillmanns*, in: Widmann/Mayer, Umwandlungsrecht, Anh. 3: Frankreich, Rn. F 304.1; vgl. auch Instruction v. 25.10.2002, BOI 4 I-2-02, Rn. 66. *Hellio/Thill*, Steuern in Frankreich, 2. Aufl., Rn. 541, leiten die Zulässigkeit des Aufgeldes daraus ab, dass es sich bei der Teileinbringung als „teilweise Verschmelzung" um

ders als Verschmelzung und Spaltung führt die Teileinbringung nicht zur Auflösung der übertragenden Gesellschaft.

Voraussetzung für eine Anwendung des *régime de faveur* ist, dass Gegenstand der Einbringung entweder ein Teilbetrieb (*branche complète d'activité*) ist oder einem solchen gleichzustellende Elemente (Art. 210 B, 1 Abs. 2 CGI). Der Einbringung eines Teilbetriebs gleichgestellt sind gemäß Art. 210 B, 1 Abs. 7 CGI bestimmte Fälle der Einbringung von Gesellschaftsanteilen[753]. Die einbringende Gesellschaft muss sich zudem verpflichten, die als Gegenleistung erhaltenen Anteile drei Jahre zu halten (Art. 210 B, 1–a CGI) und die sich aus einer späteren Veräußerung dieser Anteile ergebenden Gewinne auf Grundlage der steuerlichen Werte zu ermitteln, mit denen die eingebrachten Wirtschaftsgüter in ihren Büchern standen (Art. 210 B, 1–b CGI). Bei Nichterfüllung der genannten Bedingungen kann die Anwendung der steuerlichen Sonderregelungen wiederum durch Einholung einer ministeriellen Genehmigung (*agrément*) herbeigeführt werden (Art. 210 B, 3 i.V.m. Art. 1649 nonies CGI).

(3) Räumlicher Anwendungsbereich

Eine Anwendung des körperschaftsteuerlichen *régime de faveur* ist in räumlicher Hinsicht ausgeschlossen, wenn der betreffende Umwandlungsvorgang nicht in den Anwendungsbereich der europarechtlichen Fusionsrichtlinie[754] fällt und die

---

einen der Verschmelzung ähnlichen Vorgang handele, auf den die für diese geltenden Grundsätze entsprechend gelten müssten.

753 Erfasst wird die unter Beachtung der Vorgaben des Art. 38, 7 Abs. 3 und 4 CGI durchgeführte Einbringung einer Beteiligung von mehr als 50% des Kapitals der Gesellschaft, deren Anteile eingebracht werden. Gleiches gilt für die Einbringung einer Beteiligung, die der übernehmenden Gesellschaft unmittelbar mehr als 30% der Stimmrechte in der Beteiligungsgesellschaft einräumt, vorausgesetzt, dass kein anderer Anteilseigner unmittelbar oder mittelbar einen höheren Stimmrechtsanteil innehat. Ebenso werden Fälle erfasst, in denen die übernehmende Gesellschaft bereits über 30% der Stimmrechte in der Gesellschaft, deren Anteile eingebracht werden, besitzt und durch die Einbringung der Beteiligung den höchsten Stimmrechtsanteil erreicht. Ausführlich zu den einzelnen Fällen der Beteiligungseinbringung: Instruction v. 25.10.2002, BOI 4 I–2–02, Rn. 41 ff.; Ed. Francis Lefebvre, Fiscal 2009, Rn. 3468; *Hellio/Thill*, Steuern in Frankreich, 2. Aufl., Rn. 540; *Tillmanns*, in: Widmann/Mayer, Umwandlungsrecht, Anh. 3: Frankreich, Rn. F 604.

754 RL 2009/133/EG des Rates v. 19.10.2009 über das gemeinsame Steuersystem für Fusionen, Spaltungen, Abspaltungen, die Einbringung von Unternehmensteilen und den Austausch von Anteilen, die Gesellschaften verschiedener Mitgliedstaaten betreffen, sowie für die Verlegung des Sitzes einer Europäischen Gesellschaft oder einer Europäischen Genossenschaft von einem Mitgliedstaat in einen anderen Mitgliedstaat (Fusionsrichtlinie/FRL), Abl. L 310 v. 21.11.2009, S. 34. Der in Art. 210–0 A, II CGI enthaltene Verweis auf die aufgehobene RL

an ihm beteiligten Gesellschaften ihren Sitz in solchen Staaten haben, mit denen Frankreich kein DBA geschlossen hat, das eine Amtshilfeklausel zwecks Bekämpfung der Steuerflucht und -hinerziehung enthält (Art. 210–0 A, II CGI)[755].

bb) Situation der übertragenden Gesellschaft

Bei Anwendung des körperschaftsteuerlichen *régime de faveur* unterliegen die sich aus der Gesamtheit des im Zuge des Umwandlungsvorgangs eingebrachten Aktivvermögens ergebenden Nettoveräußerungsgewinne auf Ebene der übertragenden Gesellschaft nicht der Körperschaftsteuer (Art. 210 A–1 Abs. 1 CGI)[756]. Die Steuerbefreiung gilt somit für die realisierten Gewinne aus der Übertragung der Wirtschaftsgüter des abnutzbaren wie nicht abnutzbaren Anlagevermögens und des Umlaufvermögens[757]. Die sich aus einem *crédit bail* ergebenden Rechte werden hierbei dem Anlagevermögen gleichgestellt (Art. 210 A, 5 CGI). Das gleiche gilt für Portfoliobeteiligungen (*titres de portefeuille*), wenn das Ergebnis ihrer Veräußerung nicht den Regelungen über langfristige Veräußerungsgewinne bzw. -verluste (*régime des plus ou moins-values à long terme*)[758] unterliegt (Art. 210 A, 6 CGI).

Körperschaftsteuerpflichtig sind ausschließlich die Gewinne aus der Auflösung solcher Rückstellungen, die infolge des Umwandlungsvorgangs gegenstandslos werden (Art. 210 A, 2 CGI). Die nicht gegenstandslos werdenden Rückstellungen entgehen der Besteuerung auf Ebene der übertragenden Gesellschaft, müssen jedoch von der übernehmenden Gesellschaft übernommen werden[759]. Von der übertragenden Gesellschaft gebildete Rückstellungen können grundsätzlich nur im Fall einer Übertragung zu gemeinen Werten gegenstandslos werden[760].

Die noch nicht besteuerten laufenden Gewinne des Wirtschaftjahres der Umwandlung werden sofort besteuert, wenn der Umwandlungsvorgang nicht rück-

---

90/434/EWG des Rates v. 23.7.1990, Abl. L 225 v. 20.8.1990, S. 1, gilt gemäß Art. 17 Abs. 2 FRL als Verweis auf die aktuelle Fusionsrichtlinie 2009/133/EG.

755 Ed. Francis Lefebvre, Fiscal 2009, Rn. 3476; *Tillmanns*, in: Widmann/Mayer, Umwandlungsrecht, Anh. 3: Frankreich, Rn. F 306.

756 Vgl. *Tillmanns*, in: Widmann/Mayer, Umwandlungsrecht, Anh. 3: Frankreich, Rn. F 309.1 sowie F. 406 zum Begriff des Veräußerungsgewinns.

757 Ed. Francis Lefebvre, Fiscal 2009, Rn. 3488; vgl. auch *Tillmanns*, in: Widmann/Mayer, Umwandlungsrecht, Anh. 3: Frankreich, Rn. F 407.

758 Siehe oben unter: A. III. 1. a) bb).

759 Zur Behandlung der Rückstellungen vgl. Ed. Francis Lefebvre, Fiscal 2009, Rn. 3490; *Hellio/Thill*, Steuern in Frankreich, 2. Aufl., Rn. 524; *Tillmanns*, in: Widmann/Mayer, Umwandlungsrecht, Anh. 3: Frankreich, Rn. F 408.

760 Ed. Francis Lefebvre, Fiscal 2009, Rn. 3490.

wirkend auf den Beginn des laufenden Wirtschaftsjahres der übertragenden Gesellschaft erfolgt[761]. Im Rückwirkungsfall gehen die von der übertragenden Gesellschaft in dem Zeitraum zwischen dem Umwandlungsstichtag und dem Tag der Wirksamkeit der Umwandlung (*période intercalaire*) erwirtschafteten Gewinne oder Verluste in das Ergebnis der übernehmenden Gesellschaft ein, sofern deren laufendes Wirtschaftsjahr nicht nach dem Umwandlungsstichtag begonnen hat[762]. Die in diesem Zeitraum zwischen den beteiligten Gesellschaften durchgeführten Geschäfte sowie gegenseitig gewährte Gewinnausschüttungen bleiben bei der Ermittlung des steuerpflichtigen Ergebnisses unberücksichtigt[763].

cc) Situation der übernehmenden Gesellschaft

(1) Übernahme bestimmter Verpflichtungen

Die Vorteile des körperschaftsteuerlichen *régime de faveur* stehen unter der Bedingung, dass die übernehmende Gesellschaft – bereits im Umwandlungsvertrag – bestimmte Verpflichtungen übernimmt (Art. 210 A, 3 CGI).

Hierzu gehört zunächst die Übernahme bestimmter Passivposten. Zu übernehmen sind die nicht gegenstandslos gewordenen und der aufgeschobenen Besteuerung unterliegenden Rückstellungen der übertragenden Gesellschaft sowie bestimmte spezielle Rücklagen, die die übertragende Gesellschaft ggf. in früheren Jahren gebildet hat (Art. 210 A, 3–a CGI)[764].

Ferner hat die übernehmende Gesellschaft anstelle der übertragenden Gesellschaft die spätere Besteuerung solcher Gewinne sicherzustellen, deren Besteuerung bei der übertragenden Gesellschaft aufgeschoben war (Art. 210 A, 3–b CGI)[765].

Im Fall einer späteren Veräußerung der im Zuge der Umwandlung eingebrachten nicht abnutzbaren Wirtschaftsgüter des Anlagevermögens ist die übernehmende Gesellschaft verpflichtet, den erzielten Veräußerungsgewinn auf Grundlage der steuerlichen Werte zu ermitteln, mit denen die Wirtschaftsgüter in den Büchern der übertragenden Gesellschaft geführt wurden (Art. 210 A, 3–c

761 Zur steuerlichen Behandlung rückwirkender Umwandlungen: Instruction v. 3.8.2000, BOI 4 I-2-00 v. 18.8.2000, Rn. 105 ff.; Ed. Francis Lefebvre, Fiscal 2009, Rn. 3494; *Hellio/Thill*, Steuern in Frankreich, 2. Aufl., Rn. 523; *Tillmanns*, in: Widmann/Mayer, Umwandlungsrecht, Anh. 3: Frankreich, Rn. F 409 f.

762 Vgl. Conseil d'Etat, Entscheidung v. 26.5.1993, n° 78156 und n°78157, *Société Aussedat-Rey*, RJF 7/98 n° 982.

763 Instruction v. 3.8.2000, BOI 4 I-2-00 v. 18.8.2000, Rn. 110 ff.

764 Vgl. Ed. Francis Lefebvre, Fiscal 2009, Rn. 3501; *Tillmanns*, in: Widmann/Mayer, Umwandlungsrecht, Anh. 3: Frankreich, Rn. F 436.

765 Ausführlich: Ed. Francis Lefebvre, Fiscal 2009, Rn. 3503.

CGI). Die Besteuerung erfolgt unter Berücksichtigung der Regelungen über lang- und kurzfristige Veräußerungsgewinne, wobei zur Berechnung der zweijährigen Haltefrist auf den Zeitpunkt abzustellen ist, zu welchem die übertragende Gesellschaft das Wirtschaftsgut angeschafft hat[766].

Die steuerliche Behandlung der eingebrachten Wirtschaftsgüter des abnutzbaren Anlagevermögens richtet sich nach ihrem Wertansatz bei der übernehmenden Gesellschaft. Sind die Wirtschaftsgüter nach den Grundsätzen des Règlement CRC n° 2004–01 mit dem gemeinen Wert (*valeur réelle*) anzusetzen, so hat die übernehmende Gesellschaft nach Art. 210 A, 3–d S. 1 CGI den sich aus der Übertragung der Wirtschaftsgüter ergebenden Veräußerungsgewinn – die stillen Reserven – über einen Zeitraum von fünf Jahren zu realisieren und zu versteuern. Technisch hat sie die stillen Reserven während des Fünfjahreszeitraumes jeweils zu gleichen Teilen ihrem steuerpflichtigen Ergebnis hinzuzurechnen. Der Realisierungszeitraum beträgt 15 Jahre, soweit es sich bei den Wirtschaftsgütern um Bauwerke, Rechte an Bauwerken, abnutzbare Anpflanzungen, Einbauten oder Betriebsvorrichtungen handelt. Übersteigt der Nettoveräußerungsgewinn aus diesen Wirtschaftsgütern 90% des Gesamtnettoveräußerungsgewinns aus den eingebrachten abnutzbaren Wirtschaftsgütern des Anlagevermögens, so sind die stillen Reserven dieser Wirtschaftsgüter über einen Zeitraum zu realisieren, der ihrer durchschnittlichen Nutzungsdauer entspricht (Art. 210 A, 3–d S. 3 CGI). Die Veräußerung eines solchen Wirtschaftsgutes führt zur sofortigen Besteuerung sämtlicher bis dato noch nicht aufgedeckten stillen Reserven. Im Übrigen ist zur Ermittlung des erzielten Veräußerungsgewinns auf die gemeinen Werte abzustellen, zu denen die Wirtschaftsgüter eingebracht worden sind (Art. 210 A, 3–d S. 4 CGI)[767]. Abschreibungen sind ebenfalls auf der Grundlage dieser Werte und nach Maßgabe der von der übernehmenden Gesellschaft im Zeitpunkt der Umwandlung vorgesehenen Restnutzungsdauer vorzunehmen. Anders als unter dem *régime de droit commun* können die Wirtschaftsgüter auch degressiv abgeschrieben werden, sofern sie ihrer Natur nach der degressiven AfA unterliegen[768].

Erfolgt die Umwandlung unter Fortführung der Buchwerte der übertragenden Gesellschaft, ist der Vorgang insgesamt steuerneutral[769]. Zu einer Realisierung stiller Reserven kommt es erst im Fall einer späteren Veräußerung der über-

---

766 Vgl. Ed. Francis Lefebvre, Fiscal 2009, Rn. 3508; *Tillmanns*, in: Widmann/Mayer, Umwandlungsrecht, Anh. 3: Frankreich, Rn. F 434.

767 Ed. Francis Lefebvre, Fiscal 2009, Rn. 3505; *Tillmanns*, in: Widmann/Mayer, Umwandlungsrecht, Anh. 3: Frankreich, Rn. F 437.

768 Vgl. Ed. Francis Lefebvre, Fiscal 2009, Rn. 3510; *Tillmanns*, in: Widmann/Mayer, Umwandlungsrecht, Anh. 3: Frankreich, Rn. F 441.

769 *Tillmanns*, in: Widmann/Mayer, Umwandlungsrecht, Anh. 3: Frankreich, Rn. F 437.

nommenen Wirtschaftsgüter, da sich der erzielte Veräußerungsgewinn auf Grundlage der fortgeführten Buchwerte bestimmt. Die übernehmende Gesellschaft führt auch den AfA-Plan der übertragenden Gesellschaft fort[770].

Die steuerliche Behandlung der Wirtschaftsgüter des Umlaufvermögens folgt ähnlichen Grundsätzen. Werden die Buchwerte der übertragenden Gesellschaft fortgeführt, kommt eine Besteuerung der stillen Reserven erst im Fall der späteren Veräußerung der Wirtschaftsgüter in Betracht. Bei Ansatz des gemeinen Wertes erfolgt eine Besteuerung auf Ebene der übernehmenden Gesellschaft im Wirtschaftsjahr der Umwandlung. Eine über mehrere Jahre verteilte Besteuerung ist nicht vorgesehen[771].

(2) Fortführung von Verlustvorträgen

Verlustvorträge der übertragenden Gesellschaft können nach vorheriger ministerieller Genehmigung (*agrément*) auf die übernehmende Gesellschaft übertragen werden (Art. 209, II CGI i.V.m. Art. 1649 nonies CGI). Die Genehmigung wird erteilt, wenn der Umwandlungsvorgang dem *régime de faveur* unterliegt, durch wirtschaftliche Gründe gerechtfertigt und nicht überwiegend steuerlich motiviert ist und wenn die Tätigkeit, aus welcher der Verlustvortrag stammt, von der übernehmenden Gesellschaft mindestens drei Jahre fortgeführt wird (Art. 209, II Abs. 3 CGI).

Verluste der übernehmenden Gesellschaft dürfen, wenn sich ihr Gesellschaftszweck oder ihre tatsächliche Geschäftstätigkeit durch den Umwandlungsvorgang nicht ändert, weiter vorgetragen werden[772]. Der Verlustvortrag kann nur ausnahmsweise unter dem Gesichtspunkt des Rechtsmissbrauches versagt werden, wenn der Vorgang allein aus steuerlichen Gründen durchgeführt wird und einen fiktiven Charakter aufweist[773].

Die übernehmende Gesellschaft kann jedoch Aufwand, der durch die übertragende Gesellschaft vor der Umwandlung verursacht wurde, aber von ihr infolge der Universalsukzession später zu tragen ist, nicht als Betriebsausgaben abziehen, soweit er im Zeitpunkt der Umwandlung bekannt oder vorhersehbar ist[774].

---

770 Ed. Francis Lefebvre, Fiscal 2009, Rn. 3510; ausführlich *Tillmanns*, in: Widmann/Mayer, Umwandlungsrecht, Anh. 3: Frankreich, Rn. F 441.

771 *Tillmanns*, in Widmann/Mayer, Umwandlungsrecht, Anhang 3 Frankreich, Rn. F 437.1.

772 Ed. Francis Lefebvre, Fiscal 2009, Rn. 3517; *Tillmanns*, in: Widmann/Mayer, Umwandlungsrecht, Anh. 3: Frankreich, Rn. F 443. Die Änderung des Gesellschaftszwecks oder der Geschäftstätigkeit würde die Folgen der Betriebsaufgabe nach sich ziehen (Art. 221, 5 CGI).

773 Ed. Francis Lefebvre, Fiscal 2009, Rn. 3517 (m.w.N.).

774 Ed. Francis Lefebvre, Fiscal 2009, Rn. 3510; ausführlich *Tillmanns*, in: Widmann/Mayer, Umwandlungsrecht, Anh. 3: Frankreich, Rn. F 446.

Nach der Rechtsprechung des *Conseil d'Etat* ist er als Teil des Anschaffungspreises für den Erwerb des übernommenen Aktivvermögens anzusehen[775].

(3) Behandlung von Übernahmegewinnen und Übernahmeverlusten

Ist die übernehmende Gesellschaft an der übertragenden Gesellschaft beteiligt, so ist ein infolge des Umwandlungsvorgangs bei ihr entstehender Übernahmegewinn (*boni de fusion*)[776] von der Körperschaftsteuer befreit. Das Gleiche gilt für Gewinne, die aus der Einziehung eigener Anteile resultieren, die sie im Rahmen der Umwandlung von der – an ihr beteiligten – übertragenden Gesellschaft erhalten hat (Art. 210 A, 1 Abs. 2 Alt. 1 und 2 CGI). Ein wirklicher Übernahmeverlust (*vrai mali de fusion*) ist wie im *régime de droit commun* grundsätzlich verrechenbar[777]. Ein technischer Veräußerungsverlust (*mali technique*)[778] ist hingegen im *régime de faveur* nicht abzugsfähig, d.h. kann nicht zu späterem Aufwand führen (Art. 210 A, 1 Abs. 3 CGI)[779].

c) Anwendbarkeit der steuerlichen Sonderregelungen (*régime de faveur)* unter Beteiligung von SIIC

Der persönliche Anwendungsbereich des körperschaftsteuerlichen *régime de faveur* ist nach Art. 210 C, 1 CGI grundsätzlich auf körperschaftsteuerpflichtige Gesellschaften beschränkt („*personnes morales ou organismes passibles de l'impôt sur les sociétés*"). Aufgrund der teilweisen Körperschaftsteuerbefreiung der SIIC und der SIC-Tochtergesellschaften war ursprünglich fraglich, ob Umwandlungsvorgänge, an denen diese Gesellschaften beteiligt waren, dem *régime de faveur* unterworfen werden konnten. Dies wurde überwiegend abgelehnt[780]. Zudem führen die Verschmelzung und die Spaltung einer SIIC oder SIIC-

---

775 Conseil d'Etat, Entscheidung v. 6.11.1974, n° 89562 und n° 89564, *C.F.T.D'A.*, RJF 1/75 n° 11.

776 Zum Begriff des ‚*boni de fusion*' siehe unter: A. IX. 1. a) bb) (2).

777 Instruction v. 30.12.2005, BOI 4 I-1-05, Rn. 46 f.; Ed. Francis Lefebvre, Fiscal 2009, Rn. 3513; ausführlich *Tillmanns*, in: Widmann/Mayer, Umwandlungsrecht, Anh. 3: Frankreich, Rn. F 447.

778 Zu den Begrifflichkeiten siehe unter: A. IX. 1. a) bb) (2).

779 Vgl. auch Instruction v. 30.12.2005, BOI 4 I-1-05, Rn. 53 ff.; Ed. Francis Lefebvre, Fiscal 2009, Rn. 3513; Nach *Tillmanns*, in: Widmann/Mayer, Umwandlungsrecht, Anh. 3: Frankreich, Rn. F 447, bleibt die Möglichkeit der Wertberichtigung auch i.R.d. *régime de faveur* unberührt.

780 Ed. Francis Lefebvre, FR 57/04, Nr. 31 Rn. 10; a.A. wohl *Tillmanns*, in: Widmann/Mayer, Umwandlungsrecht, Anh. 3: Frankreich, Rn. F 301.

Tochtergesellschaft zu ihrer Auflösung mit der weiteren Folge, dass sie ihrer Ausschüttungsverpflichtung selbst nicht mehr nachkommen können. Die Nichterfüllung der Ausschüttungspflicht zieht jedoch den Wegfall der Steuerbefreiung der Gewinne des betroffenen Wirtschaftsjahres nach sich[781].

Gemäß Art. 208 C bis, I Abs. 1 CGI, der mit Wirkung zum 1. Januar 2005 nachträglich eingeführt wurde, sind die Regelungen des körperschaftsteuerlichen *régime de faveur* (Art. 210 A, 210 B und 210 B bis CGI) nun ausdrücklich auch auf Umwandlungsvorgänge anwendbar, an denen SIIC oder unter das SIIC-Regime fallende SIIC-Tochtergesellschaften, SPPICAV-Tochtergesellschaften oder von mehreren SIIC und/oder SPPICAV gemeinsam gehaltenen Immobiliengesellschaften beteiligt sind.

Voraussetzung für die Anwendung der steuerlichen Sonderregelungen auf die Verschmelzung einer unter das SIIC-Regime fallenden Gesellschaft ist, dass sich die übernehmende Gesellschaft im Verschmelzungsvertrag zusätzlich verpflichtet, in die am Verschmelzungsstichtag noch nicht erfüllten Ausschüttungsverpflichtungen der übertragenden Gesellschaft einzutreten (Art. 208 C bis, I Abs. 2 CGI)[782]. Im Falle der Spaltung gilt diese Verpflichtung nur im Verhältnis zur Höhe des empfangenen Nettoaktivvermögens; maßgeblich sind hierbei die jeweiligen Werte am Umwandlungsstichtag (Art. 208 C bis, I Abs. 3 CGI). Geht die übernehmende Gesellschaft eine solche Verpflichtung nicht ein oder kommt sie ihr nicht nach, unterfällt der Umwandlungsvorgang den allgemeinen Regelungen (*régime de droit commun*). Zudem entfällt die Steuerbefreiung der nicht mehr ausgeschütteten Gewinne auf Ebene der übertragenden Gesellschaft[783].

Bei der Teileinbringung ist eine entsprechende Übernahmeverpflichtung nicht vorgesehen. In diesem Fall kann und muss die übertragende Gesellschaft, da sie nicht aufgelöst wird, ihrer Ausschüttungspflicht weiterhin, und zwar in vollem Umfang, selbst nachkommen[784].

Unterliegen bei einem unter das *régime de faveur* fallenden Umwandlungsvorgang sowohl die übertragende als auch die übernehmende Gesellschaft dem SIIC-Regime, ist die unter Art. 210 A, 1 Abs. 2 CGI vorgesehene Körperschaftsteuerbefreiung des Übernahmegewinns (*boni de fusion*) an die weitere Voraussetzung gebunden, dass die übernehmende Gesellschaft diesen vor Ablauf des zweiten auf seine Realisierung folgenden Wirtschaftsjahres zu mindestens 50% an ihre Anteilseigner ausschüttet (Art. 208 C bis, II Abs. 1 CGI)[785].

---

781 Oben unter: A. VIII. 1.

782 Vgl. auch Ed. Francis Lefebvre, FR 57/04, Nr. 31 Rn. 15.

783 Ed. Francis Lefebvre, FR 57/04, Nr. 31 Rn. 18.

784 So auch Ed. Francis Lefebvre, FR 57/04, Nr. 31 Rn. 17.

785 Vgl. Ed. Francis Lefebvre, FR 57/04, Nr. 31 Rn. 20.

Wie gezeigt, hat die übernehmende Gesellschaft im Rahmen des *régime de faveur* bei einer Einbringung zum gemeinen Wert (*valeur réelle*) die in den abnutzbaren Wirtschaftsgütern des Anlagevermögens ruhenden stillen Reserven über einen bestimmten Zeitraum in gleichen Teilen ihrem Gewinn hinzuzurechnen (Art. 210 A, 3–d CGI)[786]. Unterliegt die übernehmende Gesellschaft dem SIIC-Regime, begründen die jeweils hinzuzurechnenden stillen Reserven, soweit sie in den Immobilien ruhen, einen Teil der Gewinne, die die Gesellschaft nach Art. 208 C, II Abs. 2 CGI zu mindestens 85% an ihre Anteilseigner auszuschütten hat (Art. 208 C bis, II Abs. 2 CGI). Diese Vorschrift ist vor dem Hintergrund zu sehen, dass die übernehmende Gesellschaft die Wirtschaftsgüter auf Grundlage des Einbringungswertes abschreiben kann. Durch Hinzurechnung der stillen Reserven zu den Vermietungs- und Verpachtungsgewinnen, die in Höhe von mindestens 85% auszuschütten sind, wird ein Teil der AfA neutralisiert, die sich mindernd auf die Vermietungs- und Verpachtungseinkünfte auswirkt[787].

Nicht geklärt ist, ob im Fall der späteren Veräußerung einer solchen Immobilie lediglich der auf Grundlage der Einbringungswerte ermittelte Veräußerungsgewinn oder auch die aufgrund der Veräußerung aufzudeckenden und bis dato noch nicht besteuerten stillen Reserven der Steuerbefreiung und Ausschüttungspflicht in Höhe von 50% nach Art. 208 C, II Abs. 3 CGI unterliegen[788]. Da der Wortlaut des Art. 208 C bis, II Abs. 2 CGI insgesamt auf die Hinzurechnung nach Art. 210 A, 3–d CGI („*[...], la réintégration, prescrite au d du 3 de l'article 210 A, [...]*“) abstellt und somit auch den Fall der Veräußerung erfasst, spricht vieles dafür, die nach Art. 210 A, 3–d CGI aufzudeckenden stillen Reserven den Gewinnen zuzuweisen, die zu 85% auszuschütten sind und lediglich den auf Grundlage der Einbringungswerte berechneten Veräußerungsgewinn der Steuerbefreiung und Ausschüttungspflicht nach Art. 208 C–II Abs. 1, 3 CGI zu unterwerfen.

2. Steuerliche Begünstigung der Verschmelzung zweier SIIC

Ursprünglich führte jede Verschmelzung einer SIIC neben ihrer Auflösung notwendigerweise auch zum Ausscheiden sowohl der SIIC als auch ihrer SIIC-Tochtergesellschaften aus dem SIIC-Regime[789].

786 Siehe unter: A. IX. 1. b) cc) (1).

787 Ed. Francis Lefebvre, FR 57/04, Nr. 31 Rn. 20; Revue de droit fiscal, N° 6 v. 8.2.2007, Nr. 170, S. 29 (34).

788 Ed. Francis Lefebvre, FR 57/04, Nr. 31 Rn. 27.

789 So auch Ed. Francis Lefebvre, FR 57/04, Nr. 31 Rn. 13.

Erfolgte der Verschmelzungsvorgang innerhalb von zehn Jahren nach Ausübung der Option zur SIIC-Besteuerung, kam es zur Nachversteuerung der stillen Reserven, die bei Optionsausübung der *Exit Tax* unterlegen hatten[790]. Begünstigte Gewinne aus vorherigen Wirtschaftsjahren profitierten u.U. nicht mehr von der teilweisen Körperschaftsteuerbefreiung, da sie von der aufgelösten SIIC nicht mehr nach den gesetzlichen Vorgaben ausgeschüttet werden konnten[791].

Nach Art. 208 C, IV Abs. 4 CGI, den der französische Gesetzgeber zur Begünstigung von Verschmelzungen zweier SIIC ebenfalls mit Wirkung zum 1. Januar 2005 eingeführt hat, führt die Verschmelzung zweier SIIC nunmehr nicht zum Ausscheiden aus dem SIIC-Regime, wenn sich die übernehmende Gesellschaft im Verschmelzungsvertrag verpflichtet, in die noch nicht erfüllten Ausschüttungspflichten der übertragenden SIIC einzutreten.

3. Erwerb von mindestens 95% der Anteile an einer SIIC durch eine andere SIIC

Seit dem 1. Januar 2007 ist neben der Verschmelzung zweier SIIC auch der Erwerb einer SIIC durch eine andere SIIC im Wege des Anteilskaufs ohne steuerliche Nachteile möglich. Bis dahin führte ein Anteilserwerb, der in der Regel mit einem sog. *Delisting* der zu erwerbenden Gesellschaft einhergeht, zum Ausscheiden der Zielgesellschaft aus dem SIIC-Regime. Die damit verbundenen Folgen erschienen jedoch sehr streng, zumal die erworbene Gesellschaft nach dem Erwerb als SIIC-Tochtergesellschaft erneut zur SIIC-Besteuerung optieren konnte. Eine solche Option führte zu einer erneuten Abschlussbesteuerung[792].

Hält eine SIIC nunmehr im Laufe eines Wirtschaftsjahres unmittelbar oder mittelbar 95% oder mehr des Kapitals einer anderen SIIC, so kann diese als SIIC-Tochtergesellschaft im Anwendungsbereich des SIIC-Regimes verbleiben, wenn sie den bis dahin entstandenen Ausschüttungspflichten weiterhin nachkommt (Art. 208 C, IV Abs. 6, S. 1 CGI)[793]. Unter der Bedingung, dass die Gesellschaft bis zum Ablauf des zehnjährigen Nachversteuerungszeitraumes SIIC-Tochtergesellschaft bleibt, finden die an ein Ausscheiden aus dem SIIC-Regime

790 Vgl. hierzu die Ausführungen unter: A. VIII. 2. b) aa).

791 Ed. Francis Lefebvre, FR 57/04, Nr. 31 Rn. 13.

792 Vgl. Revue de droit fiscal, N° 6 v. 8.2.2007, Nr. 170, S. 29 (36).

793 Die Vorschrift wurde als Art. 208 C, IV Abs. 4 CGI eingeführt durch Art. 138, II–6°–b und VII des Änderungsfinanzgesetzes für 2006 Nr. 2006–1771 v. 30.12.2006, Art. 138, JO v. 31.12.2006, S. 20228.

geknüpften Rechtsfolgen[794] in diesem Fall keine Anwendung (Art. 208 C, IV Abs. 6 S. 1 CGI)[795].

4. Übertragung von Wirtschaftsgütern innerhalb eines SIIC-Konzerns

Nach Art. 208 C, II CGI fallen Gewinne einer SIIC, SIIC-Tochtergesellschaft oder einer anderen unter das SIIC-Regime fallenden Gesellschaft aus der Veräußerung von Immobilien und anderen begünstigten Wirtschaftsgütern nur dann in den steuerbefreiten Bereich, wenn der Erwerber keine verbundene Person i.S.d. Art. 39, 12 CGI ist[796]. Veräußerungen innerhalb eines SIIC-Konzerns waren somit ursprünglich von der Körperschaftsteuerbefreiung ausgeschlossen[797].

Der mit Wirkung zum 1. Januar 2007 ebenfalls nachträglich eingefügte Art. 208 C, II bis CGI ermöglicht nunmehr weitgehend steuerneutrale Veräußerungen von Immobilien und anderen begünstigten Wirtschaftsgütern innerhalb eines SIIC-Konzerns. Die Vorschrift orientiert sich dabei maßgeblich an den Regelungen des für Umwandlungsvorgänge geltenden körperschaftsteuerlichen *régime de faveur*[798].

Nach dieser Vorschrift unterliegen Gewinne aus der Veräußerung von Immobilien, an diesen bestehenden dinglichen Rechten und Rechten aus einem *crédit-bail immobilier* i.S.d. Art. 208 C, II CGI nicht der Körperschaftsteuer, wenn die Veräußerung zwischen einer SIIC und ihrer SIIC-Tochtergesellschaften i.S.d. Art. 208 C, II und III bis CGI oder zwischen dem SIIC-Regime unterliegenden Gesellschaften erfolgt und es sich bei den Gesellschaften um verbundene Personen i.S.d. Art. 39, 12 CGI handelt. Der Anwendungsbereich des Art. 208 C, II bis CGI ist im Rahmen des Änderungsfinanzgesetzes für 2009 vom 30. Dezember 2009 mit Wirkung zum 1. Januar 2010 erweitert worden. Während ursprünglich nur Veräußerungen zwischen einer SIIC und einer von ihr allein oder gemeinsam mit anderen SIIC gehaltenen SIIC-Tochtergesellschaft sowie Veräußerungen zwischen diesen SIIC-Tochtergesellschaften erfasst wurden, können nun alle Veräußerungen zwischen Gesellschaften, die dem SIIC-Regime unterliegen

---

794 Oben unter: A. VIII. 2.

795 Vgl. auch Ed. Francis Lefebvre, FR 56/06, Nr. 52 Rn. 26 f.; Revue de droit fiscal, N° 6 v. 8.2.2007, Nr. 170, S. 29 (36); ebenso Rescrit v. 23.2.2010, n° 2010/08 FE.

796 Oben unter: A. IV. 1. a) aa).

797 So auch Ed. Francis Lefebvre, FR 56/06, Nr. 52 Rn. 20 ff.; Revue de droit fiscal, N° 6 v. 8.2.2007, Nr. 170, S. 29 (34).

798 Vgl. Ed. Francis Lefebvre, FR 56/06, Nr. 52 Rn. 20 ff.; Revue de droit fiscal, N° 6 v. 8.2.2007, Nr. 170, S. 29 (34).

von der Körperschaftsteuerbefreiung profitieren. Zusätzlich erfasst werden insbesondere Veräußerungen zwischen einer SIIC und einer von ihr und einer oder mehreren SPPICAV gemeinsam gehaltenen Tochtergesellschaft sowie solche zwischen SPPICAV-Tochtegesellschaften. Voraussetzung ist jedoch, dass Veräußerer und Erwerber verbundene Personen i.S.d. Art. 39, 12 CGI sind[799].

Die Körperschaftsteuerbefreiung der Veräußerungsgewinne setzt zudem voraus, dass die erwerbende Gesellschaft in dem der Veräußerung zugrundliegenden Vertrag die Verpflichtungen übernimmt, die Art. 210 A, 3–c und d sowie 5 CGI bei einer unter das körperschaftsteuerliche *régime de faveur* fallenden Umwandlung für die übernehmende Gesellschaft vorsieht (Art. 208 C, II bis Abs. 2 S. 1 CGI).

Im Fall einer Weiterveräußerung nicht abschreibefähiger Wirtschaftsgüter des Anlagevermögens (v.a. unbebaute Grundstücke) hat sie den Veräußerungsgewinn auf Grundlage der steuerlichen Buchwerte (*valeurs fiscales*) des Veräußerers zu ermitteln. Bei Erwerb eines abnutzbaren Wirtschaftsgutes des Anlagevermögens (v.a. Gebäude) sind die in diesem ruhenden stillen Reserven über den gesetzlich vorgegebenen Zeitraum dem Gewinn der erwerbenden Gesellschaft zu gleichen Teilen hinzuzurechnen. Die Hinzurechnungen begründen auch hier einen Teil der Gewinne, die in Höhe von mindestens 85% auszuschütten sind (Art. 208 C, II bis Abs. 2 S. 2 CGI). Die Rechte aus einem *crédit-bail immobilier* werden dem Anlagevermögen zugerechnet[800].

---

799 Vgl. auch Ed. Francis Lefebvre, FR 54/09, Nr. 18 Rn. 7 ff.

800 Vgl. die Ausführungen zum *régime de faveur* unter: A. IX. 1. b); Ed. Francis Lefebvre, FR 56/06, Nr. 52 Rn. 22; Revue de droit fiscal, N° 6 v. 8.2.2007, Nr. 170, S. 29 (34).

B. Zusammenfassender Vergleich mit dem deutschen REIT

Ein Vergleich des französischen REIT-Regimes mit dem deutschen REIT-Regime zeigt, dass beide Regime zahlreiche Gemeinsamkeiten, zum Teil jedoch auch erhebliche Unterschiede aufweisen.

Bei beiden handelt es sich um besondere Steuerregime, die – dem REIT-Grundmuster folgend – jeweils zum Ziel haben, die auf REIT-Ebene erwirtschafteten Gewinne aus der Vermietung und Verpachtung sowie Veräußerung von Grundbesitz nur einmal auf Ebene der Anleger zu besteuern. Mit ihrer Einführung wollten Frankreich und Deutschland den jeweiligen Wirtschaftsstandort fördern und die Wettbewerbsfähigkeit ihrer Immobiliengesellschaften gegenüber der ausländischen Konkurrenz stärken[801]. Dabei zählte Frankreich neben den bereits existierenden REITs insbesondere auch die deutschen offenen Immobilienfonds zu dieser Konkurrenz[802].

Hinsichtlich der gesetzgeberischen Vorgehensweise fällt auf, dass der deutsche Gesetzgeber von vornherein bestrebt war, dass Steueraufkommen aus der Vermietung und Verpachtung sowie Veräußerung des inländischen unbeweglichen Vermögens insbesondere im Verhältnis zu ausländischen Investoren zu sichern[803]. Der Fokus des französischen Gesetzgebers war offenbar zunächst stärker auf die Belebung des französischen Immobilienmarktes gerichtet. Beschränkungen wurden hier vielfach erst nachträglich eingeführt. Gemessen an der Zahl der REIT-Gesellschaften ist das französische REIT-Regime bislang erfolgreicher als das deutsche Pendant. Während die Anzahl der französischen SIIC 46 beträgt, existieren bei sechs registrierten Vor-REITs[804] derzeit nur drei REIT-AGen[805]. Der in § 2 REITG geregelte Vor-REIT, der dem französischen

801 Zu den Zielen des deutschen Gesetzgebers: BT-Drs. 16/4026, 1. (A. Problem und Ziel).

802 Oben unter: A. I.

803 Vgl. BT-Drs. 16/4026, 15 (A. II. 2.); ausführlich zu den im Vorfeld diskutierten Lösungsansätzen: *Bron*, Der G-REIT, S. 217 ff.; ebenso ders., SWI 2006, 509 (509 ff.); *Eckl/Seiboth*, ET 2007, 3 (3 f.); *Kleymann/Hindersmann*, IWB 2005, Fach 10, Gruppe 2, 1879 (1882 ff.); *Voigtländer*, IW-Trends 1/2006, 3 (9 ff.); *Lieber/Schönfeld*, IStR 2006, 126 (126 ff.).

804 Vgl. BZSt, Registrierte Vor-REIT's, monatlich aktualisierte Liste registrierter Vor-REITs, abrufbar unter: http://www.bzst.bund.de.

805 Es handelt sich um die alstria office REIT-AG, die Fair Value REIT-AG und die Hamborner REIT-AG.

SIIC-Regime unbekannt ist, beschreibt ein bestimmtes – jedoch nicht zwingend notwendiges – Stadium einer Aktiengesellschaft vor ihrer Qualifikation als REIT-AG. Als Vor-REIT beim Bundeszentralamt für Steuern registriert muss die Aktiengesellschaft in der Folgezeit bereits bestimmte gesetzliche Merkmale einer REIT-AG erfüllen. Der Vor-REIT unterliegt der regulären Besteuerung, ist jedoch tauglicher Erwerber i.S.d. deutschen *Exit Tax*-Regelung. Das französische SIIC-Regime ist recht dynamisch und hat seit seiner Einführung bereits zahlreiche gesetzliche Anpassungen erfahren. Das mit Wirkung zum 1. Januar 2007 eingeführte REITG[806] ist erstmalig durch das Jahressteuergesetz 2009 (JStG 2009)[807] angepasst worden. Darüber hinaus wirkt sich auch die im Rahmen der Unternehmensteuerreform 2008[808] eingeführte und am 1. Januar 2009 in Kraft getretene Abgeltungsteuer auf das deutsche REIT-Regime aus. Sollte sich die Anzahl der deutschen REITs steigern und das deutsche REIT-Regime „nicht in den Kinderschuhen stecken bleiben", ist – auch aufgrund zahlreicher Zweifelsfragen – davon auszugehen, dass auch die deutschen Regelungen noch mehrfach angepasst werden. Entsprechende Anpassungen könnten gerade auch zu einer positiven Fortentwicklung des deutschen REIT-Regimes beitragen.

I. Gesetzliche Anforderungen an den REIT/SIIC-Status

Sowohl nach deutschem als auch nach französischem Recht setzt die Erlangung des REIT- bzw. SIIC-Status und die damit verbundene Anwendung der steuerlichen Sonderregelungen die Erfüllung bestimmter gesetzlicher Anforderungen voraus:

1. Rechtsform und Mindestkapital

Die Erlangung des REIT/SIIC-Status ist in beiden Fällen an die rechtliche Form der Aktiengesellschaft gebunden. Nach der Konzeption des deutschen Gesetzgebers sollen REIT-Status nur Aktiengesellschaften erlangen können (§ 1 Abs. 1 REITG), die Sitz und Geschäftsleitung in Deutschland haben (§ 9 REITG) und deren Aktien als stimmberechtigte Aktien gleicher Gattung begründet und nur gegen volle Leistung des Ausgabebetrags ausgegeben werden (§ 5 REITG).

806 Gesetz über deutsche Immobilien-Aktiengesellschaften mit börsennotierten Anteilen (REIT-Gesetz – REITG), v. 28. Mai 2007, BGBl. I 2007, 914.

807 Jahressteuergesetz 2009 v. 19. Dezember 2008, BGBl. I 2008, 2794.

808 Unternehmensteuerreformgesetz 2008 v. 14. August 2007, BGBl. I 2007, 1912.

Neben der Aktiengesellschaft i.S.d. §§ 1 ff. AktG dürfte die SE[809], nicht jedoch die KGaA als REIT in Betracht kommen[810]. Das französische Recht geht von einem weiten Aktiengesellschaftsbegriff aus. SIIC-Status können alle Gesellschaften erlangen, deren Kapital in Aktien zerlegt ist. Als SIIC kommen daher die französische *société anonyme* (SA), die SE, die mit der KGaA vergleichbare *société en commandite par actions* (SCA) und vergleichbare Gesellschaften mit Sitz und Geschäftsleitung im Ausland in Betracht[811].

Sowohl nach deutschem als auch nach französischem Recht muss das Grundkapital der jeweiligen Gesellschaft mindestens 15 Mio. Euro betragen. Für den deutschen REIT ergibt sich dies aus § 4 REITG.

2. Börsennotierung

Die Aktien der deutschen REIT-AG müssen zum Handel an einem organisierten Markt i.S.d. § 2 Abs. 5 WpHG in einem Mitgliedstaat der EU oder des EWR zugelassen sein (§§ 1 Abs. 1, 10 Abs. 1 REITG). In Deutschland erfordert dies seit Inkrafttreten des FRUG[812] eine Zulassung der Aktien zum Handel im regulierten Markt (§§ 32 ff. BörsG)[813]. Sofern die Aktiengesellschaft als Vor-REIT registriert wurde, ist der Zulassungsantrag innerhalb einer Frist von drei Jahren nach ihrer Anmeldung als Vor-REIT bei der Geschäftsführung der Wertpapierbörse zu stellen. Die BaFin kann die Frist um ein Jahr verlängern, wenn Umstände außerhalb des Verantwortungsbereichs des Vor-REITs dies rechtfertigen (§ 10 Abs. 2 REITG).

Während die Erlangung des SIIC-Status ursprünglich erforderte, dass die Aktien der Gesellschaft zum Handel an einem geregelten französischen Markt zugelassen waren, genügt es seit dem 1. Januar 2010, wenn die Aktien an einem geregelten Markt notiert sind, der den Anforderungen der Finanzmarktrichtlinie genügt[814]. Somit reicht die zunächst restriktivere französische Regelung nunmehr weiter als die deutsche Regelung. Zwar knüpfen beide inhaltlich an die Vorgaben

---

809 So auch *Seibt*, in: Seibt/Conradi, Handbuch REIT Aktiengesellschaft, Rn. 42; *Weger*, in: Striegel, REITG, § 1 Rn. 6; *Wiesbrock*, in: Helios/Wewel/Wiesbrock, REIT-Gesetz, § 1 Rn. 5a.

810 Ebenso *Seibt*, in: Seibt/Conradi, Handbuch REIT Aktiengesellschaft, Rn. 45, m.w.N.

811 Oben unter: A. II. 1. a) aa).

812 Gesetz zur Umsetzung der Richtlinie über Märkte für Finanzinstrumente und der Durchführungsrichtlinie der Kommission (Finanzmarktrichtlinie-Umsetzungsgesetz) v. 16. Juli 2007, BGBl. I 2007, 1330.

813 *Quass/Becker*, AG 2007, 421 (431, Fn. 100).

814 Siehe unter: A. II. 1. a) bb).

der Finanzmarktrichtlinie an, SIIC-Status können jedoch auch Aktiengesellschaften erlangen, deren Aktien in einem Staat börsennotiert sind, der nicht Mitglied der EU oder des EWR ist[815].

Ein sog. ‚*Private REIT*' ist weder im deutschen noch im französischen REIT-Regime vorgesehen. Der im Schrifttum teilweise geäußerten Forderung, ‚*Private REITs*', wie sie z.B. in den USA oder Australien bestehen, zusätzlich auch in Deutschland einzuführen[816], ist der deutsche Gesetzgeber ausdrücklich nicht nachgekommen. Deutlich intransparenter und anfälliger für missbräuchliche steuerliche Gestaltungen bieten diese seiner Ansicht nach nicht die gewünschte jederzeitige Möglichkeit des Aktienerwerbs. Zudem bestehe für sie kein Bedürfnis, da sicherheitsorientierten institutionellen Anlegern in Deutschland der offene Immobilienspezialfonds zur Verfügung stehe[817].

Der französische Gesetzgeber hat hingegen mit der SPPICAV und dem FPI weitere Rechtsformen zur kollektiven Immobilienanlage (OPCI) geschaffen, die ohne Börsennotierung von einem besonderen Steuerregime profitieren können, das auf denselben Prinzipien beruht wie das SIIC-Regime[818].

3. Unternehmensgegenstand und Haupttätigkeit

Da Kerntätigkeit sowohl der deutschen REIT-AG als auch der französischen SIIC die Vermietung und Verpachtung von Immobilien sein soll, sehen beide REIT-Regime eine Beschränkung ihres Unternehmensgegenstands vor. Die Gesellschaften sollen ihre Immobilientätigkeit dabei grundsätzlich unmittelbar sowie mittelbar über die Beteiligung an Tochtergesellschaften ausüben können.

a) Direkte Immobilienanlage

Der Unternehmensgegenstand der REIT-AG ist darauf beschränkt, Eigentum oder dingliche Nutzungsrechte an inländischem sowie ausländischem unbeweglichen Vermögen zu erwerben, zu halten und im Rahmen der Vermietung, Verpachtung und des Leasings zu verwalten (§ 1 Abs. 1 Nr. 1 REITG). Auch die Veräußerung ist zulässig, wenn die Grenze zum Immobilienhandel nicht überschritten wird (§ 14 REITG). In Anlehnung an den Immobilienbegriff in § 2

815 Zu der diesbezüglichen Kritik am deutschen REIT-Regime: *Bron*, Der G-REIT, S. 123; *ders.*, Immobilien und Finanzierung 2007, S. 180 (181).

816 *Bauhaus/ebs*, Nicht börsengehandelte REITs, S. 12; *Bron*, Der G-REIT, S. 299 (m.w.N.).

817 BT-Drs. 16/4026, 15 und 21. Kritisch hierzu: *Bron*, Der G-REIT, S. 298 f.

818 Oben unter: A. II. 1. a) bb) (2).

Abs. 4 Nr. 5 InvG[819] umfasst der Begriff des unbeweglichen Vermögens nach der Legaldefinition in § 3 Abs. 8 REITG Grundstücke (als räumlich abgrenzbarer und im Grundbuch vermerkter Teil der Erdoberfläche[820] einschließlich wesentlicher Bestandteile), grundstücksgleiche Rechte (Erbbaurecht, Wohnungs-/Teileigentum, landesrechtlichte Immobiliarrechte[821]) und vergleichbare Rechte ausländischer Staaten. Nicht vom zulässigen Unternehmensgegenstand erfasst sind nach derzeitiger Rechtslage die politisch umstrittenen sog. Bestandsmietwohnimmobilien (§ 1 Abs. 1 Nr. 1 lit. a REITG) und ausländisches unbewegliches Vermögen, das nach dem Recht des Belegenheitsstaates nicht von einem REIT erworben werden darf (§ 1 Abs. 1 Nr. 1 lit. b REITG). Darüber hinaus können gemäß § 1 Abs. 1 Nr. 1 REITG i.V.m. § 3 Abs. 4 REITG dem eigenen Anlagebestand dienende notwendige immobiliennahe Hilfstätigkeiten in den Unternehmensgegenstand aufgenommen werden. Da § 3 Abs. 6 REITG als Beispiele für eine immobiliennahe Tätigkeit u.a. die Projektsteuerung und Projektentwicklung nennt, dürfte zum zulässigen Unternehmensgegenstand auch die in § 1 Abs. 1 REITG nicht eigens erwähnte Errichtung von Gebäuden gehören[822]. § 1 Abs. 1 Nr. 1 lit. c REITG stellt i.V.m. § 3 Abs. 7 REITG klar, dass die REIT-AG nicht ausschließlich unbewegliches Vermögen sondern auch andere Vermögensgegenstände erwerben darf. Einem fremden Anlagebestand dienende entgeltliche Nebentätigkeiten i.S.d. § 3 Abs. 5 REITG darf die REIT-AG nicht selbst ausüben. Diese müssen zwingend auf sog. REIT-Dienstleistungsgesellschaften ausgelagert werden, deren Unternehmensgegenstand darauf beschränkt ist, im Auftrag der REIT-AG entsprechende Nebentätigkeiten entgeltlich für Dritte zu erbringen, und deren Anteile vollständig von der REIT-AG gehalten werden (§ 1 Abs. 2 i.V.m. § 3 Abs. 2 REITG).

Die Vorgaben des französischen Gesetzgebers sind weniger detailliert. Gesellschaftszweck und Haupttätigkeit der SIIC müssen auf den Erwerb oder die Errichtung von inländischen und ausländischen Immobilien zum Zwecke der Vermietung gerichtet sein. Die SIIC kann dabei ohne Beschränkung sowohl in Industrie und Gewerbeimmobilien als auch in Wohnimmobilien investieren. Andere Tätigkeiten dürfen nur als bloße Nebentätigkeit ausgeübt werden. Dies ist der Fall, wenn der Bruttowert der ihnen dienenden Aktiva 20% des Bruttowertes des Gesamtaktivvermögens nicht übersteigt. Bei mittelbarer Ausübung der Nebentätigkeit ist auf den Buchwert der Beteiligung an der Tochtergesell-

---

819 Vgl. BT-Drs. 16/4026, 20.

820 Palandt/*Ellenbringer*, Überbl. v. § 90 BGB, Rn. 3.

821 Ausführlich: *Beckmann*, in: Beckmann/Scholz/Vollmer, Investment, Kz. 410 § 2 InvG Rn. 98; *Volckens*, in: Schäfer, REITs, 3.2.2.1.1 (S. 108); *Wiesbrock*, in: Helios/Wewel/Wiesbrock, REIT-Gesetz, § 3 Rn. 36.

822 A.A. *Kühnberger*, BB 2007, 489 (490).

schaft und die Forderungen gegen diese abzustellen. Die besseren Argumente sprechen dafür, dass auch die in den steuerbefreiten Bereich fallende Vermietung von der SIIC zur Nutzung überlassenen Immobilien im öffentlichen Eigentum sowie von solchen Immobilien, an denen zugunsten der SIIC ein Nießbrauch (*usufruit*), Erbbaurecht (*bail à construction*) oder ein Erbpachtrecht (*bail emphythéotique*) besteht, den Nebentätigkeiten zuzuordnen ist. Gleiches gilt für die Untervermietung von Immobilien, die Gegenstand eines *crédit-bail immobilier* sind. Im zuletzt genannten Fall ist der Charakter als Nebentätigkeit jedoch gewahrt, solange der Buchwert dieser Immobilien 50% des Gesamtbuchwertes der SIIC nicht übersteigt[823].

b) Indirekte Immobilienanlage über Tochtergesellschaften

Zur zulässigen Haupttätigkeit der SIIC zählt auch die indirekte Immobilienanlage. Zu diesem Zweck kann sie sich gleichsam an Kapitalgesellschaften und Personengesellschaften beteiligen. Voraussetzung ist lediglich, dass der Gesellschaftszweck der Tochtergesellschaften demjenigen entspricht, den das Gesetz auch der SIIC vorgibt. Der Körperschaftsteuer unterliegende SIIC-Tochtergesellschaften können dabei ebenfalls zur SIIC-Besteuerung optieren, wenn ihre Anteile zu mindestens 95% unmittelbar oder mittelbar von einer oder gemeinsam von mehreren SIIC gehalten werden. Den SIIC ist es zudem möglich, sich an anderen SIIC zu beteiligen[824].

Im Gegensatz dazu sind die Beteiligungsmöglichkeiten der deutschen REIT-AG begrenzt. Zwar kann auch sie sich gemäß § 1 Abs. 1 Nr. 2 REITG ohne Vorgabe einer Mindestbeteiligung an sog. Immobilienpersonengesellschaften beteiligen[825]. Dies sind Personengesellschaften, deren zulässiger Unternehmensgegenstand wie der der REIT-AG beschränkt ist und die nach dem Gesellschaftsvertrag nur Vermögensgegenstände i.S.d. § 3 Abs. 7 REITG erwerben dürfen, wobei jedoch Beteiligungen an Auslandsobjektgesellschaften und REIT-Dienstleistungsgesellschaften ausgenommen sind (§ 3 Abs. 1 REITG).

Eine Beteiligung der REIT-AG an Immobilienkapitalgesellschaften ist demgegenüber jedoch grundsätzlich ausgeschlossen. Das REITG erlaubt der REIT-AG lediglich den Erwerb ausländischer Immobilien über Auslandsobjektgesellschaften (§ 1 Abs. 1 Nr. 4 REITG) sowie die Strukturierung von GmbH & Co. KGen mittels Komplementär-Kapitalgesellschaften, deren Gesellschafter sie ist,

823 Oben unter: A. II. 1. a) cc).

824 Siehe unter: A. II. 1. a) cc) (1) sowie b).

825 Vgl. auch *Haase/Dreveldt*, Stbg 2007, 329 (331); *Wiesbrock*, in: Helios/Wewel/Wiesbrock, REIT-Gesetz, § 3 Rn. 36.

ohne vermögensmäßig an diesen beteiligt zu sein (§ 1 Abs. 1 Nr. 5 REITG). Bei den Auslandsobjektgesellschaften handelt es sich um Kapitalgesellschaften deren sämtliche Anteile von der REIT-AG gehalten werden und deren unbewegliches Vermögen 90% des Gesamtvermögens ausmacht, ausschließlich im Ausland belegen ist und nach dem Recht des Belegenheitsstaates von einem REIT erworben werden darf (§ 3 Abs. 3 REITG). Nach der Vorstellung des Gesetzgebers soll der REIT-AG ermöglicht werden, ausländischen Grundbesitz über eine – im Belegenheitsstaat ansässige – Auslandsobjektgesellschaft zu erwerben, wenn ihr dies als deutsche Gesellschaft nach dem Recht dieses Staates untersagt ist[826].

Mehr Ähnlichkeit mit dem SIIC-Regime wies die teilweise vom Schrifttum bevorzugte Konzeption eines in die Öffentlichkeit gelangten ersten Arbeitsentwurfes eines Gesetzes zur Schaffung deutscher Immobilien-Aktiengesellschaften mit börsennotierten Anteilen vom 1. August 2006 auf, der noch die Möglichkeit einer 100%-Beteiligung an Immobilienkapitalgesellschaften und ggf. ihre Einbeziehung in den Anwendungsbereich der steuerlichen Sonderregelungen vorsah[827].

4. Beteiligungsanforderungen

Der deutsche Gesetzgeber geht zwar davon aus, dass sich in den ersten Jahren vorwiegend institutionelle Anleger an den REITs beteiligen werden[828] und hat zur Förderung dieses Prozesses auch die Anlagemöglichkeiten der Versicherungsunternehmen und Investmentfonds durch Anpassungen der AnlV und des InvG erweitert[829]. Mittelfristig sollen REIT-Aktien jedoch auch ein Anlageprodukt für Privatanleger werden[830]. Die REIT-AG muss daher sicherstellen, dass sich ständig 15% ihrer Aktien im Streubesitz befinden, den die Aktien der Aktionäre bilden, denen – unmittelbar oder mittelbar – weniger als 3% der Stimmrechte zustehen (§ 11 Abs. 1 S. 1 und 3 REITG). Zum Zeitpunkt der Börsenzulassung müssen sich mindestens 25% der Aktien im Streubesitz befinden (§ 11 Abs. 1 S. 2 REITG). Zudem darf kein Anleger direkt 10% oder mehr der Aktien halten oder über 10% oder mehr der Stimmrechte verfügen (§ 11 Abs. 4 S. 1

826 BT-Drs. 16/4026, 19 f.

827 Vgl. *Bron*, Der G-REIT, S. 321 (m.w.N.).

828 BT-Drs. 16/4026, S. 14.

829 Zu den Anpassungen der AnlV und den damit verbundenen Folgen: *Bron*, Das G-REIT-Gesetz, S. 26; *Gemmel/Hoffmann-Fölkersamb*, VW 2007, 162 (164); zur Anpassung des InvG durch Art. 20 des Gesetzes zur Änderung des Investmentgesetzes und Anpassung anderer Vorschriften (Investmentänderungsgesetz) v. 21.12.2007, BGBl. I 2007, 3098: *Bron*, Der G-REIT, S. 132 f.

830 BT-Drs. 16/4026, S. 15 und 21.

REITG), wobei zur Verhinderung einer Umgehung dieser Vorschrift mittels Treuhandverhältnissen[831] Aktien, die für Rechnung eines Dritten gehalten werden, als direkt durch diesen gehalten gelten (§ 11 Abs. 4 S. 2 REITG). Aus dem Zusammenspiel dieser Regelungen folgt, dass die indirekte Beteiligung an einer REIT-AG in Höhe von bis zu 85% zulässig ist[832]. Vor dem Hintergrund der Kapitalverkehrsfreiheit (Art. 63 AEUV) werden die Höchstbeteiligungs- und Streubesitzquote im Schrifttum zum Teil für europarechtswidrig gehalten[833].

Auch der französische Gesetzgeber wollte ‚Kleinanleger' animieren, ihre Ersparnisse über die SIIC indirekt in Immobilien anzulegen, machte jedoch zunächst keine Vorgaben hinsichtlich der Anlegerstruktur der SIIC. Dies änderte sich, als sich herausstellte, dass die Anteile an den entstandenen SIIC teilweise jeweils nur von einem oder einigen wenigen Großaktionären gehalten wurden. Nunmehr darf kein Anleger allein oder gemeinsam mit anderen Anlegern im Rahmen eines ‚gemeinsamen Vorgehens' (*de concert*) unmittelbar oder mittelbar zu 60% oder mehr am Kapital der SIIC beteiligt sein oder über 60% oder mehr der Stimmrechte verfügen. Im Vergleich lässt das SIIC-Regime somit eine höhere direkte Beteiligung der Investoren zu, wohingegen ein Investor indirekt mehr Anteile oder Stimmrechte an einer deutschen REIT-AG halten darf. Anders als das deutsche REIT-Regime kennt das SIIC-Regime Ausnahmetatbestände, bei denen eine Überschreitung der Höchstbeteiligungsquote zulässig ist. So gilt diese nicht für eine SIIC als Hauptakionär einer anderen SIIC. Gleiches gilt für vergleichbare ausländische REIT-Gesellschaften sowie dem SIIC-Regime unterliegende SIIC-Tochtergesellschaften, SPPICAV und SPPICAV-Tochtergesellschaften. Unbeachtlich ist zudem die Überschreitung der Höchstbeteiligungsquote infolge eines öffentlichen Übernahmeangebotes, Umwandlungsvorgangs oder Umtausches von Wandelobligationen, wenn es der SIIC gelingt, die erforderlichen Beteiligungsverhältnisse bis zum Ablauf der Frist wiederherzustellen, die das Gesetz für die Abgabe der Erklärung über die Gewinne des Wirtschaftsjahres der Überschreitung vorsieht. Die Wirksamkeit der Option zur SIIC-Besteuerung setzt voraus, dass sich zu Beginn des Wirtschaftsjahres, in dem die Regelungen des SIIC-Regimes erstmalig Anwendung finden sollen, mindestens 15% des Kapitals und der Stimmrechte der Gesellschaft im Streubesitz befinden. Über

831 BT-Drs. 16/4026, S. 22.

832 Vgl. nur *Götz*, in: Striegel, REITG, § 11 Rn. 27.

833 *Bron*, Der G-REIT, S. 131; *ders.* BB 2007, 2444 (2445), *ders.*, BB 2007, Special 7 zu Heft 21, 3; a.A. *Jacob/Roche/Volckens*, Stellungnahme v. 13.2.2007 zu ausgewählten EU-rechtlichen Fragen des Regierungsentwurfes, S. 5 f.; *Hufeld*, EWS 2008, 209 (215 f.); *Reimer*, in Helios/Wewel/Wiesbrock, REIT-Gesetz, C Rn. 207; in Bezug auf die Streubesitzquote, vorsichtig jedoch hinsichtlich der Höchstbeteiligungsgrenze *Breinersdorfer/Schütz*, DB 2008, 1487 (1490).

diesen initialen Streubesitz hinaus ist die Einhaltung einer ständigen Streubesitzquote im SIIC-Regime jedoch nicht vorgesehen. Den Streubesitz bilden nach französischem Recht die Aktien der Anleger, die direkt oder indirekt zu weniger als 2% am Kapital der SIIC beteiligt sind und weniger als 2% der Stimmrechte besitzen[834].

5. Vermögens- und Ertragsanforderungen

Im Rahmen des deutschen REIT-Regimes setzt die Erlangung des REIT-Status die Einhaltung bestimmter Vermögens- und Ertragsgrenzen voraus. Die Ermittlung dieser Grenzen erfolgt gemäß § 12 Abs. 1 S. 1 REITG auf Grundlage des nach IFRS erstellten Konzernabschlusses i.S.d. § 315a HGB oder Einzelabschlusses i.S.d. § 325 Abs. 2a HGB, wenn ein Konzernabschluss nicht zu erstellen ist, so dass die REIT-AG neben dem HGB-Jahresabschluss zwingend einen IFRS-Abschluss zu erstellen hat[835]. Bezogen auf die Summe der Aktiva nach dem maßgeblichen IFRS-Abschluss abzüglich der Ausschüttungsverpflichtung und der besonderen Reinvestitionsrücklagen nach § 13 Abs. 3 REITG müssen zum Ende eines jeden Geschäftsjahres mindestens 75% der Aktiva aus unbeweglichem Vermögen bestehen (§ 12 Abs. 2 lit. a REITG). Die zum Vermögen der in den Konzernabschluss einzubeziehenden REIT-Dienstleistungsgesellschaften gehörenden Aktiva dürfen höchstens 20% ausmachen (§ 12 Abs. 2 lit. b REITG). Die Einhaltung dieser Vermögensgrenzen wird maßgeblich von der Bilanzierung und Bewertung der Aktiva im IFRS-Abschluss und davon beeinflusst, welche der Aktiva dem unbeweglichen Vermögen zuzurechnen sind. Zur Ermittlung der Vermögensgrenzen ist hinsichtlich der als Finanzinvestition gehaltenen Immobilien gemäß § 12 Abs. 1 S. 2 REITG auf den beizulegenden Zeitwert (*fair value*-Ansatz) abzustellen. Minderheitsbeteiligungen an Immobilienpersonengesellschaften gelten für diesen Zweck als unbewegliches Vermögen und sind ebenfalls mit dem beizulegenden Zeitwert zu bewerten (§ 12 Abs. 1 S. 3 REITG).

Mindestens 75% der gesamten im maßgeblichen IFRS-Abschluss ausgewiesenen Umsatzerlöse zuzüglich der sonstigen Erträge aus unbeweglichem Vermögen eines Geschäftsjahres müssen nach § 12 Abs. 3 lit. a REITG aus Vermietung, Leasing, Verpachtung einschließlich immobiliennaher Tätigkeiten oder Veräußerung von unbeweglichem Vermögen stammen. Die Summe der von den

---

834 Oben unter: A. II. 1. a) dd).

835 *Dettmeier/Pöschke*, in: Bone-Winkel/Schäfers/Schulte, Handbuch Real Estate Investment Trusts, S. 302 ff.; *Kühnberger*, BB 2007, 489 (490 f.).

in den Konzernabschluss einzubeziehenden REIT-Dienstleistungsgesellschaften erzielten Umsatzerlöse eines Geschäftsjahres zuzüglich sonstiger Erträge aus unbeweglichem Vermögen darf wiederum höchstens 20% ausmachen (§ 12 Abs. 3 lit. b REITG).

Das französische SIIC-Regime sieht derartige Vermögens- und Ertragsvorgaben nicht vor. Vermögensanforderungen ergeben sich lediglich indirekt über die Beschränkung des Unternehmensgegenstands, da Nebentätigkeiten nur in einem solchen Ausmaß ausgeübt werden dürfen, dass der Bruttowert der ihnen dienenden Aktiva bzw. bei mittelbarer Ausübung der Buchwert der Beteiligung und die Forderungen gegen die Tochtergesellschaft 20% des Bruttowertes des Gesamtaktivvermögens der SIIC bzw. SIIC-Tochtergesellschaft nicht übersteigen dürfen[836]. Da die Regelung den Unternehmensgegenstand betrifft, ist die 20%-Grenze von jeder einzelnen Gesellschaft einzuhalten. Eine Konzernbetrachtung scheidet aus. Die einschlägigen französischen Bewertungsregeln orientieren sich teilweise an den IFRS[837].

6. Mindesteigenkapital

Zur Begrenzung der Fremdfinanzierungsmöglichkeiten des REITs verlangt das deutsche REIT-Regime, dass das am Ende eines Geschäftsjahres im maßgeblichen IFRS-Abschluss ausgewiesene Eigenkapital der REIT-AG 45% des Betrags, mit dem das unbewegliche Vermögen angesetzt ist, nicht unterschreitet (§ 15 S. 1 REITG). Auch zur Ermittlung des Mindesteigenkapitals sind die Minderheitsbeteiligungen an Immobilienpersonengesellschaften dem unbeweglichen Vermögen zuzurechnen und ebenso wie die als Finanzinvestitionen gehaltenen Immobilien mit dem beizulegenden Zeitwert zu bewerten (§ 12 Abs. 1 S. 2 und 3 REITG). Nicht der REIT-AG gehörende und als Fremdkapital ausgewiesene Anteile an in den Konzernabschluss einbezogenen Tochterunternehmen gelten insoweit als Eigenkapital (§ 15 S. 2 REITG).

Das französische SIIC-Regime sieht dagegen keine speziellen Beschränkungen der Fremdfinanzierungsmöglichkeiten der SIIC vor. Insbesondere knüpft es die Erlangung des SIIC-Status nicht an die Erfüllung bestimmter Fremd- oder Eigenkapitalquoten.

---

836 Vgl. auch *Knebel/Schmidt*, IWB 2007, Fach 10, Gruppe 2, 1957 (1960).

837 Vgl. BT-Drs. 16/4026, 17 (A. II. 5.); *EPRA*, Global REIT Survey, September 2009, S. 40.

7. Verbot bzw. Beschränkung des Immobilienhandels

Im Gegensatz zum deutschen REIT-Regime, das der REIT-AG einen Handel mit unbeweglichem Vermögen gemäß § 14 Abs. 1 REITG untersagt, enthält das französische SIIC-Regime kein ausdrückliches Verbot des Immobilienhandels. Eine Beschränkung wird wiederum nur indirekt über die Festlegung von Gesellschaftszweck und Haupttätigkeit herbeigeführt, da der Immobilienhandel zu den nur begrenzt zulässigen Nebentätigkeiten gehört[838].

Nach deutschem Recht liegt ein Immobilienhandel vor, wenn die REIT-AG sowie die in den Konzernabschluss einzubeziehenden Tochterunternehmen innerhalb der letzten fünf Geschäftsjahre Erlöse aus der Veräußerung von unbeweglichem Vermögen erzielt haben, die mehr als die Hälfte des Wertes des durchschnittlichen Bestands an unbeweglichem Vermögen innerhalb desselben Zeitraumes ausmachen (§ 14 Abs. 2 S. 1 REITG). Besteht die REIT-AG noch keine fünf Jahre, ist auf die bisherigen Geschäftsjahre abzustellen (§ 14 Abs. 2 S. 3 REITG). Bei der Ermittlung des Durchschnittsbestands ist gemäß § 14 Abs. 2 S. 2 REITG wiederum auf die in den maßgeblichen IFRS-Abschlüssen der betreffenden Geschäftsjahre ausgewiesenen Bestände abzustellen.

8. Formelle Anforderungen

Die Anwendung des SIIC-Regimes erfolgt ausschließlich auf Option der SIIC und ihrer SIIC-Tochtergesellschaften, die ebenfalls in das Regime einbezogen werden sollen. Die nicht widerrufbare Option ist vor Ende des vierten Monats des Wirtschaftsjahres auszuüben, in welchem die steuerlichen Sonderregelungen erstmalig Anwendung finden sollen. Sie wirkt auf den Beginn dieses Wirtschaftsjahres zurück[839].

Eine solche Option ist im Rahmen des deutschen REIT-Regimes nicht vorgesehen. Entscheidet sich eine Aktiengesellschaft dazu REIT zu werden, muss jedoch ihre Firma nach § 6 REITG den Zusatz ‚*REIT-Aktiengesellschaft*‘ oder ‚*REIT-AG*‘ enthalten. Die Firmenänderung ist beim zuständigen Gericht zur Eintragung in das Handelsregister anzumelden (§ 8 REITG). Die Steuerbefreiung der REIT-AG tritt dann ebenfalls rückwirkend zu Beginn des Wirtschaftsjahres ein, in dem REIT-AG als solche ins Handelsregister eingetragen wird (§ 17 Abs. 1 REITG).

838 Oben unter: A. II. 1. a) cc) (2).

839 Oben unter: A. II. 2.

II. Besteuerung auf REIT-Ebene

1. Besteuerung der REIT-AG/SIIC

Eine REIT-AG, die die gesetzlichen Kriterien erfüllt, in Deutschland unbeschränkt körperschaftsteuerpflichtig ist und nicht im Sinne eines DBA als in dem anderen Vertragsstaat ansässig gilt, ist gemäß § 16 Abs. 1 REITG sowohl von der Körperschaftsteuer als auch von der Gewerbesteuer befreit. Eine Körperschaftsteuerbelastung kann sich dennoch ergeben, wenn die REIT-AG Beteiligungen an REIT-Dienstleistungsgesellschaften, Komplementär-Kapitalgesellschaften oder Auslandsobjektgesellschaften hält, deren Gewinnausschüttungen der deutschen Kapitalertragsteuer unterliegen. Da es sich bei der REIT-AG um eine von der Körperschaftsteuer befreite Körperschaft handelt, wird diese jedoch nach § 44a Abs. 8 S. 1 Nr. 1 EStG nur zu drei Fünfteln erhoben oder nach § 44a Abs. 8 S. 2 i.V.m. § 44 Abs. 6 EStG zu zwei Fünfteln erstattet[840].

Hinsichtlich der übrigen Steuerarten (z.B. Grundsteuer, Grunderwerbsteuer, Umsatzsteuer) gelten die allgemeinen Vorschriften. Von einer grunderwerbsteuerlichen Privilegierung der REIT-AG, wie sie im Schrifttum im Vorfeld der Einführung des REIT-Regimes teilweise gefordert wurde[841], hat der Gesetzgeber abgesehen. Vielmehr sollte seiner Vorstellung nach gerade die Grunderwerbsteuer zu steuerlichen Mehreinnahmen führen[842].

Anders als der deutsche hat sich der französische Gesetzgeber nicht für eine persönliche sondern für eine partielle sachliche Körperschaftsteuerbefreiung der SIIC entschieden. Die SIIC unterliegt grundsätzlich der Körperschaftsteuer, lediglich ihre Einkünfte aus spezifischer Immobilientätigkeit sind von der Steuer befreit. Hierzu gehören die laufenden Einkünfte aus der Vermietung und Verpachtung von Immobilien, die entweder im Eigentum der SIIC stehen oder an denen zu ihrem Gunsten ein Nießbrauch (*usufruit*), Erbbaurecht (*bail à construction*) oder Erbpachtrecht (*bail emphythéotique*) bestellt worden ist, sowie aus der Untervermietung von Immobilien, die Gegenstand eines – nach dem 1. Januar 2005 geschlossenen oder übernommenen – *crédit-bail immobilier* sind oder im öffentlichen Eigentum stehen und der SIIC zeitweilig zur Nutzung und Frucht-

840 Vgl. *Blaas/Ruoff*, in: Seibt/Conradi, Handbuch REIT Aktiengesellschaft, Rn. 720; *Bron*, EuzW 2008, 429 (432); *Helios*, in: Helios/Wewel/Wiesbrock, REIT-Gesetz, § 16 Rn. 28 f.; *Jacob*, AG 2008, 538 (540).

841 Z.B. *Teske/Stock/Küppers*, DB 2005, S. 906 (907); für ein Wahlrecht zwischen einer Ertragsteuerprivilegierung (*Exit Tax*) und GrESt-Privilegierung: *Göttsche/Stock/Teske*, SWI 2005, 275 (277 f.).

842 BT-Drs. 16/4026, S. 2 ff (GrESt-Mehreinnahmen).

ziehung überlassen worden sind. Gleiches gilt für Gewinne der SIIC aus der Veräußerung ihrer Immobilien, Rechte aus einem *crédit-bail immobilier*, den genannten dinglichen Rechten und ihrer Beteiligungen an Immobilienpersonengesellschaften und unter das SIIC-Regime fallenden SIIC-Tochtergesellschaften an einen nicht mit ihr verbundenen Erwerber sowie aus der Veräußerung von Immobilien und der genannten Rechte innerhalb eines SIIC-Konzerns. Ebenfalls steuerbefreit sind Dividenden, die aus den steuerbefreiten Gewinnen einer SIIC-Tochtergesellschaft stammen oder aus denen einer anderen SIIC, einem vergleichbaren ausländischen REIT oder einer SPPICAV, an denen die SIIC über einen Zeitraum von zwei Jahren zu mindestens 5% beteiligt ist. Die übrigen Einkünfte der SIIC sind nach den allgemeinen Vorschriften körperschaftsteuerpflichtig. Das SIIC-Regime beschränkt sich auf den Bereich der Körperschaftsteuer. Zwar entgeht die SIIC aufgrund der Börsennotierung der sog. ‚3%-Steuer', im Übrigen gelten jedoch die allgemeinen Vorschriften. Insbesondere unterliegt auch sie dem an die Stelle der französischen Gewerbesteuer tretenden ‚wirtschaftlichen Gebietsbeitrag (CET)'[843].

Die Regelungen beider REIT-Regime wirken sich jeweils nur auf die nationale Besteuerung aus. Soweit die REIT-AG oder SIIC über ausländisches Immobilienvermögen verfügt, stehen sie einer Besteuerung im Belegenheitsstaat nicht entgegen[844].

2. Besteuerung der Tochtergesellschaften

Beide REIT-Regime sehen eine Anwendung der steuerlichen Sonderregelungen ebenfalls für den Fall vor, dass sich die REIT-Gesellschaft an einer Immobilienpersonengesellschaft beteiligt. Wegen der subjektiven Körperschaftsteuerbefreiung der deutschen REIT-AG werden auch die ihr aufgrund der Beteiligung anteilig zugerechneten Einkünfte der Immobilienpersonengesellschaft nicht mit Körperschaftsteuer belastet[845]. Gewerblich tätige oder gewerblich geprägte Immobilienpersonengesellschaften können der Gewerbesteuer unter Inanspruchnahme der erweiterten Kürzung nach § 9 Nr. 1 S. 2 GewStG entgehen[846].

---

843 Oben unter: A. IV. 1.

844 Ebenso *Blaas/Ruoff*, in: Seibt/Conradi, Handbuch REIT Aktiengesellschaft, Rn. 689 f.

845 *Blaas/Ruoff*, in: Seibt/Conradi, Handbuch REIT Aktiengesellschaft, Rn. 702 f.; *Helios*, in: Helios/Wewel/Wiesbrock, REIT-Gesetz, § 16 Rn. 7.

846 *Blaas/Ruoff*, in: Seibt/Conradi, Handbuch REIT Aktiengesellschaft, Rn. 705; *Helios*, in: Helios/Wewel/Wiesbrock, REIT-Gesetz, § 16 Rn. 7.

In Frankreich werden die von den Immobilienpersonengesellschaften erwirtschafteten Einkünfte aus begünstigter Immobilientätigkeit der SIIC in Höhe ihrer Beteiligung unmittelbar zugerechnet. Auf diese Weise fallen auch sie in den Anwendungsbereich der partiellen Körperschaftsteuerbefreiung[847].

Bei Erfüllung der gesetzlichen Kriterien können auch die Tochterkapitalgesellschaften zur SIIC-Besteuerung optieren. In diesem Fall unterliegen sie gleichen steuerlichen Regelungen wie die SIIC[848].

In Deutschland hingegen sind die Auslandsobjektgesellschaften, REIT-Dienstleistungsgesellschaften und Komplementär-Kapitalgesellschaften nach den allgemeinen Vorschriften körperschaftsteuer- und gewerbesteuerpflichtig.

3. Besteuerung ausländischer REIT-Gesellschaften

Hinsichtlich der Besteuerung ausländischer Immobilienaktiengesellschaften zeigt sich das französische REIT-Regime gegenüber der deutschen Konzeption offener.

Bei Erfüllung der gesetzlichen Kriterien fallen diese und ihre Tochtergesellschaften ebenfalls in den Anwendungsbereich des französischen SIIC-Regimes. Eine in Deutschland ansässige Aktiengesellschaft, SE oder KGaA, die Einkünfte aus in Frankreich belegenem Grundbesitz erzielt, kann somit bei Erfüllung der Voraussetzungen des § 208 C, I CGI in Frankreich zur SIIC-Besteuerung optieren, so dass sie dort den gleichen steuerlichen Regelungen unterfällt wie eine dort ansässige SIIC. Anders als zuvor ist seit dem 1. Januar 2010 dafür weder ein zweites *Listing* an einem geregelten französischen Markt noch eine französische Betriebsstätte erforderlich. Am Erfordernis einer französischen Betriebsstätte wird nach der Konzeption des französischen Gesetzgebers indes festzuhalten sein, soweit die Immobilienanlage indirekt über eine in Frankreich ansässige Immobilienkapitalgesellschaft erfolgen soll[849].

Nach der Konzeption des deutschen Gesetzgebers sollen hingegen ausländische REIT-Gesellschaften nicht in den Anwendungsbereich des REIT-Regimes fallen. Da die Ertragsteuerbefreiung an die Ansässigkeit in Deutschland und die unbeschränkte Körperschaftsteuerpflicht anknüpft, ist eine in Frankreich ansässige Immobilienaktiengesellschaft mit deutschem Immobilienvermögen danach selbst dann in Deutschland nicht steuerbefreit, wenn sie in Frankreich als SIIC qualifiziert oder im Übrigen die Kriterien eines deutschen REITs erfüllt. In der

847 Oben unter: A. IV. 2. b).

848 Oben unter: A. II. 1. b) aa) sowie A. IV. 2. a).

849 Oben unter: A. IV. 3.

Literatur wird insbesondere vor dem Hintergrund der Entscheidung des EuGH in der Rechtssache *Stauffer*[850] in der Regelung des § 16 Abs. 1 REITG überwiegend ein Verstoß gegen die Kapitalverkehrsfreiheit (Art. 63 AEUV; früher: Art. 56 EG) gesehen[851]. Sollte sich dies vor dem EuGH bestätigen, können auch in Frankreich ansässige Immobilienaktiengesellschaften, die im Übrigen die Kriterien einer deutschen REIT-AG erfüllen, wegen des Anwendungsvorrangs des EU-Rechts die Ertragsteuerbefreiung nach § 16 Abs. 1 REITG geltend machen.

III. Ausgestaltung der Ausschüttungspflicht

Beide REIT-Regime verknüpfen die Steuerbefreiung auf REIT-Ebene mit einer Gewinnausschüttungspflicht. Unterschiede bestehen hinsichtlich der Höhe, der Bemessungsgrundlage[852], der Behandlung von Veräußerungsgewinnen und dem Ausschüttungszeitpunkt.

Die deutsche REIT-AG ist nach § 13 Abs. 1 S. 1 REITG verpflichtet, mindestens 90% ihres handelsrechtlichen Jahresüberschusses bis zum Ende des folgenden Geschäftsjahres an ihre Aktionäre auszuschütten. Bei der Ermittlung des Jahresüberschusses sind planmäßige Abschreibungen nur in gleich bleibenden Jahresraten zulässig (§ 13 Abs. 2 REITG). Die Vorschrift des § 150 AktG über die Bildung der gesetzlichen Rücklage findet gemäß § 13 Abs. 1 S. 2 REITG keine Anwendung. Der handelsrechtliche Jahresüberschuss ist für Zwecke der Ermittlung des Ausschüttungsbetrags um einen Verlustvortrag des Vorjahres zu mindern (§ 13 Abs. 1 S. 1 REITG). Die Gewinne der REIT-AG aus der Veräußerung ihres unbeweglichen Vermögens, nicht jedoch ihrer Beteiligungen an Auslandsobjekt- und Immobilienpersonengesellschaften[853], können nach § 13 Abs. 3 S. 1 REITG im handelsrechtlichen Jahresabschluss bis zur Hälfte in eine sog. Reinvestitionsrücklage eingestellt werden, um deren Dotierung der Jahresüberschuss zur Ermittlung des Ausschüttungsbetrags zu mindern ist (§ 13 Abs. 1 S. 1 REITG). In die Rücklage sollen jedoch nur solche Veräußerungsgewinne eingestellt werden, die während der Zeit der Steuerbefreiung entstanden sind, d.h. von der REIT-AG durch die Veräußerung unbeweglichen Vermögens erwirtschaftet

---

850 EuGH, Urt. v. 14.9.2006, C–386/06, *Stauffer*, Slg. 2006, I–8203.

851 *Bron*, Der G-REIT, S. 345; *Breinersdorfer/Schütz*, DB 2007, 1487 (1492); *Eckl/Seiboth*, ET 2007, 3 (10 f.); *Hufeld*, EWS 2008, 209 (218); *Kraft/Bron*, IStR 2007, 377 (377 f.); *Reimer*, in: Helios/Wewel/Wiesbrock, REIT-Gesetz, C Rn. 90 ff.; *Wagner*, Der Konzern 2007, 810 (820); a.A. *Jacob/Roche/Volckens*, Stellungnahme v. 13.2.2007 zu ausgewählten EU-rechtlichen Fragen des Regierungsentwurfes, S. 3 f; ebenso *Schwarz*, JZ 2008, 550 (553).

852 Vgl. auch *Knebel/Schmidt*, IWB 2007, Fach 10, Gruppe 2, 1957 (1960).

853 So auch *Sieker/Göckeler/Köster*, DB 2007, 933 (938).

worden sind[854]. Stille Reserven, die durch den Teilwertansatz der Wirtschaftsgüter in der nach § 13 Abs. 1 KStG anlässlich des Übergangs der Gesellschaft in die Steuerbefreiung aufzustellenden steuerlichen Schlussbilanz aufgedeckt und versteuert wurden, sollen bei der Bildung der Reinvestitionsrücklage unberücksichtigt bleiben. Da jedoch in der für die Bildung der Reinvestitionsrücklage maßgeblichen Handelsbilanz die historischen Anschaffungs- bzw. Herstellungskosten fortgeführt werden, sieht § 13 Abs. 3 S. 3 REITG für den Fall der Veräußerung unbeweglichen Vermögens, das bereits zu Beginn der Steuerbefreiung zum Betriebsvermögen der REIT-AG gehörte, eine Aufteilung des handelsrechtlichen Veräußerungsgewinns in einen Veräußerungsgewinn I und einen Veräußerungsgewinn II vor. Veräußerungsgewinn I ist gemäß § 13 Abs. 3 S. 4 REITG die Differenz zwischen dem Buchwert in der Handelsbilanz und dem im Rahmen der steuerlichen Gewinnermittlungen vor Beginn der Steuerbefreiung für Grund und Boden oder das Gebäude angesetzten Wert. Nur der restliche Veräußerungsgewinn II darf für die Bildung der Reinvestitionsrücklage verwendet werden (§ 13 Abs. 3 S. 5 und 6 REITG). Die Rücklage ist gemäß § 13 Abs. 3 S. 2 REITG nach Ablauf des zweiten auf die Einstellung folgenden Geschäftsjahres aufzulösen und erhöht, soweit sie in diesen Geschäftsjahren nicht zu Reinvestitionszwecken genutzt worden ist, die Ausschüttungsbemessungsgrundlage (§ 13 Abs. 1 S. 1 REITG).

Da das REITG hinsichtlich der Gewinnverwendung in den Tochtergesellschaften der REIT-AG keine Vorgaben enthält, steht es der Möglichkeit einer Gewinnthesaurierung in den Tochtergesellschaften nicht entgegen[855].

Im Rahmen des französischen SIIC-Regimes betrifft die Ausschüttungspflicht allein die aus dem steuerbefreiten Bereich stammenden Gewinne. Dabei sind die laufenden Vermietungs- und Verpachtungsgewinne bis zum Ende des auf die Gewinnrealisierung folgenden Wirtschaftsjahres in Höhe von grundsätzlich 85% auszuschütten. Eine reduzierte Ausschüttungsquote von 50% gilt für die Gewinne aus der Vermietung und Verpachtung von Immobilien, die zwischen dem 1. Januar 2007 und dem 31. Dezember 2009 im Wege einer *Sale-and-Leaseback*-Transaktion von einem HCR-Unternehmen erworben wurden und diesem oder einem anderen HCR-Unternehmen für mindestens neun weitere Jahre entgeltlich überlassen werden. Die Gewinne aus der Veräußerung des begünstigten Immobilienvermögens – einschließlich der Beteiligungen an Immobilienpersonengesellschaften und SIIC-Tochtergesellschaften – sind bis zum Ende des zwei-

854 Vgl. BT-Drs. 16/4779, S. 33 (zu § 13 Abs. 3 REITG).

855 So auch *Fleischer,* in: K. Schmidt/Lutter, AktG, § 58 Rn. 56; *Hahn*, ZGR 2006, 805 (834); *Quass/Becker*, AG 2007, 421 (431); *Seibt*, in: Seibt/Conradi, Handbuch REIT Aktiengesellschaft, Rn. 21.

ten auf die Gewinnrealisierung folgenden Wirtschaftsjahres zu 50% auszuschütten. Die empfangenen steuerbefreiten Dividenden muss die SIIC im nachfolgenden Wirtschaftsjahr vollständig an ihre Aktionäre weiterreichen. Der Gesamtausschüttungsbetrag wird zum einen durch das Ergebnis des steuerbefreiten Bereichs, zum anderen durch das Gesamtjahresergebnis begrenzt[856].

Da SIIC-Tochtergesellschaften im Fall der Option selbst der Ausschüttungspflicht unterliegen und die begünstigten Gewinne der Immobilienpersonengesellschaften der SIIC unmittelbar zugerechnet werden, kommt – anders als im Rahmen des deutschen REIT-Regimes – eine Gewinnthesaurierung auf Ebene dieser Gesellschaften regelmäßig nicht in Betracht.

IV. Steuerliche Sanktionen und Ende des REIT-Regimes

Für den Fall der Missachtung der gesetzlichen Anforderungen an die REIT-AG bzw. die SIIC sehen das deutsche und das französische REIT-Regime jeweils ein differenziertes Sanktionssystem vor. Beide Sanktionssysteme sehen für Verstöße gegen die Beteiligungsvorgaben gewisse Erleichterungen vor.

Im Rahmen des deutschen REIT-Regimes führt nicht jeder Verstoß gegen die gesetzlichen Anforderungen an den REIT-Status unmittelbar zu einem Wegfall der Steuerbefreiung. Vielmehr setzt die zuständige Finanzbehörde zunächst eine sog. Zahlung fest, wenn die REIT-AG die 75%-Vermögensgrenze nicht einhält (§ 16 Abs. 3 S. 1 REITG), die 75%-Ertragsgrenze überschreitet (§ 16 Abs. 4 S. 1 REITG), die 90%-Ausschüttungsquote unterschreitet (§ 16 Abs. 5 S. 1 REITG) oder entgeltliche Nebentätigkeiten für Dritte nicht auf eine REIT-Dienstleistungsgesellschaft ausgelagert hat (§ 16 Abs. 6 S. 1 REITG). Die Höhe der Zahlung richtet sich innerhalb des jeweils vorgegebenen gesetzlichen Rahmens nach der Schwere des Verstoßes und steht im Ermessen der Finanzbehörde, die bei der Festsetzung auch die Häufigkeit der Verstöße zu berücksichtigen hat. Bei mehreren unterschiedlichen Verstößen können die entsprechenden Zahlungen auch nebeneinander festgesetzt werden (§ 16 Abs. 3 S. 4 REITG). Bei der Zahlung handelt es sich nach überwiegender Ansicht – entsprechend der gesetzgeberischen Intention[857] – nicht um eine Steuer[858].

---

856 Oben unter: A. V.

857 BT-Drs. 16/4026, S. 24 (zu § 16 REITG-E).

858 *Bron*, Das G-REIT-Gesetz, S. 37; *Drüen*, in: Helios/Wewel/Wiesbrock, REIT-Gesetz, § 21 Rn. 4 („steuerliche Nebenleistungen"); *Eusani*, NZM 2007, 66 (68); *Schultz/Thießen*, DB 2006, 2144 (2147). Kritisch: *Blaas/Ruoff*, in: Seibt/Conradi, Handbuch REIT Aktiengesellschaft, Rn. 743; *Götz/Gallenkamp*, in: Striegel, REITG, § 21 Rn. 6; *Wagner*, Der Konzern 2007, 810 (816).

Erst wenn die REIT-AG entweder die genannten Verstöße jeweils in drei aufeinanderfolgenden Wirtschaftsjahren oder während fünf aufeinander folgender Wirtschaftsjahre stets mindestens einen der genannten Verstöße begeht, endet gemäß § 18 Abs. 5 S. 1 und 2 REITG die Steuerbefreiung mit Ablauf des dritten bzw. fünften Wirtschaftsjahres. Die zuständige Finanzbehörde kann jedoch in Ausnahmefällen bestimmen, dass die Steuerbefreiung nicht entfällt und dafür die höchstmögliche Zahlung festsetzen (§ 18 Abs. 5 S. 3 REITG). Die Steuerbefreiung endet ferner, wenn in drei aufeinanderfolgenden Wirtschaftsjahren das im maßgeblichen IFRS-Einzel- oder Konzernabschluss ausgewiesene Eigenkapital der REIT-AG 45% des Betrags, mit dem das unbewegliche Vermögen angesetzt ist, unterschreitet (§ 18 Abs. 4 REITG) oder die Beteiligungsvorgaben nicht eingehalten werden (§ 18 Abs. 3 REITG). Ausnahmsweise entfällt nach § 18 Abs. 3 S. 3 REITG die Steuerbefreiung trotz eines fortlaufenden Verstoßes gegen die Streubesitz- oder Höchstbeteiligungsvorgaben nicht, solange die REIT-AG aus den Meldungen nach dem WpHG den Verstoß nicht entnehmen kann. Nach Aufdeckung des Verstoßes muss die REIT-AG die Beteiligungsvorgaben jedoch bis zum Ablauf des auf die Aufdeckung folgenden Wirtschaftsjahres wieder einhalten (§ 18 Abs. 3 S. 4 REITG). Gelingt ihr dies nicht, endet die Steuerbefreiung rückwirkend zum Ende des Wirtschaftsjahres, in dem der Verstoß aufgedeckt wurde (§ 18 Abs. 3 S. 5 REITG). Für den Fall, dass die Steuerbefreiung aufgrund eines fortlaufenden Verstoßes gegen die Streubesitzregelung entfällt, muss die Satzung der REIT-AG eine Entschädigung aller Aktionäre vorsehen, denen weniger als 3% der Stimmrechte zustehen (§ 11 Abs. 3 REITG).

Der Verlust der Börsenzulassung und eine Überschreitung der Grenze zum Immobilienhandel führen unmittelbar zum Verlust der Steuerbefreiung (§ 18 Abs. 1 und 2 REITG). Die nachträgliche Nichtbeachtung der gesetzlichen Vorgaben hinsichtlich des Unternehmensgegenstands (§ 1 Abs. 1 HS 1 REITG), der eingetragenen Firma (§ 8 REITG), des Gesellschaftssitzes (§ 9 REITG) und des Mindestgrundkapitals (§ 4 REITG) wird in den Sanktionsvorschriften der §§ 16 und 18 REITG nicht angesprochen. Da die Steuerbefreiung jedoch gemäß § 16 Abs. 1 REITG eine REIT-AG i.S.d. § 1 REITG voraussetzt, die die Voraussetzungen der §§ 8 bis 15 REITG erfüllt und unbeschränkt einkommensteuerpflichtig ist, dürften die durch Satzungsänderung herbeigeführte Änderung des Unternehmensgegenstands[859], die registrierte Firmenänderung (Löschung des Zusatzes ‚*REIT-AG*' bzw. ‚*REIT-Aktiengesellschaft*') sowie – zumindest nach der Konzeption des Gesetzgebers – die Verlegung des Gesellschaftssitzes ins Ausland

859 *Bron*, Der G-REIT, S. 342.

ebenfalls zu einem Wegfall der Steuerbefreiung führen[860]. Das Gleiche gilt nach der wohl überwiegenden Ansicht im Schrifttum für eine nachträgliche Unterschreitung des Mindestgrundkapitals[861], obwohl diese nach dem Gesetzeswortlaut folgenlos bleiben müsste[862].

Strafzahlungen für einen Verstoß gegen die gesetzlichen Anforderungen an den SIIC-Status sind im französischen SIIC-Regime nicht vorgesehen. Der Verstoß gegen die Ausschüttungspflicht lässt grundsätzlich die Steuerbefreiung sämtlicher begünstigter Gewinne des betreffenden Wirtschaftsjahres entfallen. Die nachträgliche Missachtung der gesetzlichen Vorgaben hinsichtlich Börsennotierung, Mindestgrundkapital und Unternehmensgegenstand führt zu einem Ausscheiden der SIIC und ihrer SIIC-Tochtergesellschaften aus dem SIIC-Regime und somit zu einem Wegfall der partiellen Steuerbefreiung mit Beginn des Wirtschaftsjahres des Verstoßes. Scheidet die SIIC dabei innerhalb eines Zeitraumes von zehn Jahren nach Optionsausübung aus dem SIIC-Regime aus, führt dies zu einer Nachversteuerung der im Rahmen der *Exit Tax* nur begünstigt versteuerten stillen Reserven, zu einer Nachversteuerung nicht ausgeschütteter steuerbefreiter Gewinne sowie zu einer zusätzlichen Besteuerung der während der Anwendung des SIIC-Regimes gebildeten stillen Reserven in Höhe von 25%, wobei jedoch die Bemessungsgrundlage für jedes seit Eintritt in das SIIC-Regime abgelaufene Kalenderjahr um 10% zu mindern ist. Kommt es nach dem Ausscheiden der SIIC oder SIIC-Tochtergesellschaft zur Veräußerung eines zuvor begünstigten Wirtschaftsguts, erfolgt die Ermittlung des Veräußerungsgewinns auch hier auf Grundlage des Wertes, der dem Wirtschaftsgut bei Eintritt in das SIIC-Regime beigemessen wurde. Die ggf. auf die während des SIIC-Regimes gebildeten stillen Reserven erhobene zusätzliche Steuer von 25% kann dabei nach Auffassung der französischen Finanzverwaltung nicht angerechnet werden. Die Überschreitung der Höchstbeteiligungsgrenze führt zunächst nur zu einer Aussetzung des SIIC-Regimes im betreffenden Wirtschaftsjahr. In diesem Wirtschaftsjahr unterliegen die SIIC und ihre Tochtergesellschaften den allgemeinen Vorschriften. Lediglich der bei einer Immobilienveräußerung erzielte Gewinn ist um den Gesamtbetrag der während des Zeitraumes der Steuerbefreiung vorgenommenen Abschreibungen zu kürzen und zum reduzierten Körperschaftsteuersatz von 19% zu versteuern. Gelingt es der SIIC, die erforderlichen

---

860 *Münchow* und *Striegel*, in: Striegel, REITG, § 8 Rn. 32, § 18 Rn. 7; *Seibt*, in: Seibt/Conradi, Handbuch REIT Aktiengesellschaft, Rn. 225 (Firmenänderung).

861 Vgl. *Bron*, Der G-REIT, S. 342; *Helios/Trachte*, in: Helios/Wewel/Wiesbrock, REIT-Gesetz, § 18 Rn. 22; *Seibt*, in: Seibt/Conradi, Handbuch REIT Aktiengesellschaft, Rn. 120.

862 Nach *Münchow/Götz*, in: Striegel, REITG, § 4 Rn. 24, ist eine wirksame Herabsetzung des Grundkapitals unter: den Betrag von 15 Mio. Euro nur zeitgleich mit einer Streichung des Firmenzusatzes ‚REIT' möglich.

Beteiligungsverhältnisse bis zum Abschluss des Wirtschaftsjahres wiederherzustellen, lebt das SIIC-Regime wieder auf. Der Wiedereintritt in die partielle Steuerbefreiung löst dabei erneut eine Abschlussbesteuerung aus, wobei jedoch sich die Besteuerung der in den begünstigten Wirtschaftsgütern ruhenden stillen Reserven auf diejenigen beschränkt, die während des Aussetzungszeitraumes gebildet wurden. Erst bei einem fortlaufenden Verstoß gegen die Höchstbeteiligungsquote oder einem wiederholten Verstoß während der ersten zehn und der daran anschließenden zehn Jahre nach Optionsausübung scheiden SIIC und SIIC-Tochtergesellschaften aus dem SIIC-Regime aus, was die für das Ausscheiden und – bei fortlaufendem Verstoß – die für den Wiedereintritt geltenden Rechtsfolgen auslöst[863].

Nach einem Wegfall der Steuerbefreiung der deutschen REIT-AG unterliegen gemäß § 23 Abs. 4 REITG Gewinnausschüttungen, die auf einem rechtmäßigen Gewinnverteilungsbeschluss für ein abgelaufenes Wirtschaftsjahr beruhen, für welches die Steuerbefreiung noch galt, weiterhin den steuerlichen Sondervorschriften der §§ 19 und 19a REITG. Entfällt die Steuerbefreiung infolge eines der in § 18 Abs. 2 bis 5 REITG aufgeführten Fällen, hat die Gesellschaft in der nach § 13 Abs. 2 KStG für steuerliche Zwecke aufzustellenden Anfangsbilanz die Wirtschaftsgüter nicht mit dem Teilwert, sondern mit dem Wert anzusetzen, der sich ausgehend von der Anfangsbilanz der REIT-AG bei ununterbrochener Steuerpflicht nach den Vorschriften über die Gewinnermittlung ergeben würde (§ 18 Abs. 6 REITG). Wie im Rahmen des französischen SIIC-Regimes können auf diese Weise die während der Zeit der Steuerbefreiung gebildeten stillen Reserven im Falle ihrer späteren Aufdeckung (z.B. durch Veräußerung) besteuert werden[864]. Eine vorhandene Reinvestitionsrücklage i.S.d. § 13 Abs. 3 REITG ist gemäß § 18 Abs. 7 HS 1 REITG aufzulösen und erhöht im Jahr der erstmaligen Steuerpflicht den zu versteuernden Gewinn. Ähnlich wie die französischen Regelungen sieht das deutsche REIT-Regime eine Nachversteuerung der nicht ausgeschütteten steuerbefreiten Gewinnen vor, denn auch die nicht ausgeschütteten Teile des nach § 13 Abs. 1 REITG berechneten Jahresüberschusses der Geschäftsjahre, in denen die REIT-AG steuerbefreit war, erhöhen gemäß § 18 Abs. 7 HS 2 REITG den Gewinn der Aktiengesellschaft im Jahr der erstmaligen Steuerpflicht. Abweichend kennt die deutsche Regelung jedoch keine zeitliche Beschränkung. Zwar führt der Wegfall der Steuerbefreiung nicht zu einem endgültigen Ausscheiden aus dem REIT-Regime; die Steuerbefreiung kann jedoch gemäß § 17 Abs. 4 REITG nicht vor Ablauf von vier Jahren nicht wieder aufle-

863 Oben unter: A. VIII.

864 Vgl. BT-Drs. 16/4026, S. 24 (zu § 18 REITG-E); *Helios/Trachte*, in: Helios/Wewel/Wiesbrock, REIT-Gesetz, § 18 Rn. 19.

ben oder neu beginnen. Nicht geklärt ist bislang, ob die Vorschriften der §§ 18 Abs. 6 und 7 sowie 17 Abs. 4 REITG ihrem Wortlaut entsprechend nur in den Fällen des § 18 Abs. 1 bis 5 REITG Anwendung finden oder ob sie analog auch dann anzuwenden sind, wenn die Steuerbefreiung entfällt, weil eine der übrigen Voraussetzungen des § 16 Abs. 1 REITG nicht mehr erfüllt wird[865]. Auch im Rahmen des deutschen REIT-Regimes kommt es gemäß § 3 Nr. 70 S. 3 lit. d EStG zu einer Nachversteuerung der im Rahmen der *Exit Tax* nur begünstigt versteuerten stillen Reserven, wenn die Steuerbefreiung der REIT-AG innerhalb eines Zeitraumes von vier Jahren beginnend mit dem für die Anwendung der *Exit Tax* maßgeblichen Stichtag endet.

V. Besteuerung auf Ebene der Investoren

1. Inländische Anleger

a) Natürliche Personen (Privatanleger)

Sowohl Deutschland als auch Frankreich haben im Bereich der Kapitaleinkünftebesteuerung Systemänderungen durchgeführt, die sich auch auf die Besteuerung der Anteilseigner von REIT-Gesellschaften ausgewirkt haben.

Die Gewinnausschüttungen einer deutschen REIT-AG an ihre in Deutschland ansässigen (unbeschränkt einkommensteuerpflichtigen) Anteilseigner gehören gemäß § 19 Abs. 1 S. 1 REITG zu den Einkünften aus Kapitalvermögen i.S.d. § 20 Abs. 1 Nr. 1 EStG. Bis zum 31. Dezember 2008 bezogene Gewinnausschüttungen hat der Anteilseigner unter Anwendung seines persönlichen Einkommensteuersatzes zu versteuern. Eine Anwendung des bis dahin geltenden Halbeinkünfteverfahrens (§ 3 Nr. 40 EStG a.F.) ist seit dem 1. Januar 2008 nur hinsichtlich solcher Ausschüttungen zulässig, die aus vorbelasteten Teilen des Gewinns der REIT-AG stammen (§ 19a Abs. 1 S. 1 REITG). Die ursprüngliche Konzeption des REITG sah noch einen vollständigen Ausschluss des Halbeinkünfteverfahrens vor (§ 19 Abs. 3 REITG a.F.). Soweit es zu einer Anwendung des Halbeinkünfteverfahrens kommt, sind die mit den Gewinnausschüttungen im wirtschaftlichen Zusammenhang stehenden Werbungskosten nur hälftig abzugsfähig (§ 19 Abs. 1 S. 1 REITG i.V.m. § 3c Abs. 2 EStG a.F.). Im Übrigen ist ein voller Werbungskostenabzug möglich. Für die Kapitalertragsteuer sah § 20

865 Dafür wohl *Striegel*, in: Striegel, REITG, § 18 Rn. 28; a.A. *Helios*, in: Helios/Wewel/Wiesbrock, REIT-Gesetz, § 18 Rn. 22.

Abs. 2 REITG a.F. einen besonderen Steuersatz von grundsätzlich 25% (26,375% inklusive SolZ) vor.

Die dem Anteilseigner seit dem 1. Januar 2009 zufließenden Gewinnausschüttungen fallen in den Anwendungsbereich der nunmehr geltenden Abgeltungsteuer. Als Einkünfte aus Kapitalvermögen werden sie gemäß § 32d Abs. 1 S. 1 EStG grundsätzlich in voller Höhe einem gesonderten Einkommensteuertarif von 25%[866] unterworfen. Über die Berücksichtigung des *Sparer-Pauschbetrags* hinaus kommt ein Abzug tatsächlich entstandener Werbungskosten nicht in Betracht (§ 20 Abs. 9 EStG). Die Einkommensteuer wird im Wege des Steuerabzugs in Höhe von 25% (26,375% inklusive SolZ) erhoben[867] und ist mit diesem gemäß § 43 Abs. 5 S. 1 EStG abgegolten, sofern der Anteilseigner nicht die Steuerveranlagung zum gesonderten Einkommensteuersatz nach § 32d Abs. 4 EStG oder die Günstigerprüfung nach § 32d Abs. 6 EStG beantragt.

Anteilseigner, die entweder unmittelbar und/oder mittelbar[868] zu mindestens 25% an einer REIT-AG beteiligt sind oder im Fall einer unmittelbaren oder mittelbaren Beteiligung[869] von 1% für diese beruflich tätig sind, können hinsichtlich der Gewinnausschüttungen gemäß § 32d Abs. 2 S. 1 Nr. 3 lit. a und b EStG die Steuerveranlagung zum individuellen Steuersatz beantragen, wobei das Teileinkünfteverfahren nur Anwendung findet, soweit die Gewinnausschüttungen aus vorbelasteten Teilen des Gewinns stammen (§§ 32d Abs. 2 S. 2 EStG, 19a Abs. 1 S. 1 REITG).

Bei der Veräußerung seiner Anteile an einer REIT-AG hat der Anteilseigner Veräußerungsgewinne i.S.d. § 17 EStG als gewerbliche Einkünfte nach seinem persönlichen Einkommensteuersatz zu versteuern (§ 19 Abs. 2 REITG). Die Anwendbarkeit des Halb- bzw. nunmehr geltenden Teileinkünfteverfahrens ist gemäß § 19 Abs. 3 REITG ausgeschlossen. Veräußerungsverluste können, soweit kein Fall des § 17 Abs. 2 S. 6 EStG vorliegt, in voller Höhe mit positiven Einkünften ausgeglichen und gemäß § 10d EStG zurück- und vorgetragen werden.

Für vor dem 1. Januar 2009 erworbene REIT-Aktien kommt eine Besteuerung im Übrigen nur als privates Veräußerungsgeschäft in Betracht, wenn die Veräußerung der Aktien innerhalb eines Jahres seit ihrer Anschaffung erfolgt ist (§§ 22 Nr. 2, 23 Abs. 1 S. 1 Nr. 2 EStG a.F.). Gewinne aus der Veräußerung seit dem

---

866 Unter Berücksichtigung des SolZ ergibt sich eine steuerliche Belastung von 26,375%.

867 Dies ergibt sich aus § 20 Abs. 1 REITG i.V.m. §§ 43 Abs. 1 S. 1 Nr. 1, S. 2; 20 Abs. 1 Nr. 1, Abs. 3; 43a Abs. 1 S. 1 Nr. 1 EStG.

868 Vgl. BMF, Schreiben v. 22.12.2009, IV C 1 – S 2252/08/10004, betreffend Einzelfragen zur Abgeltungsteuer, BStBl. I 2010, S. 94, Tz. 139; *Treiber*, in: Blümich, EStG/KStG/GewStG, § 32d EStG Rn. 140.

869 Vgl. *Treiber*, in: Blümich, EStG/KStG/GewStG, § 32d EStG Rn. 141.

1. Januar 2009 angeschaffter REIT-Aktien fallen unabhängig von der Haltedauer in den Anwendungsbereich der Abgeltungsteuer. Im Rahmen der Abgeltungsteuer können etwaige Veräußerungsverluste gemäß § 20 Abs. 6 EStG nur beschränkt mit Aktienveräußerungsgewinnen ausgeglichen werden.

In Frankreich fand, um eine volle Besteuerung der auf SIIC-Ebene befreiten Gewinne auf Ebene der Anteilseigner zu ermöglichen, das bis zum 1. Januar 2005 geltende Anrechnungsverfahren auf die dem steuerbefreiten Bereich entstammenden Gewinnausschüttungen keine Anwendung. Das derzeit geltende Teileinkünfteverfahren gilt indes auch für die Gewinnausschüttungen einer SIIC, so dass nur 60% der jeweiligen Ausschüttung der französischen Einkommensteuer unterliegen und nach Abzug der abzugsfähigen Werbungskosten und einem Freibetrag unter Anwendung des persönlichen Steuersatzes besteuert werden. Als Alternative zum Teileinkünfteverfahren können die französischen Privatanleger auch für eine abgeltende Abzugsteuer in Höhe von pauschal 18% der Bruttodividende optieren. Auf die Gewinne aus der Veräußerung von SIIC-Aktien finden grundsätzlich die Regelungen über private Veräußerungsgeschäfte Anwendung, so dass sie nach Überschreitung einer jährlich wechselnden Freigrenze einem Pauschalsteuersatz von 18% unterliegen. Veräußerungsverluste können grundsätzlich nur mit gleichartigen Veräußerungsgewinnen verrechnet werden. Die für Gewinne aus der Veräußerung von Aktien und anderen Gesellschaftsanteilen vorgesehene progressive Steuerbefreiung dürfte ebenfalls für SIIC-Anteile gelten, was nach Ablauf einer Besitzzeit von acht Jahren eine steuerfreie Veräußerung ermöglicht. SIIC-Aktien können zudem in einen Aktiensparplan (PEA) aufgenommen werden, der besonderen steuerlichen Regelungen unterliegt[870].

Die Systemänderungen haben in beiden Staaten dazu geführt, dass die Gewinnausschüttungen der REIT-Gesellschaften auf Ebene der Privatanleger nunmehr genauso besteuert werden wie die Ausschüttungen anderer Aktiengesellschaften. Insoweit wirkt sich die Steuerbefreiung auf REIT-Ebene als echte steuerliche Begünstigung aus[871].

b) Körperschaften (institutionelle Anleger)

In der Besteuerung institutioneller Anleger weisen das französische und das deutsche REIT-Regime weitgehende Parallelen auf.

Gewinnausschüttungen einer deutschen REIT-AG an ihre unbeschränkt körperschaftsteuerpflichtigen Anteilseigner bleiben bei der Ermittlung des Einkom-

870 Siehe unter: A. VI. 1. a) aa).

871 Für den deutschen REIT ebenso *Amort/Blum*, DStR 2009, 1772 (1776).

mens nur insoweit nach § 8b KStG zu 95% außer Ansatz, als sie entweder dem Anteilseigner im ersten Jahr der Steuerbefreiung zufließen (§ 23 Abs. 2 S. 1 REITG) und auf einem ordnungsgemäßen Gewinnverteilungsbeschluss für ein abgelaufenes Wirtschaftsjahr beruhen (§ 23 Abs. 2 S. 2 REITG) oder aus vorbelasteten Teilen des Gewinns i.S.d. § 19a Abs. 2 REITG stammen (§ 19a Abs. 1 S. 1 REITG). Im Übrigen findet § 8b KStG gemäß § 19 Abs. 3 REITG keine Anwendung mit der Folge, dass die Gewinnausschüttungen in vollem Umfang der Körperschaftsteuer unterliegen. Erhobene Kapitalertragsteuer ist auf die Körperschaftsteuer anzurechnen (§ 20 Abs. 4 S. 1 REITG i.V.m. § 36 Abs. 2 Nr. 2 EStG, § 31 Abs. 1 KStG). Auch die Gewinne aus der Veräußerung von REIT-Aktien sind voll körperschaftsteuerpflichtig, da eine Anwendung des § 8b KStG hier insgesamt nach § 19 Abs. 3 REITG ausgeschlossen ist. Verluste aus REIT-Aktien können gemäß § 19 Abs. 4 REITG nur mit Gewinnen aus der Veräußerung von Anteilen anderer in- und ausländischer REITs ausgeglichen werden.

In Frankreich sind Gewinnausschüttungen einer SIIC an ihre der Körperschaftsteuer unterliegenden Anteilseigner nach den Regelungen des französischen Mutter-Tochter-Regimes (*régime des sociétés mères et filiales*) zu mindestens 95% von der Körperschaftsteuer befreit, soweit sie aus vor der Optionsausübung realisierten Gewinnen, aus dem Ergebnis der Abschlussbesteuerung oder aus den steuerpflichtigen Gewinnen der SIIC stammen. Soweit sie ihren steuerbefreiten Gewinnen entstammen, ist die Anwendung des Mutter-Tochter-Regimes ausgeschlossen. Gewinne und Verluste aus der Veräußerung der SIIC-Aktien unterliegen den allgemeinen zwischen lang- und kurzfristigen Veräußerungsgewinnen bzw. -verlusten unterscheidenden Regelungen für die Besteuerung betrieblicher Veräußerungsgewinne unter Berücksichtigung der für die Körperschaftsteuer geltenden Besonderheiten[872]. Anders als die deutschen Regelungen begrenzen diese den Verlustausgleich jedoch nicht auf Gewinne aus der Veräußerung anderer REIT-Anteile.

2. Im anderen Staat ansässige Anleger

a) Natürliche Personen (Privatanleger)

Gewinnausschüttungen einer französischen SIIC an in Deutschland ansässige Privatanleger unterliegen zunächst in Frankreich einer Quellensteuer in Höhe von grundsätzlich 18% der ausgeschütteten Bruttodividende. Nach Art. 9 DBA-

872 Oben unter: A. VI. 1. b) aa) i.V.m. A. III. 1. a) bb).

Frankreich steht das Besteuerungsrecht hinsichtlich der Gewinnausschüttungen jedoch Deutschland als Ansässigkeitsstaat des Anteilseigners zu. Frankreich steht lediglich ein auf 15% der Bruttodividende begrenztes Steuerabzugsrecht zu. Die Begrenzung kann im Wege des ‚vereinfachten Verfahrens' (unmittelbare Anwendung des reduzierten Quellensteuersatzes) oder des ‚normalen Verfahrens' (spätere Erstattung zuviel einbehaltener Quellensteuer) geltend gemacht werden. In Deutschland erfolgt die Besteuerung der Gewinnausschüttungen einer französischen SIIC nicht nach den Regelungen des InvStG sondern den allgemeinen Regelungen des EStG bzw. KStG unter Berücksichtigung der Vorschriften des REITG. Seit dem 1. Januar 2009 bezogene Gewinnausschüttungen fallen dabei in den Anwendungsbereich der Abgeltungsteuer. Die erhobene französische Steuer wird gemäß Art. 20 Abs. 1 lit. c DBA-Frankreich auf die deutsche Einkommensteuer angerechnet, die auf die Gewinnausschüttungen entfällt. Gewinne aus der Veräußerung der SIIC-Anteile fallen in den Anwendungsbereich des Art. 7 DBA-Frankreich, der das Besteuerungsrecht Deutschland zuweist. Aus diesem Grund unterbleibt eine Besteuerung in Frankreich. In Deutschland erfolgt die Besteuerung der Veräußerungsgewinne nach den gleichen Grundsätzen wie bei der Veräußerung von Aktien einer REIT-AG, wenn die SIIC die Voraussetzungen eines ausländischen REITs i.S.d. § 19 Abs. 5 REITG erfüllt, was regelmäßig der Fall sein dürfte[873].

Ähnlich sieht das Bild bei der Beteiligung französischer Privatanleger an einer deutschen REIT-AG aus. Die Gewinnausschüttungen der REIT-AG unterliegen in Deutschland grundsätzlich gemäß § 20 Abs. 1 S. 1 REITG der Kapitalertragsteuer in Höhe von 25% (26,375% inklusive SolZ). Durch den Steuerabzug gilt die Einkommensteuer als abgegolten (§ 50 Abs. 2 EStG). Deutschland steht nach Art. 9 Abs. 2 DBA-Frankreich indes lediglich ein begrenztes Quellensteuerabzugsrecht von maximal 15% des Bruttobetrags der Dividenden zu. Die zuviel einbehaltene Steuer ist zu erstatten (Art. 25 b Abs. 1 S. 2 DBA-Frankreich). Ob darüber hinaus von vornherein eine Ermäßigung des Steuerabzugs in Betracht kommt, erscheint fraglich, da § 20 Abs. 4 S. 1 REITG lediglich die Erstattung der Kapitalertragsteuer nach § 50d EStG vorsieht. In Frankreich unterliegen die Gewinnausschüttungen wahlweise dem Teileinkünfteverfahren oder der abgeltenden Abzugsteuer. Zudem können die Aktien einer REIT-AG nunmehr ebenfalls in einen Aktiensparplan (PEA) aufgenommen werden. Hinsichtlich der Gewinne aus der Anteilsveräußerung steht Frankreich nach Art. 7 DBA-Frankreich das Besteuerungsrecht zu, wobei sich keine Unterschiede gegenüber der Besteuerung von Gewinnen aus der Veräußerung von SIIC-Aktien ergeben[874].

---

873 Oben unter: A. VI. 2. a).

874 Oben unter: A. VI. 1. a) cc).

b) Körperschaften (institutionelle Anleger)

Gewinnausschüttungen einer französischen SIIC an eine in Deutschland ansässige Körperschaft unterliegen in Frankreich grundsätzlich einer abgeltenden Quellenbesteuerung in Höhe von 25% der ausgeschütteten Bruttodividende. Eine Steuerbefreiung in Höhe von 95% entsprechend den Regelungen des französischen Mutter-Tochter-Regimes (*régime des sociétés mères et filiales*) kommt nur in Betracht, soweit die Ausschüttungen aus den steuerpflichtigen Gewinnen der SIIC stammen. Unklar ist, ob der die europarechtliche Mutter-Tochter-Richtlinie in nationales Recht umsetzende Art. 119 ter CGI der Quellenbesteuerung insgesamt oder nur der aus den steuerpflichtigen Gewinnen stammenden Ausschüttungen entgegensteht. Während die französische Finanzverwaltung Art. 119 ter CGI partiell nur auf die den steuerpflichtigen Gewinnen entstammenden Ausschüttungen der SIIC anwendet, spricht einiges jedoch dafür, die Vorschrift bei richtlinienkonformer Auslegung insgesamt auf die Ausschüttungen der SIIC an ihre in Deutschland ansässigen institutionellen Anleger anzuwenden. Art. 9 DBA-Frankreich beschränkt das Quellenbesteuerungsrecht grundsätzlich auf 15% der Bruttodividende. Im Fall einer Beteiligung von mindestens 10% wird das Besteuerungsrecht Frankreichs darüber hinaus vollständig ausgeschlossen. Zuviel einbehaltene Quellensteuer ist zu erstatten.

In Deutschland kommt eine Anwendung des § 8b KStG nur in Betracht, wenn die SIIC nicht als andere REIT-Körperschaft i.S.d. § 19 Abs. 5 REITG qualifiziert oder soweit ihre Gewinnausschüttungen i.S.d. § 19a Abs. 2 REITG steuerlich vorbelastet sind. Im Übrigen unterliegen die Ausschüttungen in vollem Umfang der Körperschaftsteuer. In Frankreich erhobene Quellensteuer ist unter Beachtung der §§ 26 KStG, 34c EStG auf die deutsche Körperschaftsteuer anzurechnen, soweit diese auf die Gewinnausschüttungen entfällt. Die in Art. 20 Abs. 1 lit. b DBA-Frankreich vorgesehene Freistellung von Schachteldividenden soll nach § 19 Abs. 6 REITG keine Anwendung finden, wobei jedoch Zweifel hinsichtlich der Verfassungsmäßigkeit des in dieser Vorschrift enthaltenen *Treaty Override* bestehen[875].

Da bei Schachtelbeteiligungen ausländischer Kapitalgesellschaften mitunter die Möglichkeit besteht, dass von der SIIC erwirtschaftete Immobiliengewinne weder auf Ebene der Gesellschaft noch auf der der Gesellschafter besteuert werden, unterwirft Frankreich die SIIC einer Ausschüttungsteuer von pauschal 20%, soweit sie Gewinne an institutionelle Anleger ausschüttet, die zu mindestens 10% an ihrem Kapital beteiligt sind und hinsichtlich der Ausschüttungen nicht oder nur geringfügig körperschaftsteuerpflichtig sind und selbst keiner Ausschüt-

875 Oben unter: A. VI. 2. b) aa).

tungspflicht unterliegen. Bei Beteiligung in Deutschland ansässiger Körperschaften kommt eine Erhebung der Ausschüttungsteuer nur in Betracht, wenn die SIIC nicht die Voraussetzungen einer anderen REIT-Körperschaft i.S.d. § 19 Abs. 5 REITG erfüllt oder sich das in § 19 Abs. 6 REITG enthaltene *Treaty Override* als verfassungswidrig erweisen sollte[876]. Soweit die SIIC-Aktien nicht einer französischen Betriebsstätte der deutschen Körperschaft zugeordnet werden können, können Gewinne aus ihrer Veräußerung nach Art. 7 DBA-Frankreich ausschließlich in Deutschland besteuert werden. Eine Anwendung des § 8b KStG ist grundsätzlich ausgeschlossen. Veräußerungsverluste können nur Gewinne aus der Veräußerung von Anteilen in- und ausländischer REITs mindern[877].

Gewinnausschüttungen einer deutschen REIT-AG an eine in Frankreich ansässige Körperschaft unterliegen in Deutschland gemäß § 20 Abs. 1 S. 1 REITG grundsätzlich der Kapitalertragsteuer von 25% (26,375% inklusive SolZ). Diese wird auf Antrag vom Bundeszentralamt für Steuern zu zwei Fünfteln erstattet (§ 44a Abs. 9 EStG), so dass sich im Ergebnis ein Quellensteuersatz von 15% (15,825% inklusive SolZ) ergibt. Mit dem Steuerabzug ist die Körperschaftsteuer nach § 32 Abs. 1 KStG grundsätzlich abgegolten. Eine Anwendung des die europäische Mutter-Tochter-Richtlinie umsetzenden § 43b EStG kommt aufgrund der Höchstbeteiligungsquote sowie der Steuerbefreiung der REIT-AG nicht in Betracht. Art. 9 DBA-Frankreich beschränkt das Quellenbesteuerungsrecht Deutschlands ebenfalls grundsätzlich auf 15% der Bruttodividende. Im Gegensatz zum französischen SIIC-Regime soll im Rahmen des deutschen REIT-Regimes eine darüber hinausgehende Beschränkung im Fall von Schachteldividenden von vornherein nicht möglich sein. Daher schreibt § 16 Abs. 2 S. 2 REITG vor, dass ein Aktionär auch bei einer faktischen Überschreitung der die Schachtelprivilegien grundsätzlich ausschließenden Höchstbeteiligungsgrenze lediglich die Rechte geltend machen kann, die ihm bei Einhaltung dieser Grenze zustünden, was nach § 16 Abs. 2 S. 3 REITG ausdrücklich auch für die Geltung von DBA gelten soll. Es handelt sich hierbei um ein weiteres *Treaty Override*, das zwar europarechtlich unbeachtlich sein dürfte, an dessen verfassungsrechtlicher Zulässigkeit unter Berücksichtigung der jüngeren Rechtsprechung des BVerfG jedoch Zweifel bestehen. Auch bei Unwirksamkeit des *Treaty Override* ergäbe sich aufgrund der mit der Überschreitung der Höchstbeteiligungsquote verbundenen Sanktionen ein dauerhafter steuerlicher Vorteil für französische institutionelle Anleger nur dann, wenn sich die Höchstbeteiligungsquote als europarechtswidrig erweisen sollte[878].

---

876 Oben unter: A. VII.

877 Oben unter: A. VI. 2. b) bb).

878 Oben unter: A. VI. 1. b) cc).

In Frankreich sind die Gewinnausschüttungen der REIT-AG nach den allgemeinen Regelungen körperschaftsteuerpflichtig. Eine Anwendung des nationalen Mutter-Tochter-Regimes ist ausgeschlossen (Art. 145, 6–h–2° CGI). Die in Deutschland einbehaltene und abgeführte Kapitalertragsteuer ist gemäß Art. 20 Abs. 2 lit. a, aa DBA-Frankreich auf die französische Körperschaftsteuer anzurechnen. Soweit die Anteile an der REIT-AG nicht in einer deutschen Betriebsstätte gehalten werden, können Gewinne aus ihrer Veräußerung nach Art. 7 DBA-Frankreich ausschließlich in Frankreich besteuert werden, wo sich gegenüber der Besteuerung von Gewinnen aus der Veräußerung von SIIC-Aktien keine Unterschiede ergeben.

VI. Steuerliche Sonderregelungen zur Förderung des Übergangs in das REIT-Regime (sog. Exit Tax)

Beide REIT-Regime sehen eine sog. *Exit Tax* vor. Unter diesem Begriff fallen teilweise zeitlich befristete steuerliche Begünstigungen, die den Wechsel von Immobilienaktiengesellschaften in den REIT-Status oder die Übertragung von Immobilien auf den REIT fördern sollen. Die Regelungen des deutschen REIT-Regimes sind hierbei deutlich restriktiver als die des französischen SIIC-Regimes.

Infolge der Option zur SIIC-Besteuerung kommt es auf Ebene der optierenden Gesellschaft zu einer Abschlussbesteuerung, die sich jedoch nicht bei ihren Gesellschaftern auswirkt. Stille Reserven in den begünstigten Immobilien, den Rechten aus einem *crédit-bail immobilier* oder an vorübergehend zur Nutzung überlassenen im öffentlichen Eigentum stehenden Immobilien sowie Beteiligungen an Immobilienpersonengesellschaften werden dabei nicht dem Normalsteuersatz von 33⅓% sondern einem reduzierten Körperschaftsteuersatz von 19% (bis zum 1. Januar 2009: 16,5%) unterworfen. Zudem unterliegen sie nicht der *contribution sociale*. Die Körperschaftsteuer ist über einen Zeitraum von vier Jahren in gleichen Raten zu entrichten. Eine Anwendung der Begünstigung auf die in den dinglichen Nutzungsrechten (*usufruit, bail à construction, bail emphythéotique*) ruhenden stillen Reserven scheidet jedoch nach dem Gesetzeswortlaut aus. Zu einer Aufdeckung und gleichsam ermäßigten Besteuerung stiller Reserven kommt es, wenn die begünstigten Wirtschaftsgüter erst nach Ausübung der Option in den Anwendungsbereich der partiellen Körperschaftsteuerbefreiung fallen. Der im Rahmen des Finanzgesetzes für 2005 eingeführte Art. 210 E CGI erlaubt es Unternehmen, ihr Immobilienvermögen unter Anwendung des reduzierten Körperschaftsteuersatzes von 19% (vorher: 16,5%) an Gesellschaften zu veräußern, deren Anteile öffentlich gehandelt werden oder die von der AMF zugelassen wurden, wenn sich diese verpflichten, die erworbenen Wirtschaftsgüter für mindestens fünf Jahre zu halten. Die zeitlich befristete Begünstigung, von der v.a. auch die SIIC profitieren, sollte ursprünglich am 31. Dezember 2007 enden, ist jedoch immer wieder verlängert worden und gilt derzeit bis zum 31. Dezember 2011 fort. Veräußert die SIIC die erworbenen Wirtschaftsgüter vor Ablauf der Haltefrist oder scheidet sie in diesem Zeitraum endgültig aus dem SIIC-Regime aus, wird sie einer Strafbesteuerung unterworfen; eine Nachversteuerung unterbleibt. Im Jahr 2009 ist der Anwendungsbereich des Art. 210 E CGI vorübergehend dergestalt erweitert worden, dass er auch Veräußerungen an Leasingunternehmen erfasste, die die erworbenen Immobilien unverzüglich an einen der ansonst tauglichen Erwerber verleaste. Unternehmen des HCR-Sektors können schließlich von einer steuerlichen Begünstigung in Form einer aufgeschobenen Besteuerung der langfristigen Gewinne profitieren, wenn sie ihrer Tätigkeit dienende Immobilien im Zeitraum zwischen dem 1. Januar 2007 und dem 31. Dezember 2009 im Wege einer *Sale-and-lease-back*-Transaktion auf eine SIIC übertragen haben[879].

Im Rahmen des deutschen REIT-Regimes kommt es bei Erlangung des REIT-Status ebenfalls zu einer Gewinnrealisierung, bei der die in den Immobilien ruhenden stillen Reserven einer begünstigten Besteuerung unterliegen. Die ursprünglich steuerpflichtige Aktiengesellschaft hat bei Übergang in die Steuerfreiheit gemäß § 13 Abs. 1 i.V.m. Abs. 3 S. 1 KStG eine Schlussbilanz aufzustellen, in der die Wirtschaftsgüter mit dem Teilwert anzusetzen sind. Betriebsvermögensmehrungen aus dem Teilwertansatz von Grund und Boden sowie Gebäuden werden dabei nur hälftig besteuert (§ 3 Nr. 70 S. 1 lit. b EStG). Anders als im französischen Recht ist die Regelung befristet. Die Begünstigung wird nur gewährt, wenn die Schlussbilanz auf einen Zeitpunkt vor dem 1. Januar 2010 erstellt wird, der REIT-Status vor dem Hintergrund der Rückwirkung der Steuerbefreiung nach § 17 Abs. 1 REITG also bis spätestens zum 31. Dezember 2010 erlangt wird. Darüber hinaus sind Betriebsvermögensmehrungen und Einnahmen aus der Veräußerung von Grund und Boden, Gebäuden und Anteilen an Immobilienpersonengesellschaften an eine REIT-AG oder einen Vor-REIT zur Hälfte von den Ertragsteuern befreit, wenn die Veräußerung aufgrund eines nach dem 31. Dezember 2006 und vor dem 1. Januar 2010 wirksam geschlossenen obligatorischen Vertrags erfolgt (§ 3 Nr. 70 S. 1 lit. a EStG). Nach der überwiegenden Ansicht im Schrifttum ist ebenfalls die Veräußerung von Anteilen an Immobilienpersonengesellschaften in den Anwendungsbereich der *Exit Tax* einzubezie-

879 Oben unter: A. III.

hen[880]. Diese findet zudem Anwendung, wenn die Immobilienübertragung im Wege eines unter das UmwStG fallenden Umwandlungsvorgangs erfolgt[881].

Einschränkungen des Anwendungsbereichs ergeben sich gemäß § 3 Nr. 70 S. 2 EStG, soweit bei der Übertragung andere steuerlich begünstigende Sonderregelungen geltend gemacht werden. Die Anwendung der *Exit Tax* ist außerdem an bestimmte Vorbesitzzeiten gebunden. So müssen sich die auf die REIT-AG bzw. den Vor-REIT übertragenen begünstigten Wirtschaftsgüter am 1. Januar 2007 mindestens fünf Jahre zum Anlagevermögen eines inländischen Betriebsvermögen gehört haben (§ 3 Nr. 70 S. 1 lit. a EStG). Bei Übergang der REIT-AG in die Steuerfreiheit können nur solche Wirtschaftsgüter von der Vorschrift des § 3 Nr. 70 S. 1 lit. b EStG profitieren, die vor dem 1. Januar 2005 angeschafft oder hergestellt wurden.

Die *Exit Tax* entfällt gemäß § 3 Nr. 70 S. 3 REITG rückwirkend, wenn innerhalb von vier Jahren nach Abschluss des obligatorischen Vertrags bzw. dem Schlussbilanzstichtag die begünstigten Wirtschaftsgüter weiterveräußert werden, der Vor-REIT seinen Vor-REIT-Status verliert oder nicht zum REIT wird oder die Steuerbefreiung der REIT-AG entfällt bzw. deren Voraussetzungen nie erfüllt wurden. Wie im Rahmen des französischen REIT-Regimes ist die Immobilien erwerbende REIT-AG bzw. der Immobilien erwerbende Vor-REIT somit gehalten, die erworbenen Immobilien über einen bestimmten Zeitraum zu halten. Anders als im französischen Recht kommt es bei einem rückwirkenden Wegfall der *Exit Tax* jedoch nicht zu einer Strafbesteuerung allein auf Ebene des REITs, sondern zu einer Nachversteuerung, die sich im Fall der Immobilienveräußerung an einen REIT bzw. Vor-REIT zunächst auf Ebene des Veräußerers auswirkt.

Besondere Beschränkungen gelten für den Fall von *Sale-and-lease-back*-Gestaltungen. Diese sind grundsätzlich zulässig und erwünscht[882], so dass Unternehmen die Möglichkeit haben, ihre Betriebsgrundstücke und Betriebsgebäude auf eine REIT-AG oder einen Vor-REIT zu übertragen und sie nach Abschluss langfristiger Mietverträge weiterhin betrieblich zu nutzen. Um jedoch rein steuerlich motivierte *Sale-and-lease-back*-Gestaltungen zu verhindern[883], entfällt die

---

880 Vgl. *Bron*, Der G-REIT, S. 360; *Erhard*, in: Blümich, EStG/KStG/GewStG, § 3 EStG Rz. 779 c (Anwendbarkeit der Grundsätze zu § 6b EStG); *Heinicke*, in: Schmidt, EStG, § 3 Stichwort ‚REIT'; *Korezkij*, BB 2007, 1698 (1699); *Stangl*, in: Helios/Wewel/Wiesbrock, REIT-Gesetz, § 3 Nr. 70 EStG Rn. 11.

881 So auch *Bron*, Der G-REIT, S. 366; *Ebner*, NWB 2007, Fach 3, 14535 (14544); *Gemmel/Hoffmann-Fölkersamb*, VW 2007, 162 (164); *Haritz/Asmus*, AG 2007, 76 (77 ff.); *Korezkij*, BB 2007, 1698 (1698); *Stangl*, in: Helios/Wewel/Wiesbrock, REIT-Gesetz, § 3 Nr. 70 EStG, Rn. 31.

882 Vgl. BT-Drs. 16/4026, S. 17 f. (Begründung A. II. 6.).

883 BT-Drs. 16/4779, S. 3 (zu § 3 Nr. 70 EStG).

dabei in Anspruch genommene hälftige Steuerbefreiung gemäß § 3 Nr. 70 S. 4 EStG, wenn die Immobilien vom Erwerber an den Veräußerer oder eine diesem nahe stehende Person i.S.d. § 1 Abs. 2 AStG überlassen werden und der Veräußerer oder eine ihm nahe stehende Person nach Ablauf einer Übergangsfrist von zwei Jahren seit Eintragung der Erwerbers als REIT-AG in das Handelsregister an dieser mittelbar oder unmittelbar zu mehr als 50% beteiligt ist.

Während die an den Wechsel in den SIIC-Status geknüpfte *Exit Tax*-Regelung seit Einführung des SIIC-Regimes ununterbrochen gilt und auch die zeitliche Anwendung des Art. 210 E, I CGI mehrfach verlängert wurde, hat der deutsche Gesetzgeber von einer Verlängerung der *Exit Tax*-Regelungen bislang abgesehen. Sollte er sich indes zu einer Verlängerung der *Exit Tax* entschließen und diese dadurch ihren Charakter als ‚kurze Starthilfe' verlieren, dürfte es in Hinblick auf Art. 3 GG erforderlich sein, die Begünstigung von Immobilienveräußerungen – wie in Art. 210 E CGI – auch auf andere Erwerber (insbesondere offene Immobilienfonds, sonstige Immobiliengesellschaften, deren Anteile öffentlich gehandelt werden) zu erstrecken[884]. Der Gesetzesentwurf der Bundesregierung zur Schaffung deutscher Immobilien-Aktiengesellschaften mit börsennotierten Anteilen vom 2. November 2006 sah ursprünglich eine solche Erstreckung auf „Offene Publikums-Immobilienfonds" bereits vor[885].

VII. Sonderregelungen für Umstrukturierungen französischer REITs

Das französische SIIC-Regime sieht Sonderregelungen für Umstrukturierungsmaßnahmen mit SIIC-Beteiligung vor. So können Umwandlungsvorgänge, an denen SIIC oder SIIC-Tochtergesellschaften beteiligt sind, unter bestimmten Voraussetzungen von den Regelungen des körperschaftsteuerlichen *régime de faveur des fusions* profitieren, die eine weitgehende steuerliche Neutralität der Umwandlungsvorgänge ermöglichen. Die Verschmelzung zweier SIIC löst auf Ebene der übertragenden Gesellschaft nicht notwendigerweise die steuerlichen Folgen eines Ausscheidens aus dem SIIC-Regime aus. Erwirbt eine SIIC mindestens 95% der Anteile einer anderen SIIC, kann diese als SIIC-Tochter-

884 Vgl. *Spoerr*, in: Helios/Wewel/Wiesbrock, REIT-Gesetz, B. Rn. 33.

885 BT-Drs. 16/4026, S. 11 (§ 3 Nr. 70 EStG-E); 17 (A. II. 6.), 25 (zu § 3 Nr. 70 EStG-E). Der Gesetzesentwurf der Bundesregierung zur steuerlichen Verbesserung der steuerlichen Standortbedingungen v. 4.5.2005 sah sogar eine generelle Begünstigung der Veräußerung im Betriebsvermögen gehaltener Immobilien vor; vgl. dazu: *Pluskat/Rogall*, BB 2005, 1251 (1251 ff.).

gesellschaft im Anwendungsbereich des SIIC-Regimes verbleiben. Schließlich ermöglicht Art. 208 C, II bis CGI unter bestimmten Bedingungen eine körperschaftsteuerfreie Veräußerung von Immobilienvermögen zwischen den unter das SIIC-Regime fallenden Gesellschaften einer SIIC-Gruppe[886].

886 Oben unter: A. IX.

C. Schlussbetrachtung

Die Arbeit hat neben den Gemeinsamkeiten und Unterschieden des französischen und des deutschen REIT-Regimes aufgezeigt, dass die Konzeption des REITs gerade bei internationalen Sachverhalten nicht unproblematisch ist. Dies gilt insbesondere, wenn im Ausland ansässige Gesellschaften mit inländischem Immobilienvermögen REIT-Status beanspruchen oder sich ausländische Investoren an einem inländischen REIT beteiligen. Nach den Regelungen der DBA können Einkünfte aus unbeweglichem Vermögen zwar regelmäßig im Belegenheitsstaat besteuert werden. Dieser stellt sie jedoch von der Besteuerung frei, wenn sie von einem REIT bezogen werden. Die Gewinnausschüttungen können hingegen – v.a. im Fall von Schachtelbeteiligungen – oftmals nur im Ansässigkeitsstaat der Anteilseigner besteuert werden. Manchmal sind sie aufgrund besonderer Regelungen sogar dort der Besteuerung entzogen. Unilaterale Gegenmaßnahmen des Belegenheitsstaates bieten Konfliktpotential, da sie schnell an Grenzen des europäischen oder innerstaatlichen Rechts stoßen.

Um diese Problematik zumindest auf europäischer Ebene zu beheben, ist bereits die Schaffung eines harmonisierten europäischen REITs (EU-REIT) vorgeschlagen worden[887]. Bis zu einer Umsetzung dieses Projektes oder als Alternative hierzu dürften langfristig bilaterale Maßnahmen einen – wenn auch zeitintensiven – sinnvollen und geeigneten Weg darstellen[888]. Frankreich hat mit der Beschreitung dieses Weges bereits begonnen. So sehen die Dividendenartikel der DBA mit Großbritannien und den USA nunmehr Sonderregelungen vor, die Frankreich auch im Fall von Schachtelbeteiligungen ein Quellenbesteuerungsrecht (in Höhe des nationalen Quellensteuersatzes von 25%) hinsichtlich der aus den steuerbefreiten Immobilieneinkünften der SIIC stammenden Dividenden einräumen[889]. Auch für das DBA-Frankreich würde sich eine solch gemeinsame Lösung anbieten.

---

887 *Cornelisse/Weber/Wijs/Blokland* , ET 2006, 3 (12); *dies.*, ET 2006, 68 (68 f.); *EPRA*, European REIT Regimes and the EC Treaty Freedoms, S. 65 ff.

888 *Bron*, Der G-REIT, S. 219; *Schultz/Harrer*, DB 2005, 574 (576); vgl. auch *Stoschek/ Dammann*, IStR 2006, 403 (410); *Teske/Stock/Küppers*, DB 2005, 906 (910).

889 Zu dem am 23.12.2009 in Kraft getretenen Zusatz zum DBA Frankreich-Amerika: *Saïac*, Option Finance – La lettre de l'immobilier, v. 15.3.2010, S. 10; zu dem seit 1.1.2010 anwendbaren neuen DBA Frankreich-Großbritannien: *Gingimbre*, Option Finance – La lettre de

Zwar mag die Tatsache, dass der deutsche REIT bislang weniger erfolgreich als das französische Modell ist, zu einem Großteil auch der aktuellen Finanzmarktkrise geschuldet sein. Soll sich der REIT jedoch zukünftig auch in Deutschland etablieren, werden weitere Anpassungen unumgänglich sein. Zu denken ist hierbei an eine Verlängerung der *Exit Tax*-Regelung. So ist zu vermuten, dass die dauerhafte Geltung der *Exit-Tax*-Regelung ebenfalls maßgeblich zum Erfolg der französischen SIIC beitragen hat. Weitere Erfolgshemmnisse dürften in der dem französischen SIIC-Regime unbekannten Ausgliederung der Bestandsmietwohnimmobilien, der Begrenzung der Beteiligungsmöglichkeiten der REIT-AG im Rahmen der Konzernbildung und den recht komplizierten Sanktionsmechanismen liegen. Es handelt sich hierbei zugegebenermaßen nicht nur um technische Fragen, sondern auch um Entscheidungen politischer Natur. Sollte sich der Gesetzgeber jedoch zu Anpassungen des REIT-Regimes entschließen, können die französischen Regelungen und Erfahrungen von Hilfe sein.

---

l'immobilier, v. 15.3.2010, S. 12; ebenso *Charrio/Foissac*, Option Finance – La lettre de l'immobilier v. 30.11.2009, S. 4 (6).

Literaturverzeichnis

A.C.: SIIC 4: la nouvelle donne des foncières cotées, Les Echos v. 25.1.2007, S. 27.

Amort, Matthias / *Blum*, Hannes: Real Estate Investment Trusts (REITs): Alternativen und Besteuerung, DStR 2009, S. 1772 ff.

Austry, Stéphanie / *Gutman*, Daniel: L'imposition des sociétés étrangères propriétaires d'immeubles en France – une nouvelle orientation de la jurisprudence?, FR 41/09, n° 6.

Bauhaus Universität Weimar / European Business School: Bedeutung von nichtbörsengehandelten REITs für den Erfolg von REITs in Deutschland, Gutachten, Auftraggeber: Bundesverband Freier Immobilien- und Wohnungsunternehmen e.V. (BFW), Berlin, abrufbar im Internet unter: http://www.uniweimar.de.
(zitiert: Bauhaus/ebs, Nicht-börsengehandelte REITs)

Baur, Jürgen: Investmentgesetze, Kommentar, 2. Auflage, Berlin/NewYork 1997.

Beckmann, Klaus / *Scholtz*, Rolf-Detlev / *Vollmer*, Lothar: Investment. Ergänzbares Handbuch für das gesamte Investmentrecht, Bände 1 und 3, Stand: März 2010, Berlin 2010.
(zitiert: Bearbeiter, in: Beckmann/Scholz/Vollmer, Investment)

Blümich, Walter: EStG–KStG–GewStG. Einkommensteuer, Körperschaftsteuer, Gewerbesteuer, Kommentar (Loseblattsammlung), herausgegeben von Heuermann, Bernd, Bände 1 (§§ 1–8 EStG), 4 (KStG/GewStG) und 5 (Nebengesetze), Stand: März 2010, München.
(zitiert: Bearbeiter, in: Blümich, EStG/KStG/GewStG)

Bödecker, Carsten (Hrsg.): Handbuch Investmentrecht, Bad Soden 2007.
(zitiert: Bearbeiter, in: Bödecker, Handbuch Investmentrecht)

Bone-Winkel, Stephan / *Schäfers*, Wolfgang / *Schulte*, Karl-Werner (Hrsg.): Handbuch Real Estate Investment Trusts, Köln 2008.

De Bourment, Jaques-Henry / *Rubechi*, Guillaume: Französische Immobilien: Neuerungen bei der 3%-Abgabe – Auswirkungen für deutsche Immobilienfonds, IWB 2008, Fach 5 Frankreich, Gruppe 2, S. 1519 ff.

De Bourmont, Jacques-Henry / *Rubechi*, Guillaume: Investitionen in Immobilienprojekte in Frankreich durch natürliche Personen mit Wohnsitz in Deutschland: Steuerliche Optimierungsvorschläge, IWB 2003, Fach 5 Frankreich, Gruppe 2, S. 1359 ff.

Breinersdorfer, Stefan / *Schütz*, Michael: German Real Estate Investment Trust (G-REIT) – Ein Problemaufriss aus Sicht des Fiskus, DB 2007, S. 1487 ff.

Bron, Jan Frederik: Das G-REIT-Gesetz – Eine Analyse auf Basis des Gesetzesentwurfes der Bundesregierung. Rechtsökonomische Würdigung des Entwurfes eines Gesetzes zur Schaffung deutscher Immobilien-Aktiengesellschaften mit börsennotierten Anteilen, Halle 2006.
(zitiert: *Bron*, Das G-REIT-Gesetz)

Bron, Jan Frederik: Abkommensrechtliche Qualifikation von Ausschüttungen als Einkünfte aus unbeweglichem Vermögen – Lösung für den G-REIT?, Double Tax Treaty Qualification of Dividends as Income from Immovable Property – A Solution for the G-REIT?, SWI 2006, S. 509 ff.

Bron, Jan Frederik: Der G-REIT – Eine rechtsökonomische Analyse mit steuerlichem Fokus (Dissertation Halle-Wittenberg 2007), Baden-Baden 2007.

Bron, Jan Frederik: Das Gesetz zur Schaffung deutscher Immobilien-Aktiengesellschaften mit börsennotierten Anteilen. Das Gesetz über deutsche Real Estate Investment Trusts unter Berücksichtigung der wesentlichen Änderungen gegenüber dem Regierungsentwurf, BB 2007, Special 7 zu Heft 21, S. 2 ff.

Bron, Jan Frederik: Das Treaty Override im deutschen Steuerrecht vor dem Hintergrund aktueller Entwicklungen, IStR 2007, S. 431 ff.

Bron, Jan Frederik: Verstößt das REIT-Gesetz gegen Gemeinschaftsrecht? – Folgerungen aus dem EuGH-Urteil zum VW-Gesetz, BB 2007, S. 2444 f.

Bron, Jan Frederik: Wesentliche Defizite des REIT-Gesetzesentwurfes, Verbesserungsbedarf im Entwurf eines Gesetzes zur Schaffung deutscher Immobilien-Aktiengesellschaften mit börsennotierten Anteilen, Immobilien & Finanzierung 2007, S. 180 ff.

Bron, Jan Frederik: Die EuGH-Stellungnahme zum europarechtlichen Rahmen der Quellensteuererstattung bei Investmentvermögen – Das Urteil Orange European Smallcap Fund NV und seine Implikationen, EuZW 2008, S. 429 ff.

Bron, Jan Frederik: Das JStG 2009 als kleiner Fortschritt für die REIT-Besteuerung, BB 2009, S. 84 ff.

Bundesministerium der Finanzen: REIT Strukturen weltweit, Berlin 2006, abrufbar im Internet unter: *http://www.bundesfinanzministerium.de.*

Busching, Thomas / *Trompeter*, Frank: Der G-REIT und die Steuerpflicht ausländischer Anteilseigner, IStR 2005, S. 510 ff.

von Busekist, Konstantin / *Hartrott*, Sebastian: Der G-REIT nach dem Gesetz zur Schaffung deutscher Immobiliengesellschaften mit börsennotierten Anteilen, M&A Review 2007, S. 265 ff.

Cornelisse, Rob / *Weber*, Dennis / *Wijs*, Ronald / *Blokland*, Gerald: Proposal for a Uniform REIT Regime – Part 1, European Taxation 2006, S. 3 ff.

Cornelisse, Rob / *Weber*, Dennis / *Wijs*, Ronald / *Blokland*, Gerald: Proposal for a Uniform REIT Regime – Part 2, European Taxation 2006, S. 68 ff.

Coupé, Odile: La chasse aux avantages fiscaux des fonciers espagnoles, Le Figaro v. 29.6.2007, abrufbar im Internet unter http://www.lefigaro.fr.

Dammann, Helge / *Stoschek*, Uwe: Großbritannien, Einführung von UK-REITs beschlossen, die bank 2006, Beilage zu Heft 7, S. 8 ff.

Daric, Christine: Immobilier: le bilan des SIIC, Les Echos v. 1.3.2007, S. 12.

Debatin, Helmut / *Wassermeyer*, Franz: Doppelbesteuerung, Kommentar zu allen deutschen Doppelbesteuerungsabkommen, Bände I und II, Stand: Oktober 2009, München.

Debatin, Helmut: System und Auslegung von Doppelbesteuerungsabkommen, DB 1985, Beilage 23/85 zu Heft 39, S. 1 ff.

Delarce, Valérie: Immobilier: Les SIIC ont la cote, Enjeux, Mai 2005, S. 90 f.

Dinkelbach, Andreas: Offene Fragen und Ungereimtheiten bei Kapitaleinkünften nach der Unternehmensteuerreform, DB 2009, S. 870 ff.

Dietz, Detlev: REITs in Frankreich. Ein Erfolgsmodell seit 2003, die bank 2006, Beilage zu Heft 7, S. 4 ff.

Donneaud, Philippe / *Carcelero*, Pierre: „SIIC 4“: le statut SIIC devient globalement moins attrayant, Option Finance n° 920 v. 19.2.2007, S. 26 f.

Ebner, Christian: Das neue REIT-Gesetz, Erlangung des G-REIT-Status, Exit Tax und ausländische REITs, NWB 2007, Fach 3, S. 14535 ff.

Ebner, Christian: JStG 2008 und Investmentfonds – Einführung eines formellen Auslandsfondsbegriffs, NWB 2008, Fach 3, S. 14927 ff.

Eckl, Petra / *Seiboth*, Marcus: The Introduction of a German Real Estate Investment Corporation, ET 2007, S. 3 ff.

Editions Francis Lefebvre (Hrsg.): Feuillet rapide, zitierte Beiträge: 58/02, Nr. 23; 61/03, Nr. 20; 57/04, Nr. 23; 57/04, Nr. 24; 57/04, Nr. 31; 62/05, Nr. 15; 56/06, Nr. 52; 61/07, Nr. 7; 61/07, Nr. 16; 66/08, Nr. 29; 9/09, Nr. 1; 41/09, Nr. 6; 52/09, Nr. 31; 54/09, Nr. 2; 54/09, Nr. 18.
(zitiert: Ed. Francis Lefebvre, FR)

Editions Francis Lefebvre (Hrsg.): Mémento Pratique, Fiscal 2007, Kommentar, Paris 2007.

Editions Francis Lefebvre (Hrsg.): Mémento Pratique, Fiscal 2009, Kommentar, Paris 2009.

Editions Lamy (Hrsg.): Lamy Fiscal 2009, Tome 1, Impôt sur les sociétés et BIC. TVA et taxes indirectes. Taxes assises sur les salaires. Fiscalité des associations. Impôts locaux. Opérations internationales, Rueil-Malmaison 2009. (zitiert: Ed. Lamy, Lamy Fiscal 2009)

Editions Lamy (Hrsg.): Lamy Fiscal 2009, Tome 2, Impôt sur le revenue. Fiscalité immobilière. Impôts divers d'Etat. Enregistrement, ISF et timbre. Contrôle fiscal et contentieux, Recouvrement de l'impôt, Rueil-Malmaison 2009.
(zitiert: Ed. Lamy, Lamy Fiscal 2009)

Editions Législatives (Hrsg.): Bulletin 67 v. 13.10.2003, n° 157a, S. 8579 ff.

Elicker, Michael: Die Zukunft des deutschen internationalen Steuerrechts, Systemkritik am Welteinkommensprinzip – Vorrang des Abkommensrechts, in: Institut „Finanzen und Steuern" e.V. (Hrsg.), IFSt-Schrift Nr. 438, Bonn 2006, S. 22 ff.

Elser, Thomas / *Gütle-Kunz*, Jasmin: Anwendung des InvStG bei Beteiligung an ausländischen Fonds unter Berücksichtigung des neuen Investmentsteuer-erlasses, BB 2010, S. 414 ff.

EPRA: Global REIT Survey, September 2009, A comparison of the major REIT regimes around the world, Brüssel 2009, abrufbar im Internet unter: http://www.epra.com.

EPRA: European REIT Regimes and the EC Treaty Freedoms, August 2005, abrufbar im Internet unter: http://www.epra.com.

Eusani, Guido: Regierungsentwurf zum Real Estate Investment Trust-Gesetz (REIT-Gesetz). Nur eine „kleine" Lösung, NZM 2007, S. 66 ff.

Ferid, Murad / *Sonnenberger*, Hans Jürgen: Das französische Zivilrecht, Band 2, Schuldrecht: Die einzelnen Schuldverhältnisse – Sachenrecht, 2. Aufl., Heidelberg 1986.

Flick, Hans / *Wassermeyer*, Franz / *Baumhoff*, Hubertus: Außensteuerrecht, Kommentar (Loseblattsammlung), herausgegeben von: Wassermeyer, Franz; Baumhoff, Hubertus; Schönfeld, Jens, Band III, Stand: November 2009, Köln.
(zitiert: Bearbeiter, in: Flick/Wassermeyer/Baumhoff, Außensteuerrecht)

Foissac, Richard / *Charriau*, Jean-Yves: La réforme de l'article 209 du CGI, Option Finance – La lettre de l'immobilier v. 15.3.2010, S. 3 f.

Foissac, Richard / *Charriau*, Jean-Yves: La SIIC – un contribuable non oublié, Option Finance – La lettre de l'immobilier v. 30.11.2009, S. 4 ff.

Forsthoff, Ulrich: Treaty Override und Europarecht, IStR 2006, S. 509 ff.

Frotscher, Gerrit: Internationales Steuerrecht, 3. Aufl., München 2009.

Gemmel, Heiko / *Hoffmann-Fölkersamb*, Peter: Der REIT: Potentiale für Versicherungsunternehmen, Die neue Rechtsform erleichtert Versicherungen die Diversifikation ihrer Immobilienanlagen, VW 2007, S. 162 ff.

Gemmel, Heiko / *Miske*, David: BaFin erläutert Änderung des Begriffs „ausländische Investmentanteile", NWB 2009, Fach 3, S. 15583 ff.

Gemmel, Heiko / *Schierle*, Anja: Ausländische Investmentanteile – Kleine Änderung des Investmentgesetzes mit großer Auswirkung auf das (Investment-) Steuerrecht?, BB 2008, S. 1144 ff.

Geurts, Matthias / *Jacob*, Friedhelm: Französische SICAV: Ansässigkeit nur bei Steuerpflicht – und was ist mit dem deutschen REIT?, IStR 2007, S. 737 ff.

Geurts, Matthias: BB-Forum: Der deutsche REIT – eine neue Asset-Klasse, Regulatorische und steuerliche Überlegungen, BB 2005, S. 913 ff.

Gingimbre, Didier: Nouvelle convention fiscale franco-britannique: conséquences en matières de plus-values immobilières des entreprises, Option Finance – La lettre de l'immobilier v. 15.3.2010, S. 12.

Gobert-Chéramy, Pierre: Fiscalité immobilière des non-résidents, Paris 2002.

Gosch, Dietmar: Über das Treaty Overriding – Bestandsaufnahme – Verfassungsrecht – Europarecht, IStR 2008, S. 413 ff.

Göttsche, Max / *Stock*, Stefan / *Teske*,André: Zur geplanten Einführung der steuerbegünstigten Immobilienaktiengesellschaft (G-REIT) in Deutschland, SWI 2005, S. 275 ff.

Götze, Cornelius / *Hütte*, Arne: Kapitalmarktrechtliche Aspekte des deutschen REIT, NZG 2007, S. 332 ff.

Gouthière, Bruno: Les impôts dans les affaires internationales, 7. Auflage, Levallois 2007.

Grabbe, Jan H. / *Behrens*, Stefan: Investmentsteuerrecht: Einführung der Abgeltungsteuer und andere aktuelle Änderungen, DStR 2008, S. 950 ff.

Gröpl, Christoph: Ausgewählte Steuerrechtsfragen der neuen REIT-Aktiengesellschaft, DStZ 2008, S. 62 ff.

Haase, Florian / *van Develdt*, Axel: Gesellschafts- und steuerrechtliche Rahmenbedingungen deutscher Immobilien-Aktiengesellschaften: Deutsches REIT-Gesetz verabschiedet, Stbg 2007, S. 329 ff.

Haase, Florian: Zweifelsfragen im Anwendungsbereich des § 1 Abs. 1 Nr. 2 InvStG, DStR 2009, S. 957 ff.

Hahn, Volker: Die Einführung steuerbegünstigter Immobilienaktiengesellschaften, ZGR 2006, S. 805 ff.

Haimann, Richard: Geboren als ein Kind des Kalten Krieges, Die Welt v. 12.01.2006, abrufbar unter: http://www.welt.de.

Haritz, Detlef / *Asmus*, Thomas: Das REITG und das Umwandlungssteuerrecht, AG 2007, S. 76 ff.

Häussermann, Roland / *Rengier*, Christian: Die InvStG-Ausnahme des § 50d Abs. 3 EStG: Fortgeltung des materiellen Investmentbegriffs für Immobilienfonds, IStR 2008, S. 679 ff.

Hazan, Sandra / *Goldberg-Darmon*, Muriel: SIIC 4 ou la fin des SIIC captives, MdA, Nr. 21 – April 2007, S. 46.

Helios, Marcus / *Schmies*, Christian: Ausländische Investmentanteile i.S.d. § 2 Abs. 9 InvG – Investmentrechtliche Zweifelsfragen des BaFin Rundschreiben 14/2008 (WA) vom 22.12.2008 und steuerrechtliche (Fern-)Wirkungen, BB 2009, S. 1100 ff.

Helios, Marcus / *Wewel*, Uwe / *Wiesbrock*, Michael R. (Hrsg.): REIT-Gesetz, Gesetz über deutsche Immobilien-Aktiengesellschaften mit börsennotierten Anteilen, München 2008.

Hellio, François / *Kenk*, Annett: Immobilieninvestitionen in Frankreich – REITs und verwandte Fonds im Vergleich, IWB 2007, Fach 5 Frankreich, Gruppe 2, S. 1477 ff.

Hellio, François / *Thill*, Pierre-Sébastien: Steuern in Frankreich, 2. Auflage, Köln 2002.

Hök, Sebastian: Das französische Grundstücksrecht im Überblick – Kauf, Finanzierung, Bau, Vermietung, Vererbung, Besteuerung, Berlin 2002.

Hübschmann, Walter / *Hepp*, Ernst / *Spitaler*, Armin: Abgabenordnung/Finanzgerichtsordnung, Kommentar (Loseblattsammlung), Bände I (Gesetzestexte, §§ 1–3 AO) und III (§§ 33–77 AO), Stand: Dezember 2009, Köln.
(zitiert: Bearbeiter, in Hübschmann/Hepp/Spitaler, AO/FGO)

Hufeld, Ulrich: Auf Konfliktkurs mit dem Europäischen Steuerrecht: Die Besteuerung der REIT-Aktiengesellschaft und ihrer Anteilseigner, EWS 2008, S. 209 ff.

Hughes, Fraser / *Arissen*, Jorrit: SIIC II will drive the French market further, abrufbar im Internet unter: www.epra.com.

Ipsen, Knut: Völkerrecht, 5. Aufl., München 2004.

Israël, Hervé / *Knadjian*, Bruno: Fiscalité immobilière: la nouvelle donne 2008, in: Editions Lamy (Hrsg.), Les nouvelles fiscales, n° 1002 v. 15.5.2008, S. 24 ff.

Jacob, Friedhelm / *Roche*, Matthias / *Volckens*, Hans Volkert: EU-rechtliche Überlegungen, Stellungnahme zum Gesetzesentwurf der Bundesregierung vom 2. November 2006 eines Gesetzes zur Schaffung deutscher Immobilien-Aktiengesellschaften mit börsennotierten Anteilen, abrufbar im Internet unter http://webarchiv.bundestag.de.
(zitiert: Jacob/Roche/Volckens, Stellungnahme v. 13.2.2007 zu ausgewählten EU-rechtlichen Fragen des Regierungsentwurfes)

Jacob, Friedhelm: G-REIT, Besteuerungsgrundsätze im Lichte des Unternehmensteuerreformgesetzes 2008, AG 2008, S. 538 ff.

Jacobs, Otto H. / *Spengel*, Christoph: Ertragsbesteuerung von Konzernen in Deutschland und Frankreich – Eine vergleichende Analyse unter besonderer Berücksichtigung der Behandlung konzerninterner Transaktionen (Teil I), IStR 1994, S. 100 ff.

Jacobs, Otto H. / *Spengel*, Christoph: Ertragsbesteuerung von Konzernen in Deutschland und Frankreich – Eine vergleichende Analyse unter besonderer Berücksichtigung der Behandlung konzerninterner Transaktionen (Teil II), IStR 1994, S. 146 ff.

Jarass, Hans D./*Pieroth*, Bodo: Grundgesetz für die Bundesrepublik Deutschland, Kommentar, 9. Auflage, München 2007.
(zitiert: Bearbeiter, in: Jarass/Pieroth, GG)

Kayser, Joachim / *Bujotzek*, Peter: Die steuerliche Behandlung offener Immobilienfonds und ihrer Anleger, FR 2006, S. 49 ff.

Kessler, Wolfgang / *Sinz*, Andreas / *Achilles-Pujol*, Charlotte: DBA-Kommentar Deutschland/Frankreich, Herne Westf. 2007.

Kirchhof, Paul: Einkommensteuergesetz, Kommentar, 9. Aufl., Köln 2010.
(zitiert: Bearbeiter, in: Kirchhof, EStG)

Klein, Christian / *Stucki*, Dominique: Öffentliche Übernahmeangebote (OPA/OPE) in Frankreich, RIW 2001, S. 488 ff.

Kleymann, Matthias / *Hindersmann*, Magnus: Die Besteuerung ausländischer Anteilseigner eines geplanten deutschen Real Estate Investment Trust, IWB 2005, Fach 10, Gruppe 2, S. 1805 ff.

Knebel, Andreas / *Schmidt*, Thomas: Real Estate Investment Trusts (REITs) in den USA, Frankreich, Großbritannien und Deutschland, IWB 2007, Fach 10, Gruppe 2, S. 495 ff.

Kofler, Georg: Treaty Override, juristische Doppelbesteuerung und Gemeinschaftsrecht, SWI 2006, S. 62 ff.

Korezkij, Leonid: Die erste REITG-Novelle: Berücksichtigung von Vorbelastungen bei der Besteuerung der REIT-Aktionäre nach § 19a REITG-E, BB 2008, S. 1367 ff.

Korezkij, Leonid: REITG: Exit Tax bei der Übertragung von Immobilien auf eine REIT-AG und beim steuerlichen Statuswechsel, BB 2007, S. 1698 ff.

Korn, Klaus / *Carlé*, Dieter / *Stahl*, Rudolf / *Strahl*, Martin (Hrsg.): Einkommensteuergesetz, Kommentar (Loseblattsammlung), Stand: Januar 2010, Berlin/ Bonn.
(zitiert: Bearbeiter, in: Korn, EStG)

Korts, Petra: Die Besteuerung von G-REITs nach der Unternehmensteuerreform 2008, Stbg 2008, S. 97 ff.

Kraft, Gerhard (Hrsg.): Außensteuergesetz, Kommentar, München 2009.
(zitiert: Bearbeiter, in: Kraft, AStG)

Kraft, Gerhard / *Bron*, Jan F.: Investmentrechtliche Grundstrukturen und Besteuerungskonzeption des US-Real Estate Investment Trust (REIT), IWB 2007, Fach 8, Gruppe 2, S. 1459 ff.

Kühnberger, Manfred: Betriebswirtschaftliche und rechnungslegungsbezogene Anmerkungen zum Regierungsentwurf des REIT-Gesetzes, BB 2007, S. 489 ff.

Kußmaul, Heinz / *Gräbe*, Sebastian: Real Estate Investment Trusts in Deutschland – Eine ausführliche steuerliche und gesellschaftsrechtliche Analyse unter besonderer Berücksichtigung der Ausgestaltung der REITs in den USA, Frankreich und Großbritannien, ZSteu 2008, S. 256 ff.

Kußmaul, Heinz / *Schäfer*, René: Die Option von Personengesellschaften für eine Besteuerung durch die Körperschaftsteuer im französischen Steuerrecht – Voraussetzungen und steuerliche Wirkung im Optionszeitpunkt, IStR 2000, S. 161 ff.

Langbein, Volker: „Treaty Overriding“ durch nationales Recht – Ein Beitrag zur Auslegung von Doppelbesteuerungsabkommen, RIW 1988, S. 875 ff.

Laule, Gerhard: Mißbrauch der Abkommensberechtigung im deutschen Steuerrecht, insbesondere Anmerkungen zu § 50d Abs. 1a EStG, in: Kley, Max Dietrich / Sünner, Eckart / Willemsen, Arnold (Hrsg.): Festschrift für Wolfgang Ritter zum 70. Geburtstag, Steuerrecht – Steuer- und Rechtspolitik – Wirtschaftsrecht und Unternehmensverfassung – Umweltrecht, Köln 1997, S. 181 ff.
(zitiert: Laule, Mißbrauch der Abkommensberechtigung, FS Ritter)

Lautenbach, Frank / *Gratzki*, Stefan: Immobilieninvestitionen in Frankreich durch deutsche offene Immobilienfonds – steuerliche Rahmenbedingungen, IWB 2004, Fach 5 Frankreich, Gruppe 2, S. 1395 ff.

Lazarski, Henry: Introduction of a New Tax Regime Available to Quoted Real Estate Investment Companies, ET 2005, S. 131 ff.

Lazarski, Henry: Recent Developments: Significant Improvements Regarding the Taxation of Quoted Real Estate Investment Companies and Important Changes to the Taxation of Real Property Gains Realized by Non-Residents, ET 2005, S. 214 ff.

Leclercq, Laurant L./*Gourlot*, Frédérique: Les externalisations de patrimoine immobilier des entreprises: une fiscalité propice mais pour combien de temps?, Option Finance, n° 870 v. 13.2.2006, S. 27 f.

Leisner, Walter: Abkommensbruch durch Außensteuerrecht? – Bilanz der Diskussion um die Novelle des Außensteuergesetzes von 1992, RIW 1993, S. 1013 ff.

Lexis Nexis JurisClasseur (Hrsg.): Revue de droit fiscal, n° 6 v. 8.2.2007, Nr. 170: Aménagement du régime d’exonération applicable aux sociétés d’investissments immobiliers cotées (art. 138), S. 29 ff.

LexisNexis JurisClasseur (Hrsg.): Le Juris-Classeur Fiscalité immobilière, Loseblattsammlung, Paris.
(zitiert: Juris-Classeur, Fiscalité immobilière).

Lieber, Bettina / *Schönfeld*, Jens: Sicherstellung einer angemessenen deutschen Besteuerung der ausländischen Anteilseigner eines deutschen REIT, IStR 2006, S. 126 ff.

Lüdicke, Jürgen: Überlegungen zur deutschen DBA-Politik, Baden-Baden 2008.

Lugand, François / *Hamis*, Stéphanie: SIIC: fluctuat nec mergitur, Droit & Patrimoine, n° 164 – November 2007, S. 30 ff.

Lugand, François: Immobilier: les années « SIIC », Revue de droit fiscal, n° 9 v. 26.2.2009, Nr. 210.

Maheust, Mikaël: Intégration fiscale incompatible avec la liberté d'établissement, in: Editions Lamy (Hrsg.), Les nouvelles fiscales, n° 1015 v. 1.1.2009, S. 5 ff.

Matteotti, René: Die Verweigerung der Entlastung von der Verrechnungssteuer wegen Treaty Shoppings, ASA 75 (2007), S. 767 ff.

Maublanc, Jean-Pierre: Les nouvelles mesures fiscales, in: Dalloz (Hrsg.), AJDI, Februar 2003, S. 83 ff.

Maurel, Sophie: Les dispositions de la loi de finances rectificative pour 2009 en matière immobilière, Option Finance – La lettre de l'immobilier v. 15.3.2010, S. 11.

Meerpohl, Jutta: Die Mutter-/Tochterrichtlinie der EG und ihre Umsetzung in das Recht der Mitgliedstaaten, Dissertation Univ. Münster 1997, Frankfurt a.M./Berlin/Bern/NewYork/Paris/Wien 1998.

Menhorn, Matthias: § 50d Abs. 3 EStG und der stillschweigende Missbrauchsvorbehalt in Doppelbesteuerungsabkommen, IStR 2005, S. 325 ff.

Mennel, Annemarie / *Förster*, Jutta (Hrsg): Steuern in Europa, Amerika und Asien, Stand: Dezember 2009, Herne/Berlin.

Mesmin, Olivier / *Remillieux*, Christophe: Sous-capitalisation des SIIC, SPICCAV et de leurs filiales exonérées: quelles incidences pratiques?, in: Editions Lamy (Hrsg.), Les nouvelles fiscales, n° 1025 v. 1.6.2009, S. 20 ff.

Musil, Andreas: Deutsches Treaty Overriding und seine Vereinbarkeit mit Europäischem Gemeinschaftsrecht, Dissertation Berlin 2000.

Musil, Andreas: Spielräume des deutschen Gesetzgebers bei der Verhütung grenzüberschreitender Steuerumgehung, RIW 2006, S. 287 ff.

Nouel, Frédéric: Tax reform boosts French real estate performance, IFLR, April 2005, S. 87 ff.

OECD Committee on Fiscal Affairs: Model Tax Convention on Income and on Capital (Updated as of 17 July 2008), Volume II (Previous reports, appendices), Tax treaty override, R (8).

OECD: Tax Treaty Issues related to Reits. Public discussion draft, 30 October 2007.

Oesterhelt, Stefan / *Winzap*, Maurus: Abkommensmissbrauch – Dänemark-Entscheid zum Treaty Shopping, ST 80 (2006), S. 773 ff.

Olléon, Laurant: Qu' est-ce qu' une entreprise exploitée en France au sens et pour l'application de l'article 209 du CGI?, in: Editions Francis Lefebvre (Hrsg.), BDCF 11/2008, n° 128.

Pahlke, Armin / *Koenig*, Ulrich: Abgabenordnung, §§ 1 bis 368, Kommentar, 2. Auflage, München 2009.
(zitiert: Bearbeiter, in: Pahlke/Koenig, AO)

Palandt, Bürgerliches Gesetzbuch, 69. Aufl., München 2010.
(zitiert: Palandt/Bearbeiter)

Pluskat, Sorika / *Rogall*, Matthias: Steuerbegünstigte Immobilienaktiengesellschaften (REITs) in Deutschland – Anmerkungen zu ersten Vorschlägen aus gesellschaftsrechtlicher und steuerlicher Sicht, RIW 2005, S. 253 ff.

Pluskat, Sorika / *Rogall*, Matthias: Immobilienveräußerung gemäß §§ 3 Nr. 70, 3c Abs. 3 EStG-E in der Fassung des Gesetzesentwurfes zur Verbesserung der steuerlichen Standortbedingungen – neuer Schub für den deutschen REIT?, BB 2005, S. 1251 ff.

Quass, Guido / *Becker*, Roman A.: Die REIT-AG nach dem Gesetz über deutsche Immobilien-Aktiengesellschaften mit börsennotierten Anteilen, AG 2007, S. 421 ff.

Rädler, Albert jr. / *Bullinger*, Patrick: Ertragsteuern mit Ergänzungsabgaben bei deutschen Direktinvestitionen in Frankreich, IStR 1999, S. 225 ff.

Rehm, Helmut / *Lindauer*, Jürgen: Ertragsteuerliche Beurteilung der Beteiligung unbeschränkt Steuerpflichtiger an einem US Real Estate Investment Trust, IStR 2002, S. 253 ff.

Renoux, Vincent: Quoi de neuf en matiére de fiscalité immobilière?, BANQUEstratégie, n° 210 v. Dezember 2003, S. 18 ff.

Rey-Lefebvre, Isabelle: Les foncières, enfants chéries de la République et des marchés, Le Monde v. 5.2.2005, S. 14.

Royou, Philippe: New tax set-up boosts quoted property investment, International Tax Review, Februar 2004, S. 25 ff.

Rust, Alexander / *Reimer*, Ekkehart: Treaty Override im deutschen Internationalen Steuerrecht, IStR 2005, S. 843 ff.

Saïac, Julien: Aspects immobiliers de la nouvelle convention fiscale franco-américaine, Option Finance – La lettre de l'immobilier v. 15.3.2010, S. 10.

Schäfer, Jürgen (Hrsg.): REITs. Real Estate Investment Trusts. Marktüberblick, Aufbau und Management von REITs sowie Investitionen in REITs, Praxisleitfaden, München 2007.
(zitiert: Bearbeiter, in: Schäfer, REITs)

Schaumburg, Harald (Hrsg.): Unternehmenskauf im Steuerrecht, 3. Auflage, Stuttgart 2004.
(zitiert: Bearbeiter, in: Schaumburg, Unternehmenskauf im Steuerrecht, 3. Aufl.)

Schimmelschmidt, Uwe / *Tauser*, Kian / *Lagarrigue*, Alexandre: Immobilieninvestitionen deutscher Investoren in französische REITs, IStR 2006, S. 120 ff.

Schmidt, Christian / *Blöchle*, Daniel: Einkünfte aus Auslandsinvestmentfonds bei Anwendung von Doppelbesteuerungsabkommen – Zugleich grundsätzliche Überlegungen zur Relevanz des Abkommensrechts bei der Einkünftezurechnung, IStR 2002, S. 645 ff.

Schmidt, Jean / *Kornprobst*, Emmanuel: Fiscalité Immobilière, 9. Aufl., Paris 2006.

Schmidt, Karsten / *Lutter*, Marcus (Hrsg.): AktG, Aktiengesetz Kommentar, I. Band (§§ 1–149), Köln 2008.
(zitiert: Bearbeiter, in: K. Schmidt/Lutter, AktG)

Schmidt, Karsten / *Lutter*, Marcus: AktG, Aktiengesetz Kommentar, II. Band (§§ 150–410), Köln 2008.
(zitiert: Bearbeiter, in: K. Schmidt/Lutter, AktG)

Schmidt, Ludwig / *Drenseck*, Walter (Hrsg.): Einkommensteuergesetz (EStG), Kommentar, 28. Auflage, München 2009.
(zitiert: Bearbeiter, in: Schmidt, EStG)

Schultz, Florian / *Harrer*, Herbert: Der German Real Estate Investment Trust (G-REIT). Zu den Empfehlungen der Initiative Finanzstandort Deutschland, DB 2005, S. 574 ff.

Schultz, Florian: Das deutsche REIT-Gesetz, DB-Status Recht 2007, S. 165 ff.

Schultze, Pascal: Doch noch Anspruch auf den „avoir fiscal"?, IStR 2004, S. 639 ff.

Schultze, Pascal: Frankreich als neuer Holdingstandort, IStR 2005, S. 730 ff.

Schwarz, Kyrill-A.: Real Estate Investment Trusts – ausgewählte Rechtsfragen einer neuen Anlageform, JZ 2008, S. 550 ff.

Seer, Roman: Grenzen der Zulässigkeit eines treaty overridings am Beispiel der Switch-over-Klausel des § 20 AStG (Teil I), IStR 1997, S. 481 ff.

Seer, Roman: Grenzen der Zulässigkeit eines treaty overridings am Beispiel der Switch-over-Klausel des § 20 AStG (Teil II), IStR 1997, S. 520 ff.

Seibt, Christoph H. / *Conradi*, Johannes: Handbuch REIT-Aktiengesellschaft, Köln 2008.

Sieker, Klaus / *Göckeler*, Stephan / *Köster*, Oliver: Das Gesetz zur Schaffung deutscher Immobilien-Aktiengesellschaften mit börsennotierten Anteilen (REITG), DB 2007, S. 933 ff.

Sonnenberger, Hans Jürgen / *Dammann*, Reinhard: Französisches Handels- und Wirtschaftsrecht, 3. Aufl., Frankfurt am Main 2008.

Sradj, Martina / *Schmitt*, Bernd / *Krause*, Haiko: Ausgewählte Aspekte des neuen BMF-Schreibens zum Investmentsteuergesetz, DStR 2009, S. 2283 ff.

Stein, Torsten: Völkerrecht und nationales Steuerrecht, IStR 2006, S. 505 ff.

Stoschek, Uwe / *Damman*, Helge: Internationale Systeme der Besteuerung von REITs, IStR 2006, S. 403 ff.

Striegel, Andreas (Hrsg.): REITG, Gesetz über deutsche Immobilien-Aktiengesellschaften mit börsennotierten Anteilen mit weiterführenden Vorschriften, Kommentar, Berlin 2007.

Süß, Stefan / *Mayer*, Stefan: Zweifelsfragen im Anwendungsbereich des InvStG – Erwiderung zu Haase, DStR 2009, 957 ff., DStR 2009, S. 1741 ff.

Teske, André / *Stock*, Stefan / *Küppers*, Hans P.: Steuerliche Aspekte bei der geplanten Einführung eines deutschen Real Estate Investment Trusts, DB 2005, S. 906 ff.

Tipke, Klaus / *Kruse*, Heinrich Wilhelm: Abgabenordnung / Finanzgerichtsordnung, Kommentar (Loseblattsammlung), Band 1 (Gesetzestexte, §§ 1–154 AO), Stand: Januar 2010, Köln.
(zitiert: Bearbeiter, in: Tipke/Kruse, AO/FGO)

Viegener, Johannes: Systemänderung im französischen Steuerrecht, IWB 2004, Fach 5 Frankreich, Gruppe 2, S. 1377 ff.

Vogel, Klaus / *Lehner*, Moris: Doppelbesteuerungsabkommen, Kommentar, 5. Auflage, München 2008.
(zitiert: Bearbeiter, in: Vogel/Lehner, DBA)

Vogel, Klaus: Völkerrechtliche Verträge und innerstaatliche Gesetzgebung – Eine neue Entscheidung des BVerfG hat Bedeutung auch für die Beurteilung des treaty override, IStR 2005, S. 29 ff.

Vogel, Klaus: Wortbruch im Verfassungsrecht, JZ 1997, S. 161 ff.

Voigtländer, Michael: Der Deutsche REIT – Grundzüge und steuerpolitischer Anpassungsbedarf, IW-Trends 1/2006, S. 3 ff.

Volckens, Hans Volckert / *Panzer*, Andreas: Der US-amerikanische Real Estate Investment Trust – Rechtliche Rahmenbedingungen und Funktionsweise, IStR 2005, S. 104 ff.

Volckens, Hans Volckert / *Panzer*, Andreas: Inhalt und Reichweite des Grundsatzes der Risikomischung im Hinblick auf die investmentrechtliche Qualifizierung ausländischer Immobilienvermögen, IStR 2005, S. 426 ff.

Volckens, Hans Volckert: Die Auswirkungen des Einführungsschreibens zum Investmentsteuergesetz auf das Investmentgesetz, IStR 2005, S. 449 f.

Wagner, Siegfried: Die steuerbefreite REIT-AG – Unternehmenszweck und Struktur der REIT-AG, die »sinnvolle« Steuerbefreiung und die Berechtigung von Sanktionen sowie verfassungs- und europarechtliche Vorbehalte, Der Konzern 2007, S. 810 ff.

Weichhaus, Stefan: Wesentliche Charakteristika einer REIT-AG, Steuer und Studium 2007, S. 595 ff.

Weigell, Jörg: „Treaty Override“ durch § 20 Abs. 2 AStG? Unerfreulich – Einfach gesetzlich unwirksam – Verfassungswidrig, IStR 2009, S. 636 ff.

Widmann, Siegfried / *Mayer*, Dieter (Hrsg.): Umwandlungsrecht, Ordner 7 (Anhang 3: Ausländisches Umwandlungsrecht und Umwandlungssteuerrecht; Anhang 4: Mustersätze), Stand: Mai 2010, Bonn/Berlin.
(zitiert: Bearbeiter, in: Widmann/Mayer, Umwandlungsrecht)

Wollert-Elmendorff Deutsche Industrie Treuhand GmbH (Hrsg.): Die Umsetzung der EG-Fusionsrichtlinie und der EG-Mutter-Tochter-Richtlinie in den EG-Mitgliedstaaten – Eine synoptische Darstellung in Tabellenform, Stuttgart 1995.

Anhang

Auszüge aus dem französischen Code général des impôts (CGI): Wortlaut der für das SIIC-Regime besonders relevanten Vorschriften

Article 208 C

I.–Les sociétés d'investissements immobiliers cotées s'entendent des sociétés par actions cotées sur un marché réglementé respectant les prescriptions de la directive 2004 / 39 / CE du Parlement européen et du Conseil du 21 avril 2004 concernant les marchés d'instruments financiers, modifiant les directives 85 / 611 / CEE et 93 / 6 / CEE du Conseil et la directive 2000 / 12 / CE du Parlement européen et du Conseil et abrogeant la directive 93 / 22 / CEE du Conseil, dont le capital social n'est pas inférieur à 15 millions d'euros, qui ont pour objet principal l'acquisition ou la construction d'immeubles en vue de la location, ou la détention directe ou indirecte de participations dans des personnes visées à l'article 8 et aux 1, 2 et 3 de l'article 206 dont l'objet social est identique.

Le capital ou les droits de vote des sociétés visées au premier alinéa ne doivent pas être détenus, directement ou indirectement, à hauteur de 60 % ou plus par une ou plusieurs personnes agissant de concert au sens de l'article L. 233–10 du code de commerce . Cette condition s'apprécie de manière continue au cours de chaque exercice d'application du présent régime. Elle ne s'applique pas lorsque la personne ou les personnes agissant de concert mentionnées à la première phrase sont des sociétés visées au premier alinéa.

Si, au cours d'un exercice, à la suite d'une offre publique d'achat ou d'échange au sens de l'article L. 433–1 du code monétaire et financier, d'une opération de restructuration visée à l'article 210–0 A, d'une opération de conversion ou de remboursement d'obligations en actions, le capital ou les droits de vote d'une société visée au premier alinéa viennent à être détenus à 60 % ou plus dans les conditions mentionnées à la première phrase de l'alinéa précédent, les conditions de détention sont réputées avoir été respectées si ce taux de détention est ramené au-dessous de 60 % à l'expiration du délai prévu au deuxième alinéa du 1 de l'article 223 pour le dépôt de la déclaration de résultat de cet exercice.

Le capital et les droits de vote des sociétés visées au premier alinéa doivent être détenus à hauteur de 15 % au moins par des personnes qui détiennent chacune, directement ou indirectement, moins de 2 % du capital et des droits de vote. Cette condition s'apprécie au premier jour du premier exercice d'application du présent régime.

II.–Les sociétés d'investissements immobiliers cotées visées au I et leurs filiales détenues, individuellement ou conjointement par plusieurs sociétés d'investissements immobiliers cotées, à 95 % au moins, directement ou indirectement, de manière continue au cours de l'exercice, soumises à l'impôt sur les sociétés et ayant un objet identique, peuvent opter pour l'exonération d'impôt sur les sociétés pour la fraction de leur bénéfice provenant de la location des immeubles, de la sous-location des immeubles pris en crédit-bail ou dont la jouissance a été conférée à titre temporaire par l'Etat, une collectivité territoriale ou un de leurs établissements publics et des plus-values sur la cession à des personnes non liées au sens du 12 de l'article 39 d'immeubles, de droits réels énumérés au sixième alinéa, de droits afférents à un contrat de crédit-bail portant sur un immeuble et de participations dans des personnes visées à l'article 8 ou dans des filiales soumises au présent régime.

Les bénéfices exonérés provenant des opérations de location des immeubles et de la sous-location des immeubles pris en crédit-bail ou dont la jouissance a été conférée à titre temporaire par l'Etat, une collectivité territoriale ou un de leurs établissements publics sont obligatoirement distribués à hauteur de 85 % avant la fin de l'exercice qui suit celui de leur réalisation. Par exception, les bénéfices exonérés provenant des opérations de location des biens immobiliers acquis dans les conditions prévues à l'article 151 septies C sont obligatoirement distribués à hauteur de 50 % avant la fin de l'exercice qui suit celui de leur réalisation, à la condition que les biens immobiliers ainsi acquis soient mis à la disposition de l'exploitation du cédant par la société cessionnaire ou par la société dont les droits ou parts ont été cédés pendant au moins neuf ans à compter de leur date d'acquisition et que, dans la situation visée au 1° du III dudit article 151 septies C, ces biens continuent d'être exploités par une personne répondant aux conditions visées au 2° du I de ce même article pour la durée restant à courir.

Les bénéfices exonérés provenant de la cession des immeubles, de droits réels énumérés au sixième alinéa, des droits afférents à un contrat de crédit-bail portant sur un immeuble et des participations dans des personnes visées à l'article 8 ou dans des filiales soumises au présent régime sont obligatoirement distribués à hauteur de 50 % avant la fin du deuxième exercice qui suit celui de leur réalisation.

Sont exonérés les produits des participations prélevés sur des bénéfices exonérés en application du premier et du présent alinéas s'ils sont distribués au cours de l'exercice suivant celui de leur perception par une société ayant opté pour le présent régime. Toutefois, lorsque les sociétés versante et bénéficiaire sont deux sociétés visées au premier alinéa du I, les produits ne sont exonérés que si la société bénéficiaire de la distribution détient des titres représentant au moins 5 % du capital et des droits de vote de la société distributrice pendant une durée minimale de deux ans. La première phrase s'applique également aux produits des participations distribués par les sociétés définies au 2° du h du 6 de l'article 145 ou par les sociétés visées au 3° nonies de l'article 208, et perçus par une société visée au premier alinéa du I, à la condition que celle-ci détienne des titres représentant au moins 5 % du capital et des droits de vote de la société distributrice pendant une durée minimale de deux ans.

Pour l'application des présentes dispositions, les opérations visées au premier alinéa et réalisées par des organismes mentionnés à l'article 8 sont réputées être faites par les associés, lorsque ceux-ci sont admis au bénéfice du présent régime, à hauteur de leur participation.

Pour l'application des présentes dispositions, les immeubles s'entendent de ceux détenus en pleine propriété, ainsi que de ceux exploités en tant que titulaire d'un usufruit ou en tant que preneur d'un bail à construction ou d'un bail emphytéotique.

II bis.–Les plus-values de cession d'immeubles, de droits réels et de droits afférents à un contrat de crédit-bail portant sur un immeuble, mentionnés au II, entre une société d'investissements immobiliers cotée et ses filiales visées au II ou au III bis ou entre sociétés placées sous le régime d'imposition prévu au II ne sont pas soumises à l'impôt sur les sociétés, lorsqu'il existe des liens de dépendance entre ces sociétés au sens du 12 de l'article 39.

L'application de ces dispositions est subordonnée à la condition que la société cessionnaire s'engage dans l'acte de cession à respecter, au titre des plus-values mentionnées au premier alinéa, les prescriptions prévues aux c et d du 3 et au 5 de l'article 210 A. Les réintégrations, prescrites au d du 3 de l'article 210 A, constituent des éléments du résultat soumis aux obligations de distribution mentionnées au deuxième alinéa du II.

II ter.–Lorsque des produits sont distribués ou réputés distribués par une société d'investissements immobiliers cotée visée au I à un associé autre qu'une personne physique détenant, directement ou indirectement, au moins 10 % du capital de cette société et que les produits perçus par cet associé ne sont pas soumis à l'impôt sur les sociétés ou à un impôt équivalent, la société distributrice doit acquitter un prélèvement égal à 20 % du montant des sommes, avant imputation éventuelle du prélèvement, distribuées à cet associé et prélevées sur des produits exonérés en application du II.L'assiette du prélèvement est diminuée des sommes distribuées provenant des produits reçus ayant déjà supporté ce prélèvement.

Toutefois, le prélèvement n'est pas dû si le bénéficiaire de la distribution est une société soumise à une obligation de distribution intégrale des dividendes qu'elle perçoit et dont les associés détenant, directement ou indirectement, au moins 10 % de son capital sont soumis à l'impôt sur les sociétés ou à un impôt équivalent à raison des distributions qu'ils perçoivent.

Pour l'application des premier et deuxième alinéas du présent II ter, les produits perçus ne sont pas considérés comme soumis à l'impôt sur les sociétés ou un impôt équivalent lorsqu'ils sont exonérés ou soumis à un impôt dont le montant est inférieur de plus des deux tiers à celui de l'impôt sur les sociétés qui aurait été dû dans les conditions de droit commun en France.

La détention de 10 % du capital s'entend de la détention de 10 % des droits à dividendes et s'apprécie au moment de la mise en paiement des distributions.

Ce prélèvement est acquitté spontanément au comptable public compétent, dans le mois qui suit la mise en paiement des distributions. Il est recouvré et contrôlé comme en matière d'impôt sur les sociétés et sous les mêmes garanties et sanctions. Il n'est ni imputable, ni restituable. Il n'est pas admis en charge déductible pour la détermination du résultat de la société distributrice.

III.–L'option doit être notifiée au plus tard avant la fin du quatrième mois de l'ouverture de l'exercice au titre duquel l'entreprise souhaite être soumise au présent régime, à l'exception de l'exercice clos en 2003 pour lequel l'option doit être notifiée avant le 30 septembre 2003.

Cette option est irrévocable.

III bis.–Les sociétés soumises à l'impôt sur les sociétés mentionnées au c du I de l'article L. 214–92 du code monétaire et financier et qui ont un objet identique à celui des sociétés d'investissements immobiliers cotées visées au I peuvent opter dans les conditions du III pour le régime d'imposition prévu au II lorsqu'elles sont détenues à 95 % au moins, directement ou indirectement et de manière continue au cours de l'exercice, individuellement ou conjointement par une ou plusieurs sociétés de placement à prépondérance immobilière à capital variable mentionnées au 3° nonies de l'article 208 ou par une ou plusieurs sociétés de placement à prépondérance immobilière à capital variable mentionnées au 3° nonies de l'article 208 et une ou plusieurs sociétés d'investissements immobiliers cotées visées au I.

IV.–En cas de sortie du présent régime de la société d'investissements immobiliers cotée dans les dix années suivant l'option, les plus-values imposées au taux visé au IV de l'article 219 font l'objet d'une imposition au taux prévu au I dudit article au titre de l'exercice de sortie sous déduction de l'impôt payé au titre du IV du même article. Par ailleurs, la société d'investissements immobiliers cotée et ses filiales visées au II ou au III bis doivent réintégrer dans leurs résultats fiscaux respectifs une somme correspondant au bénéfice distribuable à la clôture de l'exercice de sortie du présent régime, au sens du premier alinéa de l'article L. 232–11 du code de commerce, et correspondant à des résultats exonérés en vertu du II. Le montant d'impôt sur les sociétés dû est majoré de l'impôt dû au titre, d'une part, du montant de l'imposition de la plus-value qui aurait été exigible en application du cinquième alinéa si la société n'était pas sortie du présent régime, d'autre part, de l'imposition au taux de 25 % de la somme, diminuée d'un dixième par année civile écoulée depuis l'entrée dans le présent régime, des plus-values latentes depuis cette date relatives aux immeubles, droits réels mentionnés aux premier et sixième alinéas du II ou afférents à un contrat de crédit-bail portant sur un immeuble et participations dans des personnes mentionnées à l'article 8.

Si la société d'investissements immobiliers cotée ne respecte pas le plafond de détention de 60 % prévu au deuxième alinéa du I, elle est imposée à l'impôt sur les sociétés dans les conditions de droit commun au titre des exercices au cours desquels la condition n'est pas respectée.

La plus-value imposable réalisée lors de la cession d'un immeuble est toutefois diminuée du montant des amortissements déduits des résultats exonérés en application du II. Le premier alinéa devient applicable si ce plafond de détention n'est pas respecté à l'expiration de l'exercice au cours duquel le dépassement a été constaté ou si ce plafond n'est pas respecté plus d'une fois pour une cause autre que l'une de celles prévues au troisième alinéa du I pendant les dix années suivant l'option ou au cours des dix années suivantes. Dans ce cas, la société d'investissements immobiliers cotée sort du présent régime, au sens du premier alinéa, au titre de l'exercice au cours duquel le dépassement a été constaté et le bénéfice distribuable est apprécié à la clôture de l'exercice au cours duquel le dépassement a été constaté.

N'est pas constitutive d'une sortie la fusion de deux sociétés d'investissements immobiliers cotées dès lors que la société absorbante s'engage, dans l'acte de fusion, à se substituer à la société absorbée pour les obligations de distribution prévues du deuxième au quatrième alinéas du II.

Par exception au 2 de l'article 221, les plus-values nettes imposables relatives aux immeubles, droits réels énumérés au dernier alinéa du II, droits afférents à un contrat de crédit-bail et parts des organismes mentionnés au cinquième alinéa du même II inscrits à l'actif des sociétés qui ont opté pour le régime prévu audit II et qui remplissent à nouveau la condition du plafond de détention de 60 % visé au deuxième alinéa du I, et de leurs filiales au sens du même II sont limitées aux plus-values latentes acquises depuis le premier jour de l'exercice au cours duquel ce plafond n'a pas été respecté. Les plus-values latentes autres que celles visées à la phrase précédente ne font pas l'objet d'une imposition immédiate à la condition qu'aucune modification ne soit apportée aux écritures comptables.

Si au cours d'un exercice le capital d'une société d'investissements immobiliers cotée vient à être détenu, directement ou indirectement, à 95 % au moins par une autre société d'investissements immobiliers cotée, la société acquise peut devenir une filiale au sens du premier alinéa du II dès lors qu'elle satisfait aux obligations de distribution prévues au II. Dans cette situation, il n'est pas fait application des conséquences liées à la sortie du régime de la société acquise, dans la mesure où celle-ci demeure filiale jusqu'à expiration de la période de dix ans mentionnée au premier alinéa.

V. – Un décret fixe les conditions de l'option et les obligations déclaratives des sociétés mentionnées aux II et III bis soumises au présent régime.

Article 208 C bis CGI

I. – Les dispositions des articles 210 A, 210 B et 210 B bis s'appliquent aux opérations auxquelles participent les sociétés d'investissements immobiliers cotées, ou leurs filiales, et les sociétés mentionnées au III bis de l'article 208 C, qui ont opté pour le régime prévu au II du même article.

L'application de ces dispositions est subordonnée à la condition que la société absorbante s'engage, dans l'acte de fusion, à se substituer à la société absorbée pour les obligations de distributions prévues du deuxième au quatrième alinéas du II de l'article 208 C.

En cas de scission, ces obligations doivent être reprises par les sociétés bénéficiaires des apports au prorata du montant de l'actif net réel apporté apprécié à la date d'effet de l'opération.

II. – En cas d'absorption d'une société ayant opté pour le régime prévu au II de l'article 208 C par une société qui a également opté pour ce régime, la plus-value mentionnée au deuxième alinéa du 1 de l'article 210 A est exonérée sous condition de distribution de 50 % de son montant avant la fin du deuxième exercice qui suit celle de sa réalisation.

Lorsque la société bénéficiaire des apports est soumise au régime prévu au II de l'article 208 C, la réintégration, prescrite au d du 3 de l'article 210 A, afférente aux immeubles visés au I de l'article 208 C constitue un élément du résultat soumis aux obligations de distribution mentionnées au deuxième alinéa du II de cet article.

Article 208 C ter

Lorsque, postérieurement à l'exercice de l'option prévue au premier alinéa du II de l'article 208 C, des immeubles, des droits réels mentionnés au sixième alinéa du II de ce même article, des droits afférents à un contrat de crédit-bail portant sur un immeuble, des droits portant sur un immeuble dont la jouissance a été conférée à titre temporaire par l'Etat, une collectivité territoriale ou un de leurs établissements publics ou des participations dans des personnes visées à l'article 8 deviennent éligibles à l'exonération mentionnée à cet alinéa, la société doit réintégrer à son résultat fiscal soumis à l'impôt sur les sociétés une somme correspondant à la plus-value calculée par différence entre la valeur réelle de ces biens à cette date et leur valeur fiscale. Cette réintégration est effectuée par parts égales sur une période de quatre ans. La cession des biens concernés entraîne l'imposition immédiate de la plus-value qui n'a pas encore été réintégrée.

Article 219 CGI

I. Pour le calcul de l'impôt, le bénéfice imposable est arrondi à l'euro le plus proche. La fraction d'euro égale à 0, 50 est comptée pour 1.

Le taux normal de l'impôt est fixé à 33, 1 / 3 %.

Toutefois :

[...]

IV.–Le taux de l'impôt est fixé à 19 % en ce qui concerne les plus-values imposables en application du 2 de l'article 221, du troisième alinéa de l'article 223 F, du troisième alinéa du IV de l'article 208 C, et de l'article 208 C ter, relatives aux immeubles, droits afférents à un contrat de crédit-bail, droits portant sur un immeuble dont la jouissance a été conférée à titre temporaire par l'Etat, une collectivité territoriale ou un de leurs établissements publics et parts des organismes mentionnés au cinquième alinéa du II de l'article 208 C inscrits à l'actif des sociétés qui ont opté pour le régime prévu au II de ce même article.

[...]

Article 145 CGI

1. Le régime fiscal des sociétés mères, tel qu'il est défini à l'article 216, est applicable aux sociétés et autres organismes soumis à l'impôt sur les sociétés au

taux normal qui détiennent des participations satisfaisant aux conditions ci-après :

a. Les titres de participations doivent revêtir la forme nominative ou être déposés dans un établissement désigné par l'administration ;

b. les titres de participation doivent représenter au moins 5 % du capital de la société émettrice ; ce pourcentage s'apprécie à la date de mise en paiement des produits de la participation.

Si, à la date mentionnée au premier alinéa, la participation dans le capital de la société émettrice est réduite à moins de 5 % du fait de l'exercice d'options de souscription d'actions dans les conditions prévues à l'article L. 225–183 du code de commerce, le régime des sociétés mères lui reste applicable si ce pourcentage est à nouveau atteint à la suite de la première augmentation de capital suivant cette date et au plus tard dans un délai de trois ans ;

c. Les titres de participation doivent avoir été conservés pendant un délai de deux ans. En cas de non-respect du délai de conservation, la société participante est tenue de verser au Trésor une somme égale au montant de l'impôt dont elle a été exonérée indûment, majoré de l'intérêt de retard. Ce versement est exigible dans les trois mois suivant la cession.

Lorsque les titres de participation sont apportés sous le bénéfice du régime prévu par l'article 210 A, le délai de conservation est décompté à partir de la date de souscription ou d'acquisition par la société apporteuse jusqu'à la date de cession par la société bénéficiaire de l'apport.

Les titres échangés dans le cadre de l'une des opérations visées aux 7 et 7 bis de l'article 38 et 2 de l'article 115 sont réputés détenus jusqu'à la cession des titres reçus en échange.

Le délai mentionné au premier alinéa du présent c n'est pas interrompu en cas de fusion entre la personne morale participante et la société émettrice si l'opération est placée sous le régime prévu à l'article 210 A.

Les titres prêtés, mis en pension ou remis en garantie dans les conditions prévues aux articles 38 bis à 38 bis–0 A bis ne peuvent être pris en compte par les parties au contrat en cause pour l'application du régime défini au présent article. De même, les titres mentionnés à l'article 38 bis A ne sont pas pris en compte pour l'application de ce régime.

[...]

6. Le régime fiscal des sociétés mères n'est pas applicable :

[...]

h. aux bénéfices distribués aux actionnaires :

1° des sociétés d'investissements immobiliers cotées et de leurs filiales visées à l'article 208 C et prélevés sur les bénéfices exonérés en application du premier alinéa du II de cet article et non réintégrés en application du IV de ce même article ;

2° Des sociétés étrangères ayant une activité identique à celles mentionnées à l'article 208 C et qui sont exonérées, dans l'Etat où elles ont leur siège de direction effective, de l'impôt sur les sociétés de cet Etat ;

[...]

Ann. III, Art. 46 ter A CGI

I.–L'option mentionnée aux II et III bis de l'article 208 C du code général des impôts est notifiée sur papier libre ou par voie électronique au service des impôts auprès duquel est souscrite la déclaration de résultat.

La société d'investissements immobiliers cotée doit, lors de la notification de l'option, fournir la liste de ses filiales qui optent en indiquant leur dénomination, l'adresse de leur siège social, le numéro d'identité tel que défini au premier alinéa de l'article R. 123–221 du code de commerce et la répartition de leur capital. Cette liste, mise à jour, doit être fournie chaque année lors du dépôt de la déclaration de résultat.

Les filiales doivent indiquer, lors de la notification de leur option et du dépôt des déclarations de résultats ultérieurs, le nom, l'adresse du siège social et le numéro d'identité de la société d'investissements immobiliers cotée ou de la société de placement à prépondérance immobilière à capital variable tel que défini au premier alinéa de l'article R. 123–221 du code de commerce.

L'engagement prévu au deuxième alinéa de l'article 221 bis du code général des impôts figure dans l'option souscrite dans les conditions visées au premier alinéa.

II.–Les sociétés qui ont opté conformément au premier alinéa du I doivent joindre à leur déclaration de résultat un état, conforme au modèle établi par l'administration, qui fait apparaître la décomposition de leur résultat fiscal et de celui des organismes visés à l'article 8 du code général des impôts selon les opérations visées aux deuxième, troisième et quatrième alinéas du II de l'article 208 C du code précité ainsi que les obligations de distribution y afférentes et le respect des obligations antérieures.

Ann. III, Art. 46 quater–0 ZZ bis B CGI

Les sociétés qui ont opté pour l'exonération de l'impôt sur les sociétés en application des II et III bis de l'article 208 C du code général des impôts et les sociétés soumises à l'impôt sur les sociétés qui se transforment en sociétés de placement à prépondérance immobilière à capital variable doivent joindre à leur déclaration visée au 3 de l'article 201 du même code un détail des plus-values soumises à la taxation prévue au IV de l'article 219 du même code.

Celles qui ont opté pour l'exonération de l'impôt sur les sociétés en application du II de l'article 208 C du code général des impôts doivent également joindre à leur déclaration de résultat de l'exercice au titre duquel leur impôt sur les sociétés est majoré des taxations prévues à la dernière phrase du premier alinéa du IV de ce même article un détail des plus-values latentes qui y sont soumises.

Trierer Studien zum Internationalen Steuerrecht

Herausgegeben von Gabriele Burmester

Band 1 Steffen Alexander Lindenthal: Mitwirkungspflichten des Steuerpflichtigen und Folgen ihrer Verletzung. Unter besonderer Berücksichtigung der Dokumentationspflichten bei Verrechnungspreisen. 2006.

Band 2 Svenja Kaufer: Grenzüberschreitende Organschaft kraft Gemeinschaftsrecht. Übernimmt Österreich für Deutschland eine Vorreiterrolle? 2006.

Band 3 Antje Hagena: Die Behandlung von Personengesellschaften in den Doppelbesteuerungsabkommen der Bundesrepublik Deutschland mit den Staaten Mittel- und Südamerikas. 2007.

Band 4 Marie-Theres Rämer: Besteuerung aktienbasierter Vergütungen in Deutschland und im Vereinigten Königreich. 2007.

Band 5 Thorsten Hilger: Besteuerung der internationalen Seeschifffahrt. 2007.

Band 6 Claudia Neitz: Die Besteuerung internationaler Gemeinschaftsunternehmen. 2008.

Band 7 Felix Magnus Kessens: Die Besteuerung der grenzüberschreitenden Überführung von Wirtschaftsgütern. 2009.

Band 8 Rike Claudia Henkes-Wabro: Gewinnabgrenzung bei Bankbetriebstätten im Internationalen Steuerrecht. 2009

Band 9 Markus München: Die Zinsschranke – eine verfassungs-, europa- und abkommensrechtliche Würdigung. 2010.

Band 10 Olaf Thießen: Dreiecksverhältnisse im Internationalen Steuerrecht unter Beteiligung doppelt ansässiger Kapitalgesellschaften. 2010.

Band 11 Sascha Kaiser: Der französische REIT. Analyse des französischen SIIC-Regimes unter Berücksichtigung der Besteuerung deutscher und französischer Investoren. 2012.

www.peterlang.de